Bu
Administration
Practice

工商管理实务

万平来 刘迎春 主编

Business
Administration
Practice

暨南大學出版社
JINAN UNIVERSITY PRESS
中国·广州

图书在版编目（CIP）数据

工商管理实务/万平来，刘迎春主编．—广州：暨南大学出版社，2009.10
ISBN 978－7－81135－346－4

Ⅰ．工…　Ⅱ．①万…②刘…　Ⅲ．企业管理—高等学校：技术学校—教材
Ⅳ．F270

中国版本图书馆 CIP 数据核字（2009）第 127791 号

出版发行：暨南大学出版社

地　址：中国广州暨南大学
电　话：总编室（8620）85221601
　　　　营销部（8620）85225284　85228291　85220693（邮购）
传　真：（8620）85221583（办公室）　85223774（营销部）
邮　编：510630
网　址：http：//www.jnupress.com　http：//press.jnu.edu.cn

排　版：暨南大学出版社排版设计中心
印　刷：广州市怡升印刷有限公司

开　本：787mm×1092mm　1/16
印　张：25.5
字　数：600 千
版　次：2009 年 10 月第 1 版
印　次：2009 年 10 月第 1 次
印　数：1—3000 册

定　价：45.00 元

前　言

拥有复合型的知识和能力，已经成为现代企业对人才的基本要求。“多面手”是企业人力资源部经理的偏爱。这种“多面手”不仅能有效地降低企业的用人成本，而且大大有利于提高企业内部员工之间、部门之间，以及企业与外部供应商和客户之间的沟通效率。另外，拥有复合型的知识，也有助于不同能力之间的员工自身的能力迁移。

我们编写这本《工商管理实务》的目的，就在于为高职高专管理类及非管理类，包括理工科类专业的学生提供经济与管理类综合性的知识体系和能力体系，为他们今后成为“多面手”做知识和能力方面的准备，为今后走上工作岗位的能力迁移做准备，从而帮助学生提高就业能力和再就业能力。

为此，本教材努力体现如下特色：

（1）以工作任务为中心，设计教材内容，体现很强的高职课程的特色，符合高职类教材的要求和发展趋势。

（2）从本教材内容的结构来看，囊括了经济学、管理学、市场营销学、国际贸易学、国际金融等数个经济管理学基础理论，具有高度的概括性和综合性。

（3）运用案例配合理论教学。本教材的理论讲解尽量在有限的篇幅内安排案例，有的理论由案例引出，有的理论由案例诠释，尽量深入浅出，提高教与学的互动性。

本教材分为五编，共二十四章。分别是第一编经济理论基础，主要介绍市场运行的基本规则，阐释市场配置资源的基本原理，以及市场在失灵的情况下政府的行为分析；第二编管理，主要从管理的五大功能出发，简明介绍管理的基本原理及相关的管理方法与手段；第三编市场营销，阐述市场营销的基本原理及营销的最新发展动态；第四编国际贸易，介绍国际贸易术语，国际货物销售合同的签订、解读与履行，以及WTO的基本知识；第五编金融，介绍了金融机构、金融市场以及宏观金融调控的基本原理和手段。

本教材既可供高职高专经济与管理类专业学生使用，也可供高职高专非经济与管理类专业学生使用。主讲教师可根据各专业的实际情况灵活调整课时与授课内容及重点。

本教材由万平来、刘迎春担任主编，参加编写的人员还有：陈景春、高涛、丁慧鸽、唐红军。陈景春负责编写第一至四章，高涛负责编写第五至八章，丁慧鸽负责编写第九至十二章，刘迎春负责编写第十三至十六章，万平来负责编写第十七至二十章，唐红军负责编写第二十一至二十四章。在编写的过程中，广东腾高发展有限公司高兴兵董事长、广东松立厨具设备制造有限公司张劲松总经理，以及暨南大学出版社编辑常进海先生都给予了很大的帮助，在此致以诚挚谢意。

本教材的编写从内容到形式都有不少新的尝试，由于时间仓促，疏漏之处在所难免，敬请专家和读者批评指正。

编者

2009 年 7 月

目　录

第五编 金 融

第一编

经济理论基础

第一章

需求与消费行为

一、本章学习目标

能力目标：

1. 能理解需求弹性与总收入的关系；
2. 能理解效用最大化是消费者采取具体行为的决定因素。

知识目标：

1. 了解需求曲线、需求弹性；
2. 了解边际效用分析法及无差异曲线。

二、本章工作任务

金龙鱼等品牌发调价通知单　食用油价月底涨一成

2009 年 5 月 21 日　来源：北京日报

“我们确实接到了多家食用油生产企业的提价通知单。”记者昨日从超市方得到证实，福临门、金龙鱼等多个品牌食用油生产企业已经向超市发出了调价通知单，多种品牌食用油将在月底齐涨价。

记者在各大超市见到，虽然 5 升装的金龙鱼纯正花生油价格还维持在 70 元左右，同品牌的大豆油售价 43.8 元，福临门的葵花籽油、天然调和油价格也没有变化，但一名多力食用油促销员告诉记者，最晚 6 月初，多力葵花油肯定要上调价格，5 升装的葵花油油价将上涨 10 元左右。

据了解，食用油出厂价调整，主要原因是“最近几个星期，国际国内食用油原料市场行情不断上涨，形成原料价格高过出厂价的倒挂现象”……

你至少要完成两方面的准备工作：

1. 分析食用油价格上涨或下跌将导致其市场需求如何变化？
2. 分析食用油价格变化与其原材料之间存在什么关系？

三、本章学习指导

1. 联系个人消费品的购买，深刻理解效用最大化；
2. 正确理解物品价格与市场需求的关系。

导入案例

自2007年10月以来，广州楼价中间虽有反复，但总体呈一路下滑的趋势。2008年12月至2009年4月，广州楼价更连续5个月保持在9 000元/平方米以下。

这种连续下降的势头在今年四五月份已经被扭转（房管局数据有一定的滞后性）。国家发改委和统计局调查显示，4月份，全国70个大中城市新建住房销售价格环比上涨0.3%，其中，广州上涨2.1%，名列榜首……

第一节　需求行为与需求弹性

史密斯在1776年所发表的经典之作《原富》中，关于需求与市场运作的两段内容是经济学上被引用最多的名言。他是这样写的：

“很多时候，一个人会需要兄弟朋友的帮助，但假如他真的要依靠他们的仁慈之心，他将会失望。倘若在需求中他能引起对方的利己之心，从而证明帮助他人是对自己有益的事，那么这个人的成功机会较大。任何人向他人提出任何形式的交易建议，都是这样想的：给我所需要的，我就会给你所需要的——这是每一个交易建议的含义；而我们从这种互利的办法中，所获的会比我们所需的更多。我们的晚餐可不是得自屠夫、酿酒商人，或面包师傅的仁慈之心，而是因为他们对自己的利益特别关注。我们认为他们给我们供应并非行善，而是为了他们的自利。

……

所以，每个人都会尽其所能，运用自己的资本来争取最大的利益。一般而言，他不会意图为公众服务，也不自知对社会有什么贡献。他关心的仅是自己的安全、自己的利益。但如此一来，他就好像被一只无形之手引领，在不自觉中对社会的改进尽力而为。在一般的情形下，一个人为求私利而无心对社会作出贡献，其对社会的贡献远比有意图作出的大。”

我们姑且不讨论史密斯指出的“看不见的手”给社会整体带来利益的同时，也带来害处。我们关注的是，这位伟大的前贤开创性地指出了人们的需求与市场的运作息息相关。

一、需求行为

人类作为大自然中的一分子，除了自身的变化之外，还必然与周围环境发生各种各样的联系，这些变化与联系在一定程度上显示了人类的需求行为，比如人的新陈代谢、人类的生存发展。这里从经济学的角度介绍三类需求。

（一）个人需求

1. 个人需求

个人需求是指个人作为消费者，愿意以一定价格购买一定种类及数量的物品。个人需求多样而且复杂，一些功能类似的物品在满足消费者的需求上可以互相替换，比如吃一碗面条或吃两个馒头都一样能填饱肚子。

2. 需求法则（The Law of Demand）

需求法则是指在其他条件不变的情况下，物品价格与需求量之间呈反比关系，提高价格，需求量就会减少；降低价格，需求量就会增加。个人需求与消费者购买力紧密相关，当某物品价格上涨时，消费者购买力下降（相当于收入减少，即收入效应），于是会减少这类物品的购买量，或者通过购买类似的其他物品来代替（替代效应）。这样一来，该类物品的总体需求量就减少了。需求法则不适合奢侈品及吉芬商品，奢侈品如宝石、古董、名画，价格高反而会增加需求量，因为这是社会地位的象征或者文化收藏价值高；吉芬商品如生活水平越来越高的大城市里的摩托车，在一些情况下，降价反而会减少销量。

（二）市场需求

1. 市场需求

一种物品或服务的市场需求等于所有个人需求之和。在任何价格水平上的市场需求量，都等于在该价格水平上个人需求量之和。

2. 需求曲线

需求曲线表示价格与需求量之间的反比关系。这说明需求法则在起作用，以纵坐标为物品价格（P）、横坐标为物品需求量（Q），描绘出的需求曲线 D 向右下倾斜，如图 1-1 所示。其中，市场需求曲线是个人需求曲线的水平相加。

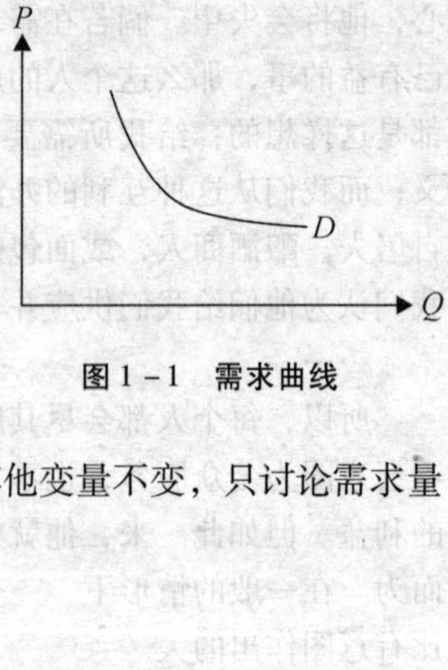

图 1-1　需求曲线

3. 市场需求的影响因素

市场需求的主要影响因素是物品的价格、居民收入、消费者偏好和其他物品的价格。一般情况下，假定其他变量不变，只讨论需求量与物品价格的关系，用线性方程表示如下：

$$Q = B + aP \quad (a \leqslant 0)$$

（1）物品的价格。

价格变动引起市场需求量在需求曲线上的反向移动，称为需求量的变动；其他因素引起市场需求的变动，体现在需求曲线的位移，称为需求的变动。比如，某房地产商推出优惠政策，某市中心区域原均价 9 000 元/平方米的新楼房突然降到 6 000 元/平方米，而市场环境及其他房价不变，则该房地产商推出的所有楼房一夜之间会全部卖光。

（2）消费者偏好。

市场需求量随着消费者偏好而增加或减少。30 年前的中国，人们以有一块漂亮的上海手表为骄傲，而今天的人们以舒适的住房、高档的轿车为自豪，这体现了消费者偏好的转变。

（3）居民收入。

收入的增加将促使人们购买更多的需要物品，从而增加需求量。

（4）其他物品的价格。

一些物品的需求常常受到相关物品价格变化的影响。替代品是指用途基本相同的物品，当一种物品涨价时，它的替代品的需求就可能增加。比如，戴尔电脑要是涨价，人们就会考虑买别的品牌而不买戴尔。合在一起使用的物品是互补品，如汽车与汽油、网球和网球拍。这种物品涨价会使其互补品需求减少，如油价疯涨的时候，人们会减少购车数量，尤其是高排量、很耗油的汽车。

（三）企业需求

企业所面临的市场需求曲线，就是企业需求曲线。当一家企业在市场上是唯一的卖者时，市场需求曲线就是企业需求曲线。这种现象很少出现，一般是一家企业的供给只能占有一定的市场份额，此时企业的需求曲线与市场需求曲线不同。

企业需求曲线与市场需求曲线有两点不一样：一是企业需求还有一些额外的影响因素，如竞争者的决策；此外，消费者偏好、居民收入、其他物品价格的变化对企业需求量的影响程度也更小。

二、需求弹性

如果销售量不变，物品加价会提高卖者的收入，这几乎是所有卖者的美梦，但是需求法则告诉我们，物品加价会导致市场需求减少，从而减少销售量。当物品加价之后所得的额外收入少于因加价而减少销售量带来的损失时，物品加价会减少卖者的收入。所以，一方面，卖者都想加价；另一方面，又不得不考虑物品加价导致的销售量的减少。

（一）需求价格弹性

1. 需求价格弹性计算公式

需求价格弹性指的是价格的值每变动百分之一而引起需求量变化的百分率，通常用价格变动的百分率引起需求量变化的百分率来表示。这两个百分率的比值称为弹性系数，记为 E_d，即

$$E_d = \% dQ / \% dP$$

$$弹性系数 = \frac{因变量的相对变动}{自变量的相对变动}$$

例如，假设一家企业把产品的价格提高 2%，结果它的需求量减少了 3%，价格弹性就等于：

$$E_d = -3\% / 2\% = -1.5$$

E_d 一般情况下是负值，这是因为需求法则在起作用，即价格与需求量是呈反比关系的，价格下跌，需求量增加；价格上升，需求量减少。所以，需求价格弹性系数总是负值。

计算需求价格弹性有两种方法，弧弹性适宜于分析价格的离散变化所带来的影响。例如，价格自 1 元增加到 2 元就可以用弧弹性来计算。一般情况下，可以用价格和需求量的平均值来求得弧弹性的值。点弹性是用来描述价格的微小变化所带来的影响，点弹性的计算公式是：

$$E_d = \frac{dQ}{dP} \times \frac{P}{Q}$$

2. 需求价格弹性的基本类型

(1) $E_d=-1$（单位需求价格弹性）。

说明需求量变动幅度与价格变动幅度相同。即价格每提高1%，需求量相应地降低1%。反之亦然。

需求曲线特点：等轴双曲线或正双曲线。需求方程：$PQ=K$（常数）。

(2) $E_d<-1$（需求富有弹性）。

说明需求量变动幅度大于价格变动幅度（$\Delta P/P<\Delta Q/Q=-1$）。即价格每变动1%，需求量变动大于1%。

需求曲线特点：比较平坦（斜率较小）。

(3) $-1<E_d<0$（需求缺乏弹性）。

说明需求量变动幅度小于价格变动幅度（$\Delta P/P>\Delta Q/Q$）。即价格每变动1%，需求量变动的百分率将小于1%。

需求曲线特点：较陡（斜率较大）。

(4) $E_d=0$（需求完全无弹性）。

此时，意味着$\Delta Q/Q=0$。在这种情况下，需求状况具有如下特点：需求量不随价格的变动而变动。需求函数的形式为：$Q=K$（任意既定常数）。在二维空间图上，需求曲线是一条垂直于横坐标轴的直线，在横坐标轴上截距等于K（$=Q_0$）。这表示不管价格怎样变动，需求量总是固定不变。即不管ΔP的数值如何，ΔQ之值总是为零。这种情况是罕见的。

(5) $E_d=-\infty$（需求完全有弹性），此时，$\Delta P/P\to 0$。在这种情况下，需求状况具有如下特点：在既定价格之下，需求量可以任意变动。需求函数的形式为：$P=K$（任意既定常数）。需求曲线将是一条与横坐标轴平行的直线，与横坐标轴的距离为既定常数K（$=P_0$）。这种情况也是罕见的。在现实生活中，自由市场上某些同质的产品，由于竞争的结果，都按同一价格出售，基本属于这类需求曲线的例子。

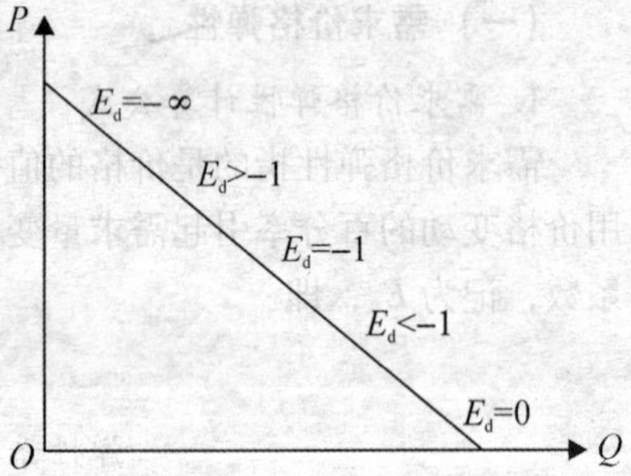

图1-2 线性需求曲线点弹性的五种类型

3. 需求价格弹性的主要影响因素

(1) 商品是生活必需品还是奢侈品。必需品弹性小，奢侈品弹性大。

(2) 可替代的物品越多，性质越接近，弹性越大，反之则越小。如毛织品可被棉织品、丝织品、化纤品等替代。

(3) 购买商品的支出在人们收入中所占的比重大，弹性就大；比重小，弹性就小。

(4) 商品用途的广泛性。一种商品的用途越广泛，它的需求弹性就越大；反之越小。

(5) 时间因素。同样的商品，长期看弹性大，短期看弹性小。因为时间越长，消费者越容易找到替代品或调整自己的消费习惯。

4. 需求价格弹性的应用

（1）需求富有弹性的商品，适宜采取降价策略。

如果某种商品的需求是富有弹性的，那么当该商品的价格下降时，需求量（销售量）增加的比率大于价格下降的比率，销售者的总收益会增加；当该商品的价格上升时，需求量（销售量）减少的比率大于价格上升的比率，销售者的总收益会减少。

（2）需求缺乏弹性的商品，适宜采取涨价策略。

对需求缺乏弹性的商品，当该商品的价格下降时，需求量增加的比率小于价格下降的比率，销售者的总收益会减少；当该商品的价格上升时，需求量减少的比率小于价格上升的比率，销售者的总收益会增加。

例：某国为了鼓励本国石油工业的发展，于1973年采取措施限制石油进口，估计这些措施将使可得到的石油数量减少20%，如果石油的需求价格弹性在0.8～1.4之间，从1973年起该国石油价格预期会上涨多少？

解：∵需求的价格弹性=需求量变动百分率/价格变动百分率

∴价格变动百分率=需求量变动百分率/需求的价格弹性

当价格弹性为0.8时，价格变动百分率=20%/0.8=25%

当价格弹性为1.4时，价格变动百分率=20%/1.4=14.3%

所以，预计1973年该国石油价格上涨幅度在14.3%～25%之间。

（二）需求收入弹性

1. 需求收入弹性计算公式

需求收入弹性被用来表示消费者对某种商品需求量的变动对收入变动的反应程度。以 E_m 表示需求收入弹性系数，Q 代表需求量，ΔQ 代表需求量的变动量，I 代表收入，ΔI 代表收入的变动量，则需求收入弹性系数的一般表达式为：

$$E_m=\frac{需求量变动的百分比}{收入变动的百分比}=\frac{\Delta Q/Q}{\Delta I/I}=\frac{\Delta Q}{\Delta I}\cdot\frac{I}{Q}$$

2. 需求收入弹性种类

一般来讲，消费者的收入与需求量是同方向变动的。但各种商品的需求收入弹性大小并不相同，依据需求收入弹性数值，可将商品分为以下两种：

（1）正常品（normal good），需求收入弹性系数为正值。

说明这种商品的需求量将随着收入的增加（减少）而增加（减少），经济学中称这种商品为正常品。其中，需求收入弹性系数介于0和1之间的商品，需求量变动的幅度小于收入变动的幅度，称为生活必需品，如粮食、服装等；需求收入弹性系数大于1的商品，需求量变动的幅度大于收入变动的幅度，称为奢侈品，如珠宝、笔记本电脑等。

（2）劣等品（inferior good），需求收入弹性系数为负值。

说明这类商品的需求量将随着收入的增加（减少）而减少（增加），称为劣等品，如土豆、玉米面、高粱米等。

3. 恩格尔定理

通过上面的分析，我们可以得出这样的结论：生活必需品的需求收入弹性比较小，而奢侈品和耐用品的需求收入弹性比较大。对此，德国统计学家恩格尔根据对有关统计资料的分析，提出了一个定理：随着收入的提高，食物支出在全部收入中所占的比率越来越小，也就是食物支出占全部收入的比率随着消费者收入水平的提高而递减。这一定理被称为恩格尔定理。

一个居民户或一个国家、地区居民的食物支出占其总收入的比率称为恩格尔系数。其计算公式为：

$$恩格尔系数 = （食物支出/全部收入） \times 100\%$$

对各个国家或地区的富裕程度，可以用恩格尔系数为标准进行评价。随着我国市场经济的发展，全国人民向小康社会建设目标迈进，我国居民户的恩格尔系数会逐渐下降。恩格尔系数是反映居民消费水平的重要指标。按照联合国粮农组织公布的标准，恩格尔系数在59%以上的国家为绝对贫困，在50% ~59%的国家为勉强度日，在40% ~50%的国家为小康水平，在30% ~40%的国家为富裕。

4. 需求收入弹性应用

需求收入弹性可应用于以下几个方面：

（1）利用需求收入弹性可以分析国民经济各部门、各地区的收入现状，便于制定合理的收入政策。对同一商品来说，如果在某地区的需求收入弹性大于另一地区的需求收入弹性，说明该地区的收入水平还相对落后，国家就可以想办法有针对性地制定收入调节措施，以达到地区间的收入平衡。

（2）利用需求收入弹性来协调国民经济各种商品发展的合理比例。由于各种商品的需求收入弹性不一致，相同的收入变动比率所要求的需求量变动比率也不一致。因此，在制订国民经济发展计划时，就不应强求发展速度的一致，对需求收入弹性较大的商品，其发展速度可以超过国民经济发展速度，所占比例也可大些；反之，那些需求收入弹性较小的商品，其发展速度可以低于国民经济发展速度，所占比例可小些。

（3）利用需求收入弹性原理确定合理的出口商品结构。国际贸易已成为各国重要的经济活动，进口国经济的波动对出口国的出口有较大影响，为尽量避免这种影响，可以根据商品需求收入弹性的大小来安排出口结构。出口商品需求收入弹性大，说明收入变动对商品出口量影响就大。当进口国经济繁荣时，无疑会增加进口，对出口国有利；但当进口国经济不景气时，就会减少进口，对出口国不利。因此可以采取与需求收入弹性大小搭配的出口商品结构，以减少在进口国经济衰退时可能遭受的出口大滑坡而带来的损失。

（三）需求交叉弹性

需求交叉弹性是需求交叉价格弹性（cross-price elasticity of demand）的简称，它表示一种商品的需求量变动对另一种商品价格变动的反应程度。若以 X、Y 代表两种商品，E_{xy} 表示需求交叉弹性系数，P_y 表示 Y 商品的价格，ΔP_y 表示 Y 商品价格的变动量，Q_x 表示 X 商品原来的需求量，ΔQ_x 表示因 Y 商品价格的变动所引起的 X 商品需求量的变动量，则需求交叉弹性系数的一般表达式为：

$$E_{xy} = \frac{X\text{商品需求量变动的百分比}}{Y\text{商品价格变动的百分比}} = \frac{\Delta Q_x / Q_x}{\Delta Q_y / P_y} = \frac{\Delta Q_x}{\Delta Q_y} \cdot \frac{P_y}{Q_x}$$

需求交叉弹性系数可以是正值，也可以是负值，它取决于商品间关系的性质，即两种商品是替代关系还是互补关系。具有互补关系的商品称之为互补品，具有替代关系的商品称之为替代品。

互补商品之间：$E_{xy}<0$。对于互补商品来说，一种商品需求量与另一种商品价格呈反方向变动，所以其需求交叉弹性系数为负值。比如，照相机和胶卷、录音机和磁带等是功能互补性商品，它们之间的需求交叉弹性系数就是负值。一般情况下，功能互补性越强的商品，交叉弹性系数的绝对值越大。

替代商品之间：$E_{xy}>0$。对于替代商品来说，一种商品需求量与另一种商品价格呈同方向变动，所以其需求交叉弹性系数为正值，如茶叶和咖啡、橘子和苹果等。这些商品之间的功能可以互相代替，其需求交叉弹性系数就是正值。一般来说，两种商品之间的功能替代性越强，需求交叉弹性系数的值就越大。

此外，若两种商品的需求交叉弹性系数为零，则说明 X 商品的需求量并不随 Y 商品的价格变动而发生变动，两种商品既不是替代品，也不是互补品。

需求交叉弹性主要应用在以下两个方面：

（1）通过需求交叉弹性，生产者可以知道对自己产品的需求会因其他产品价格变化可能引起的反应。

这将有助于企业制定自身的价格策略，有助于分析与各种产品之间有联系的风险问题。对于拥有许多条生产线、各种产品相互之间存在着明显的替代关系或互补关系的企业来说，这一点特别重要，它关系到这类企业的产品结构是否合理的问题。

（2）企业可以利用需求交叉弹性来测定行业间的相互关系。

例如，从表面来看，某个企业完全控制了市场，因为它是该商品的唯一供给者，但是，如果该企业的产品与某个有关行业的产品之间存在的需求交叉弹性较大且为正值，那么这个企业若提高价格，就会把一些销售额丢给有关行业的其他企业，可见该企业只能算是狭义上的垄断者。比如，如果火车车票价格上调的幅度过高，就会使公路客运或航空客运的客源人数明显增多，而使自己在竞争中处于不利的地位。

第二节　效用最大化与消费决策

一、效用理论

消费者是在经济中能够作出统一消费决策的单位。那么，消费的目的是什么？萨缪尔森提出了幸福方程式：

$$幸福=\frac{效用}{欲望}$$

其中的效用指的是消费者消费商品或劳务所获得的满足程度，并且这种满足程度纯粹是一种消费者主观心理感觉。

（一）效用理论的发展

1. 从绝对效用价值论到相对效用价值论

价值是什么？商品的价值如何决定？古希腊著名的思想家色诺芬在他的《经济

论》中就有效用理论的思想。他认为，财富就是有用的东西，物品有两种用途：一是使用（即效用）；二是交换。他以笛子为例，认为对于会吹笛子的人来说，笛子是财富；而对于不会吹笛子的人来说，只有在卖掉它时才是财富。古希腊最著名的哲学家亚里士多德指出物品有两种用途和属性：一种用途是供人使用（即效用），这是物品本身固有的属性；另一种用途是用于交换，这不是物品所固有的属性，因为物品原先不是为交换而制造的。他在分析公平概念时，指出交换的等同性就是效用。由于这是开拓性的论述，所以马克思给予了很高的评价，“亚里士多德在商品的价值表现中发现了等同关系，正是在这里闪耀出他的天才的光辉。”

在萨伊看来，粮食之所以有价值，是因为能充饥；杯子之所以有价值，是因为能用来喝水。他强调效用是各种财富的内在价值的基础和来源，物品的价值是由物品的效用决定的。既然价值是由物品的效用决定的，而效用是由生产三要素——土地、劳动和资本生产的，因此，价值是由生产三要素共同生产的。贝利强调价值的相对性，他指出了两种价值度量的区别：一种是追随亚里士多德的古典学派所理解的，即价值的内在原因和本质；另一种是就两种货物之间的数量关系意义来说的，特别是在货物和货币之间的价值量度。根据后一个概念，贝利说明价值的变化必然会影响用于比较的两种商品。杰文斯认为，价格包含着一种关系，他指出：“劳动常决定价值，但只间接地决定价值，那便是增加或限制供给，以变化商品的效用程度。”这样，就把产量概念引入到价格—价值关系中来，达到了进一步的综合。并且，这种较为综合的规定是紧密地联系着市场概念的。通过市场机制，需求与供给共同决定价格。

2. 从主观效用价值论到客观效用价值论

西尼尔认为价值的第一个要素是效用，是价值的一个必要成分。但效用指的并不是我们称之为有用事物的内在特质，它所指的只是事物对人们造成的痛苦与愉快。价值的第二个要素是供给有定限。有些种类的财富，其供给之所以有限制是由于不可克服的障碍；还有些物品，其供给量可以无限地增加，其限制性指的是各商品供给阻力的比较强度不同。价值的第三个要素是可转移性。这表明价值能够被占有，没有人能够将他无法摆脱的东西转让给别人。西尼尔是在论述价值的三个条件——效用、可转移性和供给有定限。其中，供给有定限是最重要的，而供给有定限对价值的影响的主要根源是人性中两个最有力的要素，即喜爱变换和喜爱体面。

约翰·穆勒把欲望、动机等心理因素引入经济学，在经济学思想史上首次提出了“经济人”的假设。他认为，所谓有用的劳动，是指所带来的好处或快乐与所付出的代价价值相等的劳动。“在所谓物质实体的生产方面，也必须记住，所生产的并不是组成物质实体的物质。世界上所有的全部劳动连一粒物质也生产不出来。我们所生产的，或者想要生产的，正如萨伊所正确称谓的，乃是效用。劳动并不创造物品，而是创造效用。”戈森从人们追求享受的过程中研究商品的价值，也是一种主观效用价值论。他认为，如果我们连续不断地满足同一种享受，那么，这同一种享受的量就会不断递减，直至最终达到饱和；如果我们重复以前已满足过的享受，享受量也会发生类似的递减。据此，他强调以追求最大效用为出发点，利用数学工具研究效用理论，得出了著名的戈森第一定理和戈森第二定理。

瓦尔拉对边际效用概念作了进一步的规定，首先强调了供求决定价格是基本的价格理论。但是，由于一种价格都会带来一种确定的供给与需求的规模，所以，存在着多少价格，就有多少这样的供求规模，亦即有多少这样的最大效用。如何统一这种不同的供求规模？他提出了两个条件：一是获得最大效用；二是供求相等。统一在一种价格上，从而统一在一种供求的规模上，这时出现的“最大效用”已不再是个人的主观效用，而事实上成为一种由市场机制的作用导致的社会的客观效用了。在瓦尔拉系统论述客观效用价值论后，庞巴维克又对客观效用价值理论作了进一步的拓展。他指出，效用就其孤立意义而言，是很单纯的。但是，在一个有组织的经济中，效用成为一个更复杂的概念了。以制造商来说，原料的效用不是他自己的产品对他自己有何用处，而是他作为一个制造商，能把这些原料派上什么用场，而这些用场又是由顾客的需要决定的。一个商品的直接使用，在这里被这件商品派什么用场所代替了；而“最有用的”这个词变成“最合算的”或“最赢利的”了。这样就出现了职业生产者，他为市场而生产，他的产品对他自己实际上没有主观价值。

3. 从基数效用理论到序数效用理论

效用更多的是一种心理感受，要准确计量非常困难，在绝对效用价值向相对效用价值转变的过程中，还有另外一条主线，即从基数效用理论向序数效用理论转变。基数效用理论是以效用的可测量和可比较为前提的，边际效用理论首先遇到的难题就是作为主观范畴的效用是不可能精确计量的。由于边际效用理论的内容是主观的，而用来度量内容的数学方法是客观形式。这种内容和形式的矛盾使边际效用理论不能大规模地应用数学方法，也限制了效用理论的进一步发展。帕累托为了解决这个矛盾，从消费者偏好某种商品的直接经验事实出发，分析消费者对不同商品的态度，提出消费偏好的概念，既回避了效用在量上的差异，同时又反映了效用的连续性。这样，以消费者行为代替消费者感觉，帕累托为效用理论建立了序数效用理论。

帕累托把埃奇沃斯提出的契约曲线改造后，得到新的分析工具——无差异曲线。他认为，通过收集偏好随物价变动的资料，可以分析和研究消费者行为，当获得足够的数据时就可以画出无差异曲线。他把对效用最大化实现条件的数学分析与瓦尔拉的结果相比，内容和基本思想都已改变。希克斯和艾伦在一篇名为《价值理论的再思考》的著名论文中，运用无差异曲线对效用进行了重新诠释。他们认为，消费者在市场上所做的并不是权衡商品效用的大小，而只是在不同的商品之间进行排序。希克斯在无差异曲线的基础上提出了偏好尺度的概念。根据偏好次序比较效用的大小，以“边际替代率”代替了“边际效用”、以“边际替代率递减规律”替代了“边际效用递减规律”，把无差异曲线和预算限制线相结合。无差异曲线仍然招致了许多批评，许多反对者认为它还是以效用满足的数量关系为前提的。对于这些反对意见，萨缪尔森作了无懈可击的回答，他提出了新的消费者行为假定，形成了显示偏好理论。于是，根据显示偏好的概念和对偏好的几个假定，能够相当确切地找到无差异曲线。然而，在序数效用论已经成为现代经济学主流范式的时候，黄有光与海萨尼和森等经济学家仍然坚守基数效用论的立场。事实上，只有建立在经验基础上的基数效用论才能为效用理论，进而为整个经济理论提供一种既可“证实”又可“证伪”的“质料”，而它是科学的必由之路。因此，从基数效用论到序数效用论，有着深刻的革新意义。

（二）效用理论类型

（1）基数效用，是指用 1、2、3 等基数词来表示效用的大小。基数效用可以加总求和。基数效用论采用的是边际效用分析法。

（2）序数效用，是指用第一、第二、第三等序数词来表示效用的大小。序数效用只表示顺序或等级，不能加总求和。序数效用论采用的是无差异曲线分析法。

二、基数效用分析与应用

基数效用理论使用的是边际效用分析法，有两个基本假设：效用可以用基数来衡量；边际效用递减。效用指的是消费者消费商品时所感受到的满足程度。效用函数，即 $U=f(x, y)$，表示消费一定数量的 X 商品和一定数量的 Y 商品给消费者带来的效用；$U=f(x)$，表示消费一定数量的 X 商品给消费者带来的效用。

（一）总效用与边际效用

总效用指消费者在一定时期内消费一定量的商品所获得的总的满足程度。计算公式为 $TU=f(Q)$。

边际效用指消费者在一定时期内增加或减少一个单位商品的消费所引起的总满足程度的变化。计算公式为 $MU=\Delta TU(Q)/\Delta Q$。

（二）边际效用递减规律

边际效用递减规律是指在一定时间内，在其他消费品的数量保持不变的条件下，当某种物品的消费量增加时，消费者从该种物品所得到的效用增量（即边际效用）趋于递减。

货币如同其他商品一样，也具有效用，边际效用递减规律对货币也适用。随着货币的不断增加，货币的边际效用递减。有句俗话就叫“富人的钱不值钱，穷人的时间不值钱”。

（三）消费者均衡

消费者均衡指在消费者收入既定的情况下，消费者实现效用最大化的均衡购买行为。消费者均衡有三个假设条件：①货币收入一定；②消费偏好不变；③市场价格既定。

假定消费者用既定的收入 I 购买 n 种商品，P_1、P_2……P_n 分别为 n 种商品的既定价格，货币的边际效用不变。以 X_1、X_2……X_n 分别表示购买 n 种商品的数量，U_1、U_2……U_n 分别表示购买 n 种商品的效用，消费者实现效用最大化可以表示为：

$$\mathrm{Max}TU=\mathrm{Max}\ (U_1+U_2+\cdots\cdots+U_n)$$

$$st.\quad P_1X_1+P_2X_2+\cdots\cdots+P_nX_n=I$$

消费者用全部收入购买的各种物品带来的边际效用，与为购买这些物品所支付的价格比例相等，或者说每一单位货币所得到的边际效用相等，又叫等边际法则。这也是消费者效用最大化的均衡条件。

（四）消费者剩余

消费者剩余指的是消费者愿意付出的价格与实际付出的价格之间的差额。愿意付出的价格由消费者根据对物品效用的评价来决定，而实际价格则由市场来决定，是固定的。

图1－3中，横坐标为商品数量Q，纵坐标为商品价格P，AB为需求曲线，如果消费者购买商品数量Q_1，则商品价格为P_1，实际支付总价格为OP_1CQ_1；如果消费者购买商品数量为Q_2，则商品价格为P_2，实际支付总价格为OP_2DQ_2。同样，购买Q_2商品，按第二种购买比第一种多支付价格P_1P_2DE。同理可证，如果对OQ_1商品从少到多一个一个购买，则会比一次购买多支付的价格为三角形AP_1C的面积。这就是消费者剩余。

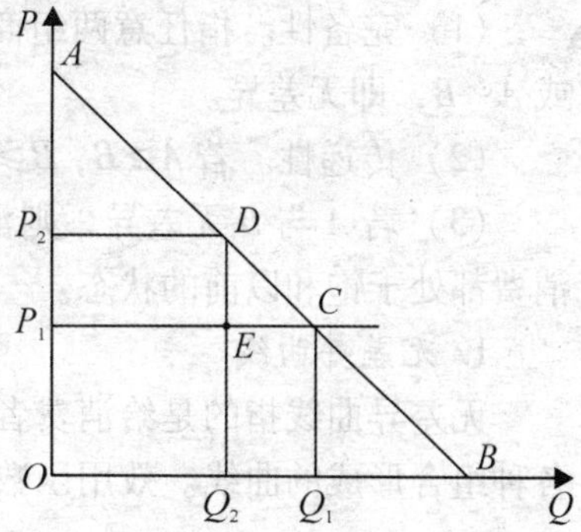

图1－3　消费者剩余

消费者均衡是研究消费者把有限的货币收入用于购买何种商品、购买多少能达到最大效用，即研究消费者的最佳购买行为问题。研究消费者均衡要注意两个问题：

第一，消费者均衡的限制条件。包括：①消费者的嗜好是既定的；②消费者的收入是固定的；③市场上购买各种商品价格是已知的。

$$P_1X_1+P_2X_2+\cdots\cdots+P_nX_n=M$$　限制条件

第二，消费者均衡的均衡条件。消费者购买各种商品的边际效用与价格之比相等，即等于一个常数。

$$MU_1/P_1=MU_2/P_2=\cdots\cdots=MU_n/P_n=\lambda$$　均衡条件

如果消费者只购买两种商品A和B，则消费者均衡条件和限制条件可以简化为：

$$MU_A/P_A=MU_B/P_B=\lambda$$　均衡条件

$$P_AX_A+P_BX_B=M$$　限制条件

消费者在收入既定、价格既定的条件下，如果购买的两种商品能同时满足这两个条件，这时消费者就不再调整购买A物品与B物品的数量，从而就实现了消费者均衡。

（五）价值悖论

200多年前，亚当·斯密在《国富论》中提出了价值悖论：没有什么能比水更有用，然而水很少能交换到任何东西。相反，钻石几乎没有任何使用价值，但却经常可以交换到大量的其他物品。钻石于人的用处确实远不如水，所以人们从水的消费中得到的总效用远远大于人们从钻石的使用中得到的总效用。但是，商品的需求价格不是由总效用而是由商品的边际效用的大小来决定的，即$P=MU/\lambda$。虽然人们从水的消费中得到的总效用很多，但是，由于世界上水的数量很多，因此，水的边际效用很小，人们只愿付非常低的价格。相反，钻石的用途虽远不及水，但世界上钻石的数量很少，因此，其边际效用很大，价格非常高昂。

三、序数效用分析与应用

序数效用论者认为，效用仅是次序概念，而不是数量概念。即商品的效用是无法具体来衡量的，只能用顺序或等级来表示，因此可以用"消费者偏好"来取代"效用单位"。对不同的商品组合，消费者有不同的偏好。消费者偏好的三个假设条件：

（1）完备性。指任意两组商品都是可以比较的，可能结果：或 $A \geqslant B$；或 $A \leqslant B$；或 $A \backsim B$，即无差异。

（2）传递性。若 $A \geqslant B$，$B \geqslant C$，则有 $A \geqslant C$。

（3）若 A 与 B 无差异，则消费者偏重于数量多的那部分。消费者对每种商品的消费都处于饱和以前的状态。

1. 无差异曲线

无差异曲线指的是给消费者带来同等效用水平和满足程度的两种商品不同数量的各种组合形成的曲线。效用函数公式：$U=f(X_1, X_2)$

表 1-1　某消费者的无差异表

商品组合	表 a		表 b	
	X_1	X_2	X_1	X_2
A	20	130	30	120
B	30	60	40	80
C	40	45	50	63
D	50	35	60	50
E	60	30	70	44
F	70	27	80	40

按序数效用分析消费者均衡，即消费者最佳购买行为是无差异曲线和预算线的相切点。

如图 1-4 所示，U_1、U_2、U_3 是无差异曲线。从图中可以看出，在 U_1 效用水平下，尽管效用水平高，但由于收入有限，达不到；在 U_3 效用水平下，虽然收入能够实现购买力，但效用水平低；只有在 U_2 效用水平下，既可以实现购买力，又可以实现较高的效用水平，所以无差异曲线和预算线相切之点是消费者均衡点，在这一点实现了消费者均衡。

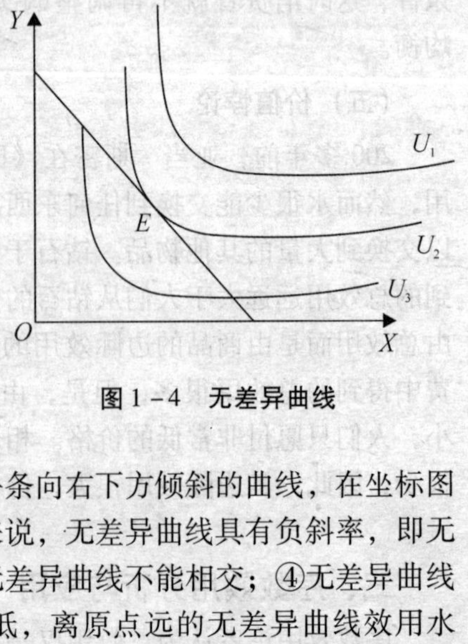

图 1-4　无差异曲线

无差异曲线的特征主要有：①无差异曲线是一条向右下方倾斜的曲线，在坐标图上，任一点都应有一条无差异曲线通过；②一般来说，无差异曲线具有负斜率，即无差异曲线的斜率的绝对值是递减的；③任意两条无差异曲线不能相交；④无差异曲线可以有许多条，离原点近的无差异曲线效用水平低，离原点远的无差异曲线效用水平高。

2. 边际替代率

边际替代率指的是消费者在保持相同的效用水平时，增加一单位的某种商品的消费所需放弃的另一种商品的消费数量。无差异曲线上任何一点的商品的边际替代率，等于无差异曲线在该点切线的斜率的绝对值。公式如下：

$$MRS_n = -\frac{\Delta Y}{\Delta X}$$

图1－5表示为得到一单位 X 商品所必须放弃的商品 Y 的数量。因为随着商品 X 的增加，其边际效用是递减的；同时，随着商品 Y 的逐渐减少，Y 的边际效用是递增的。所以，随着 X 的增加，每单位 X 商品可以替代的商品 Y 的数量越来越少。所以，商品的边际替代率递减的根本原因在于商品的边际效用递减。

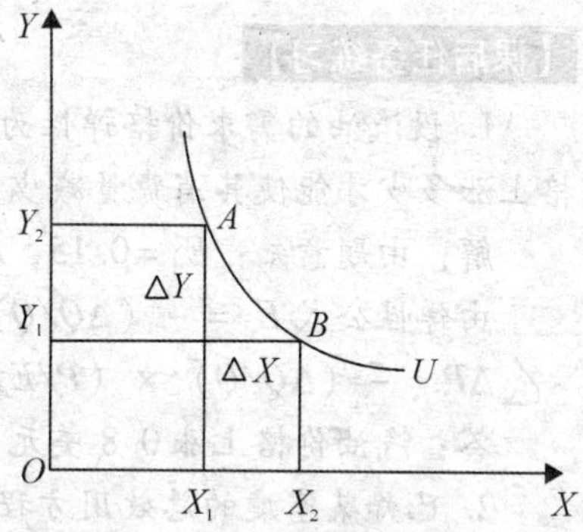

图1－5 商品边际替代品

3. 无差异曲线与边际替代率

（1）无差异曲线向右下方倾斜，是因为边际替代率为负值，即无差异曲线上的点的斜率为负。

（2）凸向原点，是因为边际替代率递减。

（3）向原点弯曲的程度取决于两种物品的替代程度，替代程度越大，弯曲程度越缓和；如果 X_1 能够完全取代 X_2，也就是每增加一个单位的 X_1 就减少固定单位的 X_2（两者是完全替代的），那么边际替代率就是一个常数，无差异曲线就是一条直线。

四、替代效应与收入效应

商品价格变化引起对其需求量的变化，可以分解为收入效应和替代效应。

总效应＝替代效应＋收入效应

收入效应：因价格变化而带来的实际收入的变化，导致需求量的变化。

替代效应：价格变动引起其相对价格的变动，进而引起其需求量的变动。

正常物品：替代效应与收入效应均使需求量与价格呈反方向变动，需求曲线向右下方倾斜。

补偿性预算线：平行于新的预算线并切于原有的无差异曲线的补偿（充）性预算线，是以假设的货币收入的增减来维持消费者实际收入水平不变的一种分析工具。比如，在商品价格下降引起实际收入提高时，假设可取走一部分货币收入，以使消费者的实际收入维持原有的效用水平。

本章知识小结

1. 消费者需求行为；

2. 需求弹性的种类；

3. 边际效用与边际替代率。

本章能力小结

1. 能根据需求弹性的公式，计算需求弹性；
2. 能运用边际效用理论及边际替代率来分析消费者行为。

【课后任务练习】

1. 设汽油的需求价格弹性为0.15，其价格现为每加仑1.20美元。试问：汽油价格上涨多少才能使其消费量减少10%？

解：由题意知：$E_d=0.15$，$P=1.20$，$\Delta Q/Q=-10\%$，

由弹性公式 $E_d=-(\Delta Q/Q)/(\Delta P/P)$ 可得：

$\Delta P=-(\Delta Q/Q)\times(P/E_d)=-(-10\%)\times(1.2/0.15)=0.8$（美元）

答：汽油价格上涨0.8美元才能使其消费量减少10%。

2. 已知某家庭的总效用方程为 $TU=14Q-Q^2$，Q 为消费商品数量。该家庭消费多少商品效用最大，效用最大额是多少？

解：总效用 $TU=14Q-Q^2$

所以边际效用 $MU=14-2Q$

效用最大时，边际效用应该为零，即 $MU=14-2Q=0$，$Q=7$，

总效用 $TU=14\times7-49=49$

答：消费7个商品时，效用最大，最大效用额为49。

第二章

利润与供应决策

一、本章学习目标

能力目标：

1. 能根据相关资料，进行生产要素的最佳组合；
2. 能根据具体情况，作简单的生产成本分析。

知识目标：

1. 掌握投入与产出的最优决策；
2. 掌握生产函数的内涵。

二、本章工作任务

歌星演唱会的利润最大化

2008 年秋季，上海某演出公司策划一场歌星演唱会，演唱会拟在上海万人体育馆内举行。演唱会一旦举行，成本开支几乎是完全可以预算的：歌星及乐队的出场费、招待费（包括餐饮、住宿、交通等开支）、场地租借费、安保费、工作人员加班费等。

演出公司估计，尽管到时市里有韩国电影周等活动，但凭所请几位歌星的影响力，出票数有望达到至少 6 000 张。当然，场内位置不同，票价也不同，但按平均票价计算，出票数达到 4 800 张便正好与演唱会的成本持平。因此，演唱会赢利是很有把握的。

1. 每增加一名观众的票价收入是公司的边际收益，这时的边际成本是多少呢？
2. 按照 $MR = MC$ 的原则，理想的观众人数是多少呢？

三、本章学习指导

1. 深刻理解企业的性质；
2. 采用比较学习法，深刻理解消费者决策与生产者之间的区别与联系。

导入案例

马尔萨斯人口论与边际报酬递减规律

经济学家马尔萨斯（1766—1834）的人口论的一个主要依据便是边际报酬递减规律。他认为，随着人口的膨胀，越来越多的劳动者耕种土地，地球上有限的土地将无法提供足够的食物，最终劳动的边际产出与平均产出下降，但又有更多的人需要食物，因而会产生大的饥荒。幸运的是，人类历史并没有按马尔萨斯的预言发展（尽管他正确地指出了劳动边际报酬递减规律）。

在20世纪，科学技术发展突飞猛进，改变了许多国家（包括发展中国家，如印度）的食物的生产方式，劳动的平均产出因而上升。比如，高产抗病的良种、更高效的化肥、更先进的收割机械等。在“二战”结束后，世界上总的食物生产的增幅总是或多或少地高于同期人口的增长。

粮食产量增长的原因之一是农用土地的增加。例如，从1961—1975年，非洲农业用地所占的百分比从32%上升至33.3%，拉丁美洲则从19.6%上升至22.4%，在远东地区，该比值则从21.9%上升至22.6%。但同时，北美的农业用地则从26.1%降至25.5%，西欧由46.3%降至43.7%。显然，粮食产量的增加更大程度上是由于技术的改进，而不是农业用地的增加。

在一些地区，如非洲的撒哈拉，饥荒仍是个严重的问题。劳动生产率低下是原因之一。虽然其他一些国家存在着农业剩余，但由于食物从生产率高的地区向生产率低的地区的再分配很困难和生产率低的地区收入也低，故而饥荒仍威胁着部分人群。

思考题：

（1）什么是边际报酬递减规律？其发生作用的条件如何？

（2）人类历史为什么没有按照马尔萨斯的预言发展？

（3）既然马尔萨斯的预言失败了，那么，你认为边际报酬递减规律还起作用吗？

（4）请谈谈你对“中国人口太多，将来需要世界来养活中国”或“谁来养活中国”等观点的理解。

第一节 企业的性质

德鲁克说，如果问一个企业是什么，企业家通常的回答可能是：“企业就是为了赢利而存在的组织。”一般的经济学家们也会给出同样的回答。为了获得利润，企业把生产要素组织起来，以生产物品和提供服务来满足个人消费者和其他企业的资源需要，这就是企业理论。企业理论是新古典微观经济学的核心，它的历史可追溯到古诺1838年的论文。100多年来，企业理论的演进过程基本上可以划分为两大阶段，即新古典企业理论和现代企业理论。

一、企业的性质

什么是企业？这一看似简单的问题却有着非常复杂的内涵，对这个问题的探索越深入，就越需要进行反思和解释。因此，也就形成了不同的企业性质观。

（一）企业“厂”论

在新古典理论中，企业是市场经济中的“厂商”。作为“厂”，企业要把各种投入转化为产出；而作为“商”，企业则先要到要素市场上按照要素价格购买各种投入要素，然后再到产品市场上按照产品价格出售各种“产出”。如果我们用马克思关于单个资本运动的理论（G——W…P…W′——G′）来考察，仅从形式上看，新古典理论将企业说成是“厂商”，是十分传神的。在生产阶段（W…P…W′），企业是作为“厂”的生产者，将各种投入要素转化为产出；而在流通环节，企业却是作为“商”的市场主体。它一头连着要素市场（G——W），付出成本，输入要素；另一头连着产品市场（W′——G′），输出产品，取得包含产品剩余的收益。

因为市场是唯一的资源配置机制，追求个人利益最大化的经济理性人，依据既定的技术和偏好，受观察到的价格和成本的引导，协调消费行为和生产行为，以期达到消费者的效用最大化和生产者的利润最大化。所有的交易活动都通过市场来完成，生产的主体是厂商，而厂商需要在技术、市场和经济条件的约束下，作出使利润最大化或成本最小化的生产计划，以达到最佳产量水平。只要在既定的假定条件下，观察投入与产出的关系，使生产者实现利润最大化即可。因此，企业可以看作是一个可行的生产计划集，而非交易组织，企业没有结构，只表达投入同产出的技术关系，即生产函数。

由此可以说，新古典厂商理论尚不能算作完整的、作为“厂”的企业理论。它只研究“经济学家心目中的而不是现实中的体系”，这就使得它成了“黑板经济学”。结果，企业和市场都有名无实。不仅现代体系中的大多数资源在企业内由行政决策配置这一重要事实被视而不见，更令人惊奇的是，在建立定价体系时，竟忽略了市场，或者说忽略了制约交换过程的制度安排。换句话说，新古典理论在描述企业市场交易活动的时候，没有揭示企业所从事的市场交易的基础和实质。新古典厂商理论只不过是价格理论的一部分。

（二）企业“厂＋商”论

“企业的显著特点是价格机制的替代。”这是科斯 1937 年在《企业的性质》一文中对企业性质的定义。科斯认为，由于强调看不见的手而否认看得见的手的作用，传统经济理论认定生产要素在不同用途上的配置只是由价格机制决定的。但是在现实世界或企业中，这一理论根本不适用。企业内的某个工人从部门 Y 换到了部门 X，指导他这样做的并不是相对价格上的变化，而是他被命令这样做。为什么会出现这个问题，主要原因是利用价格机制是有成本的。这种成本亦即著名的“交易成本”（或曰“市场运行的成本”）。在交易技术不变的隐含假设下，交易成本随着市场交易量的增加而递增。与之相比，在企业内部，行政“权威”机制代替了相对价格配置资源，避免了反复进行的讨价还价，交易成本就随市场交易量的减少而得到了节约，而这又等价于产值的增加。结果，因为企业的建立是有利可图的，企业作为价格机制的替代物就应运而生了。

阿尔钦和德姆塞茨认为："企业是一个团队生产组织。"企业与市场的区别不在于企业组织中利用了权威等非市场机制，从而节约了交易成本；而在于企业生产对市场协调生产的优势，即企业的协作生产力。因此，研究企业的性质，应该从企业内部特征——企业的管理成本和组织成本——着手，这样才能够说清楚。沿着这一思路，企业的各种生产性投入的绩效具有了重要意义，从而企业的激励机制、企业中的权利安排将成为重要的研究对象。企业的契约设计在本质上是一种激励制度设计，也就是一种财产权利安排。

"企业的显著特点是价格机制的替代"和"企业是一个团队生产组织"的观点，无疑使我们对企业的"厂"的性质有了更深刻的理解，但如果我们仅仅从"厂"这个市场替代物的角度来刻画企业的性质，还是非常不够的。原因在于：企业产生于市场，企业形成始于 G——W 阶段，没有市场就没有企业；企业的价值只有在市场中才能实现，不完成 W′——G′阶段，企业就不能持续下去。因此，仅仅从"厂"的角度出发，是无法完整地把握企业的性质的。没有了"商"的性质的企业，不可能是市场经济中的"企业"，只可能是传统计划经济体制中的"工厂"。现在开始谈论"商"(即"交易")。

"企业是一系列契约的联结。"这是 1976 年詹森和麦克林在《企业理论：经理行为、代理成本和所有权结构》一文中对企业性质的定义。在他们看来，企业是一种组织，它与其他组织一样，只是一种"法律虚构"。所谓企业的职能不过是为资本、劳动等各种要素的个人所有者之间、产品的供求者之间的契约关系提供一个联结点。他们进而认为，由于企业所包含的实际上只是个人之间的一组契约关系（文字的或口头的、明确的或隐含的），对企业内部的事情和企业外部的事情的区分几乎是没有意义的。后来，1983 年张五常在《企业的契约性质》一文中又进一步指出了企业契约与市场契约的一致性与区别。他认为，企业与市场的不同只是契约安排的两种不同形式而已；企业并非替代市场，而是用要素市场替代产品市场，或者说是"一种合约取代另一种合约"。企业这个契约发生在要素市场上，与价格机制相关的契约则发生在产品市场上。所以，企业不过是以要素市场的交易契约代替了产品市场的交易契约。

"企业是一组不完全契约。"这是 1986 年格罗斯曼和哈特在《所有权的成本和收益：纵向一体化和横向一体化的理论》一文中及 1990 年哈特和莫尔在《产权与企业的性质》一文中对企业性质的定义。詹森、麦克林、张五常等人都认为企业是一组契约，但他们都没有能够对契约本身作出研究，即没有区分完全契约和不完全契约，也正是由于这一原因，使他们只能运用和坚持交易成本理论，却始终找不到交易成本产生的根源。格罗斯曼、哈特和莫尔则明确区分了完全契约和不完全契约，并强调不完全契约，认为它是交易成本产生的根源。他们认为完全契约是这样一组契约：它能够充分预见契约期间所有可能发生的对缔约方来说比较重要的相关事件，并用明晰的语言在契约中描述这些事件，从而在事前确定事件发生的可能性；它能够针对每一个可能的事件规定各缔约方应该采取的行动以及相应的支付，并使各方达成一种意见；

它能够使签约各方愿意接受并遵守这些条款；它是可以强制执行的，对第三方（如法院）来说，契约的执行情况是可以证实的。然而，由于世界和未来事件的复杂性和不确定性与交易人的有限理性和机会主义行为的矛盾，契约总是不完全的，即由于关系性投资存在套牢的可能，以及制定完全契约的成本太高，使得契约在执行过程中，总存在着一部分第三者难以证实的可能，总有一部分剩余权利，这时候，所有权显得特别重要。企业作为市场的替代物而出现，即企业是由于不完全契约而出现的，企业本身也是一组不完全契约，但是，企业通过对剩余控制权的安排，使对投资行为最重要的一方拥有剩余控制权，从而降低了不完全契约带来的低效率风险。

在市场经济条件下，企业与市场具有一致性，又有明显的差别。其不同主要表现在：第一，企业与市场虽然都是资源配置的方式，但企业是市场配置的再配置过程；第二，市场配置依赖的主要是价格机制，而企业配置依赖的主要是权威机制；第三，市场的功能在于配置资源，但企业不仅配置资源，而且对配置的资源进行利用，以创造财富。企业最根本的特性是生产性。因此，如果我们仅仅从“商”的角度出发去理解企业，同样是无法完整地把握企业的性质的。因此，市场经济中的企业是“厂+商”。作为“厂”，亦即价格机制的替代物或团队生产组织，企业要把各种投入转换为产出；而作为“商”，亦即契约的联结或一组不完全契约，企业则先要到要素市场上按照要素市场契约购买各种“投入”要素，然后再到产品市场上按照产品市场契约出售各种“产出”。

二、经济利润

1. 经济利润

经济利润等于总收入减去总成本的差额。而总成本既包括显性成本，也包括隐性成本。隐性成本是指稀缺资源投入任一种用途中所能得到的正常收入，如果在某种用途上使用经济资源所得的收入还抵不上这种资源的正常收入，该厂商就会将这部分资源转向其他用途，以获得更高的报酬。因此，在西方经济学中，隐性成本又被称为正常利润。将会计利润再减去隐性成本，就是经济学中的利润概念，即经济利润。企业所追求的利润就是最大的经济利润。可见，正常利润相当于中等的或平均的利润，它是生产某种产品所必须付出的代价。因为如果生产某种产品连正常的或平均的利润都得不到，资源就会转移到其他用途中去，该产品就不可能被生产出来。而经济利润相当于超额利润，亦即总收益超过机会成本的部分。

经济利润可以为正、负或零。在西方经济学中，经济利润对资源配置和重新配置具有重要意义。如果某一行业存在着正的经济利润，这意味着该行业内企业的总收益超过了机会成本，生产资源的所有者将要把资源从其他行业转入这个行业中。因为他们在该行业中可能获得的收益，超过该资源的其他用途。反之，如果一个行业的经济利润为负，生产资源将要从该行业退出。经济利润是资源配置和重新配置的信号。正的经济利润是资源进入某一行业的信号；负的经济利润是资源从某一行业撤出的信号；只有经济利润为零时，企业才没有进入某一行业或从中退出的动机。

2. 会计利润和经济利润

会计利润是指厂商的总收益减去所有的显性成本或者会计成本以后的余额。显性成本是指厂商为获得生产所需要的各种生产要素而发生的实际支出，主要包括支付给员工的工资，生产中购买的各种原材料、零部件和燃料等。在经济分析中提到利润时，是指厂商获得的所有收益中扣除土地、劳动、资本等所有生产要素的全部机会成本之后的剩余。机会成本是指厂商生产某种产品或提供某种服务时，所放弃掉的其他可以获得的最大收益的产品或服务的代价。在会计利润的计算中没有考虑隐性成本，也就是厂商使用的早已占有的并非购买亦非租用的要素进行生产而导致的机会成本，在会计记录中体现不出来，但在经济分析中必须考虑这部分成本。除了经济利润，经济学中讲到利润时，还有一种称为正常利润（Normal Profit），它是企业家才能拥有的生产要素的报酬，微观经济学中正常利润被归入经济成本（隐性成本）之中。归纳一下，可以得到如下等式，由此也可以清楚地看到其关系：

会计利润 = 总收益 - 显性成本 = 经济利润 + 隐性成本

经济利润 = 总收益 - （显性成本 + 隐性成本）

第二节 利润最大化与供应决策

一、生产理论

厂商在解决生产什么、怎样生产之类的经济活动基本问题时，需要在不同技术方案之间作出选择决策。对这一问题分析进入到对经济的基本（不是唯一的）供给方企业或厂商行为的分析。这是经济学分析的另一重要领域。分析厂商行为需要对其目标加以设定，然后依次分析厂商技术选择，成本约束条件，不同市场结构下如何通过产出、数量、进入、退出等决策实现其目标。

（一）企业的目标

1. 单一目标

当期利润最大化；当期和未来利润流现值（V）最大化。

2. 多重目标

利润 + 其他目标（如公司市值、社会责任等）。美国一项对500家大型企业高级经理抽样调查结果表明，企业有多重目标。这些目标出现比例为：利润：96.9%；增长：86.2%；成本效率：81.5%；长期生存：74.5%；短期生存：55.4%；管理乐趣：53.8%。

（二）生产者行为

1. 生产者行为的基础

（1）要素投入与产出之间的实物生产关系，这是生产理论。

（2）将投入转化为成本之后，成本与产量之间的关系，这是成本分析。

（3）生产者追求利润最大化的各种生产与定价决策。

2. 生产者决策

在微观经济学中，企业的目标被假定为追求利润最大化，这一基本假设是理性经济人的假定在生产理论中的具体化。当厂商在解决生产什么、生产多少以及如何生产的问题时，他们被假定为始终抱有利润最大化动机。正如消费者并不只是受到自身利益的驱使，也并不总是按理性行事一样，厂商可能也并非只受到利润的驱使，并且不一定能够成功地作出使利润最大化的决策。在现代公司制企业中，经理的利益跟所有者的利益往往不一致，由于信息的不完全性，尤其是信息的不对称性，经理会在一定程度上偏离企业的利润最大化的目标。但不管经理的偏离利润最大化目标的动机有多么强烈，有一点是很清楚的：长期来看，一个不以利润最大化为目标的企业终将被市场竞争所淘汰。所以，实现利润最大化是一个企业竞争生存的基本准则。

（三）生产函数

1. 生产函数公式

为了追求利润，厂商要运用生产要素从事生产。生产要素是指生产中所使用的各种资源，包括劳动、资本、土地与企业家才能。

劳动（L），劳动力提供的服务；资本（K），生产中使用的资金，这里指的是厂房、设备、原料等物质资本；土地（N），生产中使用的自然资源；企业家才能（E），企业家对整个生产过程的组织与管理。

生产过程中所投入的生产要素与其产出量之间的关系称为生产函数。精确地说，生产函数是表明在既定的技术水平下一组投入所能生产的最大数量的产出。可用公式表示为：

$$Q = f\ (L、K、N、E)$$

假定只有两种投入品：劳动 L 和资本 K，产出为 Q，则生产函数可以表示为：$Q = f\ (K,\ L)$。因为生产函数是在给定知识和技术条件下成立的，因而生产函数可以更为准确地理解为“在一定技术条件下特定的投入品组合有效使用带来的最大的可能性产出”。随着知识技术的不断进步，生产函数会发生变化。

生产函数是从技术角度表示投入与产出之间的依存关系。因此，它具有如下性质：

（1）在一定时期内，在既定技术水平下，产出量是各种投入量的增函数。

（2）在投入的各要素之间，有的可能有互替关系，有的可能有互补关系。

（3）生产函数所表示的是在一定投入下的最大产出量。

2. 生产函数类型

（1）从生产技术系数上考虑，分为固定比例生产函数和可变比例生产函数。

固定比例生产函数就是固定生产技术系数的生产函数，即生产一种产品使用的 L 和 K 的组合比例是固定不变的。也就是说，要扩大（缩减）产量，L 与 K 必须同比例增加（减少）。如图2－1所示。

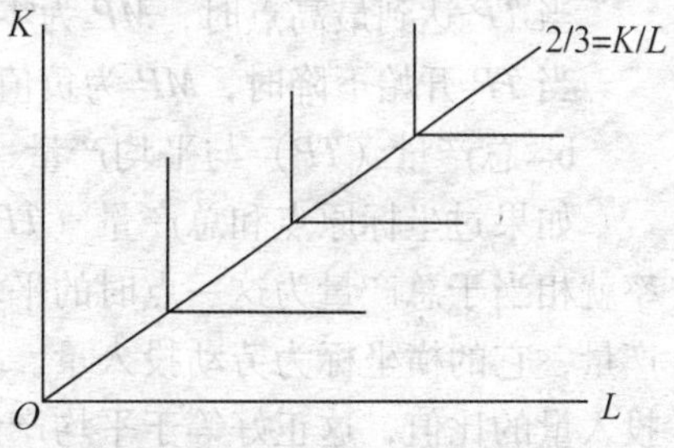

图2－1 固定比例生产函数

可变比例生产函数是指可变生产技术系数的生产函数，即生产一种产品使用的 L 和 K 的组合比例是可变化的，即为了生产出一定数量的产品，可以采用多用劳动、少用资本的劳动密集型生产方式，也可采用多用资本、少用劳动的资本密集型生产方式。如图 2－2所示。

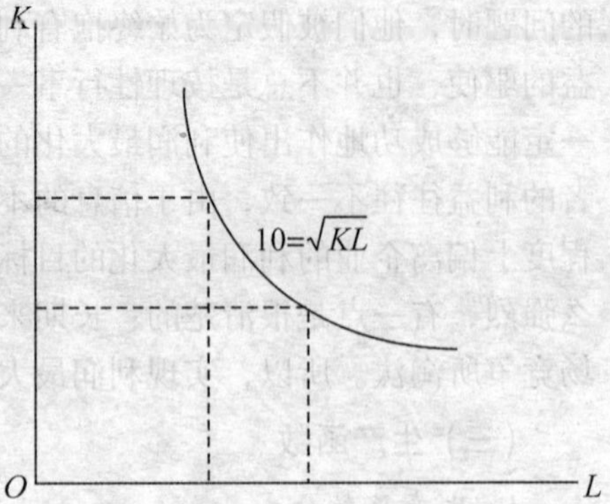

图 2－2 可变比例生产函数

（2）从投入要素的调整范围上考虑，分为长期生产函数和短期生产函数。

在生产中，短期与长期的划分有一个标准，就是看这个时期中是否所有的投入都可变动。

长期生产函数是指在厂商可以调整其一切生产要素投入的情况下，其要素投入与生产之间的关系。在长期中，厂商的生产要素不再分为不变投入和可变投入，而是所有的要素投入都是可变的。长期生产函数通常表示为：

$$Q=f(L,K)$$

短期生产函数是指在厂商固定（资本）投入不变、只改变部分可变投入的情况下，可变投入与产出的关系。短期生产函数通常表示为：

$$Q=f(\bar{K},L) \text{ 或 } Q=f(\bar{L},K)$$

①短期生产函数。

平均产量（*AP*）指平均每单位某种生产要素所生产出来的产量，如图 2－3所示。

边际产量（*MP*）指某种生产要素每增加一个单位所增加的产量。

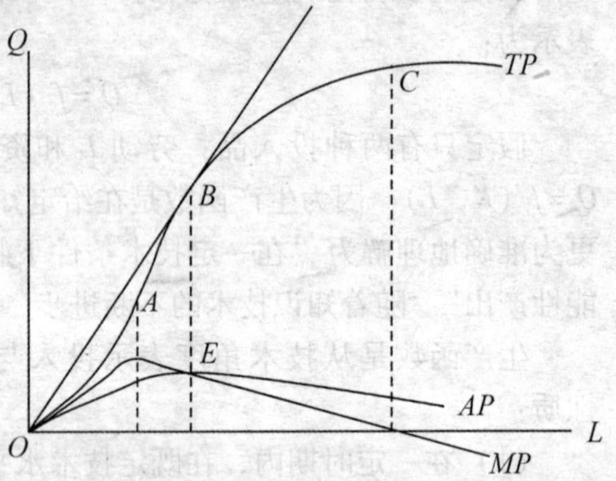

图 2－3 短期生产函数

a. 总产量（*TP*）与边际产量（*MP*）的关系：

当 *TP* 开始以递增的增长率上升时，*MP* 上升；

当 *TP* 开始以递减的增长率上升时，*MP* 达到最高点并转而下降；

当 *TP* 达到最高点时，*MP* 为零；

当 *TP* 开始下降时，*MP* 为负值。

b. 总产量（*TP*）与平均产量（*AP*）的关系：

如果过坐标原点和总产量（*TP*）曲线上的任一点作一条射线，则这条射线的斜率就相当于总产量为这一点时的平均产量（*AP*）。总产量曲线上各点的纵坐标代表总产量，它的横坐标为劳动投入量。射线的斜率等于对边比邻边，也就是总产量与劳动投入量的比值，这正好等于平均产量。

由图 2－3 可见，所有过原点和 *TP* 曲线上的点所作的射线中，和 *TP* 曲线相切的射线 *OB* 的斜率是最大的。这个 *B* 点所对应的横坐标就是平均产量达到最高点时的横坐标。

c. 总产量（*TP*）与边际产量（*MP*）的关系：

只要边际产量为正值，总产量总是增加的；

只要边际产量为负值，总产量总是减少的；

当边际产量为零时，总产量总是达到最大值；

d. 平均产量（AP）与边际产量（MP）的关系：

当边际产量大于平均产量（$MP > AP$）时，平均产量处于递增阶段（曲线是上升的）；

当边际产量小于平均产量（$MP < AP$）时，平均产量处于递减阶段（曲线是下降的）；

在平均产量从递增转为递减的转折点，即平均产量处于不增不减之点，这意味着边际产量等于平均产量（$MP = AP$）。此时，平均产量达到最高点。

事实上，任何一种边际曲线与平均曲线都有这样的关系，即任何一种变量的边际曲线必定穿过这种变量的平均曲线的最高点。

②短期生产函数与边际报酬递减规律。

a. 生产（产量增长）可划分为三个阶段，如图2－4所示：

第Ⅰ阶段，$MP > AP$，收益递增阶段；

第Ⅱ阶段，$MP \leqslant AP$，收益递减阶段；

第Ⅲ阶段，$MP < 0$，负收益阶段。

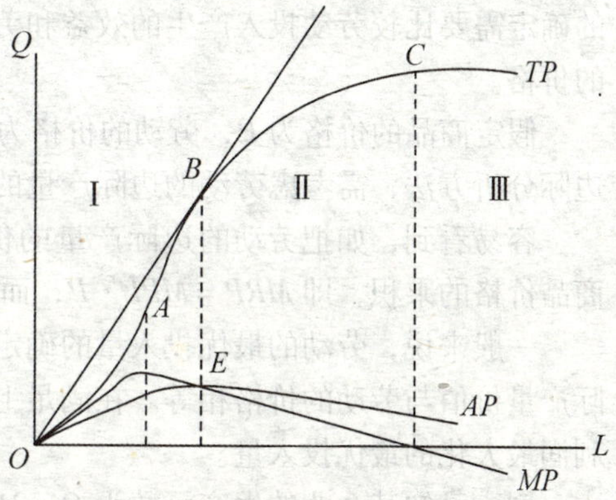

图2－4　短期生产函数的三个阶段

b. 边际报酬递减规律。

在第Ⅰ阶段，如果某种资本设备需要某一最低数量的人员才能有效运转，当可变要素很少时可能无法运转，或者运转效率很低；而当可变要素逐渐增大到一定限度内即能有效运转，在这个限度内可变要素的边际产量出现递增现象。所以，边际产量递增一般要以固定要素无法细分为前提，固定要素的金额越大，报酬递增的阶段越长。因为如果固定要素可以分割为极小的单位，那么固定要素与可变要素相对而言，前者不会太多，所以报酬递增可能永远不会出现。

在第Ⅱ阶段，当可变要素逐渐增加，到了可变要素的数目达到了足以使固定要素得到最有效的利用后，继续增加可变要素，意味着可变要素和固定要素的组合比例中，可变要素相对过多，而固定要素相对不足，这时继续增加可变要素虽然可以使总产量增加，但总产量的增加量出现递减现象。

在技术水平和其他生产要素投入不变的条件下，在连续等量地增加某种可变要素的过程中，当这种可变要素的投入量小于某一特定值时，增加该要素投入所带来的边际产量是递增的；当这种可变要素的投入量连续增加并超过这一特定值时，增加该要素投入所带来的边际产量是递减的——边际报酬递减规律。

在第Ⅲ阶段，当可变要素增多到一定限度后，再继续增加可变要素，会引起总产量减少，即边际产量为负数。

c. 边际报酬递减规律的说明。

生产要素报酬递减规律是以生产技术给定不变为前提的。技术进步一般会使报酬递减的现象延后出现，但不会使报酬递减规律失效。

该规律是以这种假设条件为前提的，即在技术不变、其他要素也不变、只有一种要素可变时的情况。

生产要素报酬递减是在可变的生产要素使用量超过一定数量以后才出现的。

在第Ⅲ阶段，由于 MP 为负值，因而导致总产量不增反减。

③短期生产函数的运用。

据上分析，如果厂商以利润最大化为目标，那么，有理性的厂商在选择要素投入时，厂商的理性决策不会考虑第Ⅲ阶段，因为这一阶段减少可变投入有利；厂商也不会选择第Ⅰ阶段，因为这一阶段增加要素投入、增加产量有利；厂商的理性决策将在第Ⅱ阶段进行选择。这是厂商进行短期生产的决策区间。至于厂商实际上会投入多少可变要素与既定的固定要素相结合，一般取决于市场上对该产品的需求状况。

从企业的基本目标出发，所谓最优就是企业的利润最大化。企业最优劳动投入量的确定需要比较劳动投入产生的效益和劳动的成本，为此需要知道商品的价格和劳动的价格。

假定商品的价格为 P，劳动的价格为 W，并简单假定两者都是给定不变的。采用边际分析方法，需考虑劳动的边际产量的价值和劳动投入的边际成本。

容易看到，如把劳动的边际产量的价值记为 MRP，它应等于劳动的边际产量与商品价格的乘积，即 $MRP = MPL \cdot P$，而劳动投入的边际成本就是劳动的价格 W。

一般来说，劳动的最优投入量的确定应遵循下面的原则：$MRP = W$，即劳动的边际产量价值与劳动的价格相等。在满足上述等式的条件下，企业的劳动投入量是使得利润最大化的最优投入量。

例：已知某企业的生产函数为 $Q = 21L + 9L^2 - L^3$，试求：

（a）该企业的平均产出函数和边际产出函数。

（b）如果企业现在使用 3 个劳动力，是否合理？合理的劳动使用量应在什么范围内？

（c）如果该企业产品的市场价格为 3 元，劳动力的市场价格为 63 元，该企业的最优劳动投入量是多少？

解：

（a）平均产出函数：$AP = Q/L = 21 + 9L - L^2$，

边际产出函数：$MP = \mathrm{d}Q/\mathrm{d}L = 21 + 18L - 3L^2$

（b）首先确定合理投入区间的左端点。令 $AP = MP$，即 $21 + 9L - L^2 = 21 + 18L - 3L^2$，解得 $L = 0$（舍去）或 $L = 4.5$，故合理区间的左端点应在劳动力投入为 4.5 个的时候。

再确定合理区间的右端点。令 $MP = 0$，即 $21 + 18L - 3L^2 = 0$，得到 $L = -1$（舍去）或 $L = 7$，即当使用劳动力为 7 个的时候，总产出最大。

所以，合理的劳动使用量应在 4.5 和 7 之间。目前使用的劳动力小于 4.5，是不合理的。

（c）劳动投入最优的必要条件为：$(21 + 18L - 3L^2) \times 3 = 63$，解出 $L = 0$（舍

去）或 $L=6$，即使用 6 个劳动力是最优的。

④长期生产函数。

a. 柯布—道格拉斯生产函数。

两种可变投入的生产函数的一般形式是：

$$Q=f(X, Y)$$

其中，Q 表示产量，X、Y 表示两种可变的生产要素。上式表示，产量 Q 是两种可变投入 X、Y 的函数。

如果在生产过程中使用的两种可变投入是劳动与资本，那么，两种可变投入的生产函数就表示产量随劳动和资本的变化而变化，是劳动和资本的函数。即：

$$Q=f(L, K)$$

最常见的两种可变投入的生产函数是柯布—道格拉斯生产函数。柯布—道格拉斯生产函数被认为是一个经验性的假说，有广泛的适用性，既可用于一个经济部门，也可用于整个经济部门。用于后者时又称为社会生产函数，在这个意义上，柯布—道格拉斯生产函数假设整个经济的产量是劳动与资本的函数，其形式为：

$$Q=f(L, K)=AL^{\alpha}K^{\beta}$$

式中，Q 为产量，L、K 分别为劳动和资本的投入量；α、β 为参数，其值为 $0<\alpha$、$\beta<1$。A 代表既定的技术水平。

柯布—道格拉斯生产函数中的参数 α、β 的经济含义是：当 $\alpha+\beta=1$ 时，α 和 β 分别表示劳动和资本在生产过程中的相对重要性。α 为劳动所得在总产量中所占份额，β 为资本所得在总产量中所占份额。

b. 规模收益。

所谓规模收益，也称规模报酬，是指企业生产规模的改变对产量以至对收益的影响，也就是企业按相同比例增加所有投入量时收益的增加情况。

产量与生产规模之间的关系分为三种情况，如图 2－5 所示：

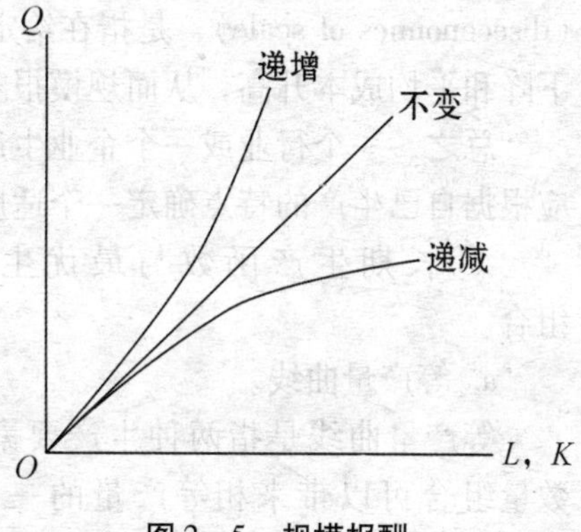

图 2－5　规模报酬

（i）规模报酬不变。各种生产要素投入增加的比例和产量增加的比例相等的情况，即产量增加率等于投入增长率。

（ii）规模报酬递增。各种生产要素的投入数量按固定比例增加，产量增加的比例超过投入增加的比例的情况，即产量变化率大于投入变化率。

（iii）规模报酬递减。各种生产要素的投入数量按固定比例增加，产量增加的比例低于投入增加的比例的情况，即产量变化率小于投入变化率。

规模报酬可用齐次生产函数来进行描述：

设生产函数为 $Q=AL^{\alpha}K^{\beta}$，假如两种要素投入乘以任一 λ（$\lambda>1$），那么：

$\because A(\lambda L)^{\alpha}(\lambda K)^{\beta}=A\lambda^{\alpha+\beta}L^{\alpha}K^{\beta}=\lambda^{\alpha+\beta}\cdot AL^{\alpha}K^{\beta}=\lambda^{\alpha+\beta}Q$

$\therefore$ $\alpha+\beta=1$，规模报酬不变；

$\alpha+\beta>1$，规模报酬递增；

$\alpha+\beta<1$，规模报酬递减。

在微观经济分析中，用内在经济和外在经济来解释规模报酬的变动问题。

所谓内在经济（internal economics），是指一个厂商在生产规模扩大时从自身内部引起的收入增加。例如，当一个厂商生产规模扩大时可以使用更加先进的设备；可以实现有利于技术提高的精细分工；可以充分发挥管理人员的效率；可以对副产品进行综合利用；可以以更有利的条件采购原料或推销产品等。

但是，如果一个厂商生产规模过大，则会由自身内部引起收益的减少，这就是内在不经济（internal diseconomics）。例如，一个厂商生产规模过大时，会引起生产要素价格提高、管理效率降低等。

外在经济（external economics）是指整个行业规模扩大时给个别厂商所带来的收益增加。例如，当一个行业生产规模扩大时使得个别厂商在辅助交通设施、人才、信息等方面获得某些好处而增加了收益。

但是，如果一个行业规模过大也会导致个别厂商平均成本升高，使它们的收益减少，这就是外在不经济（external diseconomics）。例如，整个行业规模过大引起竞争的加剧，环境污染的严重而使个别厂商成本增加、收益减少。

c. 规模经济与规模不经济。

内在经济和外在经济两部分共同组成了规模经济。所谓规模经济（economics of scale），是指在技术水平不变的情况下，生产规模扩大使投入要素的效率提高和平均成本降低，从而规模报酬递增。

内在不经济和外在不经济两部分共同组成了规模不经济。所谓规模不经济（diseconomics of scale），是指在给定技术的状况下，生产规模扩大使投入要素的效率下降和平均成本升高，从而规模报酬递减。

总之，一个行业或一个企业生产规模过大或过小都是不利的，每个行业或厂商都应根据自己生产的特点确定一个适度规模。

⑤长期生产函数与最优生产要素组合。

a. 等产量曲线。

等产量曲线是指两种生产要素的不同数量组合可以带来相等产量的一条曲线，或者说表示某一固定数量产品可以用所需的两种生产要素的不同数量组合生产出来的一条曲线。

例如，现有 L 和 K 两种生产要素，它们有 a、b、c、d 四种组合方式，如图2-6所示。图中，Q 代表等产量线，曲线上任一点 L 与 K 不同数量的组合都能生产出相等的产量。

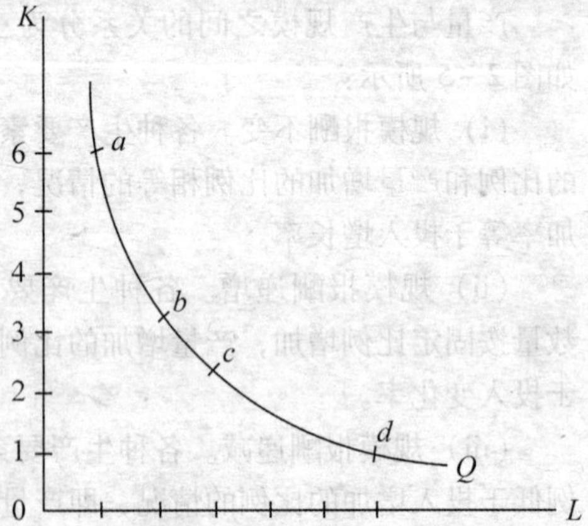

图2-6　等产量曲线

根据给定的生产函数，理论上可以在同一个坐标图上画出无数条等产量线，每一条等产量线表示 Q 的任一给定值，如图 2－7 所示。

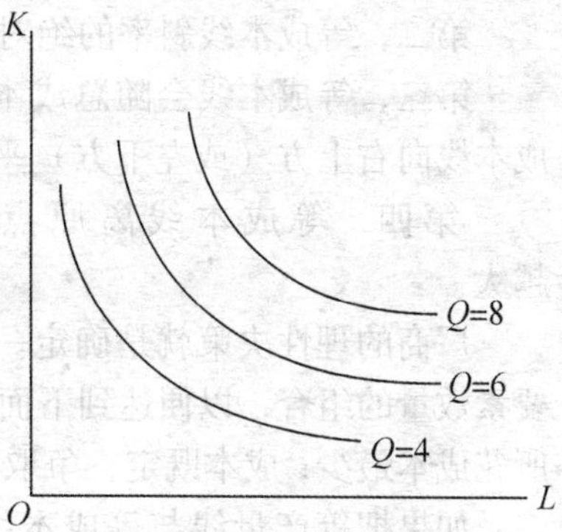

图 2－7　三条等产量曲线

这种描述一个给定生产函数的无数等产量线的坐标图，称为等产量线图（isoquant map），距离原点越远的等产量线所代表的产量越大。

等产量线具有如下特点：

第一，距离原点越远的等产量线所代表的产量越多。

第二，一个等产量线图上的两条等产量线不能相交。

第三，等产量线上任一点的边际技术替代率为负数。

所谓边际技术替代率（$MRTS_{xy}$），是指在维持产量水平不变的条件下，每增加一个单位的劳动 X（或资本 Y）所能替代的同等效用的资本 Y（或劳动 X）的数量，二者（后者对前者）的比值称为边际技术替代率。即：

$$MRTS_{xy}=\frac{\Delta Y}{\Delta X}=\frac{\mathrm{d}Y}{\mathrm{d}X}$$

边际技术替代率递减规律是指在维持产量水平不变的条件下，当一种生产要素的投入量不断增加时，每一单位的这种生产要素所能替代的另一种生产要素的数量是递减的。如图 2－8 所示。

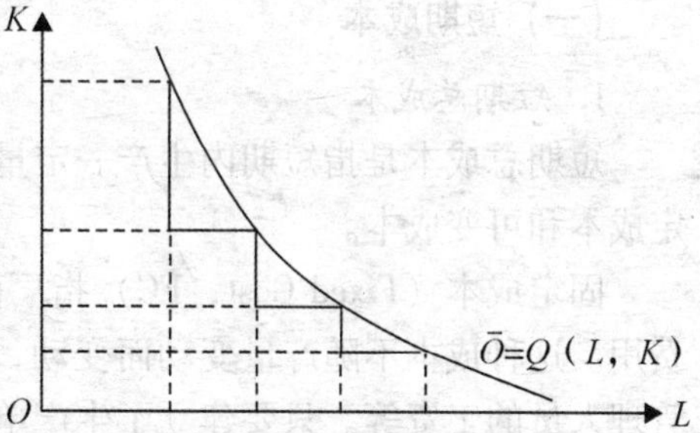

图 2－8　边际技术替代率递减

边际技术替代率递减的原因是：随着使用的劳动的逐渐增加和资本数量的相应减少，劳动的边际产量是递减的。这里有两种力量在起作用：第一是当使用较多劳动和固定数量的资本时，劳动的边际产量递减。第二是当使用较多劳动时，却用较少的资本，这使劳动的边际产量递减得更快。等产量线的 $|MRTS_{xy}|$ 递减，在几何图形上表现为沿着等产量线向右方倾斜的倾斜度越来越平缓。

b. 等成本线。

所谓等成本线（isocost curve），是一条描述在生产者的成本和生产要素价格既定的条件下，生产者所能购买到的两种生产要素数量的最大组合的线。对于每一个给定的总成本可以画出一条等成本线，如图 2－9 所示。

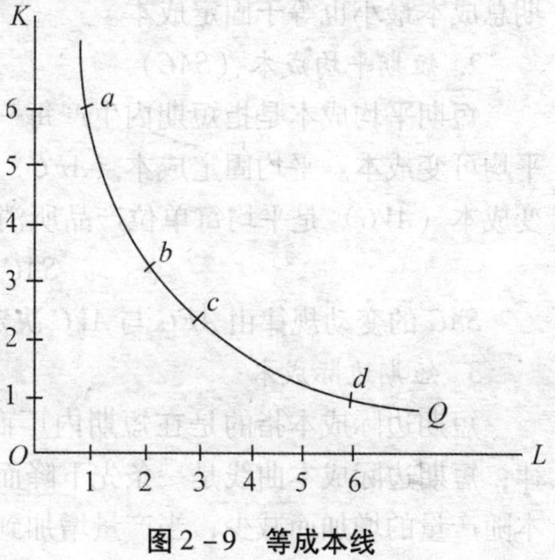

图 2－9　等成本线

等成本线具有如下特点：

第一，等成本线斜率 $\frac{OK}{OL}=\frac{C}{P_K}/\frac{C}{P_L}=\frac{P_L}{P_K}$，为负值。

第二，等成本线斜率的绝对值等于两种生产要素价格的比率。

第三，等成本线会随总成本的变化而移动。总成本的增加（或减少）表现为等成本线向右上方（或左下方）平行移动。

第四，等成本线离原点越远表示总成本越大。

厂商的理性决策就是确定一个他所购买的两种要素数量的组合，以便达到下面的目的：产量既定，所花成本最少；成本既定，争取产量最大。

如果把等产量线与等成本线结合在一个图上，那么等成本线必定与无数条等产量线中的一条相切于一点 E，如图 2－10 所示。在这个切点上，就实现了生产要素最适组合，E 点说明生产者在成本与生产要素价格既定下产量最大。

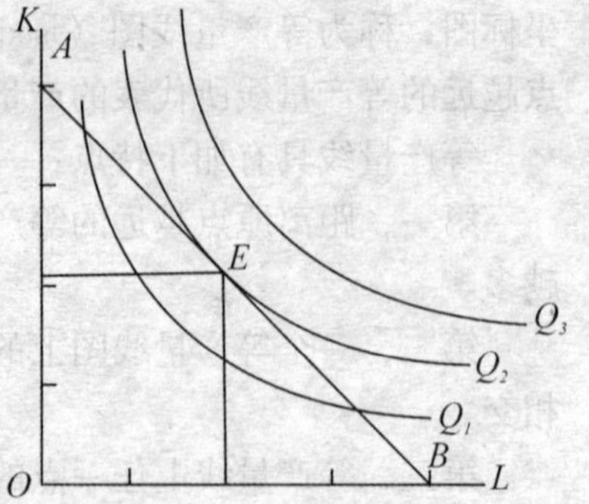

图 2－10　厂商均衡点

二、成本分析

（一）短期成本

1. 短期总成本

短期总成本是指短期内生产一定量的产品所需要的成本总和。短期总成本包括固定成本和可变成本。

固定成本（Fixed Cost，FC）指厂商在短期内必须支付的不能调整的生产要素的费用。这种成本不随产量变动而变动，是固定不变的。主要包括厂房和设备的折旧、管理人员的工资等。只要建立了生产单位，就是没有生产，也要支付固定成本。

可变成本（Variable Cost，VC）指厂商在短期内必须支付的可以调整的生产要素的费用。这种成本是随产量的变动而变动的，是可变的。主要包括原材料、燃料的支出以及生产工人的工资等。

$$短期总成本（STC）=FC+VC$$

STC 曲线不从原点出发，而从 FC 出发，表示没有产量也不为零。没有产量，短期总成本最小也等于固定成本。

2. 短期平均成本（SAC）

短期平均成本是指短期内生产每一单位产品所需要的成本，包括平均固定成本和平均可变成本。平均固定成本（AFC）是平均每单位产品所消耗的固定成本。平均可变成本（AVC）是平均每单位产品所消耗的可变成本。

$$SAC=AFC+AVC$$

SAC 的变动规律由 AFC 与 AVC 决定。

3. 短期边际成本

短期边际成本指的是在短期内厂商每增加一单位产量所增加的总成本。变动规律：短期边际成本曲线是一条先下降而后上升的“U”形曲线。开始时，短期边际成本随产量的增加而减少；当产量增加到一定程度时，就随产量的增加而增加。

4. 短期边际成本与短期平均成本、平均可变成本的关系

如图 2－11 所示。从图中可以看出，随着产量的增加，总成本曲线割线的斜率即平均成本，先变小，然后又变大，其间有一个最低点，这个最低点就对应着过 O 点的割线成为切线时的点，即 B 点。可见，在 B 点，切线和割线合而为一，且这时平均成本达到最低点。上面分析说明，平均成本曲线同样显现出"U"形曲线的形状。

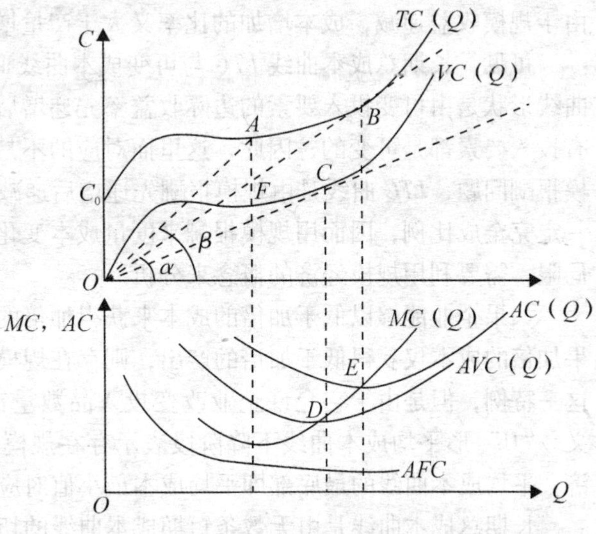

图 2－11　总成本、平均成本、边际成本的关系

从图中还可以看出，总成本曲线过 B 点的切线和割线合而为一，这意味着切线的斜率等于割线的斜率，即边际成本等于平均成本，且此时平均成本最小。这说明，边际成本曲线必然通过平均成本曲线的最低点。

如何解释这一现象呢？原来，边际成本反映再增加一个产品所增加的成本，而平均成本反映此时成本的平均状况，只要边际成本大于平均成本，平均成本就一定会上升；同时，只要边际成本小于平均成本，平均成本就一定会下降，所以边际成本曲线只能通过平均成本曲线的最低点。另外，平均成本还是平均固定成本和平均可变成本之和。

由于平均成本（*AC*）直接由平均固定成本（*AFC*）加平均可变成本（*AVC*）而形成，因而短期平均成本的变动规律也是由平均固定成本与平均可变成本决定的。*AC* 曲线开头的决定因素与 *AVC* 曲线相同。*AC* 曲线的位置在 *AVC* 曲线之上，两条曲线之间的垂直距离即为平均固定成本 *AFC*。由于 *AFC* 随产量增大而递减，因此，*AC* 曲线与 *AVC* 曲线垂直距离也随产量增大而渐趋缩小。*AC* 曲线的最低点与 *AVC* 曲线的最低点不在同一条垂直线上，前者在后者之后，这是因为 *AFC* 是单调递减的，*AVC* 从最低点转而上升，当其增量少于 *AFC* 的减少量时，*AC* 仍呈下降趋势；只有当 *AVC* 的增量正好等于 *AFC* 的减少量时，*AC* 才达到最低点。

（二）长期成本

所谓长期，是指厂商能根据所要达到的产量来调整其全部生产要素的时期。因此，在长期中也就没有固定成本与可变成本之分，一切生产要素都是可以调整的，一切成本都是可变的。厂商的长期成本包括长期总成本、长期平均成本和长期边际成本三种形态。

1. 长期总成本

长期总成本是长期中生产一定量产品所需要的成本总和。长期总成本随产量的变动而变动，没有产量时就没有总成本。随着产量的增加，总成本增加。在开始生产时，要投入大量生产要素，而产量少时，这些生产要素无法得到充分利用，因此，成本增加的比率大于产量增加的比率。当产量增加到一定程度后，生产要素开始得到充分利用，这时成本增加的比率小于产量增加的比率，这也是规模经济的效益。最后，

由于规模收益递减，成本增加的比率又大于产量增加的比率。

可见，长期总成本曲线 *LTC* 与可变成本曲线 *VC* 的形状是一致的。不同的是，*VC* 曲线形状是由可变投入要素的边际收益率先递增后递减决定的，而在长期中，由于所有投入要素都是可变的，因此，这里面对应的不是要素边际收益率问题而是要素的规模报酬问题，*LTC* 曲线是由规模报酬先递增后递减决定的。在长期中投入品的改变不一定完全成比例，因而用规模报酬来度量成本变化与产出变化之间的关系具有很大的局限，需要利用规模经济的概念来分析。

如果企业能够以低于加倍的成本来获得加倍的产出，就存在规模经济。反之，如果加倍的成本仅获得低于加倍的产出，则存在规模不经济。规模经济包含了规模收益这一特例，但是由于它允许企业改变投入品数量比例，因而具有更为普遍的分析意义。"U"形平均成本曲线下降阶段表示存在规模经济，上升阶段表示存在规模不经济。平均成本曲线的最底部即平均成本最小值对应的产出量，称为有效规模产量。

长期总成本曲线是由无数条短期成本曲线的切点相连而成的。这是因为，若厂商可任意选择生产规模，那么，对于某个事先确定的产量水平，厂商要计算各种可供选择的工厂规模上的生产总成本，并选择总成本最小的那个规模。长期总成本曲线是一系列最低成本点的轨迹，它是由无数条短期成本曲线的切线组成的，正因为如此，长期总成本曲线又被称为短期总成本曲线的包络线。

2. 长期平均成本

（1）长期平均成本曲线的构成。

长期平均成本是长期中平均每一单位产品的成本。它等于长期总成本 *LTC* 与产量 *Q* 之商，即 $LAC = LTC/Q$。

长期平均成本曲线与短期平均成本曲线的关系也和长期总成本曲线与短期总成本曲线关系一样，长期平均成本曲线是短期平均成本曲线的包络线。在长期中，生产者按这条曲线作出计划、确定生产规模。因此，这条长期平均成本曲线又称为计划曲线。

（2）长期平均成本曲线的特征。

长期平均成本曲线 *LAC* 也是一条先下降而后上升的"U"形曲线。这就说明，长期平均成本变动的规律也是随着产量的增加先减少而后增加的，这也是随着产量的增加，规模收益递增，平均成本减少；以后，随着产量的增加，出现规模收益递减，平均成本增加。这与短期平均成本曲线的形状相同。

但长期平均成本曲线与短期平均成本曲线也有区别，这就在于长期平均成本曲线无论是在下降时还是在上升时都比较平坦，这说明在长期中平均成本无论是减少还是增加都变动较慢。这是由于在长期中全部生产要素可以随时调整，从规模收益递增到规模收益递减有一个较长的规模收益不变阶段。而在短期中，平均成本曲线的形状是由可变投入要素的边际收益率先递增后递减决定的，边际收益不变阶段很短，甚至没有。

（3）不同行业的长期平均成本。

以上对长期平均成本的讨论都假设生产要素的价格是不变的。如果考虑到生产要素价格的变动，则各行业长期平均成本变动的特点又有所不同。一般可以根据长期平均成本变动的情况把不同的行业分为三种情况：成本不变的行业、成本递增的行业和成本递减的行业。

①成本不变的行业。这种行业中各个厂商的长期平均成本不受整个行业产量变化的影响，无论产量如何变化，长期平均成本是基本不变的。这种行业就是成本不变的行业。

形成这些行业成本不变的原因主要有两个：第一，这一行业在经济中所占的比重很小，也就是说，与其他行业相比，它是非常微小的。这样，它所需要的生产要素在全部生产要素中所占的比例也很小，从而它的产量的变化不会对生产要素的价格发生影响。因此，这一行业中各厂商的长期平均成本也就不会由于这一行业产量的变动而变动了。第二，这一行业所使用的生产要素的种类和数量与其他行业呈反方向变动。这样，它的产量的变动也就不会引起生产要素价格的变动，从而保持长期平均成本不变。

②成本递增的行业。这种行业中各个厂商的长期平均成本要随整个行业产量的增加而增加。这种行业在经济中属于普遍的情况。形成这些行业成本递增的原因是，生产要素是有限的，整个行业产量的增加会使生产要素价格上升，从而引起各厂商的长期平均成本增加。这也就是以前所说的由于外部因素，一个行业扩大给一个厂商所带来的外在不经济。这种情况在以自然资源为主要生产要素的行业中更为突出。

③成本递减的行业。这种行业中各个厂商的长期平均成本要随整个行业产量的增加而减少，这也就是以前所说的规模经济中的外在经济。形成这些行业成本递减的原因是，外在经济对这种行业特别重要。例如，在同一地区建立若干汽车制造厂，各厂商就会由于在交通、辅助服务等方面的节约而产生成本递减。但特别应该指出的是，这种成本递减的现象只在一定时期内存在。在长期中，外在经济必然会变为外在不经济。因此，一个行业内的成本递减无法长期维持下去。

3. 长期边际成本

长期边际成本是指在工厂规模变动的条件下，厂商每增加一单位产量所增加的长期总成本。如用 LMC 表示长期边际成本，则有 $LMC=\Delta LTC/\Delta Q$ 。若产量的变动量很微小，则长期边际成本就等于长期总成本对产量的导数：

$$LMC=\lim\Delta LTC/\Delta Q=\mathrm{d}LTC/\mathrm{d}Q$$

上式表明，长期边际成本就是长期总成本曲线的斜率，因此，长期边际成本曲线可以从长期总成本曲线中推导出来。具体的推导过程与从短期总成本曲线推导短期边际成本曲线的过程完全相同，故不再赘述。

长期边际成本曲线也可以从众多条短期边际成本曲线中推导出来。然而，长期边际成本曲线不是短期边际成本曲线的包络线。短期边际成本等于短期变动成本对产量的变化率，长期边际成本是假定所有成本都可变时总成本对产量的变化率。因此，短期边际成本曲线的一部分会处于长期边际成本曲线的下方。

长期边际成本曲线也是一条先下降而后上升的“U”形曲线，但它也比短期边际成本曲线平坦。长期边际成本曲线呈“U”字状的原因是规模报酬的变动。当规模报酬递增时，每增加一单位产量所增加的成本递减；当规模报酬递减时，每增加一单位产量所增加的成本递增。长期边际成本与长期平均成本的关系和短期边际成本与短期平均成本的关系一样，即在长期平均成本下降时，长期边际成本小于长期平均成本；在长期平均成本上升时，长期边际成本大于长期平均成本；在长期平均成本的最低点，长期边际成本等于长期平均成本。

（三）利润最大化

1. 收益

收益 = 全部收入 = $P \cdot Q$，包括成本和利润。收益是出售产品所得到的钱，而不是所赚取的钱。

收益可分为总收益 TR、平均收益 AR 和边际收益 MR。

（1）总收益 TR：厂商销售一定量的产品所得到的全部收入，即 $TR = AR \cdot Q = P \cdot Q$。

（2）平均收益 AR：厂商销售每一单位产品平均所得的收入，即 $AR = TR/Q = P$。

（3）边际收益 MR：每增加销售一单位产品所增加的收入，即 $MR = TR/Q = P$。

2. 利润

在正常情况下，机会成本大于零，所以，会计利润大于经济利润。

企业的利润最大化不是会计利润最大化，而是经济利润最大化。

企业要实现利润最大化，但不可能实现无限大的利润。企业对利润的追求要受到市场条件的限制。

3. 利润最大化的原则：$MR = MC$

$MR > MC$，每增加一单位产品所增加的收益大于这一单位的成本，厂商有利可图，必然扩大产量；

$MR < MC$，每增加一单位产品所增加的收益小于这一单位的成本，厂商会亏损，必然减少产量；

只有在 $MR = MC$ 时，厂商既不扩大也不缩小产量，而是维持产量，表明该赚的利润都赚到，即实现生产者利润最大化。

本章知识小结

1. 短期与长期生产函数；
2. 投入与产出决策。

本章能力小结

1. 能根据数据，进行成本分析；
2. 能根据实际情况，作出投入与产出的最优决策。

【课后任务练习】

已知产量为 9 单位时，总成本为 95 元；产量增加到 10 单位时，平均成本为 10 元。由此可知，边际成本为多少？

解：原来 9 单位时的总成本是 95 元

增加到 10 单位后，总成本是 $10 \times 10 = 100$（元）

增加 1 单位产量后，成本增加了 $100 - 95 = 5$（元）

答：边际成本是 5 元。

第三章

交易与市场竞争

一、本章学习目标

能力目标：

1. 能判别不同的市场结构；
2. 能根据市场结构，选择市场均衡点。

知识目标：

1. 掌握交易理论的含义；
2. 掌握市场结构类型。

二、本章工作任务

2003 年，“保暖内衣”成为服装领域的新宠儿，一时间成为人们谈论冬季保暖话题的流行词。这一新生行业从 2003 年只有十几家厂商猛增到 2007 年的 900 家，总销量从 2003 年的不足 800 万套上升至 2007 年的 9 000 多万套！同时，伴随着激烈竞争而推出的各种行销手段更是层出不穷。各种广告宣传充斥大街小巷、报刊电视。而当行业内厂商激战正酣时，市场上消费者、行业管理人士的反应又怎样呢？根据市场调查发现，尽管价格较 2003 年已有明显下降，但 2007 年度市场反应仍十分冷淡，2003 年度那种排长队提货的情景没有了，而产品专卖区更是十分萧条。而市场上种类繁多的保暖品牌更引起了市场管理者的重视。最新质量检查结果表明，市场上所谓新材料、新技术、新工艺、多功能的内衣，其实大多存在技术含量低、重概念轻质量、盲目仿造等问题。

1. 保暖内衣的生产厂商有哪些行为特征？属于何种市场结构类型？
2. 在保暖内衣市场上，一方面厂商想薄利多销，而另一方面市场又萎缩，为什么？

三、本章学习指导

1. 采用比较学习法，深刻理解不同市场结构类型的特点；
2. 熟练掌握不同市场结构中厂商的均衡策略。

导入案例

交通部上海航标厂是交通部直属的一级企业，在计划经济年代，它是全国唯一一家生产我国沿海航标设备的专业厂商，其产品由国家控制，销售由国家统包。改革开放以后，众多的小厂看到航标产品的丰厚利润，争相上马生产这类产品，尽管这类小厂并不完全具备生产的条件，但是它们一般都具有规模小、管理费用低的特点，加上较之上海航标厂优良得多的服务和灵活的销售方式，使得众多小厂生产的航标产品参与到市场竞争中来。这些小厂的产品与上海航标厂的产品差别不大，但价格较低，竞争使得上海航标厂举步维艰，近年来更是屡屡亏损。2004 年后，该厂在分析市场需求的基础上，利用国有企业的技术、设备和人力资源的优势，开发出一系列用户急需的产品，同时改变管理、提高质量、加强售后服务、降低生产成本等，从而使企业的市场份额从2004 年的最低点回复到2007 年的60% 以上，企业逐渐走上良性发展的道路。

根据上述材料回答：

(1) 上海航标厂濒临的市场结构经历了哪些变化？说明理由。

(2) 竞争对企业经营有什么影响？

第一节　交易与交易理论

企业和市场是两种可以相互替代的资源配置机制，由于存在有限理性、机会主义、不确定性与小数目条件，市场交易费用高昂，为节约交易费用，企业作为代替市场的新型交易形式应运而生。交易费用决定了企业的存在，企业采取不同的组织方式最终也是为了节约交易费用。一方面，企业作为一种交易形式，可以把若干个生产要素的所有者和产品的所有者组成一个单位参加市场交易，从而减少了交易者的数目和交易中的摩擦，因而降低了交易成本；另一方面，在企业之内，市场交易被取消，伴随着市场交易的复杂结构被企业家所替代，企业家指挥生产，因此，企业替代了市场。由此可见，无论是企业内部交易还是市场交易，都存在着不同的交易费用；而企业替代市场，是因为通过企业交易而形成的交易费用比通过市场交易而形成的交易费用低。

一、交易

（一）交易的基础

交易是人与人之间相互转让能够满足各自需求的物品的行为。交易的目的是获取能够满足自己需求的物品。人的需求是无限的，需求分为生理需求和精神需求。需求量是一个主观概念，无法测量。人的生理需求是有限的，比如馒头，每个人每天只能吃掉若干。但从交易的角度看，人的需求是无限的，比如卖馒头的人会认为，生产的馒头越多越好，多出来的不是为了满足生理需求，而是为了通过交易或赠送去获取其他利益。

交易的基础在于同一物品对不同的人有不同的使用价值，在不同的环境下，同一物品的使用价值也不尽不同。例如，雨伞在下雨时和不下雨时的使用价值是不同的。使用价值的不同是由人的生理需求不同决定的。交易的第一阶段是产权和交易费用，第二阶段是竞争与合作。

影响交易的因素主要有：政府干预、社会习俗、法律道德、信息传递等，极端情况如毒品交易，是一种非法交易。交易的种类主要有：资本与资本、资本与劳动、劳动与劳动。

（二）交易的本质

1. 交易过程中物品总数量没有变化，变化的是物品的使用价值

因此，交易不能创造价值，但能发现价值。比如，对卖馒头的人来说，只有当馒头对他来说使用价值很小（几乎为零）时，他才会把馒头卖掉，这样可以使馒头的使用价值交易给需要馒头的人。如果没有这个馒头交易，馒头的使用价值就不能体现出来。交易后，馒头的使用价值发生了变化。在一个交易过程中，交易的是物品的使用价值，因此，经过交易，物品易主后，在不同的人那里使用价值发生了变化。

2. 交易结果具有不确定性

由于交易前双方有时候无法准确测量交易后的物品是否能达到自己的使用价值，也不知道对第三方会有什么影响，于是，交易后物品的使用价值可能增加，也可能减少。也就是说，交易结果具有如下的不确定性：

（1）交易的结果可能对双方都有利；也可能对一方有利，对另一方没有利；可能对双方都没有利。

（2）在交易过程中，有潜在的第三方参与竞争与合作，交易的结果可能对第三方有利，也可能给第三方带来损害。

3. 效率原则

交易后，如果使用价值提高，则称这个交易行为是有效率的；反之，则称之为无效率。交易后，物品的使用价值最大化的情况称为帕累托最优；交易后，物品的使用价值降低的情况称为租值消散。

4. 交易费用

交易中存在各种费用，如果没有交易费用存在，无论产权结构如何，自由交易都可以使物品的使用价值最大化。经济学就是研究交易过程中都有哪些交易费用，如何才能通过减少交易费用，来增加交易结果的确定性，提高物品的使用价值。研究交易问题的目的是：发挥交易的优点；限制交易的缺点；形成良性而有效的交易机制；实现交易各方的利益最大化。

5. 交易的不公平性

在垄断市场情况下，买方只能接受卖方的价格和质量，这就是交易中以大欺小，信息多的会欺信息少的。还有一种情况是以小欺大，比如，城市拆迁中也能见到就剩一户会提出过分要求，无论如何都不搬迁的情况。

二、交易理论

（一）交易费用理论

所谓交易费用，是指企业用于寻找交易对象、订立合同、执行交易、洽谈交易、监督交易等方面的费用与支出，主要由搜索成本、谈判成本、签约成本与监督成本构成。企业运用收购、兼并、重组等资本运营方式，可以将市场内部化，消除由于市场的不确定性所带来的风险，从而降低交易费用。交易费用理论认为，有限理性、机会主义、不确定性、小数目条件使得市场交易费用高昂，为了节省这种交易费用，代替市场的新的交易形式应运而生，这就是企业，而企业的不同组织结构也是交易费用节省的必然结果。稀缺就是产生交易费用的根源。

交易费用理论仔细区分了市场交易和企业内部交易。市场交易双方利益并不一致，但交易双方地位平等；企业内部交易一般通过长期合约规定（如企业主和雇员），交易双方利益比较一致，但地位并不平等。市场交易导致机会主义，但在企业内部，机会主义对谁都没有好处。

（二）交易费用理论的发展与运用

1. 交易费用理论的新发展

著名学者威廉姆森（Williamson，1977）将交易费用分为事前的交易费用和事后的交易费用。他认为，事前的交易费用是指由于将来的情况不确定，需要事先规定交易各方的权利、责任和义务；在明确这些权利、责任和义务的过程中就要花费成本和代价，而这种成本和代价与交易各方的产权结构的明晰度有关。事后的交易费用是指交易发生以后的成本，这种成本表现为各种形式：

（1）交易双方为了保持长期的交易关系所付出的代价和成本。

（2）交易双方发现事先确定的交易事项有误而需要加以变更所要付出的费用。

（3）交易双方由于取消交易协议而需支付的费用和机会损失。威廉姆森（Williamson，1980）分析了交易费用的影响因素。他认为，交易费用的影响因素主要是环境的不确定性、小数目条件、组织或人的机会主义以及信息不对称等，这些因素构成了市场与企业之间的转换关系。他指出，影响市场交易费用的因素可分成两组：第一组为“交易因素”，尤其指市场的不确定性和潜在交易对手的数量及交易的技术结构——指交易物品的技术特性，包括资产专用性程度、交易频率等。第二组为“人的因素”——有限理性和机会主义。他指出，机会主义行为、市场不确定性、小数目谈判及资产专用性的存在都会使市场交易费用提高。当然，他没有指出交易费用为什么产生，只是列举了交易稀缺性的几个表现或仅指出了市场中交易费用上升的原因。后来，有人从劳动交易和中间产品交易角度区分了企业和市场，认为企业是以劳动市场代替中间产品市场，而不是用企业组织替代市场组织。企业和市场的边际替代关系取决于劳动力交易效率和中间产品交易效率的比较。

总而言之，交易费用理论的特征如下：

（1）把交易成本区分为广义和狭义两类。广义的交易成本是指谈判、履行合同和获得信息所需运用的全部资源；狭义的交易成本则是指单纯履行契约所付出的时间和努力。这种划分以库特等的表述最为准确。

(2) 把交易成本区分为事先的和事后的两类。事先的交易成本是指起草、谈判、保证落实某种协议的成本；事后的交易成本是交易之后发生的成本，它可以有许多形式。

(3) 进一步强调交易成本是运用经济制度的成本，强调交易成本是由于制度摩擦所导致的费用，特别是由于产权不清必然导致各类摩擦发生。肯尼斯·阿罗明确定义交易成本是"经济制度操作的成本"。

(4) 强调信息成本是交易成本的核心，突出真实信息的表现及获得和识别所必须付出的代价。而信息成本的高低，即市场价格信号的真假以及对其识别的敏感度，根本上取决于产权制度所规定的市场交易当事人的权利及责任、风险界区是否明确，价格归根到底是产权的市场运动形式。

(5) 强调交易成本是人们发生普遍社会交换关系中发生的费用。其发生的前提是人们的利益分歧，克服和协调这种分歧发生的成本，从本质上说，是制度成本，包括信息成本、监督管理的成本和制度结构变化的成本等。

2. 纵向联合与混合兼并

在交易费用理论问世之前，纵向联合（垂直兼并）理论可以归纳为两大类，即技术决定论和市场缺陷论。技术决定论认为许多生产阶段在技术上紧密相连，属于同一企业经营范围，是技术经济的需要，把这些具有技术联系的生产阶段组织在一个企业中更为合理和经济。市场缺陷论的特点在于着眼于市场中的一些"缺陷"，即市场中偏离纯粹市场竞争模式的现象，来说明纵向联合可以改善经济效益、提高利润。这些市场的"缺陷"包括垄断、寡占、非完全竞争等市场模式。

应用交易费用理论可以更好地解释垂直兼并的关键问题是资产特定性，即某一资产对市场的依赖程度。资产有三种特性：一是资产本身的特定性；二是资产选址的特定性；三是人力资产的特定性。上述三种资产特定性的任何一种都能促使企业进行行政管理垂直兼并。一般来说，资产特定性越高，市场交易的潜在费用越大，垂直兼并的可能性就越大。当资产特定性达到一定高度，市场交易的潜在费用就会阻止企业继续依赖市场，这时垂直兼并就会出现。因此，在一个工业部门中，资产特定性越高，垂直兼并的现象就应该越普遍。反之，如果一个工业部门的资产特定性越低，垂直兼并的现象应该减少。

交易费用理论与混合兼并：把混合兼并理解为部门企业组织（M 结构）的自然发展，这种混合型组织是为了组织极其复杂的经营活动，因为多部门组织管理互不相关的经济活动可以节约交易费用。把混合企业组织视为一种内部资本市场是交易费用理论对混合兼并的有力解释。它反映着资本市场经由管理协调取代市场协调而得以内在化，从而大大提高了资源利用效率。

第二节　市场竞争与均衡

一、市场结构

经济学中的市场是指任何一种方便于买卖的安排。它可以是一个有形的买卖商品的场所，也可以是把买卖双方联系在一起的一种安排。按交易对象可将市场分为两大类：商品市场和生产要素市场。本章研究的是商品市场。任何一种商品都有一个市场，有多少种商品，就有多少个市场。比如，这种市场可以是大米市场、自行车市场、石油市场等。与市场这一概念紧密相连的另一个概念是行业。

行业是指为同一个商品市场生产和提供产品的所有厂商的总体。同一种商品的市场和行业的类型是一致的。例如，完全竞争的市场对应的是完全竞争的行业。在不同的市场条件下，厂商所面临的需求状况是有差异的。换句话说，厂商所面临的需求曲线的形状是不相同的。

市场类型可以根据市场竞争程度的强弱来划分，而影响市场竞争程度的因素主要有：市场上厂商的数目；厂商各自提供的产品的差别程度；单个厂商对市场价格的控制程度；厂商进入或退出一个行业的难易程度。

根据以上因素，一般将市场分为以下类型：完全竞争市场、垄断竞争市场、寡头市场和完全垄断市场。后三种类型也称为不完全竞争市场。如表 3－1 所示。

表 3－1　市场和厂商类型的划分和特点

市场和厂商的类型	厂商数目	产品的差别程度	对价格的控制程度	进入或退出一个行业的难易程度	接近的市场
完全竞争	很多	完全无差别	没有	很容易	一些农产品
垄断竞争	很多	有差别	有一些	比较容易	香烟、糖果
寡　头	几个	有差别或无差别	相当程度	比较困难	钢铁、汽车
完全垄断	一个	唯一的产品，没有接近的替代品	很大程度，但经常受到管制	几乎不可能	公用事业，如水电

二、市场竞争与均衡

（一）完全竞争市场上的厂商均衡

完全竞争市场显然是一种在理论分析中存在的理想化的市场形态，是一种抽象的市场类型，现实生活中只有农产品、期货等少数市场比较接近这种市场类型。但完全竞争市场作为一种理论抽象，可以揭示出市场机制运行的规律及其在资源利用方面的优缺点，帮助我们制定经济政策去管理市场。因此，微观经济学里许多问题都是假定在完全竞争的条件下展开的，它也是对其他各种类型的市场进行分析的基础。

1. 完全竞争市场的假设条件

(1) 市场中有许多的买者和卖者。

(2) 同一行业中的每个厂商生产的产品是完全无差别的（同质的）。

(3) 厂商进入或退出一个行业是完全自由的。

(4) 市场中的每个买者或卖者都掌握着与自己的经济决策有关的商品和市场的全部信息。

2. 完全竞争市场的含义

完全竞争，也叫做纯粹竞争，是指一种不受任何阻碍和干扰的市场结构。在完全竞争市场上，整个行业产品的价格是由供给与需求决定的。对单个厂商来说，市场价格是既定的。在该价格水平上，市场对个别厂商产品的需求是无限的。对单个消费者来说，情况也是如此。

3. 完全竞争市场上的价格和需求曲线

行业所面临的需求量：消费者对整个行业所生产的商品的需求量。相应的需求曲线称为行业所面临的需求曲线，即完全竞争市场的需求曲线，如图 3-1（a）。

厂商所面临的需求量：消费者对行业中的单个厂商所生产的商品的需求量。相应的需求曲线称为厂商所面临的需求曲线（简称为厂商的需求曲线），如图 3-1（b）。

图 3-1（a）说明了整个行业的供求如何决定价格，这时候的价格水平为 P_0；图 3-1（b）为个别厂商的情况，这时候的价格为市场的既定价格 P_0，在这种价格下，市场对个别厂商产品的需求是无限的。

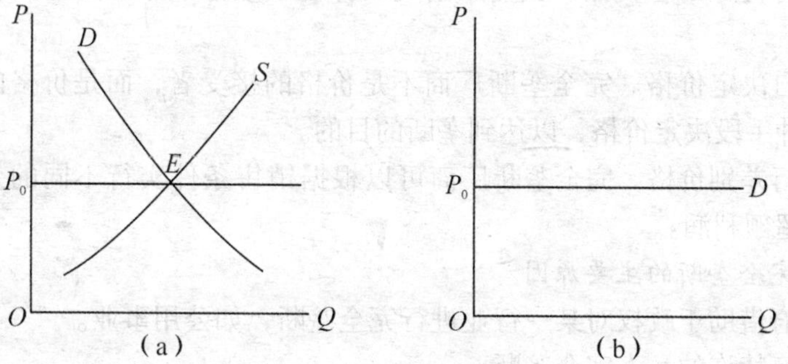

图 3-1　完全竞争市场

4. 完全竞争市场的价格、平均收益和边际收益

厂商按既定的市场价格出售产品，每单位产品的售价也就是每单位产品的平均收益。所以，价格等于平均收益。

在完全竞争的条件下，个别厂商销售量的变动，并不能影响市场价格。这就是说，厂商每增加一单位产品的销售，市场价格仍然不变，从而每增加一单位产品销售的边际收益也不会变。所以，边际收益等于平均收益，也等于价格，即 $MR = AR = P$。

可见，完全竞争市场的 D、AR、MR 曲线重合，都是一条与数量轴平行的水平线，即图 3-1（b）中的 D。

5. 完全竞争厂商的均衡

短期均衡：厂商不能够按照市场需求来调整全部生产要素。单个厂商实现最大利润的均衡条件是边际收益等于边际成本，即 $MR=MC$，如图 3-2 所示。

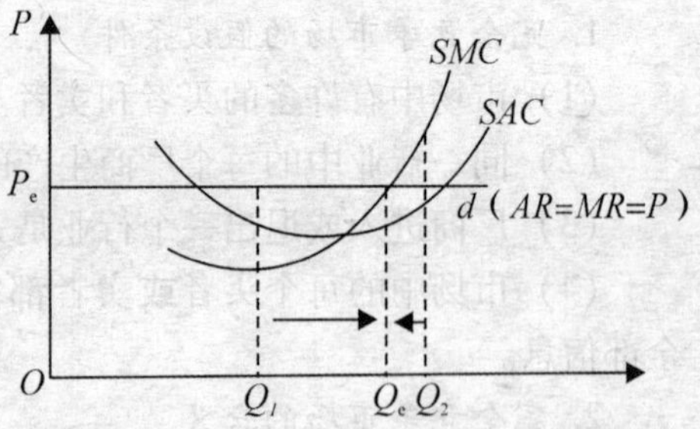

图 3-2　完全竞争下厂商实现最大利润的均衡条件

长期均衡：在长期中，所有的生产要素都是可变的，完全竞争厂商可以通过对全部生产要素投入量的调整，来实现利润最大化的均衡条件。在长期中，完全竞争厂商对全部生产要素的调整表现在两个方面：

（1）厂商进入或退出一个行业，这也就是行业内企业数量的调整。

（2）厂商对生产规模进行调整。

（二）完全垄断市场上的厂商均衡

完全垄断市场是指整个行业中只有唯一的一个厂商（并且其产品不具有替代性）的市场组织。完全垄断，也叫纯粹垄断，或者独占。完全垄断是微观经济学市场结构中的另一个极端情况。完全垄断市场就是价格或者数量由厂商说了算的市场。

1. 完全垄断市场的特征

（1）市场上只有唯一的厂商生产和销售产品；厂商就是产业。完全垄断产业只有一个厂商，它提供整个产业的产销量。

（2）该厂商生产和销售的商品没有任何相近的替代品，完全垄断厂商所提供的产销品没有良好的替代品，其需求的交叉弹性系数等于零。因此，它不受任何竞争威胁。

（3）独自决定价格。完全垄断厂商不是价格的接受者，而是价格的制定者，它可以利用各种手段决定价格，以达到垄断的目的。

（4）实行差别价格。完全垄断厂商可以根据销售条件实行不同的差别价格，以攫取最大的超额利润。

2. 形成完全垄断的主要原因

（1）政府借助于政权对某一行业进行完全垄断，如公用事业。

（2）政府特许的私人完全垄断。

（3）某些产品的市场需求很小，单个厂商即可满足。

（4）某些厂商控制了某些特殊的资源或矿藏，对借此生产的产品完全垄断。

（5）对生产某些产品的特殊技术的控制。

（6）厂商的垄断策略。

3. 完全垄断厂商的需求曲线和收益曲线

厂商所面临的需求状况直接影响着厂商的收益。在完全垄断市场中，厂商的总收益（TR）、边际收益（MR）以及平均收益（AR）的含义与完全竞争市场是相同的。但是垄断厂商所面临的需求曲线和边际收益曲线并不是完全重合的水平线，而是两条向右下方倾斜的曲线，且边际收益曲线始终位于平均收益曲线的下方。垄断厂商所面临的需求曲线和平均收益曲线是两线合一的，这一点与完全竞争厂商相同。

图3－3是垄断厂商的需求曲线图和收益曲线图。图中，商品的市场价格P随着垄断厂商的商品销售量的不断增加而下降，所以垄断厂商的需求曲线是向右下方倾斜的。与此相对应，从收益看，垄断厂商的平均收益AR等于商品的价格P，平均收益AR也是不断下降的；垄断厂商的总收益TR是先增后减的；垄断厂商的边际收益MR亦呈不断下降的趋势。总收益TR和边际收益MR之间的关系是：在MR为正值时，TR是上升的；在MR为负值时，TR是下降的。此外，在每一个销售量上，边际收益都小于平均收益，即$MR<AR$。$MR<AR$的原因在于：根据边际量和平均量之间的关系，只要平均量下降，边际量就总是小于平均量。所以，在商品价格即平均收益AR不断下降的同时，必有$MR<AR$。

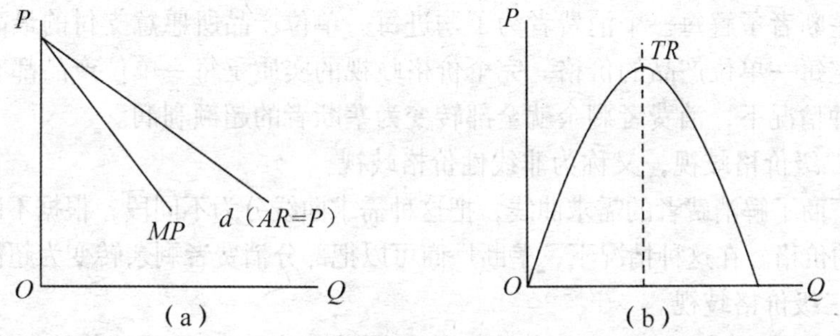

图3－3　垄断厂商的需求曲线和收益曲线

综上所述，垄断厂商的平均收益曲线、边际收益曲线和总收益曲线的特征可以概括如下：第一，厂商的平均收益曲线AR与需求曲线d重叠，它们是同一条向右下方倾斜的曲线。这表示，在每一个销售量上，厂商的平均收益都等于商品的价格。第二，厂商的边际收益曲线MR也是向右下方倾斜的，且位于平均收益曲线AR的左下方。这表示，在每一个销售量上，厂商的边际收益都小于平均收益。第三，厂商的总收益曲线TR是先上升，达到最高点以后再下降。因为，在每一个销售量上的MR值都是相应的TR曲线的斜率，所以，当MR值为正时，TR曲线的斜率为正（即TR曲线是上升的）；当MR值为负时，TR曲线的斜率为负（即TR曲线是下降的）；当MR值为零时，TR曲线的斜率为零（即TR曲线达极值点，在此为极大值点）。

4. 完全垄断市场的均衡

短期均衡：垄断厂商（追求利润最大化的）短期均衡条件，即$MR=SMC$。

长期均衡：垄断厂商的长期均衡的基本特征：①垄断厂商长期可以（通过低价多销、高价少销策略选择）调整全部生产要素的投入量，从而实现利润最大化；②垄断行业排除了其他厂商加入的可能性。

垄断厂商在长期中对生产进行调整的结果：

（1）垄断厂商在短期内是亏损的；在长期中，又不存在一个可以使他获得利润的生产规模，于是该厂商退出生产。

（2）垄断厂商在短期内是亏损的；在长期中，通过对最优生产规模的选择，摆脱了亏损的状况，甚至获得了利润。

（3）垄断厂商在短期内利用既定的生产规模获得了利润；在长期中，通过对生产规模的调整，获得更大的利润。

5. 完全垄断市场的价格歧视

完全垄断市场是一家厂商垄断整个市场。完全垄断存在价格歧视问题。价格歧视，就是在同一时间对同一种产品向不同的购买者索取不同的价格。垄断厂商依靠自己的完全垄断地位来实行价格歧视，可以据此获得垄断利润。

垄断厂商实行价格歧视的前提：一是市场存在不完善性，厂商具有一定的市场力量；二是各个市场对同种产品的需求弹性不同；三是能够有效地把不同市场或市场的各部分分开。

价格歧视的类型：

（1）一级价格歧视，又称为完全价格歧视。

假设垄断者了解每一个消费者为了购进每一单位产品所愿意支付的最高价格，并据此来确定每一单位产品的价格。完全价格歧视的实质是每一单位产品都有不同的价格。在这种情况下，消费者剩余就全部转变为垄断者的超额利润。

（2）二级价格歧视，又称为非线性价格歧视。

垄断厂商了解消费者的需求曲线，把这种需求曲线分为不同段，根据不同的购买量确定不同的价格。在这种情况下，垄断厂商可以把部分消费者剩余转变为超额利润。

（3）三级价格歧视。

垄断厂商对不同市场（同一产品）的不同消费者实行不同的价格。它是最常见的一种价格歧视。在这种情况下，就可以在实行高价格的市场上获得超额利润，即把这个市场上的消费者剩余变为超额利润（市场分割）。“不同市场不同售价”就是典型的三级价格歧视。

（三）垄断竞争市场上的厂商均衡

1. 垄断竞争市场的特征

垄断竞争市场是这样一种市场组织：一个市场中有许多个厂商生产和销售有差别的同种产品，这个市场既垄断又竞争。在垄断竞争理论中，把市场上大量的生产非常接近的同种产品的厂商的总和称为生产集团。众多厂商的产品具有不完全替代性，产品的差别化来自五个方面：产品的物质性差别；消费者的主观差别；销售服务的差异；地理位置的差异；特殊需要的差异。垄断竞争市场，就是同类但不同质的市场。

2. 垄断竞争厂商的需求曲线

在垄断竞争市场条件下，厂商在一定程度上可以控制自己产品的价格，也就是说，厂商可以通过提高或降低有差别产品的销量来影响市场中商品的价格，垄断竞争厂商产品的需求曲线是一条向右下方倾斜的线。同时，由于垄断竞争厂商的商品具有替代性，这就使得垄断竞争厂商所面临的需求曲线具有相当大的弹性，所以，垄断竞争厂商所面临的需求曲线比较接近于水平。在垄断竞争条件下，厂商所面临的需求曲线有两种，通常我们用 d 需求曲线和 D 需求曲线加以区分。

3. 垄断竞争厂商的短期均衡

在短期内，垄断竞争厂商在现有的生产规模下通过对产量和价格的同时调整，来实现 $MR = SMC$ 的均衡条件。现在用图 3－4 来分析垄断竞争厂商的短期均衡的形成过程。

在图3－4中，AC 曲线和 MC 曲线代表企业现有的生产规模，d 需求曲线和 D 需求曲线是企业的两种需求曲线，MR_1 曲线是相对于 d_1 需求曲线的边际收益曲线，MR_2 曲线是相对于 d_2 需求曲线的边际收益曲线。假定企业最初进行生产时，产品的价格和产量分别为 P_1 和 Q_1，此时，该厂商的生产不符合利润最大化的条件，于是该厂商决定将生产由 N 点向均衡点 M 点调整，当厂商将价格和产量调整至 P_0 与 Q_0 时，$MR=MC$，短期均衡形成。均衡点为 M 点，厂商所面临的需求曲线 d 与 D 相交于 M 点，由 M 点所确定的厂商价格和产量恰好使得 $MR=MC$，厂商获得利润。同完全竞争厂商一样，垄断竞争厂商在短期均衡点上并非一定能获得最大利润，可能利润为零，也可能蒙受最小亏损。当均衡价格小于 AVC 时，企业在短期内就会停产；而当均衡价格大于 AVC 时，企业在短期内总会继续生产。综上所述，垄断竞争厂商短期均衡的条件是：$MR=SMC$。

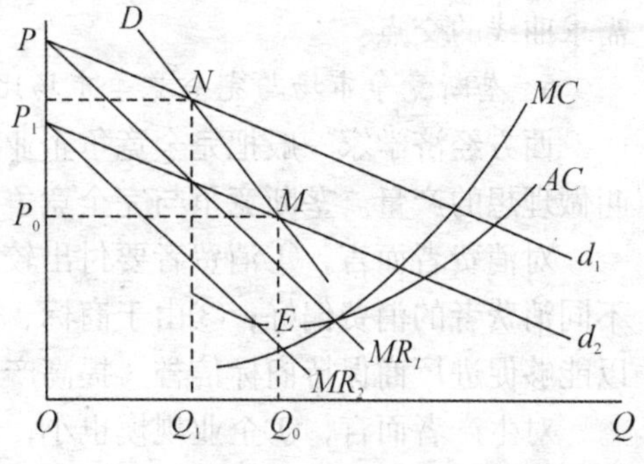

图3－4　垄断竞争厂商的短期均衡

在短期均衡的产量上，必定存在一个 d 需求曲线和 D 需求曲线的交点，它意味着市场上的供求是相等的。此时，垄断竞争厂商可能获得最大利润，可能利润为零，也可能蒙受最小亏损。

4. 垄断竞争厂商的长期均衡

在长期内，垄断竞争厂商不仅可以调整生产规模，还可以加入或退出生产集团。这就意味着垄断竞争厂商在长期均衡时的利润必定为零，即在垄断竞争厂商的长期均衡点上，d 需求曲线必定与 LAC 曲线相切。简单地看，这些情况与完全竞争厂商是相似的。但由于垄断竞争厂商所面临的是两条向右下方倾斜的需求曲线，因此，垄断竞争厂商的长期均衡的实现过程及其状态具有本身的特点。在垄断竞争条件下，厂商的长期均衡是通过新厂商的加入或原有厂商之间的竞争来实现的。当有超额利润存在时，将有新厂商进入该行业，结果将出现供应量的增加。在行业需求水平不变的条件下，厂商所面临的需求曲线将要向左下方移动，直到图中的 d 需求曲线为止，此时，超额利润消失，即 $MR=MC$，厂商在 E 点实现了长期均衡。

图3－5中，MR 曲线、SMC 曲线以及 LMC 曲线相交于同一均衡点 E，即 $MR=SMC=LMC$；厂商所面临的需求曲线 d 与 LAC 曲线及 SAC 曲线相切于 N 点，则可得 $AR=LAC=SAC$，厂商所面临的需求曲线 d 与 D 也相交于 N 点，意味着市场上的供求相等。此时厂商利润为零。总而言之，垄断竞争厂商的长期均衡条件为：$MR=LMC=SMC$；$AR=LAC=SAC$。

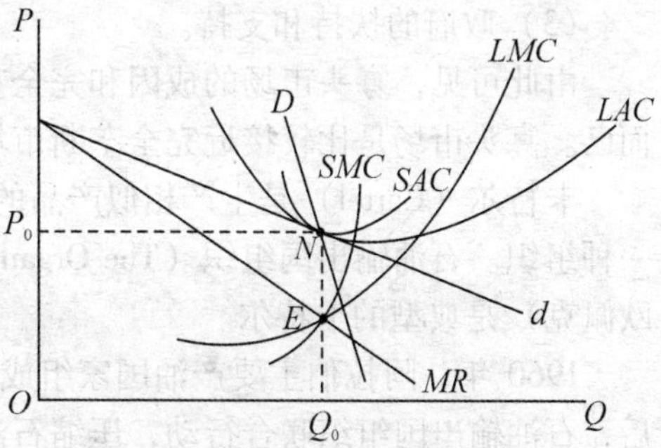

图3－5　垄断竞争厂商的长期均衡

在长期的均衡产量上，垄断竞争厂商的利润为零，且存在一个 d 需求曲线和 D 需求曲线的交点。

5. 垄断竞争市场与完全竞争市场比较

西方经济学家一般把完全竞争企业在长期平均成本曲线（LAC）最低点上的产量叫做理想的产量。垄断竞争与完全竞争的比较：

对消费者而言，①消费者要付出较高的价格；②产品多样化、有差别，可以满足不同消费者的消费偏好；③由于商标、厂商地点和服务态度都能够构成产品差别，所以能够促进厂商保持商标信誉、提高产品质量、改进服务态度，从而有利于消费者。

对生产者而言，①企业规模也小，面临的竞争压力大；②垄断竞争的均衡产量没有达到最佳产量，生产设备往往没有得到充分利用，形成资源浪费；③有较大的广告费用支出；④垄断竞争既有竞争对手的威胁，又有一定的垄断因素可以保证技术创新的收益，因此能够促进技术创新。垄断竞争被认为是最有利于技术创新的市场机制，也是普遍存在的市场结构。

（四）寡头市场上的厂商均衡

在一个寡头市场上，少数几家大规模厂商占据整个行业或行业的大部分产出，他们生产的产品可能是同质的，也可能是有差别的，这样的行业有汽车、钢铁、飞机制造等。与其他三种市场结构不同的是，寡头市场上的厂商存在着相互依存的关系。由于行业中厂商数目很少，一个厂商在采取某种行动时必须考虑别的厂商的反应，而完全竞争厂商、完全垄断厂商和垄断竞争厂商则不必考虑这一点。

1. 寡头市场两个主要的特征

一是进入障碍，寡头市场一般存在着行业进入障碍，障碍的大小却随行业的不同而不同；二是厂商的相互依赖，在寡头市场上，每个厂商的产量都在全行业的总产量中占一个较大的份额，从而每个厂商的产量和价格的变动都会对其他竞争对手以至整个行业的产量和价格产生举足轻重的影响。正因为如此，每个寡头厂商在采取某项行动之前，首先必须要推测或掌握自己这一行动对其他厂商的影响以及其他厂商可能作出的反应，然后才能在考虑到这些反应方式的前提下采取最有利的行动。

2. 形成寡头市场的主要原因

（1）某些产品的生产必须在相当大的生产规模上进行，才能达到较好的经济效益。

（2）行业中几家企业对生产所需的基本生产资源的供给有控制力。

（3）政府的扶持和支持。

由此可见，寡头市场的成因和完全垄断市场是很相似的，只是在程度上有所差别而已。寡头市场是比较接近完全垄断市场的一种市场组织。

卡特尔（Cartel）是生产相似产品的独立企业联合起来以提高价格和限制产量的一种组织。石油输出国组织（The Organization of Petroleum Exporting Countries，OPEC，欧佩克）是典型的卡特尔。

1960 年，阿拉伯主要产油国家组成了石油输出国组织。20 世纪 70 年代中东战争后，石油输出国组织联合行动，压缩石油产量，抬高价格，对世界石油市场有相当的影响。但是，由于成员单独违背合同（通过偷偷扩大产量来独自享受限产的好处，内部欺骗），以石油输出国组织为代表的卡特尔往往具有不稳定性。

3. 寡头市场的分类

（1）按照产品特征，寡头市场可以分为：纯粹寡头行业（行业中厂商的产品没有差别）；差别寡头行业（行业中厂商的产品有差别）。

（2）按照厂商的行动方式，寡头市场可以分为：厂商有勾结行为的寡头行业（厂商有合作行为）；厂商独立行动的寡头行业（厂商之间没有合作行为）。

4. 寡头厂商的产量和价格的决定

寡头厂商的产量和价格的决定是很复杂的问题。每个厂商的产量都在全行业中占一个较大的份额，从而每个厂商的产量和价格的变动都会对其他竞争对手乃至整个行业产生举足轻重的影响。每个寡头厂商的利润都要受到行业中所有厂商的决策的相互作用的影响。

5. 寡头垄断的特点

（1）厂商之间的相互依存、相互影响比较大。

（2）寡头市场一般以大型企业为特征。

（3）价格不是由市场供求决定，而是由少数寡头通过有形或无形的勾结、价格领导、形式不同的协议、默契等方式来决定。

（4）价格较为稳定、很少变动，表现出价格刚性的特点。

6. 古诺模型

古诺模型是早期的寡头模型，它是法国经济学家古诺在《财富理论的数学原理研究》一书中，对双头垄断进行研究而得出的一种模型。古诺模型通常被作为寡头理论分析的出发点。由于它是一个只有两个寡头厂商的简单模型，该模型也被称为“双头模型”。古诺模型的结论可以很容易地推广到三个或三个以上的寡头厂商的情况中去。

古诺模型分析的是两个出售矿泉水的生产成本为零的寡头厂商的情况。古诺模型的假定是：市场上只有 A、B 两个厂商生产和销售相同的产品，他们的生产成本为零；他们共同面临的市场需求曲线是线性的，A、B 两个厂商都准确地了解市场需求曲线；A、B 两个厂商都是在已知对方产量的情况下，按照利润最大化的原则安排生产，即每一个厂商都是消极地以自己的产量去适应对方已确定的产量。

古诺模型的价格和产量的决定可以用图 3－6 来说明。

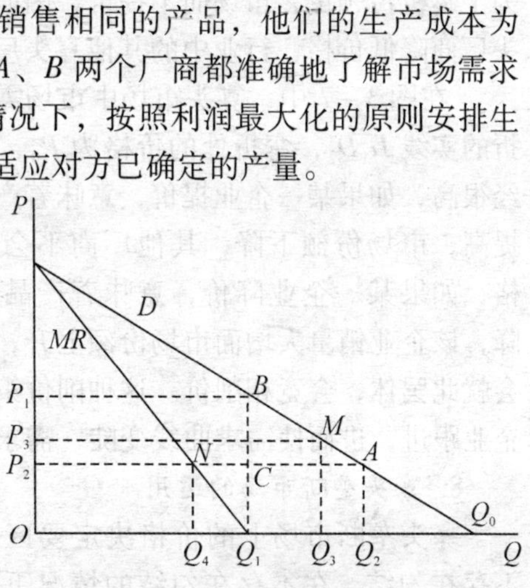

图 3－6　古诺模型

在图 3－6 中，D 需求曲线为两个厂商共同面临的线性市场需求曲线。由于生产成本为零，所以图中没有成本曲线。在第一轮，A 厂商首先进入市场。由于生产成本为零，所以，厂商的收益就等于利润。A 厂商面临 D 市场需求曲线，将产量定为市场总容量的 1/2，即产量为 $OQ_1 = 1/2OQ_0$，将价格定为 OP_1，从而实现了最大的利润，其利润量相当于图中矩形 OP_1BQ_1 的面积。然后，B 厂商进入市场。B 厂商准确地知道 A 厂商在本轮留给自己的市场容量为 A 厂商的 1/2，B 厂商也按相同的方式行动，生产他所面临的市场容量的 1/2，即产量为 $Q_1Q_2=1/4OQ_0$。此时，市场价格下降为 OP_2，B 厂商获得的最大利润相当于图中矩形 OP_2AQ_2 的面积。

在第二轮，A 厂商知道 B 厂商在本轮中留给他的市场容量为 $3/4OQ_0$。为了实现最大的利润，A 厂商将产量定为自己所面临的市场容量的 1/2，即产量为 $3/8Q_0$。与上一轮相比，A 厂商的产量减少了 1/8。然后，B 厂商再次进入市场。A 厂商在本轮留给 B 厂商的市场容量为 $5/8OQ_0$，于是，B 厂商生产自己所面临的市场容量的 1/2 的产量，即产量为 $5/16OQ_0$。与上一轮相比，B 厂商的产量增加了 $1/16OQ_0$。

在这样一轮又一轮的过程中，A 厂商的产量会逐渐地减少，B 厂商的产量会逐渐地增加，最后，达到 A、B 两个厂商的产量都相等的均衡状态为止。在均衡状态中，A、B 两个厂商的产量都为市场总容量的 1/3，即每个厂商的产量为 $1/3OQ_0$，行业的总产量为 $2/3OQ_0$。

因为 A 厂商的均衡产量为：$OQ_0\ (1/2-1/8-1/32-\cdots\cdots)=1/3OQ_0$

B 厂商的均衡产量为：$OQ_0\ (1/4+1/16+1/64+\cdots\cdots)=1/3OQ_0$

行业的均衡总产量为：$1/3OQ_0+1/3OQ_0=2/3OQ_0$

双头古诺模型的推广：设行业中有 m 个寡头厂商，则可以得到一般的结论：

$$\text{每个寡头的供给量}=\text{市场总容量}\times\frac{1}{m+1}$$

$$\text{整个行业的总供给量}=\text{市场总容量}\times\frac{m}{m+1}$$

7. 斯威齐模型

斯威齐模型也被称为弯折的需求曲线模型。该模型由美国经济学家斯威齐于 1939 年提出。这一模型用来解释一些寡头市场上的价格刚性现象。

该模型的基本假设条件是：如果一个寡头厂商提高价格，行业中的其他寡头厂商为了趁机占领更多市场而不提价，因而提价的寡头厂商的销售量将减少；如果一个寡头厂商降低价格，行业中的其他寡头厂商为了避免销售份额的减少会跟随降价。

在图 3－7 中，寡头市场中市场需求曲线是弯折的实线 D_1D_2，弯折处的价格为 P_0，此时价格已经很高，如果某一企业提价，意味着产品需求弹性提高，市场份额下降，其他厂商不会跟着提高价格；如果某一企业降价，意味着产品需求弹性下降，该企业销量大增而市场份额上升，其他企业不会就此罢休，会竞相削价。这种削价策略会使其他企业跟进，进而使需求曲线变陡、需求弹性下降。

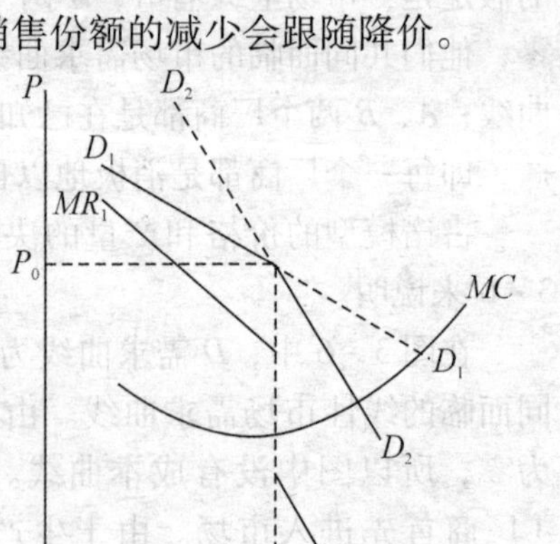

图 3－7　弯折的需求曲线模型

8. 寡头垄断市场的运用

寡头垄断市场上的价格决定要区分存在或者不存在勾结。在不存在勾结的情况下，价格决定的方法是价格领先制和成本加成法；在存在勾结的情况下，价格决定的方法是卡特尔。

(1) 价格领先制。

价格领先制，又称为价格领袖制，指一个行业的价格通常由某一寡头率先制定，其余寡头追随其后确定各自的价格。如果产品是无差别的，价格变动可能是相同的，即价格的变动幅度是相同的；如果产品是有差别的，价格变动可能相同，也可能不同。

有的西方经济学家认为，虽然弯折的需求曲线模型为寡头市场较为普遍的价格刚性现象提供了一种解释，但是该模型并没有说明具有刚性的价格本身，如图3-8中的价格水平是如何形成的。这是该模型的一个缺陷。

作为价格领袖的寡头厂商的三种情况：

①支配型价格领袖。领先确定价格的厂商是本行业中最大的、居支配地位的厂商。

②效率型价格领袖。领先确定价格的厂商是本行业中成本最低的、效率最高的厂商。

③晴雨表型价格领袖。这种厂商并不一定在本行业规模最大，也不一定效率最高，但它在掌握市场行情变化或其他信息方面明显优于其他厂商。

(2) 成本加成法。

这是寡头垄断市场上最常用的方法，即在估算的平均成本的基础上加一个固定百分率的利润。平均成本可以根据长期中成本变动的情况确定，而所加的利润比率则要参照全行业的利润率情况确定。该定价方法可以避免寡头之间的价格竞争，使价格相对稳定，从而避免在降价竞争中各寡头两败俱伤。从长期来看，这种方法能接近于实现最大利润，是有利的。

(3) 卡特尔定价。

各寡头之间进行公开勾结，组成卡特尔，协调行动，共同确定价格。他们往往会对产量进行限制，结成“限产保价”联盟。但是，由于卡特尔各成员之间的矛盾，有时候达成的协议也很难兑现，或引起卡特尔解体。在不存在公开勾结的卡特尔的条件下，各寡头还能够通过暗中的勾结（又称为“默契”）来确定价格。

9. 对寡头垄断市场的评价

缺点：各寡头之间的勾结会抬高价格，损害消费者的利益，损害社会经济福利。

优点：可实现规模经济，降低成本，提高经济效益，有利于促进科学技术进步。

三、产业政策

在市场经济中，厂商的目的是利润最大化。利己的动机、垄断的存在都必然与社会总体利益发生冲突，需要相关政策引导和管理。产业政策包括对厂商生产活动的引导和监督、对产业结构的调整、对市场结构的干预等。

（一）厂商生产中的社会问题

厂商的生产决策会影响整个社会。厂商生产与整个社会利益有一致的方面，也有矛盾的方面：私人成本、私人收益与社会成本（社会为厂商生产所付出的成本）、社会收益（社会从厂商生产中得到的收益）不一致；竞争与垄断的矛盾。

对厂商生产活动进行限制，目的是追求私人成本与社会成本、私人收益与社会收益的一致性，主要政策措施包括：①法律上的限制；②税收政策；③限产或者价格管制。

（二）产业政策

1. 反垄断政策

垄断具有低效率。对垄断实施公共管制是政府关于垄断的微观经济政策。

2. 国有化政策

国有化政策是指国家直接从事生产活动，或者把某些过去由私人从事的生产活动转归国家。这类行业主要有以下几类：

（1）对国家利益重大的行业。

（2）私人不愿意经营或者无力经营的行业。

（3）投入高、风险大的新兴行业。

本章知识小结

1. 交易理论与市场；
2. 市场结构类型；
3. 不同的市场结构类型的均衡点。

本章能力小结

1. 根据市场状况，分析市场结构；
2. 根据市场结构，分析不同类型市场结构的均衡点。

【课后任务练习】

国际航空快递是一种特殊的物流服务，它起源于1969年发生在美国旧金山的一件偶然事件。某日，一位年轻人到一家往返于加利福尼亚和夏威夷之间的船运公司去探望朋友，当时这家公司有艘货船已到夏威夷港口，可是海运提单还没有从加利福尼亚寄出，利用邮寄方式递送需要大约一周时间，因而会产生一笔很大的滞港费损失。看到他的朋友很着急，这位年轻人自告奋勇，乘飞机将运单送到目的地夏威夷，以较小成本避免了较大损失。受到这件事情启发，三位美国人 Dalsey、Hillblom 及 Lynn 创造出一种运输方式，以满足客户对这类时效性很强的物品的运输和递送需求，并于1969年9月建立了以他们三人名字第一个字母组合——DHL——命名的快递公司。该公司在百慕大注册，经营总部设在欧洲的布鲁塞尔。现在，它的递送网络遍布世界228个国家和地区的大部分城市，拥有260架飞机、17 000部运输车辆、36个大型分拨中心和275个航空口岸，已经发展成全球最大的快递公司之一。

经过40多年的发展，在世界上形成了四大快件公司，即 DHL、TNT、FEDEX（联邦快递）和 UPS（联合包裹），造成全球航空快递市场的寡头垄断局面。近年来，为了应对激烈的市场，上述四家航空快递公司成立了快件联合会，主要任务是共同商讨快件领域共同面临的市场准入、海关关务和其他法律问题，同时在市场变化时商讨共同策略。然而，协调并不能避免竞争。20世纪80年代末，四家快递公司共同商讨为应对运营成本上升而提高收费价格，最终达成协议。DHL作为市场领导者首先提高价格，然而其他几家公司没有按照协议要求提高各自价格，从而导致DHL市场份额受到损失，另外几个快递公司则得到好处。美国“9·11”事件后，各国对旅客及货物安全监察系统提出更高要求，导致航空快递公司运营成本提高。个别公司曾提出通过加收附加费来弥补损失。然而，由于有前车之鉴，没有一家公司敢首先采取行动。

试结合市场结构类型，分析该行业的市场竞争特点。

第四章

政府与市场失灵

一、本章学习目标

能力目标：

1. 能根据垄断情况，提出相应的管制方法；
2. 能在一定程度上解释市场失灵。

知识目标：

1. 掌握外部影响与有关外部影响的政策；
2. 掌握公共资源、信息不完全概念以及公共物品的特征。

二、本章工作任务

在龙江这个内地二线城市，人们乘出租车一般不按政府规定打表计价，而是直接由司乘双方自由商定价格。通常情况下，议定的价格往往低于政府定价的20%左右，不过在春节、“五一”、国庆等节假日，价格会适当上浮，甚至会大大超出国家定价。对于这种明显违反国家物价政策的做法，有关职能部门基本上持“民不告、官不究”的默认态度，而群众因为得实惠的时间明显多于不利的时候，因此不但能够欣然接受，而且与司机“配合默契”，只有个别乘客在价格上浮过于离谱且司机事先未作说明时才会诉诸有关部门。这一奇特的现象引发了人们对目前政府管制出租车价格问题的思考：政府为避免出租车价格的“市场失灵”所采取的管制措施究竟是否真有必要？

1. 分析“市场失灵”的原因；
2. 试提出更加有效的管制策略。

三、本章学习指导

1. 采用比较学习法，深刻理解垄断与低效率的含义；
2. 联系实际，深入理解寻租理论的应用。

导入案例

19世纪后期，铁路开始遍布英国的乡村地区。由于靠近铁路线、节省运输成本，沿线的土地被大量地开发出来，乡村发展很快。但是蒸汽火车喷出的火苗、灰烬经常引起稻田火灾。A. C. Pigou认为，这个问题错在蒸汽机，铁路公司有责任赔偿稻田损失，从而激励铁道公司改进蒸汽机以预防火灾事故。R. M. Coase主张，当时的法律规定“铁路公司不负担稻田损失的赔偿责任”，有利于铁路的普及；只要农夫远离铁路，也一样可以避免稻田起火，同时又有利于乡村的发展。事实上，铁路的普及与乡村的发展正是综合了两位专家的意见，一方面，人们不断改进蒸汽机的性能，同时又进一步科学合理地规划乡村。

第一节 垄 断

一、寻租理论

根据传统的经济理论，垄断会造成低效率。但这种低效率的经济损失从数量上来说却相对很小。自20世纪60年代后期以来，西方一些经济学家开始认识到，上述传统的垄断理论可能大大低估了垄断的经济损失。按照他们的看法，传统垄断理论的局限性在于，它着重分析的是垄断的结果，而不是获得和维持垄断的过程。一旦把分析的重点从垄断的结果转移到获得和维持垄断的过程，就会很容易地发现，垄断的经济损失比原来想象的要大得多，它还包括垄断厂商的经济利润的一部分或者全部，甚至可能更多一些。这是因为，为了获得和维持垄断地位从而享受垄断的好处，厂商常常需要付出一定的代价。例如，向政府官员行贿，或者雇用律师向政府官员游说等。这种为获得和维持垄断地位的行为，它不是用于生产，没有创造出任何有益的产出，完全是一种非生产性的寻利活动。这种非生产性的寻利活动被概括为所谓的“寻租”活动，即因为获得和维持垄断地位从而得到垄断利润（亦即垄断租金）的活动。

寻租活动的经济损失到底有多大呢？就单个的寻租者而言，他愿意花费在寻租活动上的代价不会超过垄断地位可能给他带来的好处，否则就不值得了。因此，从理论上来说，单个寻租者的寻租代价要小于或者等于垄断利润或垄断租金。在很多情况下，由于争夺垄断地位的竞争非常激烈，寻租代价常常要接近甚至等于全部的垄断利润。这意味着即使局限于考虑单个的寻租者，其寻租损失也往往大于传统垄断理论中的“纯损”三角形。如果进一步来考虑整个寻租市场，问题就更为严重。在寻租市场上，寻租者往往不止一个，单个寻租者的寻租代价只是整个寻租活动的经济损失的一个部分。整个寻租活动的全部经济损失等于所有单个寻租者的寻租代价的总和。而且，这个总和还将随着寻租市场竞争程度的不断加强而不断增大。显而易见，整个寻租活动的经济损失要远远超过传统垄断理论中的“纯损”三角形。

二、对垄断的公共管制

垄断常常导致资源配置缺乏效率。此外，垄断利润通常也被看成是不公平的。这就使得有必要对垄断进行政府干预。政府对垄断的干预是多种多样的。这里先来讨论政府对垄断价格和垄断产量的管制。

图4－1反映的是某垄断厂商的情况。曲线 $D=AR$ 和 MR 是它的需求曲线（即平均收益曲线）和边际收益曲线。曲线 AC 和 MC 是其平均成本和边际成本曲线。注意：这里回到了平均成本和边际成本曲线的一般形状。特别是，这里的平均成本曲线具有向右上方倾斜的部分。在没有管制的条件下，垄断厂商生产其利润最大化产量 q_m，并据此确定垄断价格 P_m。这种垄断均衡一方面缺乏效率，因为在垄断产量 q_m 上，价格高于边际成本；另一方面缺乏公平，因为在垄断产量 q_m 上，垄断厂商获得了超额垄断利润，即经济利润不等于零，或者说，全部利润大于正常利润。现在考虑政府的价格管制。政府应当制定什么样的价格为好呢？如果政府的目标是提高效率，则政府应当将价格定在 P_c 的水平上。当价格为 P_c 时，垄断厂商面临的需求曲线现在成为 P_cAD，从而边际收益曲线为 P_cA 和 $A'MR$。于是，最大化产量为 q_c。在该产量水平上，价格恰好等于边际成本。于是，实现了帕累托最优，此时效率最高。

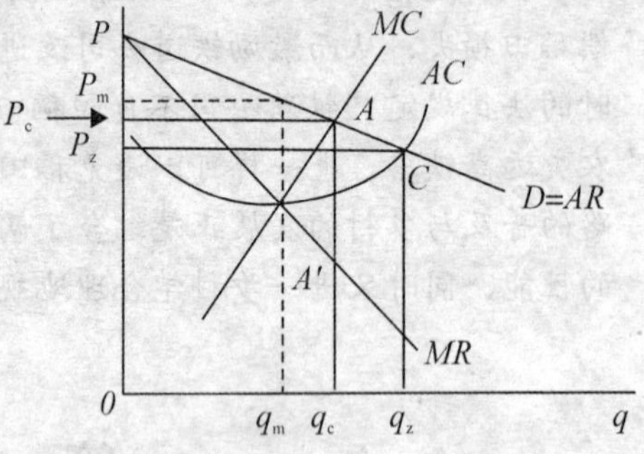

图4－1　对垄断的管制：递增成本

显然，当政府将价格定为 P_c，从而实现了帕累托最优时，垄断厂商仍然可以得到一部分经济利润，即为平均收益 P_c 超过平均成本 AC 的部分。如果政府试图制定一个更低的公平价格，以消除经济利润，则该价格须为 P_z。在价格定为 P_z 时，产量为 q_z。此时，平均收益恰好等于平均成本。因此，P_z 可称为零经济利润价格。但是，现在出现另一个问题，即在零经济利润价格水平上，帕累托最优条件被违反了，此时边际成本大于价格。因此，以帕累托效率而言，在垄断情况下，产量太低、价格太高；而在零经济利润情况下，则正好相反：价格太低、产量太高。

图4－1反映的是平均成本具有向右上方倾斜的垄断情况。现在考虑平均成本曲线不断下降的所谓自然垄断情况，参见图4－2。图中，由于平均成本曲线 AC 一直下降，故边际成本曲线 MC 总位于其下方。在不存在政府管制时，垄断厂商的产量和价格分别为 q_m 和 P_m。当政府管制价格为 P_c 时，产量为 q_c，达到帕累托效率。但是，如果要制定零经济利润价格 P_z，则在这种情况下，只是不小于 P_c，而是要稍高一些。

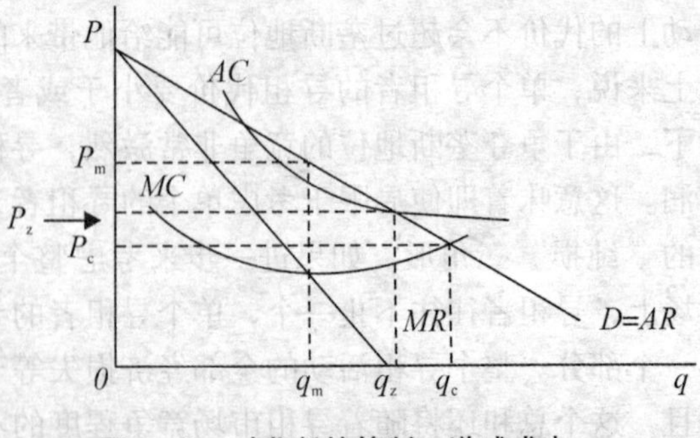

图4－2　对垄断的管制：递减成本

值得注意的是，在自然垄断场合帕累托最优价格 P_c 和最优产量 q_c 上，垄断厂商的平均收益小于平均成本，从而出现亏损。因此，在这种情况下，政府必须补贴垄断厂商的亏损。

三、反托拉斯法

政府对垄断的更加强烈的反应是制定反垄断法或反托拉斯法。西方很多国家都不同程度地制定了反托拉斯法，其中，最为突出的是美国。这里以美国为例作一概括的介绍。

19 世纪末 20 世纪初，美国企业界出现了第一次大兼并。正如列宁在《帝国主义论》中所指出的那样，结果形成了一大批经济实力雄厚的大企业。这些大企业被叫做垄断厂商或托拉斯。这里的“垄断”不只局限于指一个企业控制一个行业的全部供给的“纯粹”的情况，而且也包括几个大企业控制一个行业的大部分供给的情况。按照这一定义，美国的汽车工业、钢铁工业、化学工业等都属于垄断市场。垄断的形成和发展深刻地影响着美国社会各个阶级和阶层的利益。

在 1890—1950 年，美国国会通过一系列法案反对垄断。其中包括谢尔曼法（1890）、克莱顿法（1914）、联邦贸易委员会法（1914）、罗宾逊—帕特曼法（1936）、惠特—李法（1938）和塞勒—凯弗维尔法（1950），统称反托拉斯法。在其他西方国家中也先后出现了类似的法律规定。

美国的这些反托拉斯法规定，限制贸易的协议或共谋、垄断或企图垄断市场、兼并、排他性规定、价格歧视、不正当的竞争或欺诈行为等，都是非法的。例如，谢尔曼法规定：任何以托拉斯或其他形式进行的兼并或共谋，任何限制州际或国际的贸易或商业活动的合同，均属非法；任何人垄断或企图垄断，或同其他个人或多人联合或共谋垄断州际或国际的一部分商业和贸易的，均应认为是犯罪。违法者要受到罚款和（或）判刑的处罚。克莱顿法修正和加强了谢尔曼法，禁止不公平竞争，宣布导致削弱竞争或造成垄断的不正当做法为非法。这些不正当的做法包括价格歧视、排他性或限制性契约、公司相互持有股票和董事会成员相互兼任。联邦贸易委员会法规定：建立联邦贸易委员会作为独立的管理机构，授权防止不公平竞争以及商业欺骗行为，包括禁止伪假广告和商标等。罗宾逊—帕特曼法宣布卖主为消除竞争而实行的各种形式的不公平的价格歧视为非法，以保护独立的零售商和批发商。惠特—李法修正和补充了联邦贸易委员会法，宣布损害消费者利益的不公平交易为非法，以保护消费者。塞勒—凯弗维尔法补充了谢尔曼法，宣布任何公司购买竞争者的股票或资产从而实质上减少竞争或企图造成垄断的做法为非法。塞勒—凯弗维尔法禁止一切形式的兼并，包括横向兼并、纵向兼并和混合兼并。这类兼并指大公司之间的兼并和大公司对小公司的兼并，而不包括小公司之间的兼并。

美国反托拉斯法的执行机构是联邦贸易委员会和司法部反托拉斯局。前者主要反对不正当的贸易行为，后者主要反对垄断活动。对犯法者可以由法院提出警告、罚款、改组公司直至判刑。

第二节　公共物品和公共资源

一、公共物品的特征

公共物品是与私人物品相对立的。私人物品是普通市场上常见的那些物品，如家具、服装、鞋子等，私人物品的数量随着任何人对它的使用或消费的增加而减少。私人物品是在消费上具有竞争性和排他性的产品。竞争性是指如果某人已消费了某件物品，则其他人就不能再消费这件物品了；排他性是指某个人消费某件物品时能够不让别人同时消费该物品。我们以前所讲的产品都属于私人物品（造成广泛的外部性的产品例外）。实际上，市场机制只有在具备上述两个特点的私人物品的场合才真正起作用，才有效率。

公共物品是指那些在消费上具有非竞争性与非排他性的物品。非竞争性是指一个人消费某件物品并不妨碍其他人同时消费同一件物品。公共物品的这一特征不同于私人物品，即边际成本为正数；公共物品一旦用既定的成本生产出来以后，增加消费者数量也不需要额外增加生产成本，典型例子如高速公路等。一旦高速公路已经存在，不存在拥挤，额外驾驶的成本等于零；被过往船只使用的灯塔一旦建立起来并发挥作用，过往船只对灯塔的额外使用成本等于零。私人物品的情况正好相反，如家具，如果你购买了一件家具，就排除了别人购买这件家具的可能性。竞争性私人物品要在个人中间进行分配，而任何人消费非竞争性物品都不会影响其他人的消费机会。非排他性是指只要社会存在某一公共物品，就不能排斥该社会上的任何人消费该物品，任何一个消费者都可以免费消费公共物品。典型例子是国防、灯塔等。一国的国防一经设立，就不能排斥该国任一公民从国防中受益。这一特征与私人物品形成鲜明对照，如果某个消费者消费了某个私人物品，他可以不允许其余的消费者同时消费这一物品。严格地讲，只有同时具备非竞争性与非排他性两种特征的物品才是真正的公共物品，但是现实生活中同时具备这两种特征的公共物品并不多。国防、灯塔通常被认为是同时具备这两种特征的公共物品。有些物品只具有这两种特征中的一种特征，例如公路上的桥梁在消费上具有非竞争性，但不具有非排他性。在交通的非高峰期，增加额外一辆车通过该桥梁所引起的边际成本近似为零；但是通过设立收费卡却可以排斥任何不交费的车辆通过大桥。在共有的湖泊上捕鱼具有非排他性，但却不具备非竞争性。只要湖泊是社会成员共有的，就不能排斥任一个捕鱼者在湖中捕鱼；但是捕捞者的不断增加必然会减少湖内可供捕捞的鱼的数量，这无疑会增加每一个捕捞者的成本。

上面所讲的公共物品都是公共好的（public good），有些物品却具备公共坏（public bad）的特征，如噪音污染、河流污染等，会造成广泛的负的外部性。如法规制度、国防、电波等公共物品一旦存在，即使不愿意消费这些公共物品的人也会被迫接受它们。从这个意义上讲，公共物品在消费上具有强制性。

二、公共物品与失灵市场

1. 公共物品的最优数量

我们先来回顾一下私人物品最优数量的决定。为简单起见，假定社会上只有A和B两个消费者，他们对商品的需求曲线分别用D_A和D_B表示。商品的市场供给曲线为S，参见图4-3（a）。由于所讨论的是私人物品，故将消费者A与B的需求曲线D_A和D_B水平相加即得到某市场需求曲线D。市场需求曲线D与供给曲线S的交点决定了该私人物品的均衡数量Q_0和均衡价格P_0。这个均衡数量Q_0显然就是该私人物品的最优数量。这是因为在这个产量水平上，每个消费者的边际利益恰好等于商品的边际成本。我们知道，供给曲线代表了每个产量（供给量）水平上的边际成本，需求曲线代表了每个产量（需求量）水平上的边际利益。故当供给量为Q_0时，边际成本为Q_0H；而在价格为P_0时，消费者A和B的需求量分别为C和F。再根据需求曲线D_A和D_B，相应的边际利益为CE和FG。由图可知，$CE=FG=Q_0H$，即每个消费者的边际利益均等于边际成本。

现在来看公共物品的情况，参见图4-3（b）。与私人物品的讨论一样，我们仍然假定每个消费者对公共物品的需求曲线是已知的，为D_A和D_B，公共物品的市场供给曲线为S。如何使个人的需求曲线形成市场的需求曲线呢？这里的关键之处在于公共物品的市场需求曲线不是个人需求曲线的水平相加，而是它们的垂直相加。之所以如此，原因在于公共物品消费上的非竞用性特点。由于消费上的非竞用性，每个消费者消费的都是同一个商品总量，因而每一消费者的消费量都与总消费量相等；另一方面，对这个总消费量所支付的全部价格，却是所有消费者支付的价格的总和。例如，设公共物品的数量为图4-3（b）中的R，消费者A和B的消费量于是都是R。当A和B的消费量均为R时，他们所愿意支付的价格按各自的需求曲线分别为L和N。因此，当消费量为R时，消费者A和B所愿意支付的价格之和就是$L+N=T$。

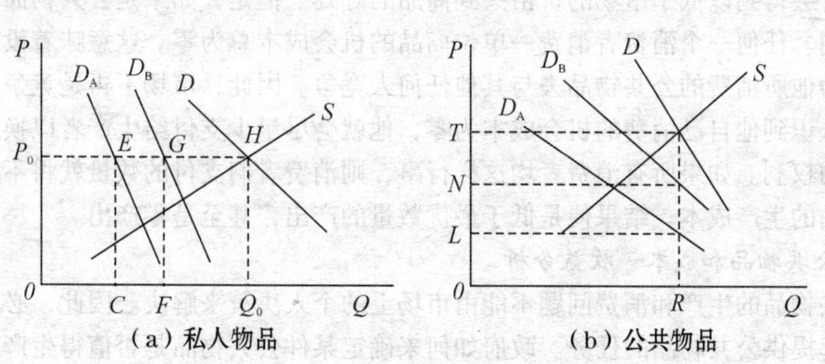

图4-3　私人物品与公共物品的最优数量

有了公共物品的市场供求曲线，则公共物品的均衡数量即可决定，这就是市场供求曲线交点所指示的R。实际上，这个均衡数量R也代表着公共物品的最优数量。要解释这一点并不困难。当公共物品数量为R时，根据供给曲线，公共物品的边际成本为T；而根据消费者的需求曲线，A和B的边际利益分别为L和N，从而总的社会

边际利益为 $L+N=T$。于是，社会的边际利益等于边际成本，公共物品数量达到最优。这里值得注意的是，公共物品的最优标准与私人物品的最优标准不完全相同。在私人物品场合，最优标准是每个消费者的边际利益与边际成本相等；而在公共物品场合，最优标准是每个消费者的边际利益之和与边际成本相等。这个区别仍然根源于是否具有消费的竞争性这个基本特点。

2. 公共物品与搭便车问题

前面在假定每个消费者对公共物品的需求曲线均存在且已知的条件下，讨论了公共物品的最优数量的决定。但是，许多西方经济学家认为，这种讨论并没有多大的实际意义。原因是公共物品的需求曲线是虚假的。首先，单个消费者通常并不很清楚自己对公共物品的需求价格，更不用说去准确地陈述他对公共物品的需求与价格的关系；其次，即使单个消费者了解自己对公共物品的偏好程度，他们也不会如实地说出来。为了少支付价格或不支付价格，消费者会低报或隐瞒自己对公共物品的偏好。他们在享用公共物品时都想当“免费乘车者”，不支付成本就得到利益。由于单个消费者对公共物品的需求曲线不会自动地显示出来，故我们无法将它们加总得到公共物品的市场需求曲线并进而确定公共物品的最优数量。

由于公共物品具有非排他性，因而难免产生搭便车问题。所谓搭便车，就是指某些个人虽然参与了公共物品的消费，但却不愿意支付公共物品的生产成本，完全倚赖于他人对公共物品生产成本的支付。

尽管我们在实际上难以通过公共物品的供求分析来确定它的最优数量，但却可以有把握地说，市场本身提供的公共物品通常将低于最优数量，即市场机制分配给公共物品生产的资源常常会不足。我们知道，在竞争的市场中，如果是私人物品，则市场均衡时的资源配置是最优的。生产者之间的竞争将保证消费者面对的是等于商品的边际成本的同样的价格，消费者则在既定的商品产出量上展开竞争。某个消费者消费一单位商品的机会成本就是在市场价格上卖给其他消费者的同样一单位商品，故没有哪个消费者会得到以低于市场的价格买到商品的好处。但是，如果是公共物品，情况将完全不同。任何一个消费者消费一单位商品的机会成本总为零。这意味着没有任何消费者要为他所消费的公共物品去与其他任何人竞争。因此，市场不再是竞争的。如果消费者认识到他自己消费的机会成本为零，他就会尽量少支付给生产者以换取消费公共物品的权利。如果所有消费者均这样行事，则消费者们支付的数量就将不足以弥补公共物品的生产成本。结果便是低于最优数量的产出，甚至是零产出。

3. 公共物品和成本—收益分析

公共物品的生产和消费问题不能由市场上的个人决策来解决。因此，必须由政府来承担起提供公共物品的任务。政府如何来确定某件公共物品是否值得生产以及应该生产多少呢？在这里，西方经济学家经常提到的一个重要方法是成本—收益分析。

成本—收益分析是用来评估经济项目或非经济项目的。它首先估计一个项目所需花费的成本以及它所可能带来的收益，然后把二者加以比较，最后根据比较的结果决定该项目是否值得。公共物品也可以看成是一个项目，并可运用成本—收益分析方法来加以讨论。如果评估的结果是该公共物品的收益大于或至少等于其成本，则它就值得生产，否则便不值得生产。

三、公共资源

从上述对公共物品的分析中可知，一种物品如果不具有排他性，则每个人出于自己的利益考虑，就会尽可能多地去利用它。据说在这种情况下，如果该物品又具有竞用性的特点，即所谓的公共资源，则它可能很快就会被过度地使用，从而造成灾难性的后果。下面我们以被西方学者经常使用的"公地的悲剧"为例来说明公共资源所面临的这种困境。

假设有这样一个乡村，村里有一块公共土地，村民们都可以在这块公地上放牧奶牛。我们的问题是：在这块公地上放牧的最优奶牛数量是多少？实际放牧的奶牛数量又是多少？下面的分析将表明：如果每一个村民都能够毫无限制地使用公地，则实际的均衡奶牛数量将远远超过它的最优水平。由此引起的后果就是：公地将由于长期的超载放牧而日益衰落。这就是所谓的"公地的悲剧"。

先来看公地上的最优放牧量的决定。对这个问题的回答显然取决于整个乡村集体在奶牛放牧上的边际收益和边际成本。我们把乡村集体的边际收益和边际成本分别叫做边际社会收益和边际社会成本。如果放牧奶牛的边际社会收益超过了相应的边际社会成本，则意味着增加放牧的奶牛数量能够给整个乡村带来更多的好处；反之，如果放牧奶牛的边际社会收益小于相应的边际社会成本，则意味着减少放牧的奶牛数量对整个乡村来说更加有利。对整个乡村来说，最优的（也就是能够使得整个乡村的利润达到最大的）放牧量应当使得边际社会收益恰好等于边际社会成本。

我们用 x 来表示公地上放牧的奶牛数量。为简单起见，假定每头奶牛每天可生产牛奶 1 千克。于是，x 头奶牛每天总共可生产牛奶 x 千克。设牛奶的需求函数为：

$$P = a - bx$$

其中，P 是牛奶的市场价格，a 和 b 均为大于零的常数。于是，放牧 x 头奶牛的总社会收益（TRs）和边际社会收益（MRs）分别为：

$$TRs = P \cdot x = ax - bx^2$$

$$MRs = TR's = [ax - bx^2]' = a - 2bx$$

再设购买一头奶牛需要花费 1 000 元钱，并假定这就是喂养奶牛的所有支出。于是，放牧 x 头奶牛的总社会成本（TCs）和边际社会成本（MCs）分别为：

$$TCs = 1\,000x$$

$$MCs = TC's = 1\,000$$

使整个乡村的利润达到最大的条件是边际社会收益（MRs）等于边际社会成本（MCs），即：

$$a - 2bx = 1\,000$$

解之即得公地的最优放牧量 x^*：

$$x^* = \frac{a - 1\,000}{2b}$$

现在来看公地的实际放牧量（亦即均衡放牧量）的决定。这个乡村果真能够按照上述使整个乡村集体的利润达到最大的条件来确定其实际的放牧量吗？在两种情况下，可以做到这一点。一是该乡村作出集体决策来规定在公地上放牧的奶牛数量。任何个人不得超过所规定的数量。在这种情况下，只要所规定的放牧数量恰好等于 x^*，并且能够以有力的措施来保证这些规定得到切实的贯彻执行，则结果就是最优的。另一种情况是乡村的公地由某个个人所有。在这种情况下，公地的所有者就能够像乡村集体决策时一样对进入公地放牧的奶牛数量进行限制：他可以购买恰当数量的奶牛来实现自己的利润最大化。在这种情况下，由于公地的利益就是公地所有者的个人利益，故此时公地所有者利润最大化的放牧量也就是公地的最优放牧量。

但是，如果对公地的使用没有明确的规定，也不存在着乡村的集体决策，则结果就可能不是最优的。如果放任村民们自由地和不受任何限制地在公地上免费放牧，就会上演一场“公地的悲剧”，即实际的奶牛放牧量将会大大超过其最优的水平。结果，公地的草场将由于长期的超载放牧而不断地被破坏、被损坏，日益凋零和衰落下去。

为什么缺乏限制的自由放牧会造成如此后果呢？这是因为，如果每一个村民都可以无限制地自由使用公地，则他们就会根据自己的（注意：不是乡村集体的）利润最大化考虑而行事。也就是说，他们将把自己的放牧数量确定在边际私人收益和边际私人成本相等的地方。按照前面的假定，每个村民个人的边际私人成本很清楚，就是他购买一头奶牛支付的价格 1 000 元。这一点与乡村集体的边际社会成本是一致的。但是，边际私人收益是什么呢？它会不会与乡村集体的边际社会收益一致呢？如果也是一致的，则个人的行为就将完全与集体的行为一样，也就不会有什么“公地的悲剧”了。可惜的是，并没有这样的好事。

假定某个村民决定增加一头奶牛。这个行动意味着整个乡村放牧的奶牛总量和生产的牛奶总量增加了。牛奶总量的增加将导致牛奶的市场价格下降。牛奶市场价格的下降不仅使该村民的边际私人收益下降，而且也使整个乡村的边际社会收益下降。但是，比较而言，整个乡村的边际社会收益下降的程度会更大一些。这是因为，当一个村民决定增加自己的奶牛数量从而使牛奶的市场价格下降时，不仅他自己生产的牛奶的价格以及边际私人收益下降了，而且其他村民生产的牛奶的价格以及边际社会收益也下降了。但是，该村民在计算自己的边际私人收益时，却只需要考虑自己产品的价格下降以及收益损失，而无须考虑其他村民的产品价格下降以及收益损失。另一方面，我们在计算价格下降对整个乡村的边际社会收益的影响时，则不仅要考虑该村民的边际私人收益的损失，还要考虑所有其他村民的边际私人收益的损失。因此，随着某个村民的放牧量的增加，该村民的边际私人收益的下降幅度比整个乡村的边际社会收益的下降幅度要小。二者之间的差别的大小则取决于该村民拥有的奶牛数量在整个乡村的奶牛总量中所占的比例。这个比例越大，则边际私人收益与边际社会收益的差别就越小。特别是，当该村民拥有的奶牛数量的比例达到 100%，亦即乡村的全部奶牛都归该村民所有时，他的边际私人收益就等于边际社会收益——因为此时他增加放牧量不会给其他村民造成损失。另一方面，该村民拥有的奶牛数量的比例越小，则边际私人收益与边际社会收益的差别就越大。特别是，当该村民新增加的那头奶牛就是他的唯一的一头奶牛时，边际私人收益与边际社会收益的差别达到最大。实际上，他的边际私人收益此时将等于放牧奶牛的平均收益。

正是边际私人收益和边际社会收益的差别造成了公地的悲剧：当个人决定增加奶

牛的数量时，他仅仅是把他个人所可能得到的收益（边际私人收益）与奶牛的成本1 000元（边际私人成本）相比较，而忽略了这样一个事实，即他所增加的奶牛将使得所有其他村民放牧奶牛的收益均下降。也就是说，他忽略了他增加奶牛的社会代价，由于每个人都忽略他个人行为的社会代价，结果就是公地上的奶牛放牧量增加得太多了。

第三节 不完全信息

一、信息、信息的不完全和不对称

完全竞争模型的一个重要假定是完全信息，即市场的供求双方对于所交换的商品拥有充分的信息。例如，消费者充分地了解自己的偏好函数，了解在什么地方、什么时候存在有何种质量的以何种价格出售的商品；生产者充分地了解自己的生产函数，了解在什么地方、什么时候存在有何种质量的以何种价格出售的投入要素等。完全信息的假定（以及其他一些关于完全竞争市场的假定）保证了帕累托最优状态的实现。

显而易见，上述关于完全信息的假定并不符合现实。在现实经济中，信息常常是不完全的，甚至是很不完全的。在这里，信息不完全不仅是指那种绝对意义上的不完全，即由于认识能力的限制，人们不可能知道在任何时候、任何地方发生的或将要发生的任何情况，而且是指相对意义上的不完全，即市场经济本身不能够生产出足够的信息并有效地配置它们。这是因为，作为一种有价值的资源，信息不同于普通的商品。人们在购买普通商品时，先要了解它的价值，看看值不值得买。但是，购买信息商品却无法做到这一点。人们之所以愿意出钱购买信息，是因为还不知道它，一旦知道了它，就没有人会愿意再为此进行支付。这就出现了一个困难的问题：卖者让不让买者在购买之前就充分地了解所出售的信息的价值呢？如果不让，则买者就可能因为不知道究竟值不值得而不去购买它；如果让，则买者又可能因为已经知道了该信息也不去购买它。在这种情况下，要能够做成生意，只能靠买卖双方的并不十分可靠的相互信赖：卖者让买者充分了解信息的用处，而买者则答应在了解信息的用处之后即购买它。显而易见，市场的作用在这里受到了很大的限制。

进一步分析下去还会发现，不同的经济主体缺乏信息的程度往往是不一样的。市场经济的一个重要特点是，产品的卖方一般要比产品的买方对产品的质量有更多的了解。例如，出售二手汽车的卖主要比买主更加了解自己汽车的缺陷；出售风险的投保人要比保险公司更加了解自己所面临风险的大小；出售劳动的工人要比雇主更加了解自己劳动技能的高低。上述种种情况都是所谓“信息不对称”的具体表现，即有些人比其他人拥有更多的相关信息。

在信息不完全和不对称的情况下，市场机制有时就不能很好地起作用。例如，由于缺乏足够的信息，生产者的生产可能会带有一定的盲目性：有些产品生产过多，而另一些产品又生产过少；消费者的消费选择也可能会出现“失误”，比如购买了一些有害健康的坏商品，而错过了一些有益健康的好商品。更坏的情况是，由于缺乏足够的信息，有些重要的市场甚至可能根本就无法产生，或者即使产生，也难以得到充分的发展。下面以不同市场上的信息不完全和不对称为例，具体说明各种情况下的市场失灵问题。

1. 质量不确定性与“次品”市场

假设你花了10万元买了一辆新车，开了100千米之后，决定把它处理掉。车子的质量并没有任何毛病，它运行得很好，从性能上能满足你所期望的一切。但因为你急需一笔钱，你决定卖掉这辆新车。你希望卖多少钱呢？在正常情况下，一个未来的买主，他应该不会支付超过8万元以上的价格来购买它。

为什么仅仅因为车是二手货就会减少这么多的价值？要回答这个问题，先把我们自己假想成未来的一个购买者。我们会奇怪：为什么要卖这辆车？是否车的质量出了什么问题？也许，这辆车最初购买时就是“次品”。

旧车的价钱卖得比新车少，原因就在于其质量存在着不对称信息。为了理解不对称信息的含义，我们首先分析旧车市场，然后把同样的原理应用到其他市场的分析中去。

旧车市场假设有两类旧车——高质量车和低质量车。而且，假设卖主和买主都能看出哪一辆车属于哪一种类型，这样会出现两个市场，就如图4-4（a）和图4-4（b）所示。在图4-4（a）中，S_H 表示高质量车的供给曲线，D_H 表示需求曲线。同样地，在图4-4（b）中，S_L、D_L 分别表示低质量车的供给和需求曲线。应注意 S_H 比 S_L 高，这是因为高质量车的车主更舍不得放弃他的车，因而要放弃他的车必须得到更高的价钱。同样地，D_H 比 D_L 高，因为买主愿意支付更高的价钱去获得一辆高质量的车。如图所示，高质量车的价格为10万元，低质量的车为5万元，并且两类车各卖了5万辆。

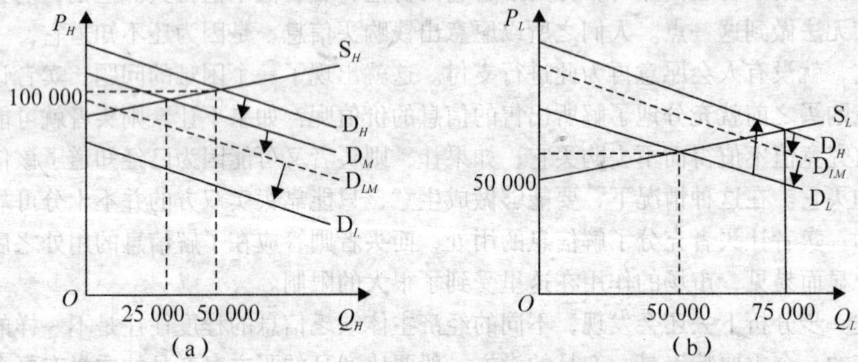

（a）　　（b）

图4-4

而在现实生活中，旧车卖主比买主会知道更多有关车的质量的情况。假如卖主知道车的质量，而买主不知道，那么会发生什么情况呢？最初，买主也许会认为他买到高质量的车的概率为50%（原因是当卖主和买主都知道质量时，两种类型的车各卖了5万辆），因此在购买时，买主会视所有车为中等质量的车（当然，车购买后，买主们会知道车的真实质量）。在图4-4（a）中，中等质量的车的需求曲线由 D_M 表示，它低于 D_H 而高于 D_L。

一旦消费者意识到所买的车大多数（大约3/4）都是低质量的，他们的需求会发生改变。如图4－4（b）所示，新需求曲线可能为D_{LM}，这意味着车的平均质量比中等质量还低，并且混合车的需求曲线会降得越来越接近低质量车的需求曲线。结果，需求曲线越向左改变，所买车的组合中低质量的车越多。需求的这一改变会持续发生，直到低质量车出售完为止。在该点，市场价格低到没有人愿意出售高质量的车，因此，消费者的正确假定是他们所购买的车将是低质量的，并且需求曲线将为D_L。

图4－4表示的是一种极端的情形。在市场的均衡价格下还有部分高质量的车出售，但是高质量车的比例远远小于消费者能认清车的质量后购买的情形。这就是为什么在明知道车是完好无损的情况下，人们只好预期自己全新的车只能卖到比自己购买时少得多的价格。因此，不对称信息会导致低质量商品把高质量商品驱逐出市场。

2. 不对称信息的含义

旧车的例子说明不对称信息怎样导致市场失灵。在一个市场功能完善的理想世界中，消费者能够在高质量车和低质量车之间进行选择，有些消费者会选择低质量的车，因为他们只愿意支付很少的成本，而其他消费者却愿意支付更多的钱购买高质量的车。不幸的是，事实上消费者只有购买了车之后才能确知一辆旧车的质量，因此，旧车的价格下降导致高质量的旧车被驱逐出市场。

在美国，年龄超过65岁的人无论以怎样的价格也很难买到医疗保险。老人生重病的风险确实非常高，但为什么不能通过提高保费来反映这种高风险呢？原因就在于不对称信息。即使保险公司坚持对客户进行身体检查，也无法比买保险的人更清楚自己身体的整体健康状态。其结果如车的情况，会出现逆向选择。因为身体健康欠佳的人更倾向于买保险，这样，在买保险的人群中，身体不健康的比例就越来越大。这迫使保险的价格上升，因此，身体健康的人意识到自己身体犯病的低风险后，就会选择不参加保险。这样，投保的人中身体不健康的比例会越大，这迫使保险的价格上升，如此反复，直到几乎所有想参与投保的人都是身体不健康之人。在那样的点上，承保成为无利可图之事。

这些方面的市场失灵要求政府在这些方面发挥自己独特的作用。在寿险方面，市场失灵要求政府提供有关老人医疗保健或相关形式的健康保险服务，从而消除逆向选择的问题。

二、信誉和标准化的重要性

在其他的许多市场中也存在不对称信息的问题，在此，我们举出几个事例：零售商店（商店会给你维修或允许你退回有问题的产品吗？商店比你更清楚它的这类政策吗?）；屋顶修理工、管道工或电路维修者（当一个屋顶修理工在修理或更新你房子的屋顶时，你会爬上去检查修理的质量吗?）；餐厅（你常常到厨房查看厨师是否使用新鲜配料并遵守卫生法吗?）。

在所有这些例子中，卖者比买者知道更多有关产品质量的信息。除非卖者能向买者提供有关产品质量的信息，否则低质量的商品和服务会驱逐高质量的商品和服务，从而导致市场失灵。因此，高质量的商品和服务的销售者有让消费者相信他们的产品的确是高质量的激励。在上面引述的例子中，这种激励主要是通过信誉去实现的。你到一个特殊的商店去买东西，是因为它有服务或商品的好信誉；你雇用一个特殊的修理工或管道工是因为他有工作好的信誉；你到一个特殊的餐馆就餐是因为它有使用新鲜配料的信誉，并且没有一个你知道的人因在它那儿就餐而生病。

有时，一个商业实体要树立自己的信誉是极难之事。比如，一个小吃店或一个公路旁的旅馆，它的大多数顾客一般只是在旅行时才光顾，而非经常性光顾，因此没有建立商业信誉的机会，然而这些小吃店或旅馆怎样处理“次品”问题呢？一种方式就是过标准化。

三、委托—代理问题

如果监督工人的生产率没有成本，那么公司的所有者就能使他们的经理和工人有效率地工作。然而，在大多数公司中，所有者不能监视每个雇员所做的每一件事，雇员比老板知道的情况多。这样的信息不对称产生了一种委托—代理问题。

在我们的现实社会中，代理关系是很普遍的，比如，医生是医院的代理人，就代理本身而言，医生可能会以他们的个人偏好而不是以医院的目标选择病人和医疗过程。同样地，房产经理不会像房产所有者希望的那样去维护财产。不完全信息和有成本的监督怎样影响代理人的行动？什么样的机制能够导致经理按所有者的利益去经营？这些问题是任何委托—代理分析的中心内容。本节将讨论所有者怎样利用与雇员的合同关系处理委托—代理问题。

我们已经看到经营者和所有者的目标在委托—代理框架中有所不同。因而所有者怎样才能设计奖励体制使得经理和员工尽可能地接近所有者的目标？为了回答这个问题，让我们研究一个具体的问题。

一个小制造商利用劳动和机器生产手表，所有者想最大化他们的利润。为此，他们得依赖一个机器维修工，因为该工人的努力程度将影响机器发生故障的可能性，从而影响到公司的利润水平。利润还受到其他随机因素的影响，如零部件的质量和其他直接测定维修工的努力程度，也不能保证维修工同样的努力程度能产生相同的利润水平。表 4－1 描述了这类情形。

表 4－1　制造手表的利润比较　　单位：元

努力程度	运气差	运气好
低努力（$a=0$）	100	200
高努力（$a=1$）	200	400

表 4－1 说明维修工可能低努力工作，也可能高努力工作，于不同的随机因素，低努力会（以同样概率）产生 100 元或 200 元的利润，我们把这两种利润的低者标为“运气差”，高者标为“运气好”，当维修工付出高努力时，利润将是 200 元（运气差时）或 400 元（运气好时）。这些数字突出了不完全信息的问题，因为当公司利润为

200 元时，所有者无法知道维修工是付出低努力还是高努力。

假设维修工的目标是最大化他所领取的工资与付出努力相联系的不愉快的工作时间造成的成本之间的净值，为简单化，假设低努力时努力成本为 0，高努力时为 100（正式地表示为 $C=100a$）。

现在我们能够从所有者的角度来阐述委托—代理问题。在结果不确定以及维修工的行为不可能监督的情形下，所有者的目标是最大化期望利润。所有者依合同支付维修工工资，然而，工资的支付计划完全基于生产过程的可计量产出（利润），而非维修工的努力程度。为了说明这种联系，我们把支付计划描述为 ω（π），以强调支付只依赖于可测的利润。

什么是最好的支付计划？这样的计划是不是与基于努力程度而非产出的计划一样有效率？在此，我们只能开始研究这样的答案。最好的支付计划涉及生产的性质、不确定性的程度，以及所有者和经营者二者的目标。计划安排不总是像直接与努力程度挂钩的理想计划那样有效率，信息的缺乏会降低经济效率，因为此时所有者的利润和维修工的收入都可能下降。

当维修工最大化其收入与付出努力的成本之间的净值时，怎样设计一个支付计划？首先假设所有者同意支付一个固定工资给维修工，任何工资都行，但是如果我们假设工资为 0，则能把问题看得最清楚（此处，0 表示一种比其他可比工作的工资率不高的工资），面对零工资，维修工没有付出高水平努力的激励，原因很简单：维修工分享不到增加努力所带来的收益，该收益全部由所有者享受，由此可得出一种会导致一个非效率结果的固定支付。当 $a=0$，$\pi=0$ 时，所有者获得一个 $150=(100+200)/2$ 的期望利润，维修工获得净工资为 0。

如果对维修工的生产性努力实行奖励，所有者和维修工的处境都将得到改善。比如，假设所有者提供给维修工的支付计划如下：

如果 $\pi=100$ 或 200，则 $\omega=0$；如果 $\pi=400$，则 $\omega=240$。

在这种奖励的安排下，低努力产生的支付为 0，然而，高努力产生的期望收益为 120，减去努力成本之后的净收益为 20。在这种计划下，维修工将会选择高努力工作，这同时使所有者的处境比前述得到改善，因为此时他们得到一个 300 的期望利润，净利润为 180。

可是，对所有者而言，这不是唯一能起作用的支付计划。假设所有者用合同的形式使工人参与以下的利润分成的安排，当利润超过 180 时：$\omega=\pi-180$（其他情况，工资为 0）。此时，如果维修工付出低努力，他接受的期望支付是 1；但是如果他付出高水平的努力，他的期望支付是 120，扣除努力成本的净期望支付为 20（如前一样，所有者的净利润为 180）。

因此，在上述例子中，利润分成安排和奖励支付安排的结果相同。但在更复杂的情况下，两类安排的激励效果是不同的。然而，在此说明的基本思想可应用于所有的委托—代理问题，当直接测度努力不可能时，对高水平努力的结果进行奖励的激励机制能够把代理人的准心瞄向所有者设定的目标。

本章知识小结

1. 寻租与垄断；
2. 公共资源与公共物品；
3. 信息不完全与委托—代理。

本章能力小结

1. 根据具体的垄断情况，分析政府管制策略；
2. 根据公共资源特性，提出最优使用方案。

【课后任务练习】

1. 很多组织（如宗教组织和慈善组织）都通过自愿捐款来筹集资源。这些成功的组织使用了哪些技巧克服“搭便车”问题？（提示：向捐赠者提供奖励，安排捐赠竞赛，激发人们的道德责任感等。）

2. 案例分析：预算状况决定了鲍科只能买旧车，他咨询了几个朋友。第一个说“价格是性能的指示器，你付出多少就得到多少”；第二个说“买你想要的最便宜的车”；第三个说“买旧车就相当于买了别人的问题”。鲍科应该采纳谁的建议？（提示：第一个成立需要严格的假设条件：有效的市场，每个人对质量有同样的理解。第二个提出：如果你努力总能找到廉价货，包括在非完全竞争又非均衡的市场条件下。第三个说，由于汽车工艺复杂，买者很难判断车是否有毛病，所以卖者有强烈的动机不卖性能好的旧车。但是事实上，旧车市场日益兴旺，因为制度完善了，减少了买旧车的不确定性。）

第二编

管理

第五章

管理

一、本章学习目标

能力目标：

1. 能判断实际生活中管理者所扮演的角色；
2. 能利用各种管理理论解释日常生活中的各种管理行为。

知识目标：

1. 掌握管理的含义、管理者的定义和角色；
2. 掌握管理理论演进过程中的各种理论。

二、本章工作任务

联合邮包服务公司（UPS）雇用了15万名员工，平均每天将900万个包裹发送到美国各地和世界180多个国家和地区。他们的宗旨是：在邮运业中办理最快捷的运送。UPS的管理者系统地培训他们的员工，使他们以尽可能高的效率从事工作。UPS的工业工程师对每位司机的行驶路线进行了时间研究，对每种送货、取货和暂停活动设立了标准。为了完成每天取送130件包裹的目标，司机们必须严格遵守工程师们设定的程序。当他们接近发送站时，他们松开安全带、按喇叭、关发动机等，这一系列动作极为严格。

1. 利用泰勒的科学管理理论解释联合邮包服务公司（UPS）的管理策略；
2. 利用泰勒的科学管理理论对联合邮包服务公司（UPS）的管理提出新的建议。

三、本章学习指导

1. 采用比较学习法，深刻理解各种管理理论的相同点和不同点；
2. 采用案例学习法，深刻理解各种管理理论的基本思想。

导入案例

亨利·福特于1903年创立福特公司。刚开始时，公司生产的汽车与其他汽车公司的产品相比没有什么优势可言，但1908年开始生产福特“T”型车就标志着福特公司垄断局面的开始。1913年，福特公司采用了汽车装配的流水生产法并实行汽车零件的标准化，形成了大量生产的体制。到1923年福特在美国汽车生产中形成垄断的局面，并积累了大量的资金。可是福特坚信企业所需要的只是企业家和他们的“助手”，企业无须管理人员和管理。只过了几年，福特公司就丧失了市场领先的地位，以后的20年逐年亏本，无法与通用汽车公司进行有力的竞争。而通用汽车公司走了一条与福特经验相反的路子。原来通用是由一些竞争不过福特公司的小公司拼凑起来的，刚开始时各公司各自为政，公司业务集中在少数人身上。1920年，新接任的总裁小艾尔弗雷德·斯隆在大整顿、大改组过程中建立起一套管理体制，组织了坚强的领导班子，极大地提高了通用的组织管理水平。

第一节 管理概述

管理即管辖、治理。大到国家，小到企业和学校，几乎任何组织都离不开管理。管理是当今社会的热门话题，也是一个不朽的话题。现实生活中的每一个人实际上都在不同领域、不同层次上担负一定的管理工作，比如行政管理、公共管理、企业管理等。然而，什么是管理，如何成为优秀的管理者，也许大家对这些问题的回答并不十分明朗，本章将基于这些问题带您走入一个管理的世界。

一、管理的含义

随着管理学的产生和发展，在不同的时期，不同学者对管理作出了不同的描述。不同的描述各有道理，也各执一端。综合来看，管理就是在特定的环境下，对组织所拥有的资源进行有效的计划、组织、领导、控制，以便完成组织的既定目标的过程。

这个定义包含以下五层含义：

（1）管理是为实现组织目标服务的，是一个有意识、有目的地进行的过程。对任何一个组织而言，管理都是不可或缺的，但又是独立存在的。管理不具有自己的目标，不能为管理而管理，而只能使管理服务于组织目标的实现。

（2）管理要通过组织中各种资源的综合运用来实现组织的目标。

（3）管理过程由一系列相互关联、连续进行的活动所构成。这些活动包括计划、组织、领导、控制等，它们是管理的基本职能。

（4）管理是在一定的环境下进行的，有效的管理必须充分考虑组织内外部环境的影响。

（5）在理解管理的时候，还要关注效率和效果的关系。效率（efficiency）是指以尽可能少的投入获得尽可能多的产出。例如，设备利用率、工时利用率、资金周转率、劳动生产率都是组织效率性的具体衡量。通俗地讲，效率就是指“正确地做事”，即不浪费资源。然而仅有效率是不够的，管理还必须使活动实现预定的目标，即追求活动的效果（effectiveness）。因此，效果就是“做正确的事”。

二、管理者

理解了管理的概念，管理者的概念就不难理解了。管理者是指在特定的组织中，通过协调其他人的活动，与别人或者通过别人实现组织目标的人员。从事管理工作的管理者在组织中工作，但并非所有在组织中工作的人都是管理者。为此，把组织中的成员分为两种类型：操作者（operatives）和管理者（managers）。操作者是直接从事某种工作或任务，不具有监督其他人工作的职责。例如，汽车装配线上的装配工人、饭店里的厨师、商场的营业员等。

管理者有许多分类方法，最常见的是根据在组织中的级别、职位和职能头衔区分为高层管理者、中层管理者和基层管理者三个层次。不同层次的管理者，工作的重点不同。高层管理者（top manager）对外代表组织，对内拥有最高职位和职权，并对组织的总体目标负责。他们侧重组织的长远发展计划、战略计划和重大政策的制定，拥有人事、资金等资源的控制权，以决策为其主要职能。例如，学校的校长、公司的总裁、医院的院长等。中层管理者（middle manager）是高层管理者的决策的执行者，负责制订具体的计划、政策，行使高层管理者授权下来的指挥权，并有责任向上级汇报工作，所以也被称为执行者。例如，一个公司的人力资源部经理、销售部经理、财务部经理等。基层管理者（first manager）负责将组织的决策在基层落实，制订作业计划，负责现场指挥与现场监督，也称作业层。例如，生产企业的车间主任、班组长等。

既然管理者是在特定的组织中行使管理职能的，那么什么是组织呢？

组织具有三个基本特征：

（1）有明确的目标。这个目标一般是以一个或一组目标来表示的。

（2）由人组成，并且至少两人。

（3）有自己的系统性结构。

通过对组织特征的分析，我们可以把组织定义为：组织是指一种由人组成的，具有明确目标和系统性结构的实体。

三、管理者的角色

不难想象，管理者在从事不同的工作时，他们工作的侧重点不同，所扮演的角色也是不完全一致的。管理者角色分析法是由加拿大管理学家亨利·明茨伯格（Henry Mintzberg）在20世纪70年代初提出来的。这种方法是通过对管理者实际工作的直接观察而归纳出管理者实际承担的工作任务。如果说管理职能分析法是运用逻辑推理分析管理工作的话，管理者角色分析法则是根据对管理实践的观察描述来分析管理工作的。如表5－1所示，明茨伯格认为，管理者扮演着十种不同却高度相关的角色，这十种角色可以归纳为人际关系、信息传递、决策制定三个方面。

表5－1　明茨伯格的管理角色理论

	角色	描述	特征活动
人际关系	1. 挂名首脑	象征性首脑；必须履行许多法律性或社会性的例行义务	迎接来访者；签署法律文件
	2. 领导者	负责激励下属；负责人员配备、培训以及有关的职责	实际从事所有的有下级参与的活动
	3. 联络者	维护自行发展起来的外部关系和消息来源，从中得到帮助和信息	发感谢信；从事外部委员会的工作；从事其他有外部人员参与的活动
信息传递	4. 监听者	寻求和获取各种内部和外部的信息，以便透彻地理解组织和环境	阅读期刊和报告；与有关人员保持私人接触
	5. 传播者	将从外部人员和下级那里获取的信息传递给组织的其他成员	举行信息化交流会；用打电话的方式传达信息
	6. 发言人	向外界发布组织的计划、政策、行动、结果等	召开董事会；向媒体发布信息
决策制定	7. 企业家	寻求组织和环境的机会；制订改进方案以发起变革	组织战略制定和检查会议，以开发新项目
	8. 混乱驾驭者	当组织面临重大的、意外的混乱时，负责采取纠正行动	组织应对混乱和危机的战略制定和检查会议
	9. 资源分配者	负责分配组织的各种资源；制定和批准所有有关的组织决策	调度、授权、开展预算活动；安排下级工作
	10. 谈判者	在主要的谈判中作为组织的代表	参与工会的合同谈判

人际关系角色（interpersonal roles）主要是指管理者与各种人发生联系时所担当的角色。这类角色以人为中心，在组织中履行礼仪性和象征性的义务，以交往、领导、联络为手段，主要包括挂名首脑、领导者和联络者三种角色。信息传递角色（information roles）主要是指管理者在获取、处理和传递各种信息资源时所起的作用。这类角色以信息沟通为中心，以信息的收集、加工和传播为手段，主要包括监听者、传播者和发言人三种角色。决策制定角色是指管理者在管理过程中对一系列重大的或突发的问题作出决定并付诸实施所起的作用。这类角色以决策为中心，以推动变革、排除故障、分配资源和谈判为手段，主要包括企业家、混乱驾驭者、资源分配者和谈判者四种角色。

需要指出的是，无论是管理职能分析法还是管理者角色分析法，管理工作始终是一个互相联系的整体。我们把管理者的工作分解为四项职能或十种角色，只是概念上的划分，是为了能够对管理工作进行理论分析，是为了将管理知识传授给学习者。实际上，管理工作是不能分割开来的，每一项管理职能或每一种管理角色都不是一个独立存在的实体，而是同其他职能或角色交织在一起的，没有哪一项职能或哪一种角色可以不涉及其他职能或角色单独发生作用。因此，管理工作在实践中并不是一系列可以独立行使的、相互分割开来的职能或角色，而是由这些部分合成的、互相联系的整体。

第二节　管理理论的演进

管理实践由来已久，自从有了人类活动就有了管理活动。素以世界奇迹著称的埃及金字塔、巴比伦古城、中国的万里长城，是古人杰出的管理和组织能力的有力证明。

管理理论的发展历经古典管理理论、人际关系与行为科学理论和现代管理理论三个阶段。当然，这三个阶段并不是截然分开的，更不是前一阶段结束后，下一阶段才告开始。事实上，各种管理理论的产生虽然有先有后，但在产生之后，却是并存发展，且相互影响，也存在着继续、借鉴的关系。

一、古典管理理论

古典管理理论主要是指以泰勒为代表的科学管理理论、以法约尔为代表的一般管理理论和以韦伯为代表的行政组织理论。

（一）科学管理理论

1911 年，弗雷德里克·温斯洛·泰勒（Frederick Winslow Taylor）的《科学管理原理》发表了，并且很快就被世界范围内的管理者广泛地接受，从而使得泰勒赢得了“科学管理之父”的美誉。

泰勒出生于美国一个富裕的律师家庭，中学毕业后考上哈佛大学法律系，但因眼疾而不得不辍学。1875 年，他进入一家小机械厂当徒工，1878 年转入费城米德瓦尔钢铁厂（Midvale Steel Works）当机械工人，他在该厂一直干到 1897 年。在此期间，由于工作努力、表现突出，很快先后被提升为车间管理员、小组长、工长、技师、制图主任和总工程师，并在业余学习的基础上获得了机械工程学士学位。在 1898—1901 年间，泰勒受雇于伯利恒钢铁公司（Bethlehem Steel Company）。泰勒的这些经历，使他有充分的机会去直接了解工人的种种问题和态度，并看到提高管理水平的极大的可能性。1901 年，泰勒离开伯利恒钢铁公司，不再同任何工业公司来往，只从事不收取报酬的管理咨询、写作和演讲工作，推广科学管理。1911 年，正式出版《科学管理原理》一书，科学管理理论最终形成。泰勒提出了以下管理原理：

1. 制定科学的作业方法，以便有效利用工时，提高生产效率

制定科学的工艺规程，使作业方法、工具、机器、材料标准化，并使作业环境标准化，用文件形式固定下来。

2. 科学地选择、培训工人

选择合适的工人安排在合适的岗位上，并培训工人使用标准的操作方法，使之在

工作中逐步成长。

3. 实行差别计件工资制

对完成或超额完成工作定额的工人，以较高的工资率计件支付工资；对完不成工作定额的工人，则支付较低的工资。

4. 将计划职能与执行职能分开

在旧的管理制度下，所有的计划都是由工人凭个人经验来制订的。泰勒主张必须把计划职能交给专业的计划部门负责，工人则从事执行职能，只有这样才能提高劳动生产率。

5. 实行职能工长制

即将整个管理工作划分为许多较小的管理职能，工长之间按职能分工；如果可能，一个工长只承担一个职能。

6. 在管理上实行例外原则

即企业的高级管理人员把处理一般事务的权限下放给下级管理人员，自己只保留对例外事项的决策权和监督权。

（二）一般管理理论

泰勒的科学管理理论开了西方古典管理理论的先河。在其正被传播之时，欧洲也出现了一批古典管理的代表人物及其理论，其中影响最大的首属法约尔及其一般管理理论。

亨利·法约尔（Henri Fayol），法国人，早期就参与企业的管理工作，并长期担任企业高级领导职务。泰勒的研究是从“车床前的工人”开始的，重点内容是企业内部具体工作的效率。法约尔的研究则是从“办公桌前的总经理”出发的，以企业整体作为研究对象。他认为，管理理论是指有关管理的、得到普遍承认的理论，是经过普遍经验检验并得到论证的一套有关原则、标准、方法、程序等内容的完整体系；有关管理的理论和方法不仅适用于公私企业，也适用于军政机关和社会团体。这正是其一般管理理论的基石。

法约尔的著述很多，1916 年出版的《工业管理和一般管理》是其最主要的代表作，标志着一般管理理论的形成，由此他被誉为“经营管理理论之父”。其主要思想如下：

1. 从企业经营活动中提炼出管理活动

法约尔区别了经营和管理，认为这是两个不同的概念，管理包括在经营之中。通过对企业全部活动的分析，将管理活动从经营职能（包括技术、商业、财务、安全和会计等五大职能）中提炼出来，成为经营的第六项职能。进一步得出了普遍意义上的管理定义，即管理是普遍的一种单独活动，有自己的一套知识体系，由各种职能构成，管理者通过完成各种职能来实现目标的一个过程。

法约尔还分析了处于不同管理层次的管理者其各种能力的相对要求，随着企业由小到大、职位由低到高，管理能力在管理者必要能力中的相对重要性不断增加，而其他诸如技术、商业、财务、安全、会计等能力的重要性则会相对下降。

2. 倡导管理教育

法约尔认为管理能力可以通过教育来获得，缺少管理教育是由于没有管理理论，每一个管理者都按照他自己的方法、原则和个人的经验行事，但是谁也不曾设法使那些被人们接受的规则和经验变成普遍的管理理论。

3. 提出五大管理职能

法约尔将管理活动分为计划、组织、指挥、协调和控制等五大管理职能，并进行了相应的分析和讨论。

4. 提出十四项管理原则

法约尔提出了一般管理的十四项原则：劳动分工、权力与责任、纪律、统一指挥、统一领导、个人利益服从整体利益、人员报酬、集中、等级制度、秩序、公平、人员稳定、首创精神、团队精神。

（三）行政组织理论

被称为“组织理论之父”的韦伯与泰勒、法约尔是西方古典管理理论的三位先驱。马克斯·韦伯（Max Weber）生于德国，曾担任过教授、政府顾问、编辑，对社会学、宗教学、经济学与政治学都有相当的研究。韦伯的主要著作有《新教伦理与资本主义精神》、《一般经济史》、《社会和经济组织的理论》等，其中行政组织理论对后世产生了最为深远的影响。

有了适合于行政组织体系的权力基础，韦伯勾画出的“理想的行政组织体系”具有下列特征：

（1）有明确的分工。

（2）各种公务和职位是按照职权的等级原则组织起来的，每一职位有明文规定的权利和义务，形成一个指挥系统或层次体系。

（3）组织中人员的任用，完全根据职务上的要求，通过正式考试或教育训练来实行。

（4）管理人员有固定的薪金和明文规定的升迁制度，是一种“职业的”管理人员。

（5）管理人员必须严格遵守组织规定的规则和纪律，使之不受任何人的感情因素的影响，保证在一切情况下都能贯彻执行。

（6）组织中的各级官员必须完全以理性为指导，他们全没有个人目标，没有仇视、偏爱、怜悯、同情，然而却有理性，尽管这种理性带有机械性。

韦伯认为，凡具有上述六项特征的组织，可使组织表现出高度的理性化，其成员的工作行为也能达到预期的效果，组织目标也能顺利地达成。韦伯对“理想的行政组织体系”的描绘，为行政组织指明了一条制度化的组织准则，这是他在管理思想上的最大贡献。

二、人际关系与行为科学理论

古典管理理论的杰出代表泰勒、法约尔等人在不同的方面对管理思想和管理理论的发展作出了卓越的贡献，并对管理实践产生了深刻的影响。但是他们共同的特点是，着重强调管理的科学性、合理性、纪律性，而未给管理中人的因素和作用以足够重视。20世纪20年代前后，一些管理学家和心理学家开始注意到了“人”具有不同于"物"的许多特殊的方面，需要管理者采取一种不同的方式来加以管理。但是对其进行专门的、系统的研究，进而形成一种较为完整的全新的管理理论则始于美国哈佛大学心理学家梅奥等人所进行的著名的霍桑试验。

（一）人际关系理论

1. 霍桑试验

梅奥（George E. Mayo）是原籍澳大利亚的美国行为科学家、人际关系理论的创始人、美国艺术与科学院院士，进行了著名的霍桑试验，主要代表著作有《组织中的人》和《管理和士气》。

在美国西方电器公司霍桑工厂进行的、长达9年的实验研究——霍桑试验，真正揭开了作为组织中的人的行为研究的序幕。霍桑试验的初衷是试图通过改善工作条件与环境等外在因素，找到提高劳动生产率的途径。对这种传统假设与所观察到的行为之间神秘的不相符合，梅奥作出了如下解释：

（1）影响生产效率的根本因素不是工作条件，而是工人自身。参加试验的工人意识到自己"被注意"，是一个重要的存在，因而怀有归属感，这种意识助长了工人的整体观念、有所作为的观念和完成任务的观念；而这些是他在以往的工作中不曾得到的，正是这种人的因素导致了劳动生产率的提高。

（2）在决定工人工作效率的诸因素中，工人为团体所接受的融洽性和安全感较之奖励性工资有更为重要的作用。

2. 人际关系理论的观点

霍桑试验的研究结果否定了传统管理理论对于人的假设，表明了工人不是被动的、孤立的个体，他们的行为不仅仅受工资的刺激，影响生产效率的最重要因素不是待遇和工作条件，而是工作中的人际关系。据此，梅奥提出了自己的观点：

（1）工人是"社会人"而不是"经济人"。

梅奥认为，人们的行为并不单纯出自追求金钱的动机，还有社会方面的、心理方面的需要，即追求人与人之间的友情、安全感、归属感和受人尊敬等，而后者更为重要。因此，不能单纯从技术和物质条件着眼，而必须首先从社会心理方面考虑合理的组织与管理。

（2）企业中存在着非正式组织。

企业中除了存在着古典管理理论所研究的为了实现企业目标而明确规定各成员相互关系和职责范围的正式组织之外，还存在着非正式组织。这种非正式组织的作用在于维护其成员的共同利益，使之免受其内部个别成员的疏忽或外部人员的干涉所造成的损失。为此，非正式组织中有自己的核心人物和领袖，有大家共同遵循的观念、价值标准、行为准则和道德规范等。

（3）新的领导能力在于提高工人的满意度。

在决定劳动生产率的诸因素中，置于首位的因素是工人的满意度，而生产条件、工资报酬只是第二位的。职工的满意度越高，其士气就越高，从而生产效率就越高。高的满意度来源于工人个人需求的有效满足，不仅包括物质需求，还包括精神需求。

（二）行为科学理论

梅奥等人所创立的人际关系学说，为行为科学的发展奠定了基础。在他们之后，行为科学更多的是运用心理学、社会学、人类学等成就进一步对组织中的人群行为进行科学的分析，研究是什么因素决定了人的行为以及用什么方式激励人、正确处理人与人之间的关系等，引导组织成员为达到组织的目标而努力。行为科学理论主要包括需要层次理论、双因素理论、XY 理论等。

1. 需要层次理论

亚伯拉罕·马斯洛（Abraham Harold Maslow，1908—1970）出生于纽约市布鲁克林区。他是美国社会心理学家、人格理论家和比较心理学家，是人本主义心理学的主要发起者和理论家，是心理学第三势力的领导人。马斯洛在 1943 年发表的《人类动机的理论》（*A Theory of Human Motivation Psychological Review*）一书中提出了需要层次理论。这种理论主要包括以下几个观点：

人类有一系列复杂的需求，按其优先次序可以分为：生理上的需要、安全上的需要、情感和归属的需要、尊重的需要和自我实现的需要。

（1）生理上的需要。

这是人类维持自身生存的最基本要求，包括饥、渴、衣、住、行等方面的要求。马斯洛认为，只有这些最基本的需要达到维持生存所必需的程度后，其他的需要才能成为新的激励因素。而到了此时，这些已相对满足的需要也就不再成为激励因素了。

（2）安全上的需要。

这是人类要求保障自身安全、摆脱事业和丧失财产威胁、避免职业病的侵袭、接触严酷的监督等方面的需要。马斯洛认为，整个有机体是一个追求安全的机制，人的感受器官、效应器官、智能和其他能量主要是寻求安全的工具，甚至可以把科学和人生观都看成是满足安全需要的一部分。当然，当这种需要一旦相对满足后，也就不再成为激励因素了。

（3）情感和归属的需要。

这一层次的需要包括两个方面的内容：一是友爱的需要，即人人都需要伙伴之间、同事之间的关系融洽或保持友谊和忠诚；人人都希望得到爱情，希望爱别人，也渴望接受别人的爱。二是归属的需要，即人都有一种归属于一个群体的感情，希望成为群体中的一员，并相互关心和照顾。

（4）尊重的需要。

人人都希望自己有稳定的社会地位，要求个人的能力和成就得到社会的承认。马斯洛认为，尊重的需要得到满足，能使人对自己充满信心、对社会满腔热情、体验到自己活着的用处和价值。

（5）自我实现的需要。

这是最高层次的需要，它是指实现个人理想、抱负，发挥个人的能力到最大限度，达到自我实现境界的人。马斯洛提出，为满足自我实现的需要所采取的途径是因人而异的。自我实现的需要是在努力发挥自己的潜力，使自己越来越成为自己所期望的人物。

2. 双因素理论

双因素理论（Two Factor Theory），又叫激励、保健理论（Motivator-Hygiene Theory），是美国的行为科学家弗雷德里克·赫茨伯格（Fredrick Herzberg）提出

来的。

传统理论认为，满意的对立面是不满意；而据双因素理论，满意的对立面是没有满意，不满意的对立面是没有不满意。因此，影响职工工作积极性的因素可分为两类，即保健因素和激励因素，这两种因素是彼此独立的，并且以不同的方式影响着人们的工作行为。

所谓保健因素，就是那些造成职工不满的因素，它们的改善能够解除职工的不满，但不能使职工感到满意并激发起职工的积极性。它们主要有企业政策、行政管理、工资发放、劳动保护、工作监督以及各种人事关系处理等。由于它们只带有预防性，只起维持工作现状的作用，也被称为“维持因素”。

所谓激励因素，就是那些使职工感到满意的因素，唯有它们的改善才能让职工感到满意，给职工以较高的激励，调动积极性，提高劳动生产效率。它们主要有工作表现机会、工作本身的乐趣、工作上的成就感、对未来发展的期望，以及职务上的责任感等。

双因素理论与马斯洛的需要层次理论是相吻合的，马斯洛理论中低层次的需要相当于保健因素，而高层次的需要类似于激励因素。双因素理论是针对满足的目标而言的。保健因素是满足人们对外部条件的要求；激励因素是满足人们对工作本身的要求。前者为直接满足，可以使人受到外在激励；后者为间接满足，可以使人受到内在激励。因此，双因素理论认为，要调动人的积极性，就要在“满足”二字上下工夫。

3. XY 理论

XY 理论由美国麻省理工学院教授、行为科学家麦格雷戈于 1957 年提出。麦格雷戈认为，传统的管理理论把人当作消极因素对待，对人的本性作了错误的假设。他把这种错误的假设称为 X 理论。

X 理论对人性假设的主要内容是：

（1）人生下来就是懒惰的，只要有可能就逃避工作。

（2）人生下来就缺乏进取心，工作上不愿负责任，宁愿被领导，没有什么抱负。

（3）人生下来就习惯于明哲保身，反对变革，把对自身安全的要求看得高于一切。

（4）人缺乏理性，容易受外界和他人的影响，做出一些不适宜的举动。

（5）只有极少数人才具有解决组织问题所需要的想象力和创造力。

（6）人生来就以自我为中心，无视组织的需要。

所以，对多数人必须使用强迫以至惩罚、胁迫的办法，去驱使他们工作，方可达到组织目标。

基于以上假设忽视了人的自身特征和精神需要，只注重人的生理需要和安全需要的满足，把金钱作为主要的激励手段，把惩罚作为有效的管理方式。麦格雷戈对人的需要、行为和动机进行了重新研究，提出一种新的假设，即 Y 理论。

Y 理论对人性假设的主要内容是：

（1）人并非生来就是懒惰的，要求工作是人的本能。

（2）在适当的条件下，人们能够承担责任，而且多数人愿意对工作负责，并有创造才能和主动精神。

(3) 个人追求与组织的需要并不矛盾，并非必然对组织的目标产生抵触和消极态度。只要管理适当，人们能够把个人目标与组织目标统一起来。

(4) 人对于自己所参与的工作，能够实行自我管理和自我指挥。

(5) 在现代工业条件下，一般人的潜力只利用了一部分。

第三节　现代管理理论

第二次世界大战以后，随着西方社会的战后复兴和生产力的高速发展，管理教育和管理研究也都有了蓬勃的发展。这一时期，从事管理研究和教育的队伍的构成发生了明显的变化，专职的管理学教授和研究人员占据了主流。管理理论学派林立、百家争鸣，进入了一个空前繁荣的阶段。

一、系统管理理论学派

系统管理理论是运用一般系统论和控制论的理论和方法，考察组织结构和管理职能，以系统地解决管理问题的理论体系。该理论主要应用系统理论的范畴、原理，全面分析和研究企业和其他组织的管理活动和管理过程，重视对组织结构和模式的分析，并建立起系统模型以便于分析。系统管理理论向社会提出了整体优化、合理组合、规划库存等管理新概念和新方法，其代表人物有美国的理查德·约翰逊、卡斯特和罗森茨韦克等。

系统管理理论要点主要有：

(1) 企业是由人、物资、机器和其他资源在一定的目标下组成的一体化系统，它的成长和发展同时受到这些组成要素的影响，在这些要素的相互关系中，人是主体，其他要素则是被动的。

(2) 企业是一个由许多子系统组成的、开放的社会技术系统。企业是社会这个大系统中的一个子系统，它受到周围环境（如顾客、竞争者、供货者、政府等）的影响，也同时影响环境。它只有在与环境的相互影响中才能达到动态平衡。在企业内部又包含着若干子系统，它们是：

①目标和价值子系统，包括按照社会的要求和准则确定战略目标。

②技术理性子系统，包括为完成任务必需的机器、工具、程序、方法和专业知识。

③社会心理子系统，包括个人行为和动机、地位和作用关系、组织成员的智力开发、领导方式，以及正式组织系统与非正式组织系统等。

④组织结构子系统，包括对组织及其任务进行合理划分和分配、协调他们的活动，并由组织图表、工作流程设计、职位和职责规定、章程与案例来说明，还涉及权力类型、信息沟通方式等问题。

⑤外界因素子系统，包括各种市场信息、人力与物力资源的获得，以及外界环境的反映与影响等。此外，还有一些子系统，如经营子系统、生产子系统等。这些子系

统还可以继续分为更小的子系统。

（3）运用系统观点来考察管理的基本职能，可以提高组织的整体效率，使管理人员不至于只重视某些与自己有关的特殊职能而忽视了大目标，也不至于忽视自己在组织中的地位与作用。

二、决策理论管理学派

决策理论管理学派是在系统管理学派的基础上，吸收行为科学管理学派的观点，运用计算机技术和运筹学的方法发展起来的。决策理论管理学派的代表人物是美国管理学家、诺贝尔经济学奖获得者赫伯特·西蒙（Harbert A. Simen），他于1960年发表的《管理决策的新科学》是决策理论管理学派的“圣经”。

在《管理决策的新科学》一书中，西蒙从逻辑实证主义出发，对传统的管理理论中的命令统一原则、特殊化原则、管理幅度原则和集团化原则等展开了严厉的批判，提出了一系列新的、与众不同的观点。

1. 管理就是决策

西蒙认为，管理就是决策，决策贯穿于整个管理过程。组织是作为决策者的个人所构成的系统，组织活动的本质是决策，对组织活动的管理包含着各种类型的决策。

2. 决策的过程

管理的实质是决策，它是由一系列相互联系的工作构成的一个过程。这个过程包括四个阶段：情报活动、设计活动、抉择活动和审查活动。

3. 决策的准则

用“令人满意的原则”代替了传统决策的“最优化原则”。他认为，无论是个人还是组织的决策实践，寻找可供选择的方案都是有条件的，不是毫无限制的，所以“最优化原则”的实现在很多情况下是不现实、不经济的，而“满意原则”则显得更为合理、现实。

三、经验学派

经验学派，又称案例学派，其代表人物是美国管理学家彼德·德鲁克和欧内斯特·戴尔。这一学派的中心观点是强调管理的艺术性。他们认为，古典管理理论和行为科学理论都不能完全适应企业发展的实际需要，有关企业管理的科学应该从企业管理的实际出发，以大企业的管理经验为主要研究对象，加以概括和理论化，不必企图去确定一些原则，只要通过案例研究分析一些成功经理人员的成功经验和他们解决特殊问题的方法，便可以在相仿的情况下进行有效的管理。

经验学派的主要观点是：

（1）关于管理的性质，他们认为管理是管理人员的技巧，是一个特殊的、独立的活动和知识领域。

（2）关于管理的任务，他们认为作为管理人员的经理，有两项别人无法替代的特殊任务：一是必须造成一个“生产的统一体”；二是在作出每一项决策和采取每一次行动时，要把当前利益和长远利益协调起来。

四、权变理论学派

权变理论是20世纪70年代在经验主义学说的基础上进一步发展起来的管理理论。权变理论认为管理中不存在普遍适用的“最佳管理理论”，有效的管理是根据组织的内外因素灵活地应用各种管理方法解决管理问题的过程。

权变理论的基本观点主要包括以下几个方面：

1. 权变管理的思想结构观点

管理同环境之间存在着一定的函数关系，但不一定是因果关系。这种函数关系可以解释为“如果—就要”的关系，即“如果”某种环境或情况存在或发生，“就要”采用某种管理思想。

2. 权变理论的组织结构观点

把组织看成一个既受外界环境影响，又对外界环境施加影响的“开放系统”。组织内部结构的设计，必须与组织任务的要求、外在环境要求以及组织成员的需要等互相一致，组织才能有效。

3. 权变理论的人事观点

在人事方面的权变观点也以权变管理思想为基础，认为在不同的情况下要采取不同的管理方法，不能千篇一律。

4. 权变理论的领导方式观点

权变理论学派认为不存在一种普遍适用的最好的或不好的领导方式，一切视组织的任务、个人或小组的行为特点以及领导者和职工的关系而定。权变理论的出现，对于管理理论有着新的发展和补充，主要表现在它比其他一些管理学派与管理实践的联系更具体，与客观实际更接近一些。但是，权变理论仅仅限于考察各种具体的条件和情况，而没有用科学研究的一般方法来进行概括，只强调特殊性，否认普遍性；只强调个性，否认共性。

本章知识小结

1. 管理的含义，管理者的角色和分类；
2. 古典管理理论的主要流派；
3. 人际关系和行为科学理论的主要流派。

本章能力小结

1. 能判断管理者属于何种类型；
2. 能区分各种管理理论。

【课后任务练习】

1. 怎么理解管理的含义?
2. 管理的基本职能有哪些?
3. 西方管理理论的发展可分为哪几个阶段?
4. 泰勒的科学管理理论的主要思想是什么?
5. 人际关系理论的主要观点是什么?
6. 现代管理理论包括的主要学派有哪些?

第六章

计划

一、本章学习目标

能力目标：

1. 能够分辨组织计划类型；
2. 能够根据实际情况进行决策，制订相应的计划。

知识目标：

1. 掌握计划、目标管理以及决策的含义；
2. 掌握计划和决策的过程。

二、本章工作任务

袁之隆先生是南机公司的总裁。这天下午又是业务会议时间，袁先生召集了公司在各地的经销负责人，分析目前和今后的销售形势。在会议上，有些经销负责人指出，农业机械产品虽有市场潜力，但消费者的需求趋向已有所改变，公司应针对新的需求增加新的产品种类，来适应这些消费者的新需求。

身为机械工程师的袁先生，对新产品研制、开发工作非常内行。因此，他听完了各经销负责人的意见之后，心里便很快算了一下，新产品的开发首先要增加研究与开发投资，然后需要花钱改造公司现有的自动化生产线，这两项工作约耗时3~6个月。增加生产品种同时意味着必须储备更多的备用零件，并根据需要对工人进行新技术的培训，投资又进一步增加。

而事实上公司目前的这几种产品，经营效果还很不错。结果，他决定仍不考虑新品种的建议，目前的策略仍是改进现有的品种，以进一步降低成本和销售价格。他相信，改进产品成本、提高产品质量并开出具有吸引力的价格，将是提高公司产品竞争力最有效的法宝。

1. 你认为该企业的外部环境中有哪些机会与威胁？
2. 如果你是顾问专家，你会对袁先生的决策如何评价？

三、本章学习指导

1. 采用案例分析法，深刻理解计划和决策的过程；
2. 熟练掌握各术语及操作程序有助于分析解决实际问题。

导入案例

有一位父亲带着三个孩子到沙漠去猎杀骆驼。到了目的地后，父亲问老大："你看到了什么?"老大回答说："我看到了猎枪，还有骆驼，还有一望无际的沙漠。"父亲摇摇头说："不对。"父亲以同样的问题问老二，老二回答说："我看见了爸爸、大哥、弟弟、猎枪，还有沙漠。"父亲又摇摇头说："不对。"父亲又以同样的问题问老三，老三回答说："我只看到了骆驼。"父亲高兴地说："你答对了!"

看了这则故事之后，你获得了什么管理启示?

第一节　计划的基础

正如哈罗德·孔茨所言："计划是一座桥梁，它把我们所处的这岸和我们要去的对岸连接起来，以克服这一天堑。"计划给组织提供了通向未来目标的明确道路，给组织领导和控制等一系列管理工作提供了基础，同时计划也要着重于管理创新。有了计划这座桥梁，本来不会发生的事，现在就可能发生了，模糊不清的未来变得清晰实在了。

一、计划的含义

无论是在名词意义上还是在动词意义上，计划内容都包括"5W1H"，计划必须清楚地确定和描述这些内容：做什么（what）、为什么做（why）、何时做（when）、在哪里做（where）、谁来做（who）和怎样做（how）。

我们将计划定义为：计划是为了从事某些工作预先规划好的详细方案。而计划工作是对有关的将来活动作出决策所进行的周密思考和准备工作。它包括：拟定组织的目标，为实现这些目标制定总体战略，并提出一系列派生计划，以综合和协调各项活动。计划工作是行动的前提，它促使管理人员通盘思考问题，尽管不可能预见到未来的一切，但还是能作出情理之中的推论，并对潜在的问题作出研究。

二、计划的类型

由于人类活动的复杂性与多元性，计划的种类也变得十分复杂和多样。计划按不同的标准可分为多种类型，常见的主要有：

1. 按计划的期限分类

按计划的期限划分，可把计划分为长期计划和短期计划。一般说来，人们习惯于把1年或1年以下的计划称为短期计划；而把3年以上的计划称为长期计划。但这种划分不是绝对的。

2. 按计划的广度分类

按计划的广度划分，可把计划分为战略计划和运营计划。

战略计划的特点是长期性，一次计划可以决定在相当长的时期内大量资源的运动方向；它的涉及面很广，相关因素较多，这些因素的关系既复杂又不明确，因此战略计划要有较大的弹性。运营计划将战略计划中具有广泛性的目标和政策转变为确定的目标和政策，并且规定了达到各种目标的确切时间。它的目标和政策比战略计划具体、详细，并具有相互协调的作用。

3. 按计划特殊性分类

按计划特殊性划分，可把计划分为具体性计划和指导性计划。具体性计划是清晰定义的、无须解释的计划，它具体陈述了组织的目标，不存在模糊性，也不存在理解上的歧义。指导性计划是一种较为灵活的计划，它建立了一般的指导原则、设立了目标，但是并不限制管理者在某个具体目标上采取某种具体的行动。

三、计划的特征

1. 计划的目的性

任何组织或个人制订计划都是为了有效地达到某种目标。在计划工作过程的最初阶段，制定具体的、明确的目标是其首要任务，其后的所有工作都是围绕目标进行的。例如，某家品牌产品的经理希望明年的市场占有额有较大幅度的增长，这就是一种不明确的目标，为此就要制订计划，根据过去的情况和现在的条件确定一个可行的目标，比如市场占有额增长20%，利润增长30%。这种具体的、明确的目标不是单凭主观愿望就能确定的，它要符合实际情况，要以许多预测和分析工作作为基础。计划工作要使今后的行动集中于目标，要预测并确定哪些行动有利于达到目标，哪些行动不利于达到目标或与目标无关，从而指导今后的行动朝着目标的方向迈进。

2. 计划的首要性

计划在管理职能中处于首要地位，这主要是由于管理过程当中的其他职能都是为了支持、保证目标的实现。因此这些职能只有在计划确定了目标之后才能进行。因为只有在明确目标之后才能确定合适的组织结构、下级的任务和权力、伴随权力的责任，以及怎样控制组织和个人的行为不偏离计划等。所有这些组织、领导、控制职能都是依计划而转移的。没有计划，其他工作就无从谈起。计划首要性的另一个原因是，在有些情况下，计划是唯一需要完成的管理工作。计划的最终结果可能导致一种结论，即没有必要采取进一步的行动。计划首先要做的工作是进行可行性分析，如果分析的结果表明该计划是不合适的，那么，所有工作也就告一段落，无须再实行其他的管理职能。

3. 计划的普遍性

任何层次的管理者或多或少都有某些制订计划的权力和责任。一般来说，高层管理人员仅对组织活动制订结构性的计划。换句话说，高层管理人员负责制订战略性的计划，而那些具体的计划由下级完成。这种情况的出现主要是由于人的能力是有限的，现代组织的工作是如此繁杂，即使是最聪明、最能干的领导人，也不可能包揽全部的计划工作。此外，授予下级某些制订计划的权力，有助于调动下级的积极性、挖掘下级的潜在能力。这无疑对贯彻执行计划、高效地完成组织目标大有好处。

4. 计划的经济性

计划的经济性可用计划的效率来衡量。计划效率是指制订计划与执行计划时所有的产出与所有的投入之比。如果一个计划能够达到目标，但它需要的代价太大，这个计划的效率就很低，它就不是一份好的计划。在制订计划时，要好好考虑计划的效率，不但要考虑经济方面的利益和耗损，还要考虑非经济方面的利益和耗损。

四、制订计划的程序

计划编制本身也是一个过程。为了保证编制的计划合理、确保组织目标的实现，计划编制过程中必须采用科学的方法。虽然可以用不同标准把计划分成不同类型，计划的形式也多种多样，但管理者在编制任何完整的计划时，实质上都遵循相同的逻辑和步骤。

1. 环境分析

组织环境因素对组织战略计划的制订起着关键性的影响作用。任何一个组织的高级管理人员，要想制订一个能引导自己的企业走向成功的计划，都必须全面地调查和分析组织环境因素，并要获取和分析与本公司和本行业有关的组织环境因素的信息情报。计划是否科学和切合实际，在很大程度上取决于信息的调查与掌握是否全面与准确。编制计划需要调查和掌握的信息很多，既有企业外部的信息，也有企业内部的信息。外部信息中又有一般环境和任务环境因素之分。

2. 确定目标

在分析企业外部和内部情况的基础上就可以确定目标了。目标为组织整体、各部门和各成员指明了方向，并且作为标准可用来衡量实际的绩效。一般在确定目标时必须考虑目标的优先次序、目标的时间、目标的结构和衡量目标的标准四个方面的内容。

3. 拟订各种可行性计划方案

目标确定后，就需要拟订尽可能多的计划方案。可供选择的行动计划数量越多，被选计划的相对满意程度就越高，行动就越有效。因此，在可行的行动计划拟订阶段，要发扬民主，广泛发动群众，充分利用组织内外的专家，通过他们献计献策，产生尽可能多的行动计划。企业应拟订各种实现计划目标的方案，以便寻求实现目标的最佳计划方案。拟订各种可行的计划方案，一方面要依赖过去的经验，已经成功的或失败的经验对于拟订可行的计划方案都有借鉴作用；另一方面，也是更重要的方面，就是依赖于创新。因为企业内、外部情况的迅速发展变化，使昨天的方案不一定适应今天的要求，所以计划方案还必须创新。

4. 评估选择方案

根据企业的内、外部条件和对计划目标的研究，充分分析各个方案的优缺点，并作出认真评价和比较，选择出最接近许可的条件和计划目标的要求、风险最小的方案。评估时，要注意考虑以下几点：

（1）认真考察每一个计划的制约因素和隐患。

（2）要用总体的效益观点来衡量计划。

（3）既要考虑到每一计划的许多有形的可以用数量表示出来的因素，又要考虑到许多无形的不能用数量表示出来的因素。

（4）要动态地考察计划的效果，不仅要考虑计划执行所带来的利益，还要考虑计划执行所带来的损失，特别注意那些潜在的、间接的损失。评价方法分为定性和定量两类。

（5）按一定的原则选择出一个或几个较优计划。说较优是因为人类理性的局限性、未来的不确定性和个人价值观的差异等原因，所以只能说是较优方案。

（6）若考虑因素较多，还要依靠决策人员的经验、实验和研究分析进行比较。

5. 拟订主要计划

完成了拟订和选择可行性行动计划后，拟订主要计划就是将所选择的计划用文字形式正式地表达出来，作为一项管理文件。拟写计划要清楚地确定和描述5W1H的内容等。

6. 制订派生计划

派生计划是为了支持主计划实现而由各个职能部门和下属单位制订的计划。比如，一家公司年初制订了当年销售额比上年增长15%的销售计划，这一计划发出了许多信号，如生产计划、促销计划等。再如，当一家公司决定开拓一项新的业务时，这个决策是要制订很多派生计划的信号，比如雇用和培训各种人员的计划、筹集资金计划、广告计划等。

7. 制定预算，用预算使计划数字化

在作出决策和确定计划后，赋予计划含义的最后一步就是把计划转变成预算，使计划数字化。编制预算一方面是为了使计划的指标体系更加明确；另一方面是企业更易于对计划的执行进行控制。定性的计划往往在可比性、可控性和进行奖惩方面比较困难，而定量的计划则具有较强的约束力。

第二节　目标管理

计划制订的首要任务是确定组织努力的方向，即组织要实现的目标。目标是管理活动的始点，也是决定组织采取何种行动的先决条件；目标同时也是管理活动的终点，是衡量各种行为是否合理的标志和尺度。为保证组织目标制定的完善和实施的有效，我们需要对组织的目标进行科学的管理。

一、目标管理的基本思想

目标管理（management by objectives，简称MBO）的概念是管理专家彼得·德鲁克于1954年在其名著《管理实践》中最先提出的，其后他又提出“目标管理和自我控制”的主张。德鲁克认为，并不是有了工作才有目标，而是与之相反，有了目标才能确定每个人的工作。所以企业的使命和任务必须转化为目标，如果一个领域没有目标，这个领域的工作必然被忽视。因此管理者应该通过目标对下级进行管理，当组织最高层管理者确定了组织目标后，必须对其进行有效分解，将其转变成各个部门以及各个人的分目标，管理者根据分目标的完成情况对下级进行考核、评价和奖惩。

目标管理的基本思想：

（1）组织的任务必须转化为目标。企业管理人员必须通过这些目标对下级进行领导并以此来保证企业总目标的实现。

（2）目标管理是一种程序。它是一个分解目标、落实目标的过程。目标管理提供了具体的个人绩效目标，每个成员对他所在单位成果的贡献都很明确。

（3）目标管理是员工参与管理的一种形式。目标的实现者同时也是目标的参与制定者，是将个人目标与组织目标有机地结合起来的管理方法。

（4）强调自我控制。管理人员和员工依靠目标来管理，以所要达到的目标为依据进行指挥和自我控制，而不是由他的上级来指挥和控制。

（5）以目标完成的结果来评价员工的工作。企业管理人员对下级进行考核和奖惩也是依据这些分目标。

二、目标管理的程序

目标管理是指一个组织的上下级管理人员和组织内的所有成员共同制定目标、实施目标的一种管理方法。它是按照一定的程序进行的，如图 6－1 所示。

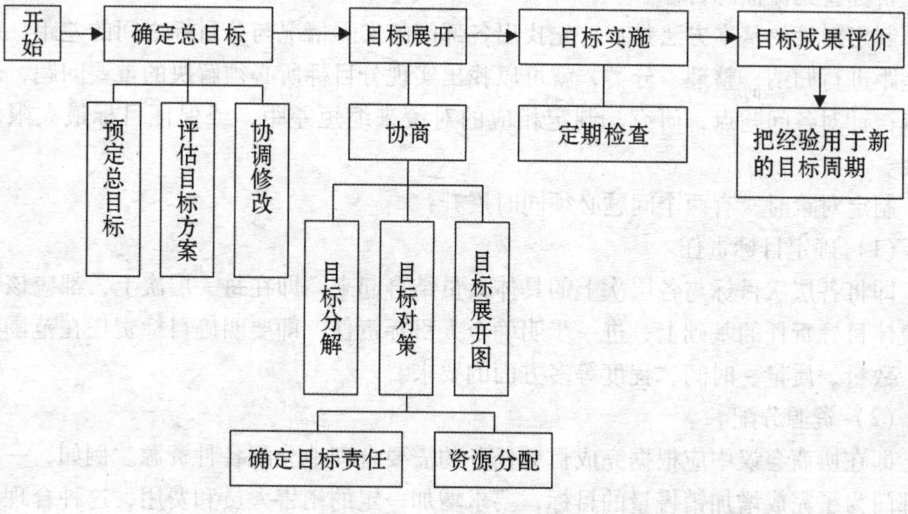

图 6－1　目标管理的程序

（一）目标管理的开始

目标管理要取得成功，领导首先必须向组织内的人说明要实行 MBO 的原因和具体做法，要让大家了解 MBO 的性质、内容以及各自在 MBO 中的作用。

（二）确定总目标

1. 预定总目标

最高管理层根据本组织的实际和 MBO 的理论以及掌握的情报信息，制定基本的战略目标和策略目标。这些目标是试探性的，也是试验性的。

2. 评估目标方案

对试探性的目标进行分析论证，选出最优方案。

3. 协调修改

管理人员要向下属说明试探性目标的内容，征求大家的意见，经反复讨论、修改、审查，最终形成组织总目标。

（三）目标展开

将总目标从上到下、层层分解落实的过程，称为目标展开。在目标展开时，必须要与自己下级组织的管理人员或个人进行面对面的协商，帮助各级组织和个人制定各自相应的目标和任务以及目标完成的时间幅度，并要形成文字固定下来。

1. 目标分解

将总目标自上而下按其内部机构设置和组织层次依次分解，从经理层分解到各个职能科室，再分解到各个部门（车间、教研室），一直分解到每一个班组、岗位和个人，至分解到能具体地采取措施为止，即要形成一层接一层、一环套一环的目标体系。

2. 目标对策

即对能具体采取措施的子目标，直接采取措施；即采取对策以实现目标，从而实现分目标直到保证总目标。

制定对策的基本方法是：首先找出各部门的实际情况与分目标之间的差距；对这些差距进行归纳、整理、分类，就可以找出实现分目标所必须解决的重要问题，即问题点；针对各问题点，研究、制定相应的对策来缩短差距，或保证目标最大限度地实现。

制定对策时，有两个问题必须同时展开：

（1）确定目标责任。

即将各层次目标与各层次上的具体人员结合起来。即在每一层次上，都应该在明确集体目标责任的基础上，进一步明确个人目标责任，即要明确目标责任在范围、内容、数量、质量、时间、程度等多方面的要求。

（2）资源分配。

即在协商会议中应根据完成目标任务的需要合理地分配各种资源。例如，一个销售部门为了完成增加销售量的目标，要求增加一定的销售人员和费用，这种合理的要求上级就应在他接受任务时尽量满足。

3. 目标展开图

在分解了目标又确定了目标对策后，包括目标责任和资源调配好以后，需要将总目标、层次目标和目标对策、各方责任等以方框图的形式表示出来并固定下来，公之于众，使职工能更直观地明确各自的目标和责任，从而可以自觉地执行。

（四）目标实施

实施时，上下都要按照目标体系的要求，分工协作，各施其责，努力工作。目标的实施，一般来说，主要靠职工自己管理或自我控制。但是，也必须定期地检查各项任务的进展情况。例如，如果一个目标要在一年内完成，那么，管理人员和有关的下属人员最好每季度检查讨论一次这项任务的进展情况，以便及时发现问题，采取相应的措施解决问题。

（五）目标成果评价

当目标管理一周期结束时，领导必须与有关的下级或个人逐个地检查目标任务完成的情况，并与原定的目标进行比较。对完成好的，充分肯定成绩，并根据各人完成任务的情况给予相应的报酬和奖励；对未能完成任务的，要分析并找出原因，一般不采用惩罚措施，重点在于共同总结经验和教训。同时，为下一周期的目标管理提供宝贵的经验，争取把以后的工作做好。

第三节 决 策

“夫运筹帷幄之中，决胜于千里之外。”这说明在竞争和对抗活动中，都必须统筹谋划，正确研究对策，以智取胜。而对策研究和确定的过程就是决策。诺贝尔经济学奖获得者西蒙也提出“管理就是决策”的观点，可见决策的重要性。

一、决策的定义及其含义

决策是指组织或个人为了实现某一目标，而从若干个可行性方案中选择一个满意方案的分析判断过程。其含义有四层：

（1）决策是为实现一定的目标服务的，在对决策方案作出选择前一定要有明确的目标。

（2）决策必须有两个以上的方案。

（3）决策要进行方案的比较，选择一个满意的方案。

（4）决策是一个多阶段、多步骤的分析判断过程。

二、决策的分类

（一）按决策问题的重要程度分类

1. 战略决策

战略决策主要由高层管理者负责，是所有决策中最重要的，是涉及组织大政方针、战略目标等重大事项所进行的决策活动，是有关组织全局性的、长期性的、关系到组织生存和发展的根本性决策。战略决策包括组织资本的变化、国内外市场的开拓与巩固、组织机构的调整、高级经理层的人事变动等。

2. 战术决策

战术决策主要由中层管理者负责，属于执行战略决策过程中的具体决策，旨在实现组织内部各环节活动的高度协调和资源的合理使用，以提高经济效益和管理效能。如企业的生产计划、销售计划、更新设备的选择、新产品定价、流动资金筹措等决策。管理决策不直接决定企业组织的命运，但决策行为的质量将在很大程度上影响组织目标的实现程度和组织效率的高低。

3. 业务决策

业务决策主要由基层管理者负责，是涉及组织中的一般管理和工作的具体决策活动，直接影响日常工作效率。主要的决策内容包括日常工作任务的分配与检查、工作日程（生产进度）的监督与管理、岗位责任制的制定与执行、企业的库存控制、材料采购等方面的决策。

（二）按决策的重复程度分类

1. 程序化（性）决策

若问题或情况是属于经常发生的，那么解决问题的办法通常是制定一个例行程序。程序化决策是按原来规定的程序、处理方法和目标去解决管理中经常重复出现的问题，又称重复性决策、定型化决策、常规决策或例行决策。如订货采购、日常的生产技术管理等。企业的大量决策都是程序化决策，而且不同的管理层面对的程序化决策数量不同，如图6－2所示。

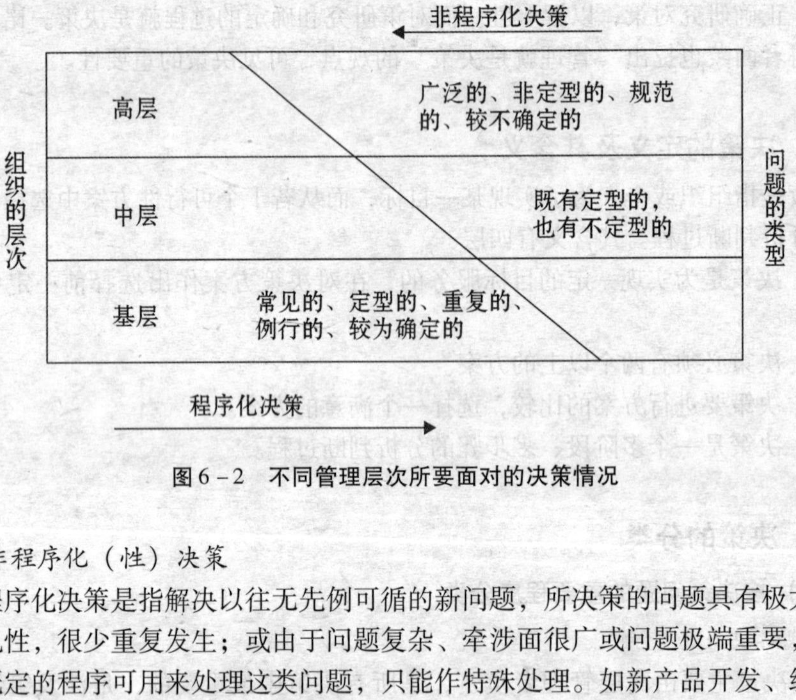

图6－2　不同管理层次所要面对的决策情况

2. 非程序化（性）决策

非程序化决策是指解决以往无先例可循的新问题，所决策的问题具有极大的偶然性和随机性，很少重复发生；或由于问题复杂、牵涉面很广或问题极端重要，所以也就没有既定的程序可用来处理这类问题，只能作特殊处理。如新产品开发、组织结构调整、市场开拓人员培训、企业发展等。这类决策又称一次性决策、非定型化决策和非常规决策。

（三）按决策问题的可控程度分类

1. 确定型决策

确定型决策指每种备选方案只有一种确定的结果的决策，即决策事件未来的自然状态明确，只要比较各方案的结果即能选出最优方案。在这种情况下，管理者每次都能作出完全准确的决定。当然，这种类型的决策环境非常少见。

2. 风险型决策

在多数情况下，经理不可能准确地知道将要发生什么样的自然状态，但可以测出各种状态出现的概率。一种方案执行下去可能出现几种不同的结果，但每种结果发生的概率可作出客观估计。风险型决策是处在风险状态下的决策，而且各决策方案潜在的收益和风险与估测的概率有关。这类决策的关键在于衡量各备选方案成败的可能性（即概率），权衡各自的利弊，作出最优选择。

3. 非确定型决策

非确定型决策指决策事件未来的各种自然状态完全未知，各种状态出现的概率也无法估计，只能凭决策者的主观经验、直觉、判断能力作出的决策。所以，有人说决策理论的中心就是在不确定性条件下制定决策和改进决策的过程。

（四）按决策层次分类

1. 高层决策

高层决策是由企业最高领导人所作出的决策。高层决策解决的是企业全局或涉及面大的、比较重要的、政策性较强的、利害关系影响较大的决策。

2. 中层决策

中层决策是由企业中级管理人员所作出的决策，如企业执行性的管理决策和业务决策。

3. 基层决策

基层决策是由基层管理人员所作出的决策，主要是解决作业任务的安排问题。

三、决策的程序

决策活动是一个科学的动态过程，人们在进行具体决策时，要按照一定的程序和步骤。一般可将决策程序分为以下七个步骤：

（一）识别机会或诊断问题

决策者必须知道哪里需要行动，所以决策过程的第一步是识别机会或诊断问题。管理者通常密切关注与其责任范围有关的各类信息，包括外部的信息和报告以及组织内的信息。实际状况和所想要状况的偏差提醒管理者潜在机会或问题的存在。识别机会和问题并不总是简单的，因为要考虑组织中人的行为。有些时候，问题可能植根于个人的过去经验、组织的复杂结构或个人和组织因素的某种混合。因此，管理者必须特别注意要尽可能精确地评估机会和问题。评估机会和问题的精确程度有赖于信息的精确程度，所以管理者要尽力获取精确的、可信赖的信息。低质量的或不精确的信息会使时间白白浪费掉，并使管理者无从发现导致某种情况出现的潜在原因。即使收集到的信息是高质量的，在解释的过程中，也可能发生扭曲。有时，随着信息持续地被误解或有问题的事件一直未被发现，信息的扭曲程度会加重。大多数重大灾难或事故都有一个较长的潜伏期，在这一时期，有关征兆被错误地理解或不被重视，从而未能及时采取行动，导致灾难或事故的发生。即使管理者拥有精确的信息并正确地解释它，处在他们控制之外的因素也会对机会和问题的识别产生影响。但是，管理者只要坚持获取高质量的信息并仔细地解释它，就会提高作出正确决策的可能性。

（二）确定目标

这一阶段的目的在于澄清解决问题的最终目的，明确应达成的目标，并对目标的优先顺序进行排序，从而减少以后决策过程中不必要的麻烦。

决策目标是由上一阶段明确的、有待解决的问题决定的。在决策目标的确定过程中，首先必须把要解决的问题的性质、结构、症结及其原因分析清楚，才能有针对性地确定出合理的决策目标。

决策目标往往不止一个，而且多个目标之间有时还会有矛盾，这就给决策带来了一定的困难。要处理好多目标的问题，可采用以下三种办法：一是把要解决的问题尽可能地集中起来，减少目标数量；二是把目标依重要程度的不同进行排序，把重要程度高的目标先行安排决策，减少目标间的矛盾；三是进行目标的协调，即以总目标为基准进行协调。

（三）寻求可行方案

在诊断出目标的问题、澄清解决此问题的真正目标之后，应寻求所有可能用来解决此问题的对策及有关的限制因素。这些可能的备选方案应互相具有替代作用。选用何种方案，视其在各相关限制因素的优劣地位及成本效益而定。通常来说，一个问题往往可以用一个以上的办法来解决，所以在选择之前，应先把所有可能的候选者及相关因素罗列出来，以便清楚地加以考察和评估。提出的可行方案应尽可能详尽，方案的数量越多、质量越好，选择的余地就越大。

（四）寻求相关因素或限制因素

寻求相关因素或限制因素，即列出各种对策所可能牵涉到的有利的或不利的考虑因素。制订备选方案时往往会受到多方面的限制。例如，政府法律、传统道德观念、管理者本身权力与能力的限制，以及技术条件、经济因素方面的限制等。如采购问题的决策考虑因素有：价格（成本）、品质、交货时间、交货持续性、售后服务、互惠条件、累计折扣等。不同的决策问题，将有不同的考虑因素，决策者必须针对特定问题思考可能的相关因素，以免遗漏。

例如，某电器公司的工厂建在上海，但其产品行销西南地区。目前，该公司仅有一个仓库及分公司在昆明，竞争力和售后服务均感不足。其业务经理建议在昆明设立一个装配厂，以利于就近服务顾客。公司总部在决定此建议前，必须考虑以下相关限制因素：

（1）运送成品及零件到昆明的运输成本。

（2）在昆明设立装配厂的工资成本、管理费用、生产成本、固定资产投资及其资金来源。

（3）影响西南地区电器需求的季节性因素及企业适应季节性变化的能力。

（4）该装配厂对当地顾客服务水平的影响，如送货、修理及其他售后服务等。

（5）新厂管理的难度。

（6）当地政府对该厂的财税优惠政策。

（7）新厂设立对公司总销售和总利润的影响。

（五）分析评价备选方案

在比较备选方案优劣的过程中，必须先确定相关的限制因素，并把它们作为计算与比较的基础。然后，再针对每一备选方案及相关因素估计方案的结果，以利于备选方案间的比较。从上例来看，电器公司的经理必须逐一回答上述问题，或计算每一因素的优劣，并针对每一重要的相关限制因素，给出定量化的评价。

着重对每个备选方案的可行性、满意程度和可能产生的结果进行分析。分析步骤如图 6－3 所示。

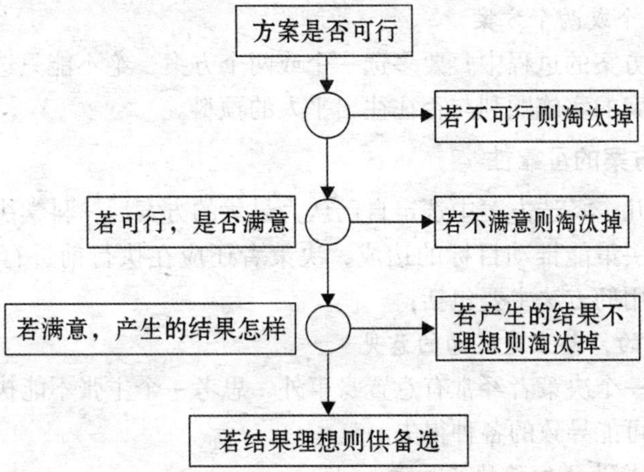

图 6－3　备选方案分析步骤

1. 对可行性的评估

即假设执行这个方案是否有可能。如受资金限制、法律限制、人力与物力的限制，而使某些方案无法实现，即无可行性，需要淘汰掉；若有可行性，接着就需要分析该方案是否能达到令人满意的程度。

2. 满意度分析

所谓满意，就是指某一方案是否满足了决策所处条件下的各个要求。如果不满意，则淘汰掉；若令人满意，但是也往往会因付出的代价大于收益而放弃掉。所以仍然需要对该方案试行后可能产生的结果进行估评。

3. 可能结果估评

即对该方案可能带来的代价和效益进行分析和估评。如该方案采用后，将会给组织内的各个部门带来什么影响？这些影响又将付出多少代价？得到多少好处？

（六）方案选择

在进行详尽的方案分析与比较之后，首先要从选出可行性、满意性和可能带来的结果三者结合得最好、最符合条件的方案加以实施。在方案的评价和选择过程中，应注意以下问题：

1. 确定评价的价值标准

评价的价值标准要根据决策目标而定。凡是能够定量化的都要定出量化标准，如利润达到多少等；难以定量化的，可以作出详细的定性说明，如安全可靠性等。如果利用评分法作为综合评价，就要规定出评分标准和档次等。这样才能作出较有科学依据的评价。

2. 注意方案之间的可比性和差异性

即把不可比的因素转化为可比因素，着重对其差异进行比较与分析。

3. 从正反两方面进行比较

目的在于考虑到方案可能带来的不良影响和潜在的问题，以权衡利弊得失，作出正确的决断。

4. 要多选一个或两个方案

在选择最佳方案的过程中，要多选一个或两个方案，绝不能只选一个，而放弃其他方案。因为方案的实施顺利与否往往出乎人的预料。

（七）检验方案的可靠性

当决策者在几个备选方案中选定自己认为最优的方案后，科学决策分析过程并未结束，为了确保决策能推动目标的达成，决策者还应在执行前进行方案的可靠性检验。这一阶段采用的方法主要包括：

1. 多听不同的，甚至是反面的意见

在企业界，一个决策者经常有意置身事外，思考一个主张不能执行的各种可能理由，以了解决策可能导致的各种得失。

2. 将决策转换为详细的执行方案

由于决策过程和执行过程往往分属不同层次的人员，在未能详尽考虑方案可行性的情况下进行的决策，可能会影响未来方案的实施效果。因此，在高层决策时，必须考虑此决策是否能执行；而将决策转换为详细的执行方案，就是检验该决策实用性的最佳方法。

3. 重新考虑计划的前提假设

每一个管理上的决策都是基于一定的假设之上的，为确保决策无误，决策者首先应想到哪一个假设对决策的成功影响最大，并进一步分析那些“核心假设”的正确性。

4. 检讨被放弃的其他备选方案

很多良好的备选方案在初选时因某一缺点而被放弃，但决策者应仔细考虑此缺点是否完全不可克服，而不应轻易放弃。

5. 征求同意

当下级提出某一建议或自己经过考虑后选定一个方案后，应设法征求同事、专家或其他相关人士的意见，以免因个人偏见、信息不完备、经验不足等影响决策过程。

本章知识小结

1. 计划、决策以及目标管理的含义；
2. 计划和决策的类型；
3. 计划和决策的过程。

本章能力小结

1. 能够分辨组织计划类型；
2. 能够根据实际情况进行决策，制订相应的计划。

【课后任务练习】

1. 计划的特征有哪些？
2. 计划的分类标准和类型是什么？
3. 计划编制的过程是什么？
4. 什么是决策？其内涵是什么？
5. 决策的分类标准和类型有哪些？
6. 何谓目标管理？

第七章

组织

一、本章学习目标

能力目标：

1. 能对企业的人员配备提供建议和意见；
2. 能画出企业的组织结构图，并能分析其合理与不足之处。

知识目标：

1. 掌握组织的含义和类型、各种组织结构类型的优缺点；
2. 掌握管理人员的选聘、考评以及组织改革。

二、本章工作任务

济阳公司是一家中外合资的高科技企业，其技术在国内同行业中居于领先水平，公司拥有员工100人左右。目前，公司员工当中普遍存在着对公司的不满情绪，辞职率也相当高。

员工对公司不满始于公司筹建初期，当时曾派遣一批技术人员出国培训，这批技术人员在培训期间互相结下了深厚的友谊，回国后也经常聚会。在出国期间，他们合法获得了出国人员的学习补助金，但回国后公司要他们上缴，于是矛盾产生了。公司领导找这些人逐个反复谈话，并施加一定的压力。少数几个人曾经出现犹豫，却遭到了其他人员的强烈反对，最终这批人员当中没有一个人按领导的意图行事。最后，公司领导不得不承认这些人已形成了一个非正式组织。

1. 分析为什么公司领导不得不承认这些人已形成了一个非正式组织？
2. 分析这一非正式组织的存在对企业有何作用和影响。

三、本章学习指导

1. 采用比较学习法，深刻理解各种组织结构类型的相同点和不同点；
2. 分析各企业的组织结构、人员配备情况有助于加深对本章内容的理解。

导入案例

Y冰箱厂近几年发展得很快。厂长李名思路敏捷、富有战略意识，在冰箱热销之时就预见到热潮很快会消退，所以斥巨资开发新产品，以求企业长期发展。后来其他冰箱厂产品滞销，而Y厂依靠新开发的小冰柜不但保住了原有市场，还开辟了一些新市场。但自从主管生产的副厂长张盈盈上任后，产品质量极不稳定，顾客投诉大大增加。张盈盈与上级领导关系密切，而且工作认真负责，口才很好，社交能力突出，但不懂技术，组织能力欠佳，李厂长为此左右为难。

应聘为该厂顾问的某学院张教授了解此情况后，建议该厂成立生产指挥部，任命张盈盈为副指挥长，负责上下级关系和对外联络；任命懂生产和技术的总工程师为指挥长，负责技术和生产。李厂长听从张教授的建议，企业状况逐渐好转。

第一节 组织的基础

一、组织的定义

“组织”一词在我国古汉语中，原始的意思是编制，即将丝麻织成布帛。唐代著名国学大师孔颖达首先把“组织”这个词引申到社会行政管理中，他说：“又有文德，能治民，如御马之执辔，使之有文章，如织组矣。”这里组织的意思是将物的构成部分组合为整体。

从管理学的角度分析，组织有两种含义：一方面，组织是人类最一般的、常见的现象，如政府行政机构、军人、警察、工厂企业、公司财团、学校、医院、宗教党派、工会等组织，它代表某一实体本身；另一方面，组织是管理的一大职能，是人与人之间或人与物之间资源配置的活动过程。

组织是指完成特定使命的人们（两个或两个以上的个人）为了实现共同的目标组合而成的有机整体，它必须具备三个共同的特征：①组织都具有明确的目标；②每一个组织都是由一定的人群组成，人群数量至少两人；③组织都有相应的系统性结构，用以控制和规范组织内成员的行为。

二、正式组织和非正式组织

1. 正式组织的形成

正式组织是指为了实现一定目标并按照一定程序建立起来的有明确职责结构的组织。正式组织是组织设计工作的结果，是经由管理者通过正式的策划并借助组织图和职务说明书等文件予以明确规定的。

2. 非正式组织的形成

小群体形成以后，其成员由于工作性质相近、社会地位相当、对一些具体问题的认识基本一致、观点基本相同，或者在性格、业余爱好以及感情相投的基础上，产生了一些被大家所接受并遵守的行为规则，从而使原来松散的、随机性的群体渐渐成为趋向固定的非正式组织。

3. 正式组织与非正式组织的区别

表 7－1　正式组织与非正式组织的区别

区别点	正式组织	非正式组织
形成原因	为了实现共同目标而有意识地组织起来	因人们性格、爱好、交往、感情等逐渐形成，并无自觉的共同目标
表现形式	是有形的组织，表现为组织图、职务说明书等	是无形的组织，无任何成文的表现形式
成员范围	按组织设计规定的层次、部门配备合格的人员，人数相对稳定	自愿结合，不受正式组织规定的层次、部门、职务等的限制，人数不定
行为标准	以效率逻辑作标准，制定明确的方针、程序、规章制度，要求严格执行	以感情逻辑作标准，只有不成文的约定，如有违反，则受到疏远或排斥
领导者的产生方式	按有关规定选拔产生	自然产生，往往是团体中交往最多的或威望最高者

三、管理幅度与管理层次

一个组织要有效地开展工作，必须有一定的组织结构，而其中会涉及两个重要的问题：该组织分几级进行管理，以及每级管理人员需要管多少人。这也就是通常所说的管理幅度与管理层次。

管理幅度就是一单位主管人员直接指挥和监督的下属人数，又称为“管理宽度”或“管理跨度”。上级直接管理的下级人员多，称之为管理幅度大或者跨度宽；反之，则称为管理幅度小或者跨度窄。管理幅度的大小实际上反映着上级管理者直接控制和协调的业务活动量的多少。

管理层次是指组织内部从最高一级管理组织到最低一级管理组织的职位等级数目。一般包括高级管理层、中级管理层和基础管理层。管理层次实质上反映的是组织内部纵向分工关系，各个层次将担负不同的管理职能。

管理幅度与管理层次之间存在着反比例的相互制约关系，组织的管理层次受到组织规模和管理幅度的影响。在管理幅度一定的条件下，管理层次与组织规模大小成正比，组织规模越大，成员数目越多，其所需的管理层次就越多；在组织规模给定的条件下，管理层次与管理幅度成反比，每个主管所能直接控制的下属人数越多，所需的管理层次就越少。

在组织中作业人员数量一定的情况下，管理幅度越窄，组织层次的设置就越多，从而组织就表现为高而瘦的结构特征，因此称这种组织为垂直型组织；反之，管理幅度越宽，组织层次的设置就越少，因此该组织就称为扁平型组织。

四、直线职权与参谋职权

直线职权是指直接从事产品和业务的生产指挥、直接领导下属工作的直线管理人员所拥有的职权，包括决策权、发布命令权和执行权三个部分，也就是通常所说的决策指挥权。参谋职权是指作为主管人员的参谋或幕僚所拥有的辅助性职权，主要是评价直线系统的活动情况，进而提出建议或提供咨询的权力和专业指导权。直线职权是一种指挥和命令的关系，授予直线人员的是决策和行动的权力；而参谋职权是一种服务和协调的关系，授予参谋人员的是思考、策划和建议的权力。

五、集权、分权与授权

（一）集权与分权的含义

集权意味着决策权在很大程度上向处于较高管理层次的职位集中；分权则表示决策权在很大程度上分散到处于较低管理层次的职位上。集权与分权是相对的概念，不存在绝对的集权和分权。

（二）集权与分权的优缺点

集权有利于组织实现统一指挥、协调工作和更为有效的控制；但另一方面，会加重上层领导者的负担，从而影响重要决策的制定质量，并且不利于调动下级的积极性和主动性，难以适应外部环境的变化。而分权的优缺点则正与集权相反。

（三）影响集权与分权的主要因素

1. 组织因素

组织因素包括：

（1）组织规模的不断扩大导致分权化。

（2）产品结构及生产技术特点。单一产品结构更强调集权；而多品种，特别是产品差异大的产品结构则要求分权。

（3）职责与决策的重要性。重大问题的决策权更有可能集中在上层。

（4）管理控制技术发展程度。

2. 环境因素

环境因素包括：

（1）外部环境。如企业面临市场的复杂与变动程度。

（2）内部环境。如一个组织的历史传统、组织文化等。

3. 管理者与下级的因素

管理者与下级的因素包括：

（1）管理者的管理哲学、性格、喜好、能力。组织中个性较强和自信的领导者，往往希望所管辖部门完全按照自己的意志来运行，集中控制权力则是保证个人意志被服从的先决条件，并以此提高自己在组织中的地位。反之，则倾向于分权。

（2）被管理者的素质与对分权的兴趣。

4. 集权与分权的标志

(1) 不同类型决策的集中程度。

(2) 整个决策过程的集中程度。

(3) 下属决策受控制的程度。

(四) 授权

授权就是指上级给予下级一定的权力责任，使下属在一定的监督下拥有相当的自主权。授权的过程包括任务的分派、权力的授予、责任的明确、监控权的确立这些基本步骤。

第二节　组织结构的基本形式

一般来说，组织结构的类型有以下几种：直线制组织结构、职能制组织结构、直线职能制组织结构、事业部制组织结构、矩阵制组织结构、立体多维组织结构。

一、直线制组织结构

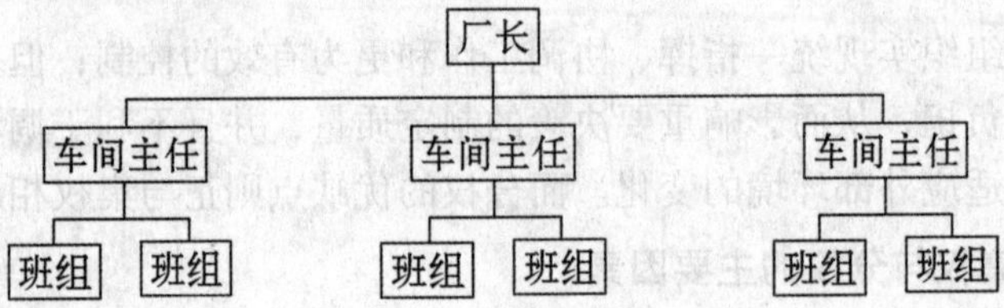

图 7－1　直线制组织结构

直线制组织结构是最古老的、最简单的一种组织结构形式。它的特点是：组织中各种职务按垂直系统直线排列，各级主管人员对所属下级拥有直接的领导职权，组织中每一个人只能向一个直接上级报告，组织中不设专门的职能机构，至多有几名助手协助最高层管理者工作。如图 7－1 所示。

直线制组织结构的优点是：管理结构简单，管理费用低，决策迅速，责任明确，反应灵活，纪律和秩序的维护较为容易。

直线制组织结构的缺点是：这种组织结构要求组织的各级管理者必须精明能干，具有多种管理专业知识和生产技能知识。同时，成员之间和组织单位之间的横向联系比较差。另外，原有的“全能型”管理者一旦退休，他的经验、能力无法立即传给继任者。

二、职能制组织结构

职能制组织结构的特点是：采用专业分工的管理者，代替直线制组织结构中的全能型管理者。组织内除直线主管外，还相应地设立一些组织机构，分担某些职能管理的业务。这些职能机构有权在自己的业务范围内，向下级单位下达命令和指示，因此下级直线主管除了接受上级直线主管的领导外，还必须接受上级职能机构在其专业领域的领导和指示。如图 7－2 所示。

职能制组织结构的优点是：每个管理者只负责一方面的工作，有利于充分发挥专业人才的作用。专业管理工作可以做得细致、深入，对下级工作指导比较具体。

职能制组织结构的缺点是：由于实行多头领导，妨碍了组织的统一指挥，易造成管理混乱，不利于明确划分职责和职权。各职能结构往往不能很好地配合，横向联系差。

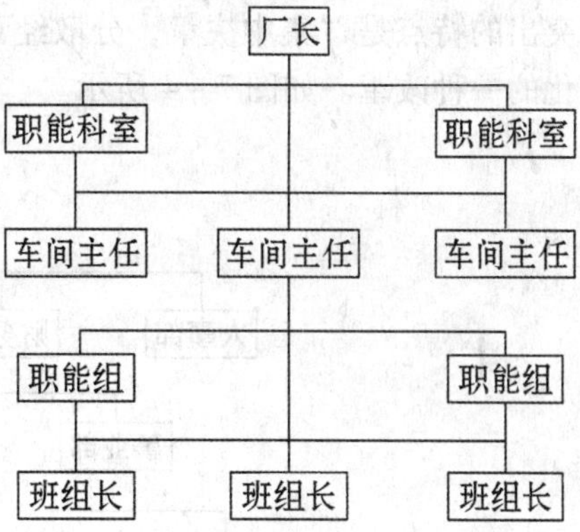

图 7－2　职能制组织结构

三、直线职能制组织结构

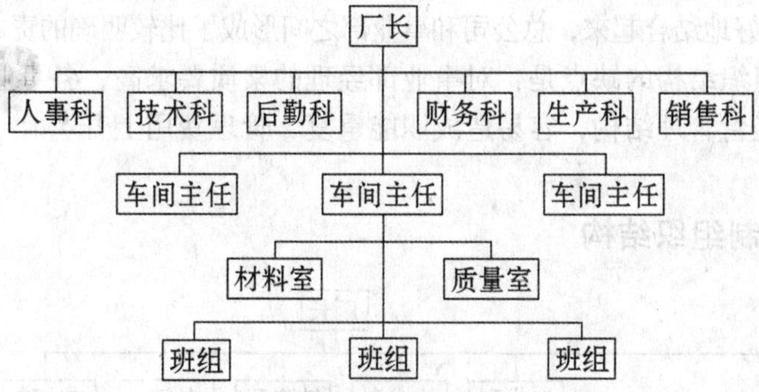

图 7－3　直线职能制组织结构

直线职能制组织结构的特点是：直线职能部门和人员在自己的职责范围内有决定权，对其所属下级的工作进行指挥和命令，并负全部责任；而职能部门和人员仅是直线主管的参谋，只能对下级机构提供建议和业务指导，没有指挥和命令的权力。如图 7－3 所示。

直线职能制组织结构的优点是：综合了直线制组织结构和职能制组织结构的优点，整个组织既保证了命令的统一，又发挥了职能专家的作用，有利于优化行政管理者的决策。

直线职能制组织结构的缺点是：各职能部门自成体系，往往不重视工作中的横向信息沟通，可能引发组织中的各种矛盾和不协调现象，对组织的生产经营和管理效率造成了不利的影响。

四、事业部制组织结构

事业部制组织结构的特点是：组织按地区或所经营的各种产品和事业来划分部门，各事业部独立核算，自负盈亏，分权管理。同时，事关大政方针、长远目标以及一些全局性问题的重大决策集中在总部，以保证企业的统一性。这种组织结构形式最突出的特点是“集中决策，分散经营”，这是在组织领导方式上由集权制向分权制转化的一种改革。如图7－4所示。

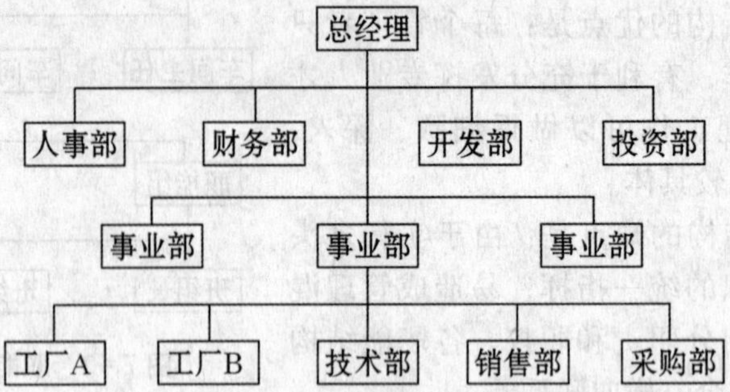

图7－4　事业部制组织结构

事业部制组织结构的优点是：总公司能够把多种经营业务的专门化管理和公司总部的集中统一领导更好地结合起来，总公司和事业部之间形成了比较明确的责、权、利关系。

事业部制组织结构的缺点是：对事业部经理的素质要求高，各事业部都设立有类似的日常生产经营管理结构，容易造成职能重复、管理费用上升。

五、矩阵制组织结构

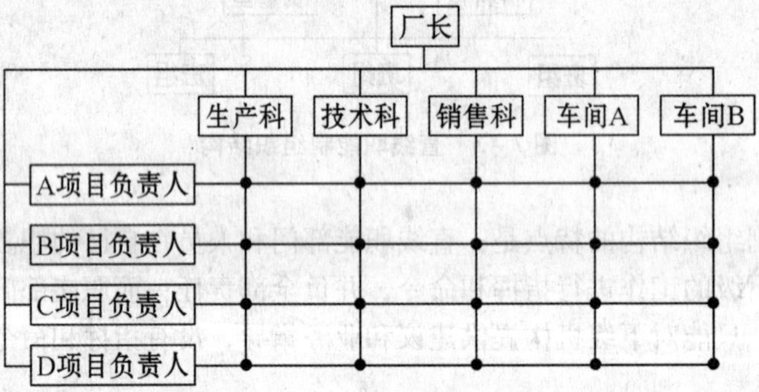

图7－5　矩阵制组织结构

矩阵制组织结构的特点是：每个成员既要接受垂直部门的领导，又要在执行某项任务时接受项目负责人的指挥。可以说，矩阵结构是对统一指挥原则的一种有意识的违背。如图7－5所示。

矩阵制组织结构的优点是：加强了横向联系，克服了职能部门相互脱节、各自为政的现象。专业人员和专业设备随用随调，机动灵活，不仅使资源达到了较高的利用率，也提高了组织的灵活性和应变能力。

矩阵制组织结构的缺点是：双重领导，容易发生推诿扯皮现象，造成组织混乱。对项目负责人的要求较高，一般人难以胜任。成员的工作位置不固定，容易产生临时观念，也不容易树立责任心。

六、立体多维组织结构

立体多维组织结构由三个方面的管理系统组成：①按产品（项目或服务）划分的部门（事业部），是产品利润中心；②按职能如市场研究、生产、技术、质量管理等划分的专业参谋机构，是职能利润中心；③按地区划分的管理机构，是地区利润中心。在这种组织结构形式下，每一系统都不能单独作出决策，而必须由三方代表通过共同协调才能采取行动。如图 7－6 所示。

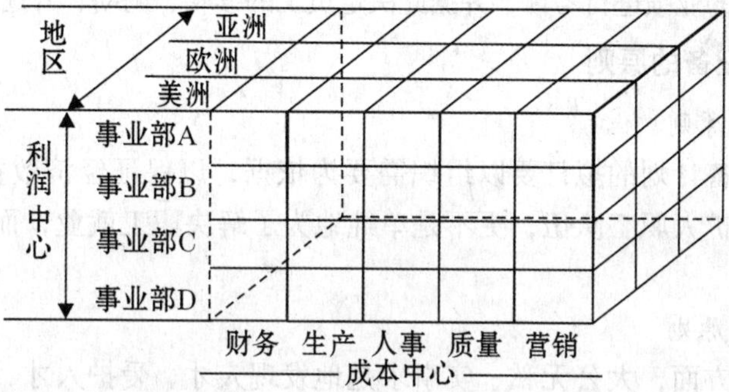

图 7－6　立体多维组织结构

立体多维组织结构的优点是：能够促使各部门从组织整体的角度来考虑问题，从而减少了产品、职能和地区各部门之间的矛盾，有利于形成群策群力、信息共享、共同决策的协作关系，使企业能够取得更好的协调，更易发挥效率。

立体多维组织结构的缺点是：可能带来多重领导的缺陷。

第三节　人员配备

人员配备就是管理者为确保任务目标的实现，为每个岗位配备适当数量和类型的工作人员，并使他们能够有效地完成任务的过程。

一、人员配备的任务、程序和原则

（一）人员配备的任务

从组织需要的角度去考察：

（1）要通过人员配备使组织系统开动运转。

（2）为组织发展准备干部力量。

（3）维持成员对组织的忠诚。

从组织成员需要的角度去考察：

（1）通过人员配备，使每个人的知识和能力得到公正的评价、承认和运用。

（2）通过人员配备，使每个人的知识和能力得到不断发展、素质不断提高。

（二）人员配备的程序

（1）制订用人计划，使用人计划的数量、层次和结构符合组织的目标任务和组织机构设置的要求。

（2）确定人员的来源，即确定是从外部招聘还是从内部重新调配人员。

（3）对应聘人员根据岗位标准要求进行考查，确定备选人员。

（4）确定人选，必要时进行上岗前培训，以确保能适用于组织需要。

（5）将所定人选配置到合适的岗位上。

（6）对员工的业绩进行考评，并据此决定员工的续聘、调动、升迁、降职或辞退。

（三）人员配备的原则

1. 经济效益原则

组织人员配备计划的拟订要以组织需要为依据，以保证经济效益的提高为前提。它既不是盲目地扩大职工队伍，更不是单纯地为了解决职工就业，而是为了保证组织效益的提高。

2. 任人唯贤原则

在人事选聘方面，大公无私、实事求是地发现人才、爱护人才，本着求贤若渴的精神，重视和使用确有真才实学的人。这是组织不断发展壮大、走向成功的关键。

3. 因事择人原则

因事择人就是员工的选聘应以职位的空缺和实际工作的需要为出发点，以职位对人员的实际要求为标准，选拔、录用各类人员。

4. 量才使用原则

量才使用就是根据每个人的能力大小安排合适的岗位。人的差异是客观存在的，一个人只有处在最能发挥其才能的岗位上才能干得最好。

5. 程序化、规范化原则

员工的选拔必须遵循一定的标准和程序。科学合理地确定组织员工的选拔标准和聘任程序是组织聘任优秀人才的重要保证。只有严格地按照规定的程序和标准办事，才能选聘到真正愿为组织的发展作出贡献的人才。

二、管理人员的选聘

（一）管理人员应具备的能力

管理学理论认为，一个合格的管理者应具备以下几个方面的能力：

1. 抽象思维能力

抽象思维能力，又称观念能力，指管理者对管理活动及其相关关系进行分析、判断和概括的能力。管理者只有认清了事物发展的规律，才能提高管理效率；管理者只有在复杂的事物中能透过现象看本质，能在众多的矛盾中抓住决定事物性质和发展进程的主要矛盾和次要方面，能够运用逻辑思维方法进行有效的归纳、概括、判断和表达，运用演绎和推理举一反三、触类旁通，找出解决问题的办法，才能完成管理的目标任务。所以说，抽象思维能力是管理者的基本能力。

2. 决策能力

决策能力指管理者在众多的方案中作出正确选择，并使所择方案得以顺利贯彻实施的能力。管理者的基本职能就是决策。一个合格的管理者，必须具有较强的决策能力。正确的决策不能靠碰运气，管理者需提高自己的决策能力。管理者除了要掌握必要的决策理论知识外，还要注意以下几点：

（1）重视信息，善于思考分析。

（2）深谋远虑，要站得高，看得远。

（3）广集人智，善于运用参谋、智囊集团。

（4）方法科学，要按照科学的程序和方法决策，提高决策的正确性。

3. 组织能力

组织能力指组织人力、物力、财力资源实施决策的能力，包括人事安排、分权授权、资源配置、指挥协调、计划控制等。

4. 处理人际关系的能力

处理人际关系的能力指管理者必须具备的与上、下级和同级沟通、协调组织内外部各种关系的能力。管理者应能倾听各方面的意见，善于与组织内外的人员交往，沟通各方面的关系。对上级，能够争取帮助和支持；对下级，能够做到尊重、鼓励和信任，调动下级的积极性；对外，能够做到热情、公平、客观地对待一切的人和事物；对内，要谦虚谨慎，有自知之明，能检点、约束自己。

5. 用人能力

管理的最重要的对象是人，实现管理目标的根本途径就是要充分调动人的积极性，所以作为一个合格的管理者，必须具备高超的用人能力。管理者要能够识别人才和发现人才，敢于提拔和使用人才，使自己的下级人尽其才，使各种人才相互合理搭配，充分发挥每一个人的长处和能力。能做到这一点，管理必然是高效率的。

6. 创新能力

管理的艺术性表明管理活动是一种创新性活动。管理者必须具有一定的革命性、创造性意识，能够在管理中不断地创新。一个合格的管理者，应能在实践中不断地进行总结，及时发现问题。

（二）管理人员的来源

组织可通过外部招聘或内部提升得到所需的管理人员。

1. 外部招聘

外部招聘是根据一定的标准和程序，从组织外部的众多候选人中选拔符合空缺职位工作要求的管理人员。

外部招聘管理人员具有以下优点：

（1）被聘管理人员具有“外来优势”。

所谓“外来优势”，主要是指被聘者没有“历史包袱”，组织内部成员（部下）只知其目前的工作能力和实绩，而对其历史，特别是职业生涯中的失败纪录知之甚少。因此，如果他确有工作能力，那么便可迅速地打开局面。相反，如果从内部提升，部下可能对新上司在成长过程中的失败教训有着非常深刻的印象，可能影响后者大胆地放手工作。

（2）有利于平息和缓和内部竞争者之间的紧张关系。

组织中空缺的管理职位可能有好几个内部竞争者希望得到。每个人都希望有晋升的机会。如果员工发现自己的同事，特别是原来与自己处于同一层次具有同等能力的同事提升而自己未能提升时，就可能产生不满情绪，工作懈怠，不听管理，甚至拆台。从外部选聘可能使这些竞争者得到某种心理上的平衡，从而有利于缓和他们之间的紧张关系。

（3）能够为组织带来新鲜空气。

来自外部的候选人可以为组织带来新的管理方法与经验。他们没有太多的框框束缚，工作起来可以放开手脚，从而给组织带来较多的创新机会。此外，由于他们新近加入组织，没有与上级或下属存在历史上的个人恩怨关系，从而在工作中可能很少顾忌复杂的人情网络。

外部招聘也有许多局限性，主要表现在：

（1）外聘管理人员不熟悉组织的内部情况，同时也缺乏一定的人事基础，因此需要一段时期的适应才能进行有效的工作。

（2）组织对应聘者的情况不能深入了解。虽然选聘时可借鉴一定的测试、评估方法，但一个人的能力是很难通过几次短暂的会晤、几次书面测试而得到正确反映的。被聘者的实际工作能力与选聘时的评估能力可能存在很大差距，因此组织可能聘用一些不符合要求的管理人员。这种错误的选聘可能给组织造成极大的危害。

（3）外聘管理人员的最大局限性莫过于对内部员工的打击。大多数员工都希望在组织中有不断发展的机会，都希望能够担任越来越重要的工作。如果组织经常从外部招聘管理人员，且形成制度和习惯，则会堵死内部员工的升迁之路，从而会挫伤他们的工作积极性、影响他们的士气。同时，有才华、有发展潜力的外部人才在了解到这种情况后也不敢应聘，因为一旦应聘，虽然在组织中工作的起点很高，但今后提升的希望却很小。

由于这些局限性，许多成功的企业强调不应轻易地外聘管理人员，而主张采用内部培养和提升的方法。

2. 内部提升

内部提升是指组织成员的能力增强并得到充分的证实后，被委以需要承担更大责任的更高职务作为填补组织中由于发展或伤老病退而空缺的管理职务的主要方式。内部提升制度具有以下优点：

（1）有利于鼓舞士气、提高工作热情，调动组织成员的积极性，内部提升制度给每个人带来希望。

每个组织成员都知道：只要在工作中不断提高能力、丰富知识，就有可能被分配担任更重要的工作。这种职业生涯中的个人发展对每个人都是非常重要的。职务提升的前提是要有空缺的管理岗位，而空缺的管理岗位的产生主要取决于组织的发展。只有组织发展了，个人才可能有更多的提升机会。因此，内部提升制度能更好地维持成员对组织的忠诚，使那些有发展潜力的员工能自觉地更积极地工作，以促进组织的发展，从而为自己创造更多的职务提升的机会。

（2）有利于吸引外部人才。

内部提升制度表面上是排斥外部人才、不利于吸收外部优秀的管理人员。其实不然。真正有发展潜力的管理者知道，加入到这种组织中，担任管理职务的起点虽然比较低，有时甚至需要一切从头做起，但是凭借自己的知识和能力，可以花较少的时间便可熟悉基层业务，从而能迅速地提升到较高的管理层次。由于内部提升制度也为新来者提供了美好的发展前景，因此外部的人才会乐意应聘到这样的组织中工作。

（3）有利于保证选聘工作的正确性。

已经在组织中工作若干时间的候选人，组织对其了解程度必然要高于外聘者。候选人在组织中工作的时间越长，组织越有可能对其作全面深入的考察和评估，从而使得选聘工作的正确程度可能越高。

（4）有利于使被聘者迅速展开工作。

管理人员能力的发挥要受到他们对组织文化、组织结构及其运行特点的了解。在内部成长提升上来的管理人员，由于熟悉组织中错综复杂的机构和人事关系，了解组织运行的特点，所以可以迅速地适应新的管理工作，工作起来要比外聘者显得得心应手，从而能迅速打开局面。

同外部招聘一样，内部提升制度也可能带来某些弊端。主要有：

（1）引起同事的不满。

在若干个内部候选人中提升一个管理人员，可能会使落选者产生不满情绪，从而不利于被提拔者展开工作。避免这种现象的一个有效方法是不断改进管理人员的考核制度和方法，正确地评价、分析、比较每一个内部候选人的条件，努力使组织得到最优秀的管理人员，并使每一个候选人都能体会到组织的选择是正确、公正的。

（2）可能造成“近亲繁殖”的现象。

从内部提升的管理人员往往喜欢模仿上级的管理方法。这虽然可使老一辈管理人员的优秀经验得到继承，但也有可能使不良作风得以发展，从而不利于组织的管理创新、不利于管理水平的提高。要克服这种现象，必须加强对管理队伍的教育和培训工作，特别是要不断组织他们学习管理的新知识。此外，在评估候选人的管理能力时，必须注意对他们创新能力的考察。

三、管理人员的考评

人员考评是为了确定占据职位的人员是否确实符合要求，是值得进一步提拔还是应当加以调整，如管理人员的培训和培养工作的效果，管理人员的薪酬依据什么基准确定等。此外，通过考评，还可以起到相互学习、促进组织内部沟通的作用。管理人员考评的内容主要有以下两个方面：

1. 贡献考评

贡献考评是考核和评估管理人员在一定时期内担任某个职务的过程中对实现组织目标的贡献程度，即评价和对比组织要求某个管理职务及其所辖部门提供的贡献与该部门的实际贡献。贡献往往是努力程度和能力强度的函数。因此，贡献考评可以成为决定管理人员报酬的主要依据。

对管理人员的贡献考评，包括两个方面：

(1) 通过对实际目标达成情况与预定目标的比较来评价管理人员，即按照既定的可核实的目标及其完成情况来评价管理人员。

(2) 考察管理人员在实际工作中是否有效地履行了各项管理职能。

前者称为达标绩效评价，后者称为管理绩效评价。

2. 能力考评

应从管理人员的决策能力、用人能力、沟通能力、创新精神和正派作风等方面进行考评。

第四节　组织变革

企业的发展离不开组织变革、内外部环境的变化、企业资源的不断整合与变动，都给企业带来了机遇与挑战，这就要求企业关注组织变革。

组织变革是指运用行为科学和相关管理方法，对组织的权力结构、组织规模、沟通渠道、角色设定、组织与其他组织之间的关系，以及对组织成员的观念、态度和行为，成员之间的合作精神等进行有目的的、系统的调整和革新，以适应组织所处的内外环境、技术特征和组织任务等方面的变化，提高组织效能。

一、组织结构变革的原因

一般来说，组织结构变革的原因在于：

1. 企业经营环境的变化

诸如国民经济增长速度的变化、产业结构的调整、政府经济政策的调整、科学技术的发展引起产品和工艺的变革等。企业组织结构是实现企业战略目标的手段，企业外部环境的变化必然要求企业组织结构作出适应性的调整。

2. 企业内部条件的变化

企业内部条件的变化主要包括：

(1) 技术条件的变化，如企业实行技术改造，引进新的设备要求技术服务部门的加强调整以及技术、生产、营销等部门的调整。

(2) 人员条件的变化，如人员结构和人员素质的提高等。

(3) 管理条件的变化，如实行计算机辅助管理、实行优化组合等。

3. 企业本身成长的要求

企业处于不同的生命周期时对组织结构的要求也各不相同，如小企业成长为中型或大型企业、单一品种企业成长为多品种企业、单厂企业成长为企业集团等。

二、组织变革的策略

组织变革是一个系统工程，涉及方方面面的关系，因此必须讲究策略。组织变革的策略主要包括三个方面的策略：变革方针的策略、变革方法的策略、应对阻力的策略。

组织变革的方针策略主要指：

（1）积极慎重的方针。即要做好调查，做好宣传，积极推行。

（2）综合治理的方针。即组织变革工作要和其他工作配合进行，这主要是指组织的任务变革、组织的技术变革、组织的人员变革。

组织变革的方法策略主要包括：

（1）改良式的变革。

这种变革方式主要是在原有的组织结构基础上修修补补，变动较小。它的优点是阻力较小，易于实施；缺点是缺乏总体规划，头痛医头、脚痛医脚，带有权宜之计的性质。

（2）爆破式的变革。

这种变革方式往往涉及公司组织结构重大的以至根本性质的改变，且变革期限较短。一般来说，爆破式的变革适用于比较极端的情况，除非是非常时期，如公司经营状况严重恶化，一定要慎用这种变革方式，因为爆破式的变革会给公司带来非常大的冲击。

（3）计划式的变革。

这种变革方式是通过对企业组织结构的系统研究，制订出理想的改革方案，然后结合各个时期的工作重点，有步骤、有计划地加以实施。这种方式的优点是：有战略规划、适合公司组织长期发展的要求；组织结构的变革可以同人员培训、管理方法的改进同步进行；员工有较长时间的思想准备，阻力较小。为了有计划地进行组织变革，应该做到以下几点：①专家诊断；②制订长期规划；③员工参加。

三、组织变革的抵制现象

组织变革常常会遇到来自各个方面的抵制和反对。常见的抵制现象有：

（1）生产量、销售量和经济效益持续下降。

（2）消极怠工，办事拖拉、等待。

（3）离职人数增加。

（4）发生争吵与敌对行为，人事纠纷增多。

（5）提出许多似是而非的反对变革的理由。

组织变革阻力产生的原因在于人们害怕变革的风险，认为变革不符合公司的最佳利益或害怕变革给自己的利益带来冲击。

针对这些现象和原因，我们可以制定出一些应对变革阻力的策略：

（1）做好宣传，与员工进行沟通，广泛地听取员工的意见。

（2）让员工参与到组织变革的决策中去。

（3）大力推行与组织变革相适应的人才培训计划，大胆起用具有开拓创新精神的人才。

（4）采取优惠政策，妥善安排被精简人员的工作生活和出路。

（5）在必要的时候显示变革的果敢决心，并采取强硬措施。

四、组织变革的过程

1. 解冻

这一步骤的焦点在于创设变革的动机。鼓励员工改变原有的行为模式和工作态度，采取新的适应组织战略发展的行为与态度。为了做到这一点，一方面，需要对旧的行为与态度加以否定；另一方面，要使干部员工认识到变革的紧迫性。可以采用比较评估的办法，把本单位的总体情况、经营指标和业绩水平与其他优秀单位或竞争对手加以一一比较，找出差距和解冻的依据，帮助干部员工“解冻”现有的态度和行为，迫切要求变革，愿意接受新的工作模式。此外，应注意创造一种开放的氛围和心理上的安全感，减少变革的心理障碍，提高变革成功的信心。

2. 变革

变革是一个学习过程，需要给干部员工提供新信息、新行为模式和新的视角，指明变革方向，实施变革，进而形成新的态度与行为。在这一步骤中，应该注意为新的工作态度与行为树立榜样，采用角色模范、导师指导、专家演讲、群体培训等多种途径。

3. 再冻结

在再冻结阶段，利用必要的强化手段使新的态度与行为固定下来，使组织变革处于稳定状态。为了确保组织变革的稳定性，需要注意使干部员工有机会尝试和检验新的态度与行为，并及时给予正面的强化；同时，加强群体变革行为的稳定性，促使形成稳定持久的群体行为规范。

本章知识小结

1. 正式组织和非正式组织的区别及各自作用；
2. 管理幅度和组织层次；
3. 各种组织结构类型的优缺点。

本章能力小结

1. 对企业的人员配备提供建议和意见；
2. 能画出企业的组织结构图，并能分析其合理与不足之处。

【课后任务练习】

1. 正式组织与非正式组织的区别是什么？
2. 组织结构的类型主要有哪几种？
3. 何谓非正式组织？
4. 集权、授权以及分权的区别是什么？
5. 人员配备的程序和原则是什么？
6. 管理人员的选聘和培训的方法有哪些？

第八章

领导

一、本章学习目标

能力目标：

1. 能初步具有提高自身权威与有效运用权力的能力；
2. 能实施有效的指挥。

知识目标：

1. 掌握领导的概念以及领导与管理的关系；
2. 掌握一些典型的领导理论知识。

二、本章工作任务

中兴金融公司总经理李某是一位出色的经理人，他拥有金融学博士学位，从不打官腔，也不为难部属，对于犯错的部属，也不会疾言厉色，总是婉转地规劝，使部属能够心悦诚服地改正错误。

在部属心目中，他是一位难得的好上司，因为他有容忍部属犯错的雅量，不断地训练部属，而且能够发现部属的优点与潜能，并予以有效的诱导与激发。

1. 李某作为一位领导者，具备了哪些素质？
2. 你认为李某是什么风格的领导者？该种领导风格有什么优点？

三、本章学习指导

1. 采用比较学习法，深刻理解各种领导理论的相同点和不同点；
2. 通过分析成功领导案例有助于理解本章的内容。

导入案例

虽然可能一般人不太知道他是谁，但在美国、在商业界，他却是一个传奇式人物。他就是李·艾柯卡，他曾担任过美国福特汽车公司的总经理、克莱斯勒汽车公司的总经理。1946 年 8 月，21 岁的他来到福特公司，从一名见习工程师开始，到出色的推销员，一直到福特公司的总裁。不幸的是，由于“功高盖主”，后来他被福特大老板亨利·福特开除了。

面对突如其来的打击，他并没有倒下去，而是应聘到濒临破产的克莱斯勒汽车公司出任总经理。但是公司的状况比他预料的还糟很多，公司处于生死存亡的关键时刻。为了拯救公司，他没有简单地裁员，而是决定以紧缩开支为突破口，提出了“共同牺牲”的大政方针。他从自己做起，把年薪从36万美元降至1美元，与此同时，全体员工的年薪也减少了125倍。“共同牺牲”给克莱斯勒汽车公司带来了生机，使广大员工看到了希望。艾柯卡率领高层领导班子对营销、信贷、财务、计划和人事等部门进行整改，积极扶持新产品的开发，花大力气抓生产制造，终于使企业重回正轨。

艾柯卡曾说过：“一切企业经营归根到底就是三个词：人才、产品和利润，没有了人才，后两者都无法实现。”这充分表明了他对人才的重视。无论是传奇的经历，还是奇特的用人艺术，他都用辉煌的业绩说明了自己的成就。

第一节　领导工作概述

在一个组织中，尽管管理者在组织中拥有指挥下属行动的特权，但下属并不会自动地服从命令。有些下属甚至会公然反抗他们的管理者，或者不认真执行管理者的命令，“出工不出力”。因此，要使组织正常运作，并充分调动组织成员的积极性，管理者就必须掌握如何有效地进行领导这一基本技能。

一、领导的概念

领导的概念是一个在历史中形成的概念。领导是一种职能，就是影响组织成员或群体，使其为确立和实现组织或群体的目标而作出贡献和努力的过程。它包含下面三个含义：

（1）领导者一定要有领导的对象。

领导者一定要与群体或组织中的其他成员发生关系，这些人就是领导者的下属，或者说是被领导者。没有被领导者，领导工作就失去了意义。

（2）权力在领导者和被领导者之间的分配是不平等的。

领导者拥有相对强大的权力，可以影响组织中其他成员的行为；而组织中其他成员却没有这样的权力，或者说其所拥有的权力并不足以改变其被领导的地位。领导者在权力方面的优越性是领导工作得以顺利进行的重要基础。

（3）领导者对被领导者可以产生各种影响。

领导的本质是影响力。领导者拥有影响其下属思想和行动的权力。正是由于影响力的存在，领导者才能够对组织的活动施加影响，并使得组织或群体成员追随与服从。也正是由于被领导者的追随与服从，才能够保证领导者在组织、群体中的地位，并使领导过程成为可能。

二、领导与管理的关系

从职能上看，管理的范围大（维持秩序与运转），而领导的责任大（指明方向与创新）。领导是管理的一个职能，领导行为属于管理的范围。

从岗位人员看，领导者必定是管理者，而管理者未必是领导者，要区别二者在管理过程中的角色与地位。

在理想的情况下，所有的管理者都应是领导者，但是并不等于说所有的领导者必然具备完成其他管理职能的能力，因此，不应该所有的领导者都处于管理岗位上。一个人能影响别人这一事实，并不表明他具有组织运行及其岗位要求的管理能力，如计划、组织、控制以及创新等。领导的本质就是被领导者的追随和服从，它不是由组织赋予的职位和权力所决定的，而是取决于追随者的意愿，因此，有些具有职权的管理者可能没有部下的服从，也就谈不上真正意义上的领导者。管理学意义上的领导者，是指能够影响他人并拥有管理的制度权力的人。

三、领导权力

1. 法定性权力

在组织结构中，你处于什么位置，高层、中层还是低层，由此获得的这种权力就是法定性权力，一旦有了正式的任命，你就具有了法定性权力。法定性权力比后两种权力的覆盖面更广，它会影响到人们对于职位权力的接受和认可，没有这种法定性权力作为基础，后面的强制性权力和奖赏性权力往往都不能够实现。例如，没有给你任命，虽然告诉你要负责这个部门，但是你的这种奖赏性权力和强制性权力就会大打折扣。为什么呢？所谓名不正、言不顺，没有正式任命，那么你就是临时的。

2. 强制性权力

这种权力建立在惧怕的基础之上，也就是说，作为下属，如果不服从领导，领导就可以惩罚、处分、批评下属。因为你是领导，你是长官，你有这个权力，那么这种权力就叫强制性权力。在企业中，领导可以解雇一个员工，所以员工会非常在乎你，尤其是这份工作是他所希望的工作时。所以，在这个时候，上司对下属就有这种强制性权力。

3. 奖赏性权力

与强制性权力正好相反，领导可以奖赏员工，让员工来重视自己。奖赏性权力是让人们愿意服从领导者的指挥，通过奖励的方式来吸引下属，这种奖励包括金钱、晋升、学习的机会等。安排员工去做自己更感兴趣的工作，或者给员工更好的工作环境等，这些都属于奖赏性权力的范围。

强制性权力和奖赏性权力是一对相对的概念，如果你能够剥夺和侵害他人的实际利益，那么你就具有强制性权力；如果你能够给别人带来积极的利益和免受消极因素的影响，那么你就具有奖赏性权力。跟强制性权力不一样，奖赏性权力不一定要成为领导者才具有，有时作为一个普通的员工，也可以表扬另外一个员工，也可以在会上强调别人所作出的贡献，这本身也是一种权力和影响力。所以，权力并不一定在领导和下属之间才会出现，有时候平级之间，甚至下属对上司都可能存在。

4. 参照性权力

如果你对某个人有一种崇拜的心理，并且希望自己成为像他那样的人的时候，被你崇拜的这个人就获得了参照性权力。这是一种对人格魅力的敬仰，有的人这种敬仰甚至达到了效仿他人行为的程度。这就是请名人来做广告的原因，名人在这方面有一种参照性权力，他做广告的效果就会非常好。

5. 专家性权力

这种权力取决于你的知识、技能和专长。今天的企业发展越来越依赖技术因素，因此，专门的知识技能也成为权力的主要来源之一。随着工作的细分，专业化越来越强，企业目标的实现越来越依靠不同部门和岗位的专家。

正如人们所知，医生在他的行业和领域中有权威性，为什么呢？因为他有很强的专家性权力，医生所说的话不能不听。所以大多数的人都愿意遵从医嘱。还有一些职业，例如，计算机方面的专家、税务的会计师、培训师等，他们都是因为在某一领域中的特殊影响力而获得了专家性权力。

第二节　领导方式

领导方式指领导者与被领导者之间发生影响和作用的方式。按照不同的标准，可对领导方式作不同的划分。

一、按权力控制程度

按权力控制程度，领导方式可分为集权型领导、分权型领导和均权型领导。

集权型领导是工作任务、方针、政策及方法都由领导者决定，然后布置给部属执行。

分权型领导是领导者只决定目标、政策、任务的方向，对部属在完成任务各个阶段上的日常活动不加干预。领导者只问效果，不问过程与细节。

均权型领导是领导者与工作人员的职责与权限明确划分。工作人员在职权范围内有自主权。这种领导方式主张分工负责、分层负责，以提高工作效率，更好地达到目标。

二、按领导重心所向

按领导重心所向，领导方式可以分为以事为中心的领导、以人为中心的领导和人事并重式的领导。

以事为中心的领导者认为，需以工作为中心，强调工作效率，以经济的手段取得最大工作成果，以工作的数量与质量以及达到目标的程度作为评价成绩的指标。

以人为中心的领导者认为，只有部属是愉快的、愿意工作的，才会产生最高的效率、最好的效果。因此，领导者尊重部属的人格，不滥施惩罚，注重积极的鼓励和奖赏，注意发挥部属的主动性和积极性，注意改善工作环境，注意给予部属合理的物质待遇，从而保持其身心健康和精神愉快。

人事并重式的领导者认为，既要重视人，也要重视工作，两者不可偏废。既要充分发挥主观能动性，也要改善工作的客观条件，使部属既有饱满的工作热情，又有主动负责的精神。领导者对工作要求严格，必须按时保质、保量地完成工作计划，创造出最佳成果。

三、按领导者的态度

按领导者的态度，领导方式可分为体谅型领导和严厉型领导。

体谅型领导是领导者对部属十分体谅，关心其生活困难，注意建立互相依赖、互相支持的友谊，注意赞赏部属的工作成绩，提高其工作水平。

严厉型领导是领导者对部属十分严厉，重组织、轻个人，要求部属牺牲个人利益、服从组织利益，严格要求每个人的责任，执行严格的纪律，重视监督和考核。

四、按决策权力大小

按决策权力大小，领导方式可分为专断型领导、民主型领导和自由型领导。

专断型领导是领导者把决策权集于一人手中，以权力推行工作。由于决策错误或客观条件变化，贯彻执行发生困难时，不查明原因，多归罪下级。对下级奖惩缺乏客观标准，只是按领导者的好恶决定。

民主型领导是领导者同部属互相尊重，彼此信任。领导者通过交谈、会议等方式同部属交流思想，商讨决策，注意按职授权，培养部属主人翁思想。奖惩有客观标准，不以个人好恶行事。

自由型领导是领导者有意分散领导权，给部属以极大的自由度，只是检查工作成果，除非部属要求，不做主动指导。

第三节　领导理论

从20世纪30年代开始，领导问题的研究在美国便积极地开展起来。时至今日，领导理论的发展已经历了特质理论、行为理论和权变理论三个主要阶段。本节拟对各个阶段的理论择要进行回顾和简评，以期对有关的理论和实际工作者有所裨益。

一、领导的特质理论

早期的领导理论研究都着重在找出杰出领导者所具有的某些共同的特性或品质上，称为特性论（或品质论）。传统的领导特质论认为，领导特质是天生的，Sir. F. Galton早在1869年就认为领导者的特质是天生的。在早期，美国管理学家Edwin E. Ghiselli提出了八种个性特征和五种激励特征。他在其《管理者探索》中研究得出的八种个性特征为：才智、首创精神、督察能力、自信心、决断力、适应性、性别、成熟程度等；五种激励特征为：对工作稳定的需求、对金钱奖励的需求、对指挥别人权力的需求、对自我实现的需求、对事业成就的需求等。在 1969 年 Gibb 的研究认为天才领导者应该具有七种特质：善于言辞、外表英俊、高超智力、充满自信、心理健康、支配趋向、外向敏感等。后来，Stogclill 等人认为领导者的特质应包括十六种特质。

20 世纪早期，领导特质研究主要是要确定成为领导者的决定因素。这个理论被称为“伟人”理论。20 世纪中期，领导特质理论受到了挑战，当时大量的研究可以得出这样的结论：具备某些特质确实能提高领导者成功的可能性，但没有一种特质一定就是成功的保证。因此，认为领导并不是个人所拥有的可以量化的东西，它与社会情境中的人际关系有关。虽然与领导有关的个人因素仍是十分重要的，但是这些研究者坚决主张这些因素应该是与情境的需要相关的。

二、领导的行为理论

由于领导的特质理论并不能说明领导的实质，所以从 20 世纪 40 年代后期起，研究者开始转向领导者的实际行为研究。其中有代表性的研究主要有勒温的领导风格理论、俄亥俄州立大学的研究、密歇根大学的研究、管理方格理论等。

1. 领导风格理论

为了探讨领导风格类型对群体行为和团体效率的影响，勒温和他的同事们于 1939 年以十一二岁的男学生为对象进行了实验研究。他们将学生分为三组，让这些学生从事假面具的制作活动，轮流采用三种不同的领导风格对他们进行管理。勒温把领导者在领导过程中表现出来的工作作风分为三种基本类型：专制作风、民主作风和放任自流作风。

专制型的领导者只注重工作的目标，仅仅关心工作的任务和工作的效率。但他们对团队的成员不够关心，被领导者与领导者之间的社会心理距离比较大，领导者对被领导者缺乏敏感性，被领导者对领导者存在戒心和敌意，容易使群体成员产生挫折感和机械化的行为倾向。

民主型团队的权力定位于全体成员，领导者只起到一个指导者或委员会主持人的作用，其主要任务就是在成员之间进行调解和仲裁。团队的目标和工作方针要尽量公之于众，征求大家的意见并尽量获得大家的赞同。具体的工作安排和人员调配等问题，均要经共同协商决定。

放任型团队的权力定位于每一个成员，领导者置身于团队工作之外，只起到一种被动服务的作用，其扮演的角色有点像一个情报传递员或后勤服务员。领导者缺乏关于团体目标和工作方针的指示，对具体工作安排和人员调配也不做明确指导。

实验结果表明：在民主型领导风格下，团体的工作效率最高，对工作比较满意；在专制型领导风格下，团体的工作效率比较高，但成员间的人际关系很差；在放任型领导风格下，人际关系固然不错，但工作效率最低，数量与质量都非常差，而且对领导者并不满意。

2. 领导行为的四分图理论

领导行为的四分图理论是由美国俄亥俄州立大学的领导行为研究者们在 1945 年提出来的，他们列出了一千多种刻画领导行为的因素，通过高度概括归纳为两个方面：着手组织和体贴精神。研究结果认为，领导者的行为是着手组织与体贴精神两个方面的任意组合，即可以用两个坐标的平面组合来表示。用四个象限来表示四种类型的领导行为，它们是高体贴与高组织、低体贴与低组织、高体贴与低组织、低体贴与高组织。如图 8－1 所示。这就是所谓的“领导行为四分图”理论。

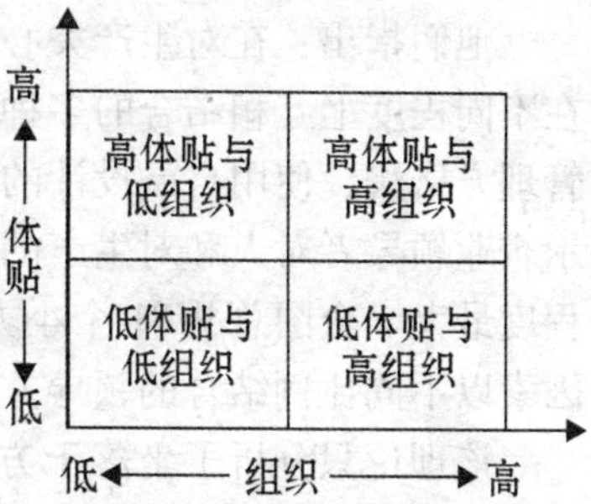

图 8－1　领导行为四分图

着手组织是指领导者规定他与工作群体的关系，建立明确的组织模式、意见交流渠道和工作程序的行为，具体包括设计组织机构、明确职责、权力、相互关系和沟通办法，确定工作目标与要求，制定工作程序、工作方法与制度。

体贴精神是指建立领导者与被领导者之间的友谊、尊重、信任关系方面的行为，具体包括尊重下属的意见，给下属以较多的工作主动权，体贴下属的思想感情，注意满足下属的需要，平易近人，平等待人，关心群众，作风民主。

研究者们认为，着手组织与体贴精神不是一个连续带的两个端点，不是注重了一个方面必须忽视另一方面，领导者的行为可以是这两个方面的任意组合，即可以用二维坐标表示。

3. 管理方格理论

管理方格理论（Management Grid Theory）是由美国得克萨斯大学的行为科学家罗伯特·布莱克（Robert R. Blake）和简·莫顿（Jane S. Mouton）在 1964 年出版的《管理方格》（1978 年修订再版，改名为《新管理方格》）一书中提出的。管理方格图的提出改变了以往各种理论中“非此即彼”式（要么以生产为中心，要么以人为中心）的绝对化观点，指出在对生产关心和对人关心的两种领导方式之间，可以进行不同程度的互相结合。

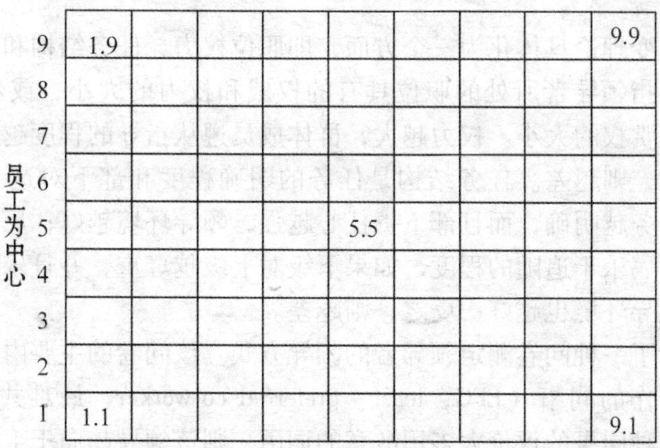

图 8－2　管理方格理论

注：团队型（9.9）；贫乏型（1.1）；俱乐部型（1.9）；中庸型（5.5）；任务型（9.1）

他们指出：在对生产关心的领导方式和对人关心的领导方式之间，可以有使二者在不同程度上互相结合的多种领导方式。为此，他们就企业中的领导方式问题提出了管理方格法，使用自己设计的一张纵轴和横轴各9等分的方格图，纵轴和横轴分别表示企业领导者对人和对生产的关心程度。第1格表示关心程度最小，第9格表示关心程度最大。全图总共81个小方格，分别表示对生产的关心和对人的关心这两个基本因素以不同比例结合的领导方式。

该理论只分析了坐落于方格的四角及中央的五个基本领导方式：贫乏型、任务型、俱乐部型、中庸型和团队型。其中，团队型管理是统筹满足绩效与人际关系的需求，体现出对人和生产的同时关心，把员工利益和企业目标成功地结合起来；贫乏型管理则是团队型管理的极端反面，对员工和生产都不关心。其他类型对任务和人际的关心居于二者之间。其中，最为有效的是团队型管理，其次是任务型，再次是中庸型和俱乐部型，最后是贫乏型。

三、领导的权变理论

到20世纪60年代，不少学者认为，要找到一个适合于任何组织、任何性质的工作和任务、任何对象的固定的领导人格特质、领导风格类型和领导行为方式都是不现实的，因为领导的有效性是由领导者、被领导者及其环境因素等共同决定的，要根据具体情况来确定领导方式。这种观点被称为权变理论或情境理论。著名的研究有菲特勒权变理论、通路—目标理论、领导者参与模型和生命周期理论等，这里只对前两个理论进行介绍。

1. 菲特勒权变理论

权变理论认为不存在一种普遍使用的领导方式，领导工作强烈地受到领导者所处的客观环境的影响。菲特勒的领导权变理论是比较有代表性的一种权变理论。该理论认为各种领导方式都可能在一定环境内有效，这种环境是多种外部与内部因素的综合作用体。

菲特勒将权变理论具体化为三个方面，即职位权力、任务结构和上下级关系。所谓职位权力，是指领导者所处的职位具有的权威和权力的大小，或者说领导的法定权、强制权、奖赏权的大小。权力越大，群体成员遵从指导的程度越高，领导的环境也就越好；反之，则越差。任务结构是任务的明确程度和部下对这些任务的负责程度。如果这些任务越明确，而且部下责任心越强，领导环境越好；反之，则越差。上下级关系是指下属乐于追随的程度。如果下级对上级越尊重，并且乐于追随，则上下级关系越好，领导环境也越好；反之，则越差。

菲特勒设计了一种问卷测定领导者的领导方式。该问卷的主要内容是询问领导者对最不与自己合作的同事（LPC，least - preferred co-worker，最难共事者）的评价。如果领导者对这种同事的评价大多用敌意的词语，则该领导趋向于工作任务型的领导方式（低LPC型）；如果评价大多用善意的词语，则该领导趋向于人际关系型的领导方式（高LPC型）。

菲特勒认为环境的好坏对领导的目标有重大影响。对低LPC型领导来说，比较重视工作任务的完成。当环境很差时，他将首先保证完成任务；当环境较好时，任务能够完成，这时他的目标将是搞好人际关系。对高 LPC 型领导来说，比较重视人际关系。如果环境较差时，他将首先将人际关系放在首位；如果环境较好时，人际关系也比较融洽，这时他将追求完成工作任务。

2. 通路—目标理论

该理论是1971 年由加拿大多伦多大学教授豪斯提出的。通路—目标理论是动机期望理论的发展。期望理论认为，一个人被激励的过程受效价（目标价值）和期望值（对实现目标可行性的估计）的影响。根据这种观点，通路—目标理论认为，一个领导者要能激励部下，必须解决三个问题：一是使部下认识到实现目标后所能获得的利益；二是提高部下对实现目标的可能性的认识；三是要使部下在工作中得到满足，以刺激他们的工作动机。领导者如何才能达到上述目的呢？通路—目标理论认为，必须根据部下的状况和环境，采取不同的领导方式。部下的状况主要指部下的人格特性，包括能力、经验、需要等；环境因素包括任务的结构性质、组织的权力系统和工作群体等。

四、领导理论的新发展

自 20 世纪 70 年代末以来，一些学者在领导概念的界定、研究对象和研究方法上都超越了以往的研究，提出了一些新的领导理论。其中，比较著名的有领导的归因理论、交易型与转化型理论等。

1. 领导的归因理论

归因理论原是社会心理学中探讨人们行为原因的一种社会认知理论，这里被用来探讨和解释领导行为，从而形成了领导的归因理论。领导的归因理论认为，领导的基础是对人们的行为作出归因，而领导行为则是对不同归因所作出的反应。你对部下的行为作出什么样的归因，你就会采取相应的领导行为。因此，明晰地鉴别人们的行为原因对领导者极为重要，有效的领导者应先正确地鉴别部下的行为原因，而后再采取相应的行动。

2. 交易型领导与转化型领导理论

“交易型领导”与“转化型领导”两个概念最早来自伯恩斯对政治领导类型的划分。在交换中，领导者给部下提供报酬、晋升、荣誉等，以满足部下的需要和愿望；而部下则以服从领导命令、完成任务等作为回报。以往的大多数领导理论，如行为理论和权变理论，讲的都是交易型领导。伯恩斯认为，这种领导不是没有效果，但其效果要视领导者与下属之间的关系状况而定。转化型领导是指领导者通过激励下属士气，帮助下属以新观念看待老问题，使下属看到事业的美好前景而激发出积极性和创造性。伯恩斯的这种领导划分后经《追求卓越》一书传播而流行。因为作者在书中宣称，他们所研究的成功企业，在发展阶段都是由转化型领导所决定的。巴斯等人从1985 年后，在自己大量研究的基础上，深化和发展了交易型领导与转化型领导理论的内容，以致有人认为该理论是由巴斯提出的。巴斯认为，以往的领导行为研究都把部下的绩效和满意度作为评价领导效能的结果变量，而转化型领导理论则把部下对工作任务的情绪反应、自尊、价值观以及领导者的信任和信心等作为变量。他们的研究还表明，转化型领导与低离职率、高生产率和高工作满意度的相关，远比交易型领导高，其效果也远比交易型领导好。

第四节　激励理论

在经济发展的过程中，劳动分工与交易的出现带来了激励问题。激励理论是行为科学中用于处理需要、动机、目标和行为四者之间关系的核心理论。行为科学认为，人的动机来自需要，由需要确定人们的行为目标，激励则作用于人的内心活动，激发、驱动和强化人的行为。激励理论是业绩评价理论的重要依据，它说明了为什么业绩评价能够促进组织业绩的提高，以及什么样的业绩评价机制才能够促进组织业绩的提高。

早期的激励理论研究是对“需要”的研究，回答了以什么为基础或根据什么才能激发调动起工作积极性的问题，包括马斯洛的需要层次理论、赫茨伯格的双因素理论和麦克利兰的成就需要理论等。最具代表性的马斯洛需要层次理论就提出人类的需要是有等级层次的，从最低级的需要逐级向最高级的需要发展。需要按其重要性依次排列为生理需要、安全需要、社会需要、尊重需要和自我实现需要。并且提出当某一级的需要获得满足以后，这种需要便中止了它的激励作用。

一、激励的含义

激励就是激发与鼓励的意思，就是利用某种外部因素调动人的积极性与创造性，使人有一股内在的动力，朝着所期望的目标前进的心理过程。激励是行为的钥匙，又是行为的按钮，按动哪一个按钮，人就会产生什么样的行为。对激励可以这样来理解：激励是一个过程；激励过程受内外因素的制约；激励具有时效性。

二、激励的过程

激励是激发人的行为、推动人的行为，因此，它的心理根据就是人的行为过程。激励的心理过程就是人的行为的心理过程。

行为的基本心理过程：需要——内心紧张——动机——行为——目标满足，紧张消除。

人的行为是由动机支配的，动机是由需要引起的，行为的方向是寻求目标、满足需要。

(1) 洞察需要。

这是激励机制的源头，只有未满足的需要，才能成为激励的切入点。因此，领导者要实施激励，首要的前提是洞察下属的需要。

(2) 明确动机。

这是激励机制的前提。动机是指推动人们进行各种活动的愿望和理想，是行为的直接原因。

(3) 满足需要。

这是激励机制的核心。满足人的需要，实际上就是将个人目标和组织目标统一在一起。

(4) 激励与反馈、约束相互补充。

激励的结果是否符合领导者的意图，这些要素都需要在反馈过程中加以明确，从而为领导者的递进式激励提供必要的信息；激励必须与约束相结合，才能有效地发挥其功用。

三、国外几种典型的激励理论

1. 弗鲁姆的期望理论

该理论又称为效价—期望理论，它是美国心理学家弗鲁姆（V. H. Vroom）在1964年出版的《工作与激发》一书中首先提出的。该理论主要研究需要与目标之间的规律。弗鲁姆认为，人总是渴求满足一定的需要和达到一定的目标，此目标又对激发人的动机有影响，这个激发力量的大小取决于目标价值（效价）和期望概率（期望值）。用公式表达就是：

$$MF = E \cdot V$$

MF 是激发力量强度，即激励强度（motive force，or strength of motivation）；E 是期望率（expectancy），即因采取某种行动可能导致实现所求目标的概率；V 是效价（valence），是指人对某一目标或成果的重视程度。

这一公式表明，一个人对他所追求的目标的价值看得越大，估计能实现这目标的概率越高，那么他的动机就越强烈，激励的水平也越高，内部潜力也就越能充分调动起来。

注意，E 与 V 两项中任一项为0，则激励强度 MF 为0，即毫无意义。另外，当 V 为负值时，E 越大，激励的负作用越大。

期望理论揭示了这一规律：个人对目标的理解和重视程度直接影响到他实现目标的动机和行为。可以说，个人的这种理解和重视程度要比管理者、设计者的理解和重视程度重要得多。因为目标是靠每个成员去达到的。这就启发我们，宣传教育、思想政治工作是必不可少的。要通过宣传教育，帮助人们理解社会建设目标、团体目标的意义以及与个人目标的关系，正确估计效价。不能仅仅着眼于目标对个人有没有好处或对团体有没有好处，而应兼顾国家、团体、个人三者利益，并首先考虑国家利益。通过宣传教育，普遍提高人们的目标效价，还要帮助人们恰当地确定期望概率。如果目标符合社会发展规律，又不脱离当前实际，经过努力可以达到，那么就应通过宣传教育使人们了解实现目标的可能性，提高人们的期望概率，鼓舞士气，增强信心，避免畏难情绪和丧失信心。而了解群众思想动态（即心理状态）与上级组织要求之间的差距，通过工作使差距变小直至消失，乃是宣传教育工作的出发点。

2. 亚当斯的公平理论

该理论是美国心理学家亚当斯（J. S. Adams）于1962—1965年在《工资不公平时对工作质量的影响》等著作中提出的。该理论认为职工对收入的满足程度是一个社会比较过程。一个人对自己的工资报酬是否满意，不仅受收入的绝对值的影响，也受相对值的影响。每个人总会把自己付出的劳动和所得的报酬与他人作比较，也同个人的历史收入作比较。如果个人比率（报酬/贡献）与他人比率相等，他就会认为公平、合理，从而心情舒畅，努力工作。否则，就会感到不公平而降低工作积极性。个人历史的比较也会产生同样心理。当人们比较后感到不公平时，往往会有如下表现：

(1) 在认识上改变对自己具备的条件（包括努力、能力、教育程度、年龄等，此即投入，inputs）与取得报酬（即产出，outcomes）的评价。例如，改变对自己的能力估计，由过高到适当。

(2) 改变对别人的评估。例如，由于对别人水平估计过低，故那人收入偏高。现在提高对该人水平估计，再与自己相比，会不觉得不公平。

(3) 采取行动，改变自己的O/I。如找一个收入更高的工作；或消极怠工，减少贡献。

(4) 另选比较对象。比上不足、比下有余。取得主观上的公平感使心理平衡。

(5) 采取行动，改变他人的O/I。如向上级申诉理由或要求与他人比高低。

(6) 其他表现。如发牢骚、泄怨气、制造人际矛盾等。

不公平感的产生大都是因为人们认为自己报酬过低。不公平感易在人的心理上造成不良影响，挫伤人的积极性。

总之，亚当斯的公平理论对我们很有借鉴价值。因为公平感是普遍存在的一种心理现象，它不仅表现在工资收入的比较上，在待遇、受尊重、奖励、表扬、晋级、态度等方面的比较时，人们都可以产生公平感或不公平感。所以我们一方面应当通过宣传教育工作，设法改变引起人们不公平感的现实（如纠正不正之风等）；另一方面，要引导人们尽可能客观地进行人际比较，正确地评价他人，用正确观点看待社会主义初级阶段中必要的或暂时的差别。

3. 斯金纳的强化理论

强化理论是美国心理学家和行为科学家斯金纳等人提出的一种理论。强化理论是以学习的强化原则为基础的关于理解和修正人的行为的一种学说。所谓强化，从其最基本的形式来讲，指的是对一种行为的肯定或否定的后果（报酬或惩罚），它至少在一定程度上会决定这种行为在今后是否会重复发生。

根据强化的性质和目的，可把强化分为正强化和负强化。在管理上，正强化就是奖励那些组织上需要的行为，从而加强这种行为；负强化就是惩罚那些与组织不相容的行为，从而削弱这种行为。正强化的方法包括奖金、对成绩的认可、表扬、改善工作环境和人际关系、提升、安排担任挑战性的工作、给予学习和成长的机会等。负强化的方法包括批评、处分、降级等，有时不给予奖励或少给奖励也是一种负强化。

4. 挫折理论

挫折理论是由美国的亚当斯提出的。挫折是指人类个体在从事有目的的活动过程中，指向目标的行为受到障碍或干扰，致使其动机不能实现、需要无法满足时所产生的情绪状态。挫折理论主要揭示人的动机行为受阻而未能满足需要时的心理状态，并由此而导致的行为表现，力求采取措施将消极性行为转化为积极性、建设性行为。

引起挫折的原因既有主观的，也有客观的。主观原因主要是个人因素，如身体素质不佳、个人能力有限、认识事物有偏差、性格缺陷、个人动机冲突等；客观原因主要是社会因素，如企业组织管理方式引起的冲突、人际关系不协调、工作条件不良、工作安排不当等。人是否受到挫折与许多随机因素有关，也因人而异。归根结底，挫折的形成是由于人的认知与外界刺激因素相互作用失调所致。

对于同样的挫折情境，不同的人会有不同的感受；引起某一个人挫折的情境，不一定是引起其他人挫折的情境。挫折的感受因人而异的原因主要是人的挫折容忍力不同。所谓挫折容忍力，是指人受到挫折时免于行为失常的能力，也就是经得起挫折的能力，它在一定程度上反映了人对环境的适应能力。对于同一个人来说，对不同的挫折，其容忍力也不相同，如有的人能容忍生活上的挫折，却不能容忍工作中的挫折；有的人则恰恰相反。挫折容忍力与人的生理、社会经验、抱负水准、对目标的期望以及个性特征等有关。例如，企业中有的职工眼高手低，其挫折容忍力一般较低；再如，企业职工对安全生产的价值观不同，追求达到目标的自我标准不同，即使客观上挫折情境相似，每个人对挫折的感受也会不同，所导致的打击程度也就不同。

挫折对人的影响具有两面性：一方面，挫折可增加个体的心理承受能力，使人猛醒，吸取教训，改变目标或策略，从逆境中重新奋起；另一方面，挫折也可使人们处于不良的心理状态中，出现负向情绪反应，并采取消极的防卫方式来对付挫折情境，从而导致不良的行为反应，如不安、焦虑、愤怒、攻击、幻想、偏执等。在企业管理中，有的人由于安全生产中的某些失误，受到领导批评或扣发奖金，由于其挫折容忍力小，可能就会发泄不满情绪，甚至采取攻击性行动。在攻击无效时，又可能暂时将愤怒情绪压抑，对安全生产采取冷漠的态度，得过且过。人受挫折后，可产生一些远期影响，如丧失自尊心、自信心，自暴自弃，精神颓废等。

本章知识小结

1. 领导的含义和要素；
2. 领导权力的来源；
3. 激励的含义和过程。

本章能力小结

1. 能初步具有提高自身权威与有效运用权力的能力；
2. 能实施有效的指挥。

【课后任务练习】

1. 领导的含义和主要要素包括哪些？
2. 领导理论主要包括哪些理论类型？
3. 领导的权力主要包括哪些？
4. 领导的主要方式有哪些？
5. 什么是管理方格理论？
6. 激励的过程有哪些？

第九章

控制

一、本章学习目标

能力目标：

1. 能运用某些控制方法完成控制任务；
2. 能搜集和有效处理信息。

知识目标：

1. 掌握控制的含义、基本原则；
2. 掌握控制的基本类型、过程和方法。

二、本章工作任务

李某在几天前被任命为一家国有五金公司的总经理。他很快发现这家公司存在着很多问题，而且其中的大多数问题都与公司不适当的控制管理有关。例如，他发现公司各部门的预算是由各部门自行制定的，前任总经理对各部门上报的预算一般不加修改就签字批准；公司内部也没有专门的财务审核人员，因此对各部门的预算和预算的实施情况根本就没有严格的审核。在人事方面，生产一线人员流动率大，常有人不辞而别，行政工作人员迟到、早退现象严重，而且常有人在工作时间利用公司电话炒股票。

1. 为了改变公司的面貌，你认为李某应该采取哪些控制措施？
2. 在实施的过程中李某可能会遇到什么问题？

三、本章学习指导

1. 采用比较学习法，深刻理解各种控制方法的相同点和不同点；
2. 通过分析成功领导案例有助于理解本章的内容。

导入案例

魏文王问名医扁鹊说：“你们家兄弟三人都精于医术，到底哪一位最好呢？”扁鹊答说：“长兄最好，中兄次之，我最差。”

文王再问："那为什么你最出名呢？"扁鹊答说："我长兄治病，是治病于病情发作之前。由于一般人不知道他事先能铲除病因，所以他的名气无法传出去，只有我们家的人才知道。我中兄治病，是治病于病情初起之时。由于一般人以为他只能治轻微的小病，所以他的名气度只及于本乡里。而我扁鹊治病，是治病于病情严重之时，所以人们以为我的医术高明，名气因此响遍全国。"

事后控制不如事中控制，事中控制不如事前控制，可惜大多数的经营者均未能体会到这一点。

第一节　控制概述

一、控制的含义

（一）控制的一般概念

从传统的意义方面说，所谓控制，就是按照计划标准来衡量所取得的成果，并纠正所发生的偏差，以确保计划内目标的实现。

控制与我们日常的工作学习和生活都息息相关，无论是在家庭、单位还是在其他地方，每个人都会受到各种控制的影响。在大海中航行的船舰，需要舵手的"控制"，让偏离航线的船只回到正常的航线上来；高速公路上飞驰的汽车，由司机通过方向盘控制它的方向；交通警察指挥交通；手中的遥控器让我们选择喜欢的电视台等，都是控制功能在发挥作用。可以说，离开了控制，计划和预想的结果都会落空；离开了控制，我们的工作和生活将无法正常进行。

（二）控制职能的含义

从管理的角度上说，控制作为管理的一种职能，是指管理者为了保证实际工作与计划的要求相一致，按照既定的标准，对组织的各项工作进行检查、监督和调节的管理活动。

这一定义可以从以下几个方面进行理解：

1. 控制是管理过程的一个阶段

控制将组织的活动维持在允许的限度内，它的标准来自人们的期望，这些期望可以通过目标、指标、计划、程序或规章制度的形式表达。控制职能是使系统以一种比较可靠的、可信的、经济的方式进行运转。从实质上讲，控制必须同检查、核对或验证联系起来，这样才有可能使控制根据由计划过程事先确定的标准来衡量实际的工作。

2. 控制是一个发现问题、分析问题、解决问题的全过程

组织开展业务活动，由于受外部环境以及内部条件变化和人的认识问题、解决问题能力的限制，实际执行结果与预定目标完全一致的情况是不多的。因此，对管理者来讲，重要的不是工作有无偏差，而是能否及时发现偏差，或通过对进行中的工作深入了解，预测到潜在的偏差。发现偏差，才能进而找出造成偏差的原因、环节和责任

者，采取针对性措施，纠正偏差。

3. 控制职能的完成需要一个科学的程序

实现控制需要三个基本步骤：建立控制的标准；将实际绩效同标准进行比较；纠正偏差。没有标准就不可能有衡量实际成绩的根据；没有比较就无法知道绩效的好坏；不规定纠正偏差的措施，整个控制过程就会成为毫无意义的活动。

4. 有成效的控制需具备的要素

控制要有成效，必须具备以下要素：第一，控制系统必须具有可衡量性和可控制性，人们可以据此来了解标准；第二，有衡量这种特性的方法；第三，有用已知来比较实际结果和计划结果并评价两者之间差别的方法；第四，有一种调控系统，以保证必要时调整已知标准的方法。

5. 控制的根本目的

控制的根本目的在于保证组织活动过程和实际结果与计划目标及计划内容相一致，最终保证组织目标的实现。

二、控制的意义

法约尔曾经指出，控制必须施之于一切的事、人和工作。这是因为即使有完善的计划、有效的组织和领导，都不能保证组织目标的自然实现，而需要进行强有力的控制与监督。罗宾斯指出，有效的管理始终是督促他人、控制他人的活动，以保证应该采取的行动得以顺利进行，以及他人应该达到的目标得以实现。控制的重要性可以从以下两个方面来理解：

1. 控制的普遍性

控制职能普遍存在于任何组织、任何活动当中。因为在现代管理系统中，人力、财力、物力、信息等要素的组合关系是多种多样的，时空变化及环境的影响很大，内部运行机制和结构有时变化也很大，加上组织关系错综复杂、随机因素很多，预测不可能完全准确，制订出的计划在执行过程中不仅可能会出现偏差，而且还会发生未曾预料到的情况。这时，控制工作就起到了执行和完成计划的保障作用以及在管理控制中产生新的计划、新的目标和新的控制标准的作用。所以说，控制是一项普遍而广泛的管理职能。

2. 控制的全程性

控制职能作为实现目标及改进工作的有效手段存在于管理活动的全过程中。尽管计划可以制订出来，组织结构可以调整得非常有效，员工的积极性也可以调动起来，但是这些仍然不能保证所有的行动能按计划执行，不能保证管理者追求的目标一定能达到，必须依靠控制工作在计划实施的各个阶段通过纠正偏差的行动来实现。因此控制职能存在于管理活动的全过程中，它不仅可以维持其他管理职能的正常活动，而且在必要的时候可以改变其他管理职能的活动。这种改变有时可能很简单，只在指导中稍做些变动即可。但在许多情况下，正确的控制工作可能导致确立新的目标、提出新的计划、改变组织结构、改变人员配备以及在指导和领导方法上作出重大改革，使组织的工作得以创新和提高。

三、控制与其他管理职能的关系

控制是管理职能环节中的重要一环。控制以计划、组织、领导等职能为基础，并对其有积极的影响。

（1）控制与计划的关系相当密切，二者相互依存。

计划起指导性的作用，而控制是为了保证组织的产出与计划相一致，控制到什么程度、怎么控制都取决于计划的要求；计划预先指出了所期望的行为和结果，而控制是按计划指导实施的行为和结果，有时会导致计划的改变；制订有效的计划需要信息，而这些信息多数是通过控制得到的；一些有效的控制方法，如预算、政策、程序、规则等，同时也是计划方法或计划本身。

（2）其他管理职能是实施控制的基础和保障。

明确的目标与计划，合理的组织机构与形式，英明的领导及有效的指导，最大限度地发挥出员工的积极性和潜力，这一切是实施控制的基础和保障。

同时，在控制的过程中，可能会根据内外环境或其他因素的变化，导致对目标与计划的修改、组织机构的改革、人员配备的调整以及领导方式与方法作出重大改变等，这实际上是开始了新一轮的管理过程。

第二节 控制的基本类型

在组织中，控制可以从不同的角度来进行划分。

一、按控制点的位置分类

按控制点处于事物发展进程的哪一个阶段，控制活动可以划分为事前控制、事中控制和事后控制三种类型。

1. 事前控制

事前控制，又称事先控制，是指一个组织在一项活动正式开始之前所进行的控制。事前控制主要是对活动最终产出的确定和对资源投入的控制，其重点是防止组织所使用的资源在质和量上产生偏差。因此，事前控制的基本目的是：保证某项活动有明确的绩效目标，保证各种资源要素的合理投放，如各种计划、市场调查、原材料的检查验收、组织招工考核、入学考试等，都属于事前控制。

2. 事中控制

事中控制，又称过程控制、现场控制，是指在某项活动或工作过程中进行的控制，管理者在现场对正在进行的活动给予指导与监督，以保证按规定的政策、程序和方法进行。事中控制的目的是及时发现并纠正工作中出现的偏差。例如，生产过程中的进度控制、每日情况统计报表、学生的家庭作业和期中考试等，都属于事中控制。

3. 事后控制

事后控制是指在工作结束之后进行的控制。事后控制把注意力主要集中于工作结果上，通过对工作成果进行测量、比较和分析，采取措施，进而矫正今后的行动。事后控制是历史最悠久的控制类型，传统的控制方法几乎都属于此类。如企业对生产出来的成品进行质量检查、学校对学生的违纪处理等，都属于事后控制。

二、按照控制信息的性质分类

按照控制信息的性质，可以把控制分为反馈控制、即时控制和前馈控制三种类型。

1. 反馈控制

反馈控制就是根据过去的情况来指导现在和将来，即从组织活动进行过程中的信息反馈中发现偏差，通过分析原因，采取相应措施纠正偏差。如图 9－1 所示。

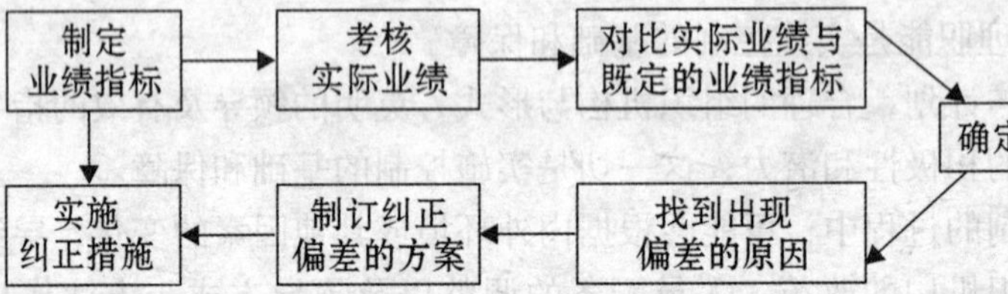

图 9－1　反馈控制系统的工作原理

在我们的现实生活中，冰箱的温控系统都是典型的反馈控制系统：当冰箱的温控系统察觉到冰箱内部的温度高于预先设定的温度标准时，就会发出信号，制冷功能随即启动，随着制冷设备的持续作业，冰箱内部的温度开始下降；当温度开始低于预先设定的温控标准时，温控系统重新发出信号，制冷设备随即停止工作。应用于管理领域的反馈控制系统，与冰箱的温控系统非常相似。

反馈控制是一个不断提高的过程，它的工作重点是把注意力集中在历史结果上，并将它作为未来行为的基础。在组织中应用最广泛的反馈控制方法有财务报告分析、标准成本分析、质量控制分析与工作人员成绩评定等。

综上所述，每个组织都有其自身的目标。为了实现目标，组织就要制订计划（未来的行动方案和蓝图）；为了判断是否实现了计划，就要建立一个完整的指标体系。既然是指标体系，说明其中所包含的指标是有层次的，彼此是相关联的；如果指标体系中的每一个指标都被完成了，说明计划就实现了，进而组织目标也就实现了。反馈控制的作用就在于：及时发现指标体系中哪些指标的完成过程存在偏差，找到偏差出现的原因，指定纠正偏差的可行方案，并通过实施纠正措施来确保指标的完成。之所以被称为"反馈控制系统"，是因为只有在"偏差"出现以后，它才能够发挥作用，正如前面所介绍的——反馈控制系统所"返回"的都是与"偏差"有关的东西。所以该方法的中心问题是最终结果，即用历史结果指导将来的行动。

2. 即时控制

反馈控制不是最好的控制，但它目前仍被广泛地使用，这是因为有许多工作现在还没有有效的预测方法，而且受主客观条件的限制，人们往往会在执行计划过程中出现失误。但如果能够在第一时间考核业绩，那么就可能在第一时间发现偏差。我们把大幅度地提高了业绩考核的及时性的这种反馈控制称为即时控制。即时控制系统就是基于对即时信息的采集、分析来实施控制的一种管理控制系统。即时监督实际正在进行的操作，以保证按目标办事。即时信息是指与事件的发生同步产生的信息。过去主要通过管理人员在现场的亲身观察来判断和纠正其他人员按程序行事，现在通过计算机来进行控制。

但是从上面介绍的反馈控制工作原理图中可以发现，即使我们能够在第一时间获得即时信息并考核业绩、对比实际业绩和既定指标甚至发现偏差，通常情况下，我们也很难在短时间内找到导致偏差出现的主要原因，更不要说制订纠正偏差的方案以及实施纠正措施了。因此，至少目前来看，还很难“完全”做到即时控制。

3. 前馈控制

正如我们前面所介绍的，无论是反馈控制系统还是罕见的即时控制系统，都只能在偏差出现以后才能够发挥作用。而前馈控制指的是通过情况的观察、规律的掌握、信息的分析、趋势的预测来预计未来可能发生的问题，在其未来发生前即采取措施加以防止的控制方法，又称为“指导将来的控制”。其着眼点是通过预测对被控对象的投入或过程进行控制，以保证所期望的产出，并可较好地解决一些非正常现象所带来的问题。如通过市场营销预测来调整企业的营销策略、通过流通资金的预算来控制资金的收支等，都属于前馈控制。

前馈控制系统的工作原理与“预防‘狼吃羊’系统”的工作原理非常相似，例如，我们可以通过对前十个月的销售业绩进行分析和评估，预测出按照现在的趋势可能会无法完成今年的销售指标，此时我们可以提前采取行动，如通过加大广告的投入力度等，来避免“年底无法完成销售指标”这一偏差的出现。

图 9 -2 所示就是一个前馈控制系统的工作原理图。

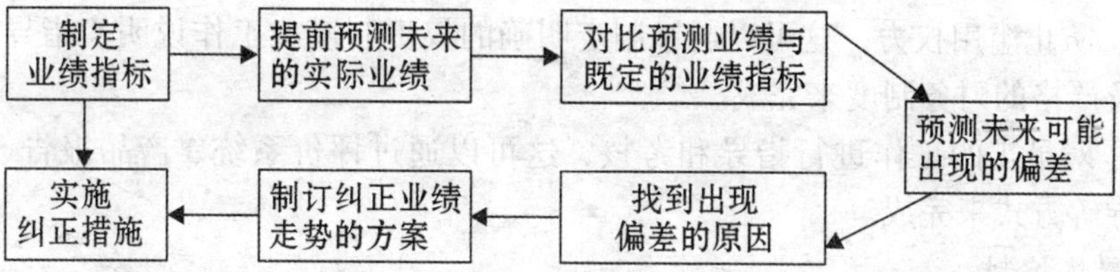

图 9 -2　前馈控制系统的工作原理

有些学者认为，“在某种意义上，前馈控制系统就是一个‘反馈控制系统’”，因为二者的工作原理如出一辙，都是通过纠正业绩上存在的偏差来确保实现组织目标的，只不过前馈控制系统是以“预测的偏差”作为控制依据的；而反馈控制系统是以“实际产生的偏差”作为控制依据的。

三种控制的区别如图 9 -3 所示。前馈控制是建立在能测量资源的属性和特征的信息基础上的，因此纠正的中心是资源；即时控制是建立在与活动有关的信息基础上的，而这种活动就是所要纠正的对象；反馈控制所要纠正的则是资源和活动，而不是结果。

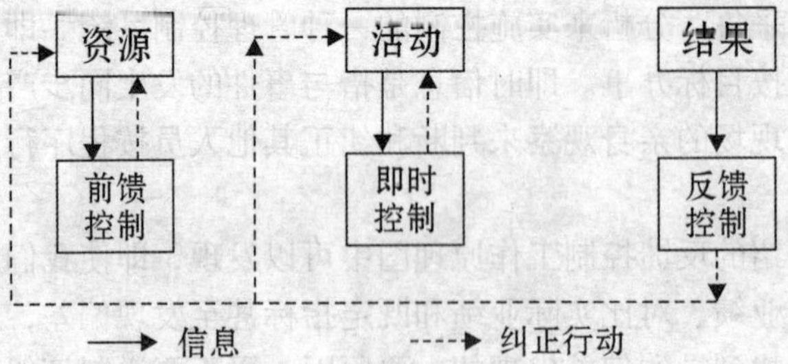

图9-3　三种控制的区别

三、按控制力量的来源分类

按控制力量的来源可把控制分为正式组织控制、群体控制和自我控制。

1. 正式组织控制

正式组织控制是由管理人员设计和建立起来的一些机构或规定来进行控制。例如，组织可以通过规划、指导组织成员的活动，通过预算来控制消费，通过审计来检查各部门或各成员是否按照规定进行活动，对违反规定或操作规程者给予处理等，都属于正式组织控制。在多数组织中，普遍实行的正式组织控制的内容有：

（1）实施标准化，即制定统一的规章、制度，制定出标准的工作程序以及生产作业计划等。

（2）保护组织的财产不受侵犯，如防止偷盗、浪费等，这包括设备使用的记录、审计作业程序以及责任的分派等。

（3）质量标准化，包括产品的质量及服务的质量。主要采取的措施有对职工培训、工作检查、质量控制以及激励政策。

（4）防止滥用权力，这可以通过制定明确的权责制度、工作说明、指导性政策、规划以及严格的财务制度来完成。

（5）对员工的工作进行指导和考核，这可以通过评价系统、产品报告、直接观察和指导等方式来完成。

2. 群体控制

群体控制是基于非正式组织成员之间的不成文的价值观念和行为准则进行的控制。非正式组织尽管没有明文规定的行为规范，但组织中的成员都十分清楚这些规范的内容，都知道如果自己遵守这些规范，就会得到其他成员的认可，可能会强化自己在非正式组织中的地位；如果违反这些行为规范就会遭到惩罚，这种惩罚可能是遭受排挤、讽刺，甚至被驱逐出该组织。群体控制在某种程度上左右着职工的行为，处理得好，有利于组织目标的实现；如果处理不好，会给组织带来很大危害。

3. 自我控制

自我控制是指个人有意识地按某一规范进行活动。自我控制能力取决于个人本身的素质。例如，一个员工不愿把企业的东西据为己有，可能是因为他具有较强的自我控制能力。具有较高层次需求的人比具有较低层次需求的人具有更强的自我控制能力。实际上，自我控制更多地受组织文化的影响。组织文化并不是通过外部强制而发挥作用的约束控制系统（如直接监督和采用标准操作规则的行政控制），而是员工在内化组织文化中的价值观和规范后，在其指引下进行决策和行动的自觉控制系统或自我控制系统。

四、按控制的手段分类

按控制的手段可以把控制划分为间接控制和直接控制两种类型。

1. 间接控制

间接控制是着眼于发现工作偏差，分析产生的原因，并追究个人责任使之改进未来的工作的一种控制。间接控制是基于这样一些事实为依据的，即人们常常会犯错误，或常常没有察觉到那些将要出现的问题，因而未能及时采取适当的纠正或预防措施。在实际工作中，管理人员往往只是根据计划和标准，对比或考核实际的结果，研究造成偏差的原因和责任，然后才去纠正。实际上，在工作中出现问题，产生偏差的原因是很多的。比如，有时是制定的标准不正确，可对标准做合理的修订；或者存在未知的不可控的因素，如未来社会的发展状况、自然灾害等，因此而造成的失误是难免的；再有因管理人员缺乏知识、经验和判断力等，也会使工作出现问题。对于一些由于不确定因素所造成的工作上的失误是不可避免的，同时间接控制方法也起不到什么作用。但对于由管理人员主观原因所造成的管理上的失误和工作上的偏差，运用间接控制方法则可帮助其纠正。同时，间接控制可以帮助管理人员总结并吸取经验教训，增加他们的经验、知识和判断力，提高他们的管理水平，减少管理工作中的失误。

间接控制也存在着许多缺点，最明显的是当出现偏差、造成损失后才采取措施，因此它的费用支出是比较大的。

间接控制的方法建立在以下五个假设之上：工作成效是可以计量的、人们对工作成绩具有个人责任感、追查偏差的时间是有保证的、出现的偏差可以预料并能及时发现、有关部门或人员将采取纠正措施。但这些假设在实际当中有时是不能成立的，例如，工作成绩的大小和责任感的高低有时是难以精确计量或准确评价的，而且二者之间可能关系不大或根本无关；有时管理人员可能不愿意花费时间去调查分析偏差的原因；有的偏差并不能预先估计或及时发现；有时发现了偏差并查明了原因，可管理者有时却推卸责任或固执己见，而不去及时采取措施等。因有如上的一些原因，间接控制有很大的局限性，还不是普遍有效的控制方法。

2. 直接控制

直接控制是相对于间接控制而言的，它着眼于培养更好的管理人员，使他们能熟练地应用管理的概念、技术和原理，能以系统的观点来进行和改善他们的管理工作，从而防止出现因管理不善而造成的不良结果。直接控制也称为预防性控制。

直接控制建立在如下假设基础上：

（1）合格的管理人员所犯的错误最少。所谓合格，就是指他们熟练地运用管理概念、原理和技术，能以系统的观点来进行管理工作。

（2）管理工作的成效是可以计量的。

（3）在计量管理工作成效时，管理的概念、原理、方法是一些有用的判断标准。

（4）管理的基本原理的应用情况是可以评价的。

直接管理有许多优点：

（1）在对个人分配任务时能有较大的准确性；同时，为使主管人员合格，对他们经常不断地进行评价，也必定会揭露出工作中存在的缺点，并为消除这些缺点进行专门训练提供依据。

（2）直接控制可以使主管人员主动地采取纠正措施并使其更加有效。它鼓励用自我控制的办法进行控制。由于在评价过程中会揭露出工作中存在的缺点，因而也会促使主管人员努力去确定他们应负的职责并自觉地纠正错误。

（3）直接控制还可以获得良好的心理效果。主管人员的素质提高后，他们的威信也会得到提高，下属对他们的信任和支持也会增加，这样就有利于整个计划目标顺利实现。

（4）由于提高了主管人员的素质，减少了偏差的发生，也就有可能减轻间接控制造成的负担，节约经费开支。

但值得注意的是，采用直接控制方法是有条件的，管理者必须对管理的原理、方法、职能以及管理的哲理有充分理解，这就需要管理人员采取各种途径进行学习，不断提高自己的管理水平。

第三节　有效控制

一、控制原则

控制是一项重要的管理职能，也是常常出现问题的职能。无效的控制会导致计划无效和组织无效。控制工作的基本运行过程和原理具有普遍性。有效的控制必须具备一定的条件并遵循科学的控制原则。下面介绍几种主要的控制原则。

1. 未来导向原则

未来导向原则是指控制工作应当着眼于未来，而不是只有当出现了偏差才进行控制。由于在整个控制系统中存在着时滞，所以一个控制系统越是以前馈而不是以简单的信息反馈为基础，则管理人员越是能够有效地预防偏差或及时地采取措施纠正偏差。也就是说，控制应该是前向的，这才合乎理想。实际上，这条原则往往被忽视。主要原因是现有的管理工作水平不太容易实现前馈控制方法，管理人员一般仍依赖历史数据。但时滞问题促使我们要投入更大的精力来从事面向未来的控制，这是一件很有意义的事情。

2. 组织适应性原则

控制必须反映组织结构的类型和状况。组织结构既然是明确组织内每个人应当担任什么职务的主要依据，因而也就是明确职权和责任的依据。为此，控制必须反映组织的结构状况并由健全的组织结构来保证，否则，控制只是空谈。健全的组织结构有两个方面的含义：一方面，要能在组织中将反映实际工作状态的信息迅速地上传下达，保证联络渠道的畅通；另一方面，要做到责权分明，使组织结构中的各部门和个人都能切实担负起自己的责任。否则，出现了偏差就难以纠正，控制也就不可能实现。例如，如果产品成本不按制造部门的组织机构分别进行核算和累计，如果每个车间主任都不知道该部门生产出的产成品和半成品的目标成本，那么它就没有多大用处了。因此，建立控制系统必须符合每个主管人员的情况，使之能够很好地理解、信任并运用这个系统实施有效的控制。

3. 关键点原则

所谓关键点原则，是指控制工作要突出重点，不能只从某个局部利益出发，要针对重要的、关键的因素实施重点控制。事实上，组织中的活动往往错综复杂，管理者根本无法对每一个方面实施完全的控制，它们应该将注意力集中在计划执行中的一些关键影响因素上。因此，找出或确定这些关键因素并建议重点控制，是一种有效的控制方法。控制住了关键点，也就控制住了全局。

选择关键控制点的能力是管理工作的一种艺术，有效控制在很大程度上取决于这种能力。目前，已经存在一些有效的方法能帮助主管人员在某些控制工作中选择关键点。例如，计划评审技术就是一种在有多种平行作业的复杂管理活动网络中寻找关键活动和关键路线的方法。这是一种强有力的系统工程方法。它的成功运用确保了像美国北极星导弹研制工程和阿波罗登月工程等大型工程项目得以提前或如期完成。

4. 例外原则

所谓例外原则，是指控制工作应着重于计划实施中的例外偏差（超出一般情况的、特别好或特别坏的情况）。这可使管理者把精力集中在他们注意和应该注意的问题上。但是，只注意例外情况是不够的，对例外情况的重视程度不应仅仅依据偏差的大小而定，同时需要考虑客观实际情况。在偏离标准的各种情况中，有一些是无关紧要的；而另一些则不然，某些微小的偏差可能比某些较大的偏差影响更大。因为在一个特定的组织中，不同工作的重要程度各不相同。例如，在某一企业中，对合理化建议的奖励超出20%可能无关紧要，而产品的合格率下降1%却可能使所有产品滞销。

因此，在实际工作中，控制的例外原则必须与控制的关键点原则相结合，把注意力集中在对关键点的例外情况的控制上。关键点原则强调选择控制点，而例外原则强调观察在这些控制点上所发生的异常偏差。

5. 及时性原则

控制的及时性是指在控制工作中及时发现偏差，并能及时采取措施纠正。一个有效的控制系统必须能够提供及时的信息。信息是控制的基础，为提高控制的及时性，信息的收集和传递必须及时。如果信息的收集和传递不及时，信息处理的时间又过长，则偏差就不能及时纠正。当采取纠正措施时，如果实际情况已经发生了变化，这时采取的措施如果不变，不仅不能产生积极作用，反而会带来消极影响。

控制信息滞后往往会造成不可弥补的损失。时滞现象是反馈控制系统的一个难以克服的困难。较好的解决办法是采用前馈控制，使管理者尽早发现乃至预测到偏差的产生，采取预防性措施，使工作的开展在最初阶段就能够沿着目标方向进行，即使有了偏差，也能及时纠正，把损失降到最低程度。控制要做到及时，必须依靠现代化的信息管理系统，随时传递信息，随时掌握工作进度，如此才能尽早发现偏差，进而及时采取措施进行控制。

6. 弹性原则

有效的控制系统应具有足够的弹性，以适应各种不利的环境变化或利用各种新的机会。如今技术进步日新月异，顾客需求也在不断变化，组织所处内外部环境中的干扰性、复杂性越来越大。如果没有一个灵活的系统对这些变化作出准确的预测或反应，并据此调整组织活动，那么任何一个组织的生存都难以维系下去。

一个灵活的控制系统能在计划变化以及发生未曾预见事项的情况下继续发挥作用。一项管理计划方案在某种情况下可能会出现问题，控制系统应能报告这种失常的情况，同时还应有足够的灵活性来保持对运行过程的管理控制。例如，假设预算是根据预测的销售量制定的，如果实际销售量远远高于或低于预测的销售量，原来的预算就变得毫无意义，这时就要求修改甚至重新制定预算，并根据新的预算制定合适的控制标准。

通常，对各种可能出现的情况都应尽量准备好各种可供选择的方案，以使控制更具有灵活性。事实上，灵活的控制一般最好是通过灵活的计划实现。

7. 经济性原则

控制活动需要经费。是否进行控制，控制到什么程度，都要考虑费用问题。应将控制所需的费用同控制所产生的结果进行比较。当通过控制所获得的价值大于它所需的费用时，才有必要实施控制。所以，从经济的角度考虑，控制系统并不是越复杂越好，控制力度也不是越大越好。控制系统越复杂，控制力度越大，意味着控制的投入也越大。而且在许多情况下，这种投入的增加并不一定会导致计划能更顺利地实现。管理者应尝试使用能产生期望结果的最少量的控制。如果控制能够以最小的费用或其他代价来实现预期的控制目的，那么这种控制系统就是最有成效的。

二、控制的过程

控制的对象一般都是针对人员、财务、作业、信息及组织的总体绩效，无论哪种控制对象，其所采用的控制技术和控制系统实质上都是相同的。控制的基本过程包括三个步骤：

（一）确定标准

标准必须从计划中产生，计划必须先于控制。换言之，计划是管理者设计控制工作和进行控制工作的准绳，所以控制工作的第一步总是制订计划；同时，计划的详尽程度和复杂程度各不相同，而且管理者也不可能事事都亲自过问，所以就得制定具体的标准。所谓标准，就是衡量实际工作绩效的尺度。它们是从整个计划方案中选出的，可以给管理者一个信号，使其不必过问计划执行过程中的每一个具体步骤，就可以了解工作的进展情况。

然而，由于不同的企业和不同的部门的特殊性，有待衡量的产品与服务的种类繁多，有待执行的计划方案也数不胜数，所以不存在可供所有管理者使用的统一的控制标准。但是，所有的管理者必须使他们的控制和控制标准与其控制工作的需要相一致。

对管理者来说，选择关键性控制点的能力是一项艺术。因为有效的控制取决于控制点。这些控制点有的是一些限制性的因素，有的是一些非常有利的因素，这些因素会影响到将来整个组织的业绩。为此，管理者在确定标准时应当自问：可以最佳地反映本部门目标的是什么？当没有符合这些目标时，可以清楚地反映情况的是什么？能最好地衡量控制点偏差的是什么？应该由谁对哪些失误负责任？哪些标准最省钱？经济适用的信息标准是什么？

计划方案的每个目标和这些方案所包括的每项活动、每项政策、每项规程以及每项预算，都可以成为衡量实际业绩或预期业绩的标准。但实际上，标准大致有以下几种：

1. 实物标准

这是一类非货币衡量标准，通常用于耗用原材料、雇用劳动力、提供产品及服务等基层单位。例如，单位产量工时和所耗用的燃料数、单位机器台时的产量、每吨铜导线的尺数、每日门诊的病人数等。标准也可以反映品质，诸如材料的硬度、公差的精密度、飞机的爬升高度、纤维的强度、颜色的牢固度等。

2. 成本标准

成本标准是货币衡量标准，与实物标准一样通用于基层单位。这类标准是把货币值加到经营活动的成本之中。例如，单位产品的直接成本和间接成本、单位产品或每小时的人工成本、单位产品的原材料成本、单位面积的土地使用成本等。

3. 资本标准

资本标准是用货币来衡量实物项目而形成的，是成本标准的变种。这些标准与企业的投入资本有关，而同资本运营无关。对于新的投资和综合控制而言，使用最广泛的标准是投资报酬率。还有其他标准，如负债比率、债务与资本净值比率、现金及应收账款与应付账款的比率等。

4. 收益标准

把货币值用于销售量即为收益标准。例如，公共汽车乘客每千米的收入、每名顾客的平均购货额、在某市场范围内的人均销售额、每治愈一个病人的收入等。

5. 计划标准

为进行控制有时会安排管理人员编制一个可变动预算方案，或者一个准备实施的新产品开发计划，或提高销售人员素质的计划。在评估计划的执行情况时，虽然难免会运用一些主观判断，但也还可以运用计划中规定的时间安排和其他因素作为客观的判断标准。

6. 无形标准

无形标准也就是既不能以实物又不能以货币来衡量的标准。管理者经常遇到这样的难题：能用什么标准来测定公司人事部主任的才干？对于这类问题，要确定明确定量又明确定性的标准是非常困难的。任何一个组织当中都存在着许多无形标准，这是因为对于一些工作的预期成果还缺乏具体的研究。或者，在工作业绩涉及人际关系时，尤其是在上层机构中，很难衡量何谓“良好”、“有效果”或“有效率”。虽然心理学家和社会学家提出了测试、调查和抽样方法使判断人的行为与动机已有可能，但对于人际关系的许多管理控制却仍要以一些无形标准、主观判断、反复试验有时甚至以纯粹的直觉为依据。

7. 以指标为标准

一些管理出色的企业往往要在每一层的管理部门建立可考核的定性指标或定量指标，无形标准尽管也很重要但在日益减少，通过这些指标来进行复杂的计划工作或衡量管理者的业绩。定量指标一般采取上文讨论过的各类标准。而定性指标的规定意味着标准领域内的一个大发展，尽管它不能像定量指标那样准确地考核，但可以用详细的说明计划或一些具体目标的特征和完成日期来增强其可操作性。

在实际工作当中，不管采取哪种类型的标准，都需要按照控制对象的特点来决定。

（二）衡量绩效

衡量绩效其实也是控制当中信息反馈的过程。在确定了标准以后，为了确定实际工作的绩效究竟如何，管理者首先需要收集必要的信息，考虑如何衡量和衡量什么。这样，一方面可以反映出计划的执行过程，使管理者了解到哪些部门哪些员工的绩效显著，以便对其奖励；另一方面，还可使管理者及时发现那些已经发生或预期将要发生的偏差。

1. 如何衡量

有四种信息常常被管理者用来衡量绩效，它们是个人观察、统计报告、口头汇报和书面报告。这些信息分别有其长处和缺点，但是，将它们结合起来可以大大丰富信息的来源并提高信息的准确程度。

个人观察提供了关于实际工作的最直接和最深入的第一手资料。这种观察可以包括非常广泛的内容，因为任何实际工作的过程总是可以观察到的。个人观察的显著优势是可以获得面部表情、声音语调以及怠慢情绪等，它是常被其他来源忽略的信息。

计算机的广泛应用使统计报告的制作日益方便。这种报告不仅有计算机输出的文字，还包括许多图形、图表，并且能按管理者的要求列出各种数据。尽管统计数据可以清楚有效地显示各种数据之间的关系，但它们对实际工作提供的信息是有限的。统计报告只能提供一些关键的数据，它忽略了其他许多重要因素。

信息也可以通过口头汇报的形式来获得，如会议、一对一的谈话或电话交谈等。这种方式的优缺点与个人观察相似。尽管这种信息可能是经过过滤的，但是它快捷、有反馈，同时可以通过语言词汇和身体语言来扩大信息量，还可以录制下来，像书面文字一样能够永久保存。

书面报告与统计报告相比，要显得慢一些；与口头报告相比，要显得正式一些。这种形式比较精确和全面，且易于分类存档和查找。

这四种形式各有其优缺点，管理者在控制活动中必须综合使用方能获得较好效果。

2. 衡量什么

衡量什么是比如何衡量更关键的一个问题。如果错误地选择了标准，将会导致严重的不良后果。衡量什么还将会在很大程度上决定着组织中的员工追求什么。

有一些控制准则是在任何管理环境中都通用的。比如，营业额或出勤率可以考核员工的基本情况；费用预算可以将管理者的办公支出控制在一定的范围之内。但是必须承认内容广泛的控制系统中管理者之间的多样性，所以控制的标准也各有不同。例如，一个制造业工厂的经理可以用每日的产量、单位产品所消耗的工时及资源、顾客退货率等进行衡量；一个政府管理部门的负责人可用每天起草的文件数、每天发布的命令数、电话处理一件事务的平均时间等来衡量；销售经理常常可用市场占有率、每笔合同的销售额、属下的每位销售员拜访的顾客数等来进行衡量。

如果有了恰如其分的标准，以及准确测定下属工作绩效的手段，那么对实际或预期的工作进行评价就比较容易。但是有些工作和活动的结果是难以用数量标准来衡量的。如对大批量生产的产品制定工时标准和质量标准是简单的，但对顾客订制的单件产品评价其执行情况就比较困难了。此外，对管理人员的工作评价要比对普通员工的工作评价困难得多，因为他们的业绩很难用有形的标准来衡量，而他们本身和他们的工作又恰恰非常重要。他们既是计划的制订者，又是计划的执行者和监督者，他们的工作绩效不仅决定着他们个人的前途，而且关系到整个组织的未来，因此不能由于标准难以量化而放松或放弃对其的衡量。有时可以把他们的工作分解成能够用目标去衡量的活动；或者采取一些定性的标准，尽管会带有一些主观局限性，但这总比没有控制标准、没有控制机制要好。

（三）采取纠正措施

控制的最后一个步骤就是根据衡量和分析的结果采取适当的措施。管理者应该在下列三种控制方案中选择一个：维持原状；纠正偏差；修订标准。当衡量绩效的结果比较令人满意，可采取第一种方案；如果发现偏差，就要分析偏差产生的原因，有时可能是人员不称职或技术设备条件跟不上等造成的，也可能是计划或标准有误造成的，对不同的情况要采取不同的更正行动。在此，重点讨论后两种方案。

1. 纠正偏差

如果偏差是由于绩效不足所产生的，管理者就应该采取纠正措施。这种措施的具体方式可以是：管理策略的调整、组织结构的完善、及时进行补救、加强人员培训以及进行人事调整等。

管理者在采取纠正行动之前，首先要决定是应该采取立即纠正行动，还是彻底纠正行动。所谓立即纠正行动是指立即将出现问题的工作矫正到正确的轨道上；而彻底纠正行动首先要弄清工作中的偏差是如何产生的、为什么会产生，然后再从产生偏差的地方开始进行纠正行动。在日常管理工作中，许多管理者常以没有时间为借口而不采取彻底纠正行动，或者因为采取彻底纠正行动会遇到思想观念、组织结构调整以及人事安排等方面的阻力，而满足于不断的救火式的应急控制。然而，事实证明，作为一个有效的管理者，对偏差进行认真的分析并花一些时间永久性地纠正这些偏差是非常有益的。

2. 修订标准

工作中的偏差也可能来自不合理的标准，也就是说，指标定得太高或太低，或者是原有的标准随着时间的推移已不再适应新的情况。在这种情况下，需要调整的是标准而不是工作绩效。

但应当注意的是，在现实生活中，当某个员工或某个部门的实际工作与目标之间的差距非常大时，他们往往首先想到的是责备标准本身。比如，学生会抱怨扣分太严而导致他们的低分；销售人员可能会抱怨定额太高致使他们没有完成销售计划。人们不大愿意承认绩效不足是自己努力不够的结果，作为一个管理者对此应保持清醒的认识。如果你认为标准是现实的，就应该坚持，并向下属讲明你的观点，否则就应作出适当的修改。

第四节 控制方法

一、预算控制方法

预算在形式上是一整套预计的财务报表和其他附表。按照不同的内容，可以将预算分为经营预算、投资预算和财务预算三大类。

1. 经营预算（Operational Budget）

经营预算是指企业日常发生的各项本活动的预算。它主要包括销售预算、生产预算、直接材料采购预算、直接人工预算、制造费用预算、单位生产成本预算、推销及管理费用预算等。其中，最基本和最关键的是销售预算，它是销售预测正式的、详细的说明。由于销售预测是计划的基础，加之企业主要是靠销售产品和劳务所提供的收入维持经营费用的支出和获利的，因而销售预算也就成为预算控制的基础。生产预算是根据销售预算中的预计销售量，按产品品种、数量分别编制的。生产预算编好后，还应根据分季度的预计销售量，经过对生产能力的平衡排出分季度的生产进度日程表，或称为生产计划大纲，在生产预算和生产进度日程表的基础上，可以编制直接材料采购预算、直接人工预算和制造费预算。这三项预算构成对企业生产成本的统计。而推销及管理费用预算，包括制造业务范围以外预计发生的各种费用明细项目，如销售费用、广告费、运输费等。对于实行标准成本控制的企业，还需要编制单位生产成本预算。

2. 投资预算（Investment Budget）

投资预算是对企业的固定资产的购置、扩建、改造、更新等，在可行性研究的基础上编制的预算。它具体反映在何时进行投资、投资多少、资金从何处取得、何时可获得收益、每年的现金流量为多少、需要多少时间回收全部投资等。由于投资的资金来源往往是企业的限定因素之一，而对厂房和设备等固定资产的投资又往往需要很长时间才能回收，因此，投资预算应当力求和企业的战略以及长期计划紧密联系在一起。

3. 财务预算（Financial Budget）

财务预算是指企业在计划期内反映有预计现金收支、经营成果和财务状况的预算。它主要包括现金预算、预算收益表和预计资产负债表。必须指出的是，前述的各种经营预算、投资预算中的资料，都可以折算成金额反映在财务预算内。这样，财务预算就成为各项经营业务和投资的整体计划，故亦称“总预算”。

（1）现金预算。

现金预算主要反映计划期间预计的现金收支的详细情况。

在完成现金预算后，就可以知道企业在计划期间需要多少资金，财务主管人就可以预先安排和筹措，以满足资金的需求。为了有计划地安排和筹措资金，现金预算的编制期应越短越好。西方国家有不少企业以周为单位，逐周编预算，甚至还有按天编制的。我国最常见的是按季和按月进行编制的预算。

（2）预计收益表（或称为预计利润表）。

预计收益表是用来综合反映企业在计划期生产经营的财务情况，并作为预计企业经营活动的最终成果的重要依据，是企业财务预算中最主要的预算表之一。

(3) 预计资产负债表。

预计资产负债表主要用来反映企业在计划期末那一天预计的财务状况。它的编制需以计划期间开始日的资产负债表为基础，然后根据计划期各项预算的有关资料进行必要的调整。

综上所述可见，企业的预算实际上包括经营预算、投资预算和财务预算三大类，由各种不同的个别预算所组成的预算体系。

二、非预算控制方法

上面介绍的预算控制是一种传统的而又广泛使用的控制方法。随着社会的发展和科学技术的进步，组织的规模越来越大，劳动分工越来越细，管理活动越来越广泛而复杂，信息量也越来越大，控制的技术和方法在传统的基础上也得到了很大的丰富和发展。在这里，我们根据管理对象的不同，简要介绍几种其他的控制方法和技术。需要指出的是，不管采用哪种控制方法和技术，都必须有一个管理系统作为保障，而且在实际管理活动中，必须随机制宜，灵活应用。

1. 审计法

审计是一种常用的控制方法，财务审计与管理审计是审计控制的主要内容，近来推行以保护环境为目的的清洁生产审计。财务审计是以财务活动为中心内容，以检查并核实账目、凭证、财务、债务以及结算关系等客观事物为手段，以判断财务报表中所列出的综合的会计事项是否正确无误，报表本身是否是以依赖为目的的控制方法。通过这种审计还可以判明财务活动是否符合财经政策和法令。管理审计是检查一个单位或部门管理工作的好坏，评价人力、物力和财力的组织及利用的有效性。其目的在于通过改进管理工作来提高经济效益。此外，审计还有外部审计和内部审计之分。外部审计是指由组织外部的人员对组织的活动进行审计；内部审计是组织自身专门设有审计部门，以便随时审计本组织的各项活动。

2. 损益平衡分析

损益平衡分析是通过对业务量（产量、销售量、销售额）、成本、利润三者相互制约关系的综合分析，是预测利润、控制成本的一种分析方法。它是利用成本特性，即成本总额与产量之间的依存关系，来指明企业获利经营的业务量界限，从而达到控制的作用。

企业中任何产品的成本都是由两部分组成的，一部分为固定成本，一部分为变动成本。固定成本包括生产该产品所需要的管理费用、基本工资、设备的折旧费用等，这些费用基本上是恒定的，不随产量的变化而变化。变动成本包括原材料费、能源费等，这些费用的增长与产品的产量成正比。在激烈竞争的市场上，产品的价格由不得一个企业自己决定，只能根据市场的价格来销售产品，由此就产生下一个问题，即当产量很少时，该企业单个产品的成本就很高。这是因为固定成本不随产量变化，产量少则固定成本占总成本的比重就大。这时的成本可能高于市场价格，企业发生亏损。只有当产量达到一定水平时，才能收支相抵，超过这个水平企业方可获利。

3. 财务报表分析

财务报表是用于反映企业经营的期末财务状况和计划期内的经营成果的数字表。财务报表分析，也称经营分析，就是以财务报表为依据来判断企业经营的好坏，并分析企业经营的长处和短处。它主要包括三种分析：第一，利润率分析，指分析企业收益状况的好坏；第二，流动性分析，指分析企业负债与支付能力是否相适应、资金的周转状况是否良好等；第三，生产率分析，指分析企业在计划期间内生产出多少新的价值，又是如何进行分配将其变为人工成本、应付利息和净利润的。

财务报表分析法主要有实际数字法和比率法两种。实际数字法是用财务报表分析中的实际数字来分析，但有时这种绝对的数字不能准确地反映企业的不同时期或不同企业间的实际水平，因为企业在不同的时期以及在不同的企业之间条件不同，规模大小不同，行业标准不同。比率法是求出实际数字的各种比率后再进行分析，它更好地体现出了相对性，所以比较常用。

4. 目标管理

目标管理是由美国管理学家德鲁克在 1954 年正式提出的。目标管理的概念是，把经营的目的和根本任务转化为企业的方针和目标，实现各层次的目标的管理，一方面激发有关人员的责任心和创造性，一方面把总的目标层层分解，最终化为个人的目标。目标管理在本质上是一种控制。通过目标的分解使控制的标准清晰、明确，各级管理者容易作出判断；而且目标管理强调让管理人员和工人参与制定工作目标，员工的态度和行为与组织目标更为贴近；并在工作中注重推行自我管理，这使得对人员行为控制变得容易许多。因此有人称目标管理为“管理中的管理”。

本章知识小结

1. 控制的含义；
2. 控制的基本类型；
3. 控制的过程。

本章能力小结

1. 能运用某些控制方法完成控制任务；
2. 能搜集和有效处理信息。

【课后任务练习】

1. 管理中控制的含义是什么？
2. 控制可分为哪些类型？
3. 常用的控制方法有哪些？
4. 控制的过程主要包括哪些？
5. 控制的原则有哪些？
6. 控制与其他管理职能的关系是什么？

第三编

市场营销

第十章

市场营销导论

一、本章学习目标

能力目标：

1. 能应用现代市场营销观念指导市场实践；
2. 会区分现代市场营销与传统推销的区别。

知识目标：

1. 掌握市场营销的深刻内涵；
2. 掌握市场营销观念的演变过程。

二、本章工作任务

1. 理解现代市场营销的内涵与本质；
2. 掌握各种市场营销观念的利弊。

三、本章学习指导

在现代市场营销观念与传统市场营销观念的对比中了解现代市场营销观念的深刻内涵。

导入案例

"这不是一杯咖啡，这是一杯星巴克"

星巴克的咖啡价格稍高于同类产品，但是这没能阻止世界各地的消费者走入星巴克，原因就在于星巴克发现了消费者对咖啡饮品的新需求，在它的杯子中装满的不仅是咖啡，还有浓郁的咖啡文化。

"这不是一杯咖啡，这是一杯星巴克。"痴迷于星巴克的人会这样解释。而一项研究表明，消费者所追求的商品不仅要满足其最基本的要求，还要帮助他们传达出其他信息，比如他们是什么样的人或是他们想成为什么样的人。同样，消费者还认为，小小的奢侈有助于他们处理生活中的压力，并更好地调配自己的时间，达成愿望。

事实上，星巴克是如何发现消费者的新需求的工作，从选址那一刻起就已经开始了。比如在中国，星巴克选择在商业区。这里的白领们因更多地接触国际文化而更需要和更容易接受咖啡饮品，同时他们也更需要有一个调节压力的“驿站”。但在欧美，人们在家里就有喝咖啡的习惯，星巴克要满足的是人们走出家庭之外享受咖啡的需求，因此那里的星巴克主要集中于社区。而这个社区有着更丰富的概念，它是一个功能更加综合、丰富的区域，是欧美人除了工作圈之外的一个非常重要的社交场所。在北京，星巴克甚至做到在道路两边各开一家，这样人们就省去了过马路的麻烦，或者一家店里客人多而没有空位的无奈。虽然这样做有时会导致单一店铺的经营业绩下降，但从整体上看，星巴克的收入增加了。

问题：星巴克为什么会获得成功?

市场营销是企业的基本职能之一。研究市场营销学，首先要了解什么是市场、什么是市场营销。在明确了市场、市场营销和市场营销观念的基础上，然后才能进一步认识市场营销。

第一节　市场与市场营销

一、市场的一般概念

市场属于商品经济的范畴，是商品经济的产物。随着社会分工和商品生产、商品交换的产生和发展，就有了与之相适应的市场。也就是说，哪里有商品生产和商品交换，哪里就有市场。市场是联系生产和消费的纽带。

市场的概念随着商品经济的不断发展，其内容也不断丰富和充实。它有多种表述，例如，市场是商品交换的场所；市场是某项商品或服务的所有现实和潜在的购买者；市场是商品交换关系的总和等。代表性的主要有：

市场是对某种商品或服务具有需求、有支付能力并且希望进行某种交易的人或组织。从市场营销学的观点来看，这样的定义对卖主来说非常重要。一个有效的市场是有显示需求的市场，它具备了人口、购买力和购买欲望三个要素。要成为现实有效的市场，这三个要素缺一不可。所以有营销学者把市场用简单的公式概括为：

市场＝人口＋购买力＋购买欲望

人口是构成市场的基本因素，哪里有人、有消费者群，哪里就有市场。一个国家或地区的人口多少是决定市场大小的基本前提。购买力是指人们支付货币购买商品或服务的能力。购买力的高低由购买者收入多少决定。一般来说，人们收入越高，购买力越强，市场和市场需求也越大；反之，市场就越小。购买欲望是指消费者购买商品的动机、愿望和要求。它是消费者把潜在的购买愿望变为现实购买行为的重要条件，因而也是构成市场的基本要素。

如果有人口和购买力，而无购买欲望；或是有人口和购买欲望，而无购买力，对卖主来说，仍然形成不了现实的有效市场，只能称为潜在市场。

从市场营销学的观点来看，以上市场的概念是从各个不同的角度阐述的，只是各自强调的角度不同，相互之间并不矛盾。一般认为，市场主要包括六个要素，即：

（1）他们是谁（who）？

（2）他们购买或喜爱什么商品（what）？

（3）他们为什么要购买这些商品，购买的目的是什么（why）？

（4）他们在什么时间购买这些商品（when）？

（5）他们在什么场所购买这些商品（where）？

（6）他们怎样购买商品，其购买行为如何（how）等？

二、市场营销的内涵

“市场营销”一词来源于英文“marketing”，指在市场（market）中进行经营和销售的市场行为。20 世纪初，人们对经营和销售行为的认识还只限于推销和广告，即从古老的劝说和推销角度理解市场营销。

自第二次世界大战后，通过企业营销实践，人们逐步加深了对市场营销内涵的认识，许多学者和营销研究机构先后对市场营销给出了具有影响力的定义。1985 年，美国市场营销协会（American Marketing Association）给市场营销下的定义是：“市场营销是计划和执行关于产品、服务和创意的观念、定价、促销和分销的过程，目的是完成交换并实现个人及组织的目标。”

美国著名营销学家菲利普·科特勒教授指出：“市场营销是个人和群体通过创造并同他人交换产品和价值以满足需求和欲望的一种社会和管理过程。”这个定义告诉人们，有效的市场营销涉及三个方面的问题：一是通过市场营销要达成满足个人和群体需求和欲望的目标；二是交换是市场营销的核心；三是交换是以产品和价值为基础的。

因此，不妨将市场营销定义为：市场营销是个人或群体通过创造并同他人交换产品和价值以满足需求和欲望的一种社会管理过程。

而市场营销学则是一门以经济科学、行为科学、现代管理理论和现代科学技术为基础，研究以满足消费者需求为中心的企业营销活动及其规律性的综合性应用学科。市场营销学的研究对象是以满足消费者需求为中心的企业营销活动及其规律性。

第二节　市场营销的核心概念

为了深刻理解市场营销的内涵，有必要了解与之相关的一些核心概念。这些核心概念相互关联，既揭示出市场营销的核心特征，也反映了市场营销达到目标的基本过程。

一、需要、欲望与需求

人类的各种需要和欲望是市场营销学的出发点。需要是指没有得到某些基本满足的感受状态，这些需要包括对食物、衣服、房屋和安全的物质需要，对知识和自我实现的个人需要。营销者的任务并非创造人类的需要，而是发现需要，并通过提供产品或服务满足人们的需要。

欲望是指人类需要经由文化和个性塑造后所采取的形式。市场营销者无法创造需要，但可以影响欲望，开发及销售特定的产品和服务来满足欲望。

需求是指有能力购买并且愿意购买的某个具体产品的欲望。当具有购买能力时，欲望便转化为需求。市场营销者总是通过各种营销手段来影响需求，并根据对需求的预测结果来决定是否进入某一产品（服务）市场。

二、产品、价格、渠道与沟通

产品、价格、渠道与沟通是企业能够控制的营销工具，企业通过它们为消费者提供价值，同样也反映着企业竞争优势的来源和竞争定位。关于它们的详细论述，会在本书后面章节中体现。

三、顾客让渡价值与顾客满意度

顾客让渡价值是指顾客从拥有和使用某产品并从中获得的价值与为取得该产品所付出的成本之差。

顾客满意度是指顾客对一件产品满足其需要的绩效与期望值进行比较所形成的感觉状态。满足顾客需要的绩效是企业供给消费者的产品（服务）价值或实际利益。顾客的期望值来源于顾客的以往购买经验、朋友和同事的影响，以及营销者和竞争者的信息与承诺。如果满足顾客需要的绩效低于顾客的期望值，顾客便不会感到满意；如果满足顾客需要的绩效符合期望，顾客便会感到满意；如果满足顾客需要的绩效超过期望值，顾客便会感到十分惊喜。

四、交换与交易

交换是指通过提供某种东西作为回报，从交换对象处取得所需的行为。交换是市场营销的核心概念，营销者向消费者提供产品或服务，目的是欲从消费者处获取销售额、消费者满意以及对品牌的认可等。要达到此目的，产品或服务必须符合消费者需要显然是前提。

交易是市场营销的度量单位，是指买卖双方价值的交换过程。比如，支付 2 000 元购买一台电视机，就是一次交易。

五、营销与营销者

市场营销是以满足人类各种需要和欲望为目的的，通过市场转变潜在交换为现实交换的活动。如果一方比另一方更加主动、更加积极地寻找交换，我们就把前者称为营销者，另一方称为潜在顾客。营销者是指希望从他人那儿得到资源并愿以某种有价之物作为交换的人。换言之，营销者可以是一个买主，也可以是一个卖主。

第三节　市场营销观念

应该用什么哲学来指导公司的营销努力？如何决定组织利益、顾客利益和社会利益各自所占的权重？组织在若干相互竞争的市场营销观念下进行营销活动，一些学者将企业市场营销观念的演变划分为两个不同质的发展阶段，先后出现了五种观念。

一、传统观念阶段

1. 生产观念

生产观念是商业中最古老的观念之一，这种观念产生于20世纪20年代之前，是在生产力和科学技术还比较落后、发展比较缓慢时产生的。在整个社会生产力水平较低、市场上产品供应不足的条件下，企业一般只生产单一品种的产品；市场需求是被动的，没有多大选择余地；企业生产的产品不论数量多少、品质优劣，都能销售出去并获得利润；竞争不是在卖方之间展开，而是在买主之间进行，企业生产出产品后根本不愁没有销路。生产观念认为，消费者喜欢那些可以随处买得到而且价格低廉的产品，企业应致力于提高生产效率和分销效率，扩大生产，降低成本以拓展市场。因此，企业的一切经济活动都以生产为中心，“我能生产什么，就卖什么”，其经营管理的主要任务是在企业内部加强管理，提高劳动生产效率，增加产品数量，降低成本，达到获取超额利润的目的。例如，美国皮尔斯堡面粉公司，从1869年至20世纪20年代，一直运用生产观念指导企业的经营，当时这家公司提出的口号是“本公司旨在制造面粉”。美国汽车大王亨利·福特曾傲慢地宣称：“不管顾客需要什么颜色的汽车，我只有一种黑色的。”

显然，这种观念忽视了对消费者需求的深入研究，没有看到消费者需求差异性的一面，没有理解多品种生产的必要性，因此并不是现代意义的市场营销。

2. 产品观念

产品观念认为顾客喜欢高质量、性能好、有特色的产品，并愿意花较多的钱买质量上乘的产品。为此，企业应致力于不断改进产品，生产出优质产品，则顾客必然会主动上门自愿购买企业的产品。

产品观念更多地把眼光局限在企业内部，而忽视外部市场消费者的真正需求。采用这种观念指导企业的活动，会使企业患上“营销近视症”，即只看重自己产品的质量，而不考虑消费者的需求。在市场营销管理中缺乏远见，只看到自己的产品质量好，看不到市场需求在变化，致使企业经营陷入困境。例如，美国某钟表公司自1869年创立到20世纪50年代，一直被公认为是美国最好的钟表制造商之一。该公司在市场营销管理中强调生产优质产品，并通过由著名珠宝商店、大百货公司等构成的市场营销网络分销产品。1958年之前，公司销售额始终呈上升趋势，但此后其销售额和市场占有率开始下降。造成这种状况的主要原因是市场形势发生了变化：这一时期的许多消费者对名贵手表已经不感兴趣，而趋于购买那些经济、方便且新颖的手表；而且，许多制造商迎合消费者需要，已经开始生产低档产品，并通过廉价商店、超级市场等大众分销渠道积极推销，从而夺得了该钟表公司的大部分市场份额。该钟表公司竟没有注意到市场形势的变化，依然迷恋于生产精美的传统样式手表，仍旧借助传统渠道销售，认为自己的产品质量好，顾客必然会找上门。结果，企业经营遭受重大挫折。

3. 推销观念

推销观念（或称销售观念）产生于20世纪20年代末至50年代初，是为许多企业所采用的另一种观念，表现为“我卖什么，顾客就买什么”。这种观念认为顾客只有在强力推销与促销推动下，才会购买产品。企业要大力开展推销活动，千方百计使顾客对企业已经生产出的产品产生兴趣进而购买产品。大力推销是企业扩大销售、提高利润的必由之路。

这是有其时代背景的，在1920—1945年间，由于科学技术的进步，科学管理和大规模生产的推广，产品的产量迅速增加，逐渐出现了市场上产品供过于求，卖主之间竞争激烈的新形势。尤其是在1929—1933年的特大经济危机期间，大量产品销售不出去，因而迫使企业重视采用广告术与推销术去推销产品。许多企业家感到：即使有物美价廉的产品，也未必能卖得出去；企业要在日益激烈的市场竞争中求得生存和发展，就必须重视推销。推销观念仍存在于当今的企业营销活动中，如对于顾客不愿购买的产品，往往采用强行的推销手段。

由于推销观念的立足点是对已经生产出的产品进行强力推销，它与生产观念的特点相同，都是先有产品，后有顾客，都是“我生产什么，我就卖什么，你就买什么”，所以推销观念是属于生产观念的范畴。它只是从生产观念发展到推销观念，提高了销售工作在企业经营管理中的地位，并使企业更多地了解市场情况，为企业由生产观念转变为市场营销观念创造了条件。

二、现代市场营销观念阶段

1. 市场营销观念

市场营销观念是作为对上述观念的挑战而出现的一种企业经营哲学。这种观念是以满足顾客需求为出发点的，即“顾客需要什么，就生产什么”。尽管这种思想由来已久，但其核心原则直到20世纪50年代中期才基本定型，当时社会生产力迅速发展，市场趋势表现为供过于求的买方市场，同时广大居民的个人收入迅速提高，有可能对产品进行选择，企业之间为实现产品销量增长的竞争加剧，许多企业开始认识到，必须转变经营观念，才能求得生存和发展。市场营销观念认为，实现企业各项目标的关键，在于正确确定目标市场的需要和欲望，并且比竞争者更有效地传送目标市场所期望的物品或服务，进而比竞争者更有效地满足目标市场的需要和欲望。

市场营销观念同推销观念相比具有重大的差别。西奥多·莱维特曾对推销观念和市场营销观念作过深刻的比较，他指出推销观念注重卖方需要，市场营销观念则注重买方需要。推销观念以卖主需要为出发点，考虑如何把产品变成现金；而市场营销观念则考虑如何通过制造、传送产品以及与最终消费产品有关的所有事物，来满足顾客的需要。可见，市场营销观念的四个支柱是：市场中心、顾客导向、协调的市场营销和利润。推销观念的四个支柱是：工厂、产品导向、推销和赢利。从本质上说，市场营销观念是一种以顾客需要和欲望为导向的哲学，是消费者主权论在企业市场营销管理中的体现。

在现代市场营销观念的指导下，企业把主要精力集中在向顾客提供高价值的产品、追求高顾客满意度上。而要实现顾客满意，需要从顾客的立场出发设计和生产产品。

许多优秀的企业都是奉行市场营销观念的。如日本本田汽车公司要在美国推出一种雅阁牌新车。在设计新车前，他们派出工程技术人员专程到洛杉矶地区考察高速公路的情况，实地丈量路长、路宽，采集高速公路的柏油，拍摄进出口道路的设计。回到日本后，他们专门修了一条9英里长的高速公路，就连路标和告示牌都与美国公路上的一模一样。在设计行李箱时，设计人员意见有分歧，他们就到停车场看了一个下午，看人们如何放取行李。这样一来，意见马上统一起来。结果，本田公司的雅阁牌汽车一到美国就备受欢迎，被称为是全世界都能接受的好车。

再如美国的迪士尼乐园，欢乐如同空气一般无所不在，它使得每一位来自世界各地的儿童的美梦得以实现，使各种肤色的成年人产生忘年之爱。因为迪士尼乐园成立之时便明确了它的目标：它的产品不是米老鼠、唐老鸭，而是欢乐。人们来到这里是享受欢乐的。公园提供的全是欢乐，公司的每一个人都要成为欢乐的灵魂。游人无论向谁提出问题，谁都必须用“迪士尼礼节”回答，绝不能说“不知道”。因此游人们一次又一次地重返这里，享受欢乐，并愿付出代价。反观中国的一些娱乐城、民俗村、世界风光城等，那单调的节目、毫无表情的解说、爱理不理的面孔，只使人感到寒意，哪有欢乐可言？由此可见，中国企业树立市场营销观念之迫切性。

2. 社会市场营销观念

市场营销观念摆正了企业与顾客的关系，但在实际执行过程中，企业往往不自觉地在满足顾客需求时，与社会公众利益发生矛盾，导致企业行为损害社会利益。例如，氟利昂的生产满足了家电行业的需要，但它破坏了大气臭氧层，危害人类健康。这种情况的出现呼吁一种新的观念来修正或取代市场营销观念，社会市场营销观念应运而生。

社会市场营销观念产生于20世纪70年代西方资本主义出现能源短缺、通货膨胀、失业增加、环境污染严重、消费者保护运动盛行的新形势下。因为市场营销观念回避了消费者需要、消费者利益和长期社会福利之间隐含着冲突的现实。社会市场营销观念以顾客需求和社会利益为重点，采取整体营销活动，在满足顾客需要的同时，考虑到社会公众的长远利益，达到谋求企业可持续发展的目的。所以，社会市场营销观念的实质是在市场营销观念的基础上，综合考虑顾客、企业、社会三者利益的协调统一，不能以牺牲社会和消费者长远利益为代价，而要以承担适当社会责任的方式开展经营活动。

上述五种企业经营观念，其产生和存在都有其历史背景和必然性，都是与一定的条件相联系、相适应的。当前，外国企业正在从生产型向经营型或经营服务型转变，企业为了求得生存和发展，必须树立具有现代意识的市场营销观念、社会市场营销观念。

本章知识小结

1. 市场营销学的产生和发展过程也是市场竞争日趋激烈的过程，企业为了在竞争中求得生存和发展，更加重视市场营销的理论和应用，这又推动了市场营销理论的完善和向应用领域的扩散。

2. 学习和研究市场营销学，要从其核心概念入手，深入理解其基本含义和要求，这是学好、用好市场营销学的基础。

本章能力小结

1. 营销组织在开展营销活动时，会受到不同营销理念的影响。随着工商界、非营利性组织和国际社会越来越多的企业认识了营销工作如何有助于改进和提高市场上的工作绩效，对市场营销的兴趣也正在与日俱增。因此，能应用正确的营销观念指导社会营销实践已显得越来越重要。

2. 在对各种市场营销观念的比较中把握市场营销的内涵。

【课后任务练习】

1. 经典营销谎言：把梳子卖给和尚

很多牛哄哄的“营销大师”、“经济学家”、“著名营销讲师”，乃至许多大企业的人力资源主管，对把梳子卖给和尚的故事津津乐道。这个经过精心杜撰的故事大致如下：有一家木梳厂快倒闭了，于是雇了四个推销员，硬性派了推销定额，甚至要他们把梳子卖到寺庙里去。

第一个推销员空手而归，他说：“开玩笑！和尚都是光头的，怎么会要梳子呢？他们以为我嘲讽他们，打了我一顿就被赶出来了。”

第二个推销员厉害，他卖掉了几十把梳子。怎么卖的？原来他动了脑筋，心想：和尚虽然没有头发，但经常梳头有利于头部的血液循环嘛，有利于延年益寿嘛。把道理讲清楚后，每个和尚都同意买一把。

第三个推销员更厉害，卖掉了几百把梳子。他的脑筋更活，觉得和尚就那么些人，必须不光打和尚的主意。他说服方丈，说香客来烧香，头发常沾满香灰，倘若庙里多备些梳子供香客梳头，他们感受到庙里的关心，香火就会更旺盛。

第四个推销员最绝！他不光打香客的主意，还打游客的主意；不光不要寺庙花钱，还帮寺庙赚钱。他的能耐是，说服方丈把木梳作为纪念品卖给游客，把最受欢迎的寺庙对联刻在梳子上，再刻上“吉善梳”三个字。寺庙可以赚钱，自然大举订购。

任务：用所学理论分析该案例的合理性及不合理性。

2. 小岛上是否有市场？

美国有一个制鞋公司要把自己的产品卖给太平洋上一个小岛的土著居民。老板派两个营销员去进行市场调查。过了一段时间，两个人都回来了。一个说：“那里的人都光着脚，我们的鞋子没有市场，所以我就回来了，准备去开拓其他市场。”另一个说："那里的人都光着脚，许多人脚上有伤病，所以我们的鞋子很有市场。于是我就回来准备弄一批货过去。但是，他们的脚普遍较小，我们必须重新设计我们的鞋。我们还要教他们穿鞋的方法和穿鞋的好处。我们最好能够取得部落酋长的支持。他们没有钱，但岛上生产菠萝，我们可以进行易货贸易。"企业根据第二个营销员的调研结论进行决策，果然取得成功。

任务：举例谈谈以前你对市场是如何认识的。

3. 纸制围裙带来的成功

在日本的横滨市，有一家日本料理餐馆，名叫"有马食堂"。那里的生意不可思议地兴旺，每天有大量的顾客蜂拥而至，其中不少是带着小孩的顾客。原来，"有马食堂"对带小孩的顾客照顾得非常细致，他们发现许多家长带孩子进餐时，常常因为孩子的衣服被饭菜玷污而狼狈不堪，有些夫妇甚至为此吵架。于是，每当有顾客带小孩前来用餐时，"有马食堂"的服务员马上就热情地给小孩送上一条带有动物图案的纸制围裙。事实上，这条纸制围裙并不值钱，其价值为30日元（折合0.20美元）。为什么它能吸引顾客呢？因为它表现出这家餐馆对顾客的重视和体贴。同时，由于围裙上的各种精美图案是由本店的"画家"当场手绘的，并且所画的图案是小孩喜欢的各种小动物，非常生动有趣，因此小孩在餐馆用餐时，围上这一美不胜收的小围裙，都吃得非常开心。用完餐后，这条围裙还能够带回家去，小孩从中得到一件宝贝。

最初，这些顾客与其说是用餐，不如说是为了取悦儿女们。但是，一次、两次以及重复多次，他们对"有马食堂"产生了感情，成了忠诚的食客，因此回头客就越来越多。这样一来，"有马食堂"的名声传遍了横滨市乃至日本全国，它的生意也兴隆起来了。

任务：该餐馆为什么能获得成功？试用所学到的市场营销理论来解释。

4. 宝洁公司和一次性尿布

宝洁公司（P&G）以其寻求和明确表达顾客潜在需求的优良传统，被誉为在面向市场方面做得最好的美国公司之一。其婴儿尿布的开发就是一个例子。

1956年，该公司开发部主任维克·米尔斯在照看其出生不久的孙子时，深切感受到一篮篮脏尿布给家庭主妇带来的烦恼。洗尿布的责任给了他灵感。于是，米尔斯就让手下几个最有才华的人研究开发一次性尿布。

一次性尿布的想法并不新鲜。事实上，当时美国市场上已经有好几种牌子了。但市场调研显示：多年来，这种尿布只占美国市场的1%。原因首先是价格太高；其次是父母们认为这种尿布不好用，只适合在旅行或不便于正常换尿布时使用。调研结果还表明，一次性尿布的市场潜力巨大。美国和世界上许多国家正处于战后婴儿出生高峰期。将婴儿数量乘以每日平均需换尿布次数，可以得出一个大得惊人的潜在销量。

宝洁公司产品开发人员用了一年的时间，力图研制出一种既好用又对父母有吸引力的产品。产品的最初样品是在塑料裤衩里装上一块打了褶的吸水垫子。但在1958年夏天现场试验时，除了父母们的否定意见和婴儿身上的痱子以外，一无所获。于是又回到图纸阶段。

1959年3月，宝洁公司重新设计了一次性尿布，并在实验室生产了37 000个样子相似于现在的产品，拿到纽约州去做现场试验。这一次，有三分之二的试用者认为该产品胜过布尿布。行了！然而，接踵而来的问题是如何降低成本和提高新产品质量。为此要进行的工序革新比产品本身的开发难度更大。一位工程师说它是“公司遇到的最复杂的工作”，生产方法和设备必须从头搞起。不过，到1961年12月，公司进入了能通过验收的生产工序和产品试销阶段。

公司选择地处美国最中部的城市皮奥里亚试销这个后来被定名为“娇娃”（Pampers）的产品。他们发现皮奥里亚的妈妈们喜欢用“娇娃”，但不喜欢10美分一片尿布的价格。因此，价格必须降下来。降多少呢？在6个地方进行的试销进一步表明，定价为6美分一片，就能使这类新产品畅销，使其销售量达到零售商的要求。宝洁公司的几位制造工程师找到了解决办法，用来进一步降低成本，并把生产能力提高到使公司能以该价格在全国销售娇娃尿布的水平。

娇娃尿布终于成功推出，直至今天仍然是宝洁公司的拳头产品之一。它表明，企业对市场真正需求的把握需要通过直接的市场调研来论证。通过潜在用户的反应来指导和改进新产品开发工作。企业各职能部门必须通力合作，不断进行产品试用和调整定价。最后，宝洁公司做成了一桩全赢的生意：一种减轻了每个父母最头疼的一件家务的产品，一个为公司带来收入和利润的重要新财源。

任务：宝洁公司开发一次性尿布的决策是在什么基础上进行的？其开发过程是否表明它把握了现代市场营销的基本精神？

第十一章

市场营销环境与市场营销调研

一、本章学习目标

能力目标：

1. 能把握营销环境与企业内部的关系；
2. 会应用营销环境的分析方法。

知识目标：

1. 掌握宏观环境和微观环境的内容；
2. 掌握市场营销环境的分析方法。

二、本章工作任务

1. 掌握营销环境分类及内容；
2. 学会应用营销环境的分析方法。

三、本章学习指导

1. 了解营销环境的概念及特点，掌握宏观环境和微观环境的构成要素；
2. 掌握对营销环境中机会与威胁的识别方法。

导入案例

紧盯着客户是不够的

美国科学家曾做过一个著名的实验，他们把一些小朋友叫到一个屋子里，大概有20个，然后告诉他们说："各位小朋友，这里有一块蛋糕，叔叔和阿姨待会要出去，一段时间以后要回来分这个蛋糕，谁乖我们就给谁吃。"说完就出去，把门关上了。叔叔和阿姨一出去，房间里的闭路电视监控系统就打开了，但是小朋友们并不知道。

科学家在另一个房间里仔细观察每一个小朋友的行为，发现每一个小朋友的举动都不一样：有些小朋友马上走过去一直盯着蛋糕，死盯着。根据20年后的追踪，这些小朋友长大以后都是优良的业务员，因为他们紧盯着客户；有些小朋友，看看没什么人，偷一块奶油，就到旁边吃了，长大以后一半都坐牢；还有一个小朋友跑到窗口那边，东瞄西瞄，长大以后常常换工作；还有个小朋友跑到窗台上，对着外面唱起歌来，长大之后对什么事情都无所谓，天塌下来都不管；还有个小朋友，躺在地上就睡着了。真是什么样的都有。在静悄悄的时候，科学家故意对着麦克风“嘣嘣”地敲。有个正盯着蛋糕看的小朋友听到“嘣嘣”声后，马上就四处张望，然后又盯着蛋糕，长大以后是总经理。这叫随时对环境的变化产生危机感。有个小朋友也是一直盯着，“嘣嘣嘣嘣”响好几声后，他也不四处张望，长大后最多干到主任职位。

社会的变化日新月异，而任何企业都处在这种变化的环境之中，受到环境的制约。企业为了更好地生存和发展，必须顺应市场环境的变化，分析研究市场环境变化的趋势，善于捕捉市场机遇，发现和规避环境的威胁，及时调整营销策略，确保企业在激烈的市场竞争中立于不败之地。

第一节　企业营销与市场营销环境

一、市场营销环境的含义

市场营销环境是指对企业的市场和营销活动产生影响和冲击的不可控制的劳动者和社会力量。市场营销环境包括宏观环境和微观环境。

宏观环境是指间接影响企业营销活动的不可控制的大范围的社会力量，包括政治、法律、经济、人口、技术、文化和自然生态等环境。

微观环境是指企业内部条件、顾客、竞争者、营销渠道和有关公众等对企业营销活动有直接影响的诸因素。

市场营销环境具有如下几个方面的特征：

(1) 客观性。

客观性指营销环境的存在不以营销者的意志为转移，这是市场营销环境的首要特征。

(2) 多变性。

任何环境因素都不是静止的、一成不变的。相反，他们始终处于变化甚至是急剧的变化之中，这是市场营销环境的本质特征。

(3) 复杂性。

市场营销环境包括影响企业营销能力的一切宏观和微观因素，这些因素涉及多方面、多层次，而且彼此相互作用和联系。

二、企业与营销环境的关系

企业面对的营销环境处于复杂变化之中，环境因素越来越多，变化越来越不确定，企业受到的环境影响越来越大、越来越复杂。环境的变化或者给企业带来可以利用的市场机会，或者给企业带来一定的环境威胁。企业能否从中发现并抓住有利于企业发展的机会，避开或减轻不利于企业发展的威胁，就成为企业营销的一个首要问题。因此，企业必须先适应环境，并对变化的环境作出积极的、动态的反应。

尽管环境的变化是客观的，企业不能从根本上控制环境的变化，但是，这并不意味着企业面对环境就只能消极地、被动地适应。它可以积极主动地去预测、发现和分析环境变化的趋势及变化特点，进而及时采取相应措施去适应环境的变化。甚至在一定条件下，还可以运用自身的资源，积极影响甚至部分地改变环境因素，为企业的发展创造机会。例如，企业可以通过公共关系等手段，影响和改变环境中的某些可能被改变的因素，使其向着有利于企业营销的方向变化，从而为企业创造一个良好的外部条件。

第二节　宏观营销环境

宏观营销环境是造成市场机会和环境威胁的主要力量，通常是指一个国家的经济、社会、文化等诸因素及其发展变化的状况，它引导着企业营销活动的大方向。宏观环境因素主要有人口、政治和法律、经济、自然、技术和社会文化等。

一、人口环境

市场营销对人口因素极其关注。市场是由具有购买欲望和购买能力的人所构成的，有人才能有顾客，而且只要有人就可能发展成为顾客。人口是影响需求从而形成市场潜在容量的最重要因素之一，而且人口的年龄结构、地理分布、婚姻状况、出生率、死亡率、人口密度、流动性、文化教育等人口特征，又会对市场需求格局产生深刻的影响。人口环境的分析可以从以下三个方面入手：

（一）人口规模和增长速度

人口规模是影响基本生活消费、医疗、基础教育需求的决定性因素。在人均购买力相当的前提下，人口越多的国家和地区，市场容量必定越大。即便购买力不同，一个有着大量人口的发展中国家的市场总体购买力也许比不上一个人口较少的发达国家的市场总体购买力，但却会因为庞大的人口基数而呈现出对基本生活消费品和由此派生出来的生产资料的巨大需求，从而形成极有吸引力的市场机会。

了解人口环境，既要看到目前的人口数量，还要注意人口增长率，把握人口变化趋势，预测市场容量。人口的增长速度过快，也就意味着在一定时期内人口规模增长迅速。虽说较大的人口规模和较快的人口增长速度对许多企业来说是一种发展的机遇，但也会由于对资源和环境造成过大压力，而给企业营销带来威胁。

（二）人口构成

人口构成表现在自然构成和社会构成两个方面。前者反映为年龄、性别结构等；后者反映为民族、职业、教育程度、家庭等。不同年龄、性别、民族、职业、教育背景以及家庭生命周期阶段的消费者，会产生不同的消费需求和消费方式，从而影响企业的目标市场选择、市场定位及营销组合的配置。

无论是中国还是全球市场，在人口构成方面都呈现出以下趋势：

1. 人口老龄化加速

据专家预测，到2010年，我国老年人口将达到2.3亿。到21世纪中叶，我国60岁以上的老年人将达到4亿左右，占总人口的1/4，约占世界老年人口总数的22.3%。这一趋势意味着，从全球范围看，银色市场潜力巨大。当然，对一些生产摩托车、体育用品等青少年用品的行业和企业来说，这一趋势无疑构成了环境威胁。

2. 家庭规模小型化

随着妇女就业、晚婚晚育及生育率下降、离婚率上升，家庭规模越来越呈小型化趋势。而家庭规模小型化不仅增加了对家庭用品的需求，还影响着家庭消费形态。

（三）人口分布

市场消费需求与人口的地理分布密切相关。世界正在加速城市化，这是人口分布的一个普遍趋势。20世纪末，世界城市化平均水平约为47%，发达国家和地区约为75%，发展中国家在38%左右。截至2008年底，我国居民的城镇化率已达到44.9%。自1998年以来，我国城市化水平以年均1.5%~2.2%的速度增长，这一趋势还将延续下去。城市化的过程实际上就是市场需求不断拓宽和加深的过程。

二、政治和法律环境

企业营销活动总是在一定的政治和法律环境下运行的。对于营销企业来说，政治和法律环境主要由制定的法律条例和规定的立法、政府机构，社会上各种类型的、对政府执法行为和立法机构的立法倾向能够发生明显影响的压力集团构成。

1. 对企业的经营活动实行大量的立法

这些立法旨在建立并维护社会的经济秩序、保护竞争、保护消费者利益及社会利益。每一项新的法律法规和条例的颁布或者修改，都可能影响到企业的营销活动。因此，企业应研究并熟悉法律法规，特别是要注意了解那些影响他们在当地的营销活动的国家及地区的法律。

2. 公众利益组织

近年来，公众利益组织（特别是以保护消费者利益为主要目的的各种消费者组织）的数目和力量都在增加。这类组织对政府官员进行游说，对企业营销活动进行社会监视，其社会影响力很大。因此，如果营销企业得不到这些组织的赞誉或认同，就会面对极为不利的政治环境。

三、经济环境

经济环境是指企业市场营销活动所面临的社会经济条件及其运行状况和发展趋势。它一般包括社会购买力、消费者收入状况、消费者支出模式及消费者储蓄和信贷情况的变化等几个方面。

1. 社会购买力

社会购买力是影响市场的最重要因素，也是制约和影响企业营销活动的关键因素。社会购买力受多种因素的影响。从总体上看，社会购买力的大小取决于国民经济的发展水平，以及由此决定的人均国民收入水平。经济发展越快，人均收入提高，社会购买力水平越高，企业的营销机会越多；反之，则越少。此外，社会购买力的实现还与市场供求状况、物价水平、储蓄、信贷、税收等一系列经济变量密切相关。

2. 消费者收入状况

消费者收入是指消费者个人从各种来源所得到的货币收入，包括消费者个人的工资、红利、租金、退休金、馈赠等收入。作为社会购买力重要组成部分的消费资料购买力，是由消费者收入决定的。消费者收入的水平不仅决定着消费者购买力规模的大小，而且直接影响着消费者支出的模式，所以消费者收入状况是影响社会购买力、市场规模及消费者支出的一个重要因素。

消费者并不是将其全部收入都用来购买商品和劳务，消费者的购买力只是其收入的一部分。因此，对企业营销来说，有必要将消费者个人收入区分为个人可支配收入和个人可随意支配收入。个人可支配收入是指个人收入减去缴纳税收和其他经常性转移支出后所余下的实际收入，可用作消费或储蓄。个人可任意支配收入则指个人可支配收入扣除衣、食、住等基本生活开支后剩余的部分，它是影响消费者需求变化的最活跃的因素。这部分的收入越多，人们的消费水平就越高，企业营销的机会也就越多，特别是对那些经营与享受和发展相关的产品或服务的企业来说。

由于经济发展的阶段性以及地区差异性，企业在分析收入因素时不能简单了事，需要研究不同时期、不同地区、不同阶层消费者收入水平的变化，从而为选择目标市场和有针对性地开展营销活动提供指导。

3. 消费者支出模式

消费者收入的变化直接影响着消费者支出模式的变化。德国统计学家恩斯特·恩格尔通过研究发现：家庭收入越低，人们用于食物的支出在家庭收入中所占的比重越大；反之，则越小。随着家庭收入的提高，人们用于食物支出的比重会下降，而用于教育、卫生、娱乐等服务支出的比重会上升。即一个家庭收入越少，其支出中用于购买食物的比例越大，此即为恩格尔定律。食物支出占消费总支出的百分比即恩格尔系数。可见，一个国家或地区的消费者的恩格尔系数较低，意味着提供非生活必需品特别是服务的行业和企业有着较好的市场机会。

当然，消费者支出模式还会受家庭生命周期、家庭所在地区以及人们的价值观念等其他因素的影响。

4. 消费者的储蓄和信贷

消费者的可支配收入与储蓄的增减变动密切相关。如果在一定时期内居民的储蓄增加，则意味着当期的购买力减少；反之，则会增加当期的购买力。以中国为例，虽然人均可支配收入不高，但储蓄率却很高。这虽然意味着国内市场潜力巨大，但当期的购买力却受到极大抑制。消费者信贷的变化也会影响购买力。消费者信贷实际上是把未来收入用于当期消费，因此，信贷对购买力的影响与储蓄对购买力的影响呈相反的方向。

四、自然环境

营销中面对的自然环境主要是指自然物质环境。营销活动需要一定的自然资源，会受到自然资源的制约，同时也对自然环境的变化负有责任。当代的自然环境面临一些世界性的难题，营销人员必须给予充分关注。

1. 自然资源日益短缺

传统上，人们将地球上的自然资源分成三大类：取之不尽、用之不竭的资源，如空气、水等；有限但可更新的资源，如森林、粮食等；有限但不能更新的资源，如石油、煤和各种矿物。由于现代工业无限度地索取和利用自然资源，导致矿产、森林、耕地等资源日益枯竭，甚至连以前认为永不枯竭的水、空气也在世界某些大城市出现短缺。

2. 环境污染日益严重

在世界范围内，随着工业化和城市化的发展，环境污染程度日益增加。大气污染、海洋污染、土壤污染，人类周遭环境被侵蚀殆尽，公众对这个问题越来越关心，纷纷指责环境污染的危害性。这种动向，一方面，对那些造成污染的行业和企业是一种环境威胁，它们在社会舆论的压力和政府的干预下，不得不采取措施控制污染；另一方面，也给控制污染、研究和开发不致污染环境的包装等行业和企业创造了新的市场机会。

3. 政府加强了对自然资源的管理和干预

资源短缺和环境污染的加剧引起了全球各国政府的高度关注，政府干预和管理不断增强。

可持续发展已经成为世界各国的行动纲领。当然，我们也应该看到，不同国家的政府对环境保护的关心和努力程度是不同的。不仅许多贫穷的国家不关注环保问题，就是一些发达国家也缺少大量的资金和统一的意见来支持世界范围内的环保活动。

五、技术环境

科学技术是第一生产力。科学技术的发展不仅直接影响到企业内部的生产和经营，还通过与其他环境力量的相互作用，给企业营销活动带来间接影响。技术的发展既可能给企业营销提供机会，也可能给企业营销带来威胁。一项新技术的应用可能催生一种新产品，从而给企业带来巨大的经济效益，但同时也可能使企业原来很畅销的产品退出市场。因此，西方创新理论的代表人物熊彼特认为“技术是一种创造性的毁灭”。

（1）新技术引起企业市场营销策略发生变化。

新技术革命改变了企业经营的内部因素和外部环境，给企业带来巨大压力，给企业产品和目标市场的确定带来前所未有的困难，从而促使企业不断调整营销策略，以适应变化了的市场条件。例如，大部分的产品生命周期大大缩短，产品更新换代加快；产品销售渠道扁平化，零售商业业态发生结构性的变化，物流的效率与自动化程度不断提高；促销方式和广告媒体日趋多样化等。

(2) 新技术引起企业营销管埋的进步。

新技术革命是管理改革或管理革命的动力，它向管理提出了新的课题和新的要求，又为企业改善经营管理、提高管理水平提供了物质基础。现在，一场以微电子革命为中心的新技术革命正在兴起，特别是计算机和互联网的出现，标志着技术发展进入了一个新的历史阶段。目前，许多商业和企业的经营管理都使用了电脑和互联网，这对于改善企业经营管理、提高企业经营效益起了很大的作用。

六、社会文化环境

社会文化主要是指一个国家、地区的民族特征、价值观念、生活方式、风俗习惯、宗教信仰、伦理道德、教育水平、语言文字等的总和。这些因素都会影响消费者的需求欲望和购买行为。

由于人们在不同的社会文化环境中生活，形成了不同的价值观和审美观，对事物的认识方式和行为准则等方面有明显的差别，从而反映在消费需求上是不同的。由于各种历史、地理等原因，各民族各自形成了自己特有的风俗习惯和生活方式，如在婚、丧、嫁、娶、穿着打扮、饮食起居、人际往来等方面都表明了鲜明的民族固有的特点，反映在消费需求上就有明显差别。企业为了适应社会文化因素的变化，首先，在进入目标市场时，必须分析和了解这些因素的变化规律，避免和减少营销过程中的盲目性，增强自觉性和主动性；其次，营销者在产品和商标的设计、广告和服务的形式等方面，要充分考虑当地的传统文化，充分了解和尊重传统，在创新的时候也不要与核心信念和价值观念相抵触，投其所好，避其所忌，力求满足目标市场消费群的爱好，以避免不必要的损失。

总之，市场营销的宏观环境主要包括以上六个方面。这些对企业来说，都是不可控制的变数，企业只有设法适应这些环境，而不能改变环境，这是营销学的传统观点。但是近年来美国有些著名学者提出了不同的见解，修正和发展了传统的营销理论。他们认为，企业的营销活动不仅受外部环境的制约，同时通过向外提供产品和劳务、传播信息及开展公共关系活动，如通过游说影响立法、利用宣传报道形成公众舆论等，也可以影响外部环境，使之变得有利于企业达成自己的目标。看来似乎不可控制的环境障碍，经过营销者的不懈努力，也是可以克服的。

第三节　微观营销环境

企业选定目标市场及通过满足消费者的特定需要，从而为本企业获得利润是基本目标。为了实现这一任务，企业要同许多供应商和营销中介单位练习和合作。供应商——企业——营销中介单位及顾客这一链条构成了企业的核心营销系统。一个企业的成功还受到另外两个群体的影响，即竞争对手和公众。因此，企业必须重视这些行动者，并针对这些行动者制定相应的对策。

一、企业内部

微观环境中的第一种力量是企业内部的环境力量。良好的企业内部环境是企业营销工作得以顺利开展的重要条件。内部环境由企业高层管理（董事会、厂长、经理）和企业内部各种组织（财务、科研开发、采购、生产等）构成。营销部门工作的成败与企业领导及其各部门的支持有很大关系。企业所有部门都同营销部门的计划和活动有着密切的联系。各管理层之间的分工是否科学，协作是否和谐，能否振奋精神、目标一致、配合默契，都会影响企业的营销管理决策和营销方案的实施。

二、供应商

微观环境中的第二、三种力量是各类资源供应商和各类中介人，他们同企业达成了协作关系。

供应商是指向企业提供生产产品所需要的资源的企业或个人，包括提供原材料、设备、能源、劳务、资金等。供应商情况的变化会对企业的营销活动产生巨大的影响，其所提供的资源质量、价格和供应量，直接影响着企业产品的质量、价格和销售利润。企业应从多方面获得供应，而不可以依赖于单一供应商。企业的采购代理人还应设法与一些主要供应商建立长期的供销关系，以便在供货时特别是原材料短缺时，可以得到从优考虑。

三、营销中介

营销中介是协助企业推广、销售和分配产品给最终买主的那些企业。它们包括营销实体分配企业（批发零售环节）、营销服务机构（广告公司等）和金融机构（银行、保险公司）等。这些都是市场营销中不可缺少的中间环节。企业在产品营销过程中，必须处理好同行业内、外部各种营销中介机构的关系。

四、顾客

微观环境的第四种力量就是顾客，即目标市场。顾客是企业营销活动的出发点和归宿。

企业的一切营销活动都要以满足顾客的需要为中心。因此，顾客是企业最重要的环境因素。企业应按照顾客及其购买目的的不同来细分目标市场，可分为消费者市场、生产者市场、中间商市场、政府市场、国际市场五类。市场顾客的消费需求是不断变化和不断进步的，企业要以不断更新的产品提供给消费者。

五、竞争者

企业微观环境中的第五种力量是企业面对着的一系列竞争者，每个企业的产品在市场上都存在着数量不等的业内产品竞争者，企业的营销活动时刻处于业内竞争者的干扰和影响的环境之下。因此，任何企业在市场竞争中，主要是研究如何加强对竞争对手的辨认与抗争，采取适当而高明的战略谋取胜利，以不断巩固和扩大市场。

企业必须时时从顾客的角度出发，考虑顾客购买决策过程中可能考虑的因素，通过有效的产品定位取得竞争优势。值得注意的是，企业的竞争环境不仅包括其他同行企业，而且包括发生于消费者进行购买决策全过程的其他更基本的内容。菲利普·科特勒将企业的竞争环境分为以下四个层次：

（1）欲望竞争因素。

假定一个人劳累之后需要休息一下，这个人会问："我现在要做些什么呢?"他的脑际可能会闪现社交活动、体育运动和吃些东西的念头。我们把这些称为欲望竞争因素。

（2）类别竞争因素。

假如这个人很想解决饥饿感，那么问题就成为"我要吃些什么呢?"各种食品就出现在心头，如炸土豆条、糖果、软饮料、水果等。这些能表示满足同一需求的不同基本方式，我们可称之为类别竞争因素。

（3）产品形式竞争因素。

如果他决定吃糖果，那么又会问："我要什么样的糖果呢?"于是就会想起各种糖果来，如巧克力块、甘草糖和水果糖，这些糖果都是满足吃糖欲望的不同形式，它们被称为产品形式竞争因素。

（4）品牌竞争因素。

最后，消费者认为他要吃巧克力块，这样又会面对几种牌子的选择，如雀巢和麦氏等牌子，这些被称为品牌竞争因素。

品牌竞争是这四个层次的竞争中最常见和最显著的，其他层次的竞争则比较隐蔽。有远见的企业并不仅仅满足于品牌层次的竞争，而会关注市场发展趋势，在恰当的时候积极维护和扩大基本需求。

六、公众

企业微观环境中的第六种力量是影响企业达到预期目标能力的公众。一个企业不仅仅有竞争对手与之争夺目标市场，而且还须承认，对该企业进行业务活动的方式发生兴趣的还有各类公众，他们或者欢迎，或者抵制。公众是指对一个组织完成其目标的能力有着实际或潜在兴趣或影响的群体。

现在，越来越多的营销企业通过设立专门处理公共关系和负责公共宣传的部门，来经常地和有关的社会公众团体保持最密切和最经常的联系，并筹划相应的公共关系的处理和协调的方案，并负责执行。

第四节　市场营销环境分析的实用方法

一、机会与威胁分析——建立分析评估系统

市场营销环境对企业的影响通过机会和威胁表现出来。当市场机会来临时，企业

应及时捕捉并充分利用，使之转变为对自己有利的外部条件；当环境威胁到来时，企业须制订应变计划，及时采取适当对策以求得生存和发展。找出主要环境因素之后，还必须确定其重要程度。因为并不是所有的威胁因素对企业的威胁程度都一样，也不是所有的机会对企业具有同样的吸引力。因此，企业要建立分析评估系统，采用正规分析方法对各影响因素对企业造成的机会和威胁进行分析，也可以用“环境威胁矩阵图”和“市场机会矩阵图”来加以分析、评价。

（一）环境威胁矩阵图分析

环境威胁矩阵图的横排代表“出现概率”，纵列代表“威胁的严重性”，即表示赢利减少的程度。如图 11－1 所示。

		出现概率	
		高	低
威胁的严重性	高	Ⅱ	Ⅰ
	低	Ⅲ	Ⅳ

图 11－1　环境威胁矩阵图

第Ⅰ象限内，环境威胁的严重性高，出现的概率也高，表明企业面临着严重的环境危机，面对危机，企业应处于高度戒备状态，积极采取相应的对策，避免威胁造成的损失。例如，污水排放量很大的造纸厂在国家政府提倡环境保护而限制排污量的时候，企业面临的环境威胁就很大了，甚至面临着倒闭的危险。对此，企业就需要转变经营策略，或者把污水治理外包给污水处理公司，或者工厂自己加大其治污力度。

第Ⅱ象限内，环境威胁的严重性高，但出现的概率低，企业不可忽视，必须密切注意其发展动向，也应制定相应的措施准备应对，力争将危害降到最低。这种情况也有，例如，流行性病毒对于餐饮行业的打击是惨重的，像 SARS 这样的病毒出现的时候，餐饮行业只能选择加大消毒和宣传力度或者是创新经营，否则只能关门。但是，这种情况出现的概率是很低的。

第Ⅲ象限内，环境威胁的严重性低，但出现的概率高，虽然企业面临的威胁不大，但是，由于出现的可能性大，企业也必须充分重视。这样的情况也经常见到。

第Ⅳ象限内，环境威胁的严重性低，出现的概率也低，在这种情况下，企业不必担心，但应注意其发展动向。这样的情况很多，也有很大一部分情况是随机的，所以企业也不能一有什么风吹草动就草木皆兵，这样不仅使企业员工和消费者无所适从，也会使得企业丧失很多机会。

（二）市场机会矩阵图分析

市场机会矩阵图的横排代表“成功的可能性”，纵列代表“机会潜在的吸引力”，表示潜在的赢利能力。如图11－2所示。

第Ⅰ象限内，机会潜在吸引力和成功的可能性都很大，表明营销机会对企业发展有利，同时，企业有能力利用营销机会，企业应采取积极的态度，分析把握。比如说，当 SARS 来临时，导致板蓝根、84 消毒液和口罩都供不应求，则很多销售板蓝根、84 消毒液和口罩的商家就面临着很大的机遇，而且成功的把握很大。企业就可以利用这次机会实现短期利润的增长。

机会吸引潜在力 \ 成功的可能性	小	大
大	Ⅱ	Ⅰ
小	Ⅲ	Ⅳ

图 11－2　市场机会矩阵图

第Ⅱ象限内，机会潜在吸引力很大，但是成功的可能性小，说明企业暂时还不具备利用这些机会的条件，应当放弃。例如，面临着国人对健康的追求和渴望，企业可以开发出保健功能的产品，这对企业来说无疑是有很大潜在吸引力的，但对有的企业来说实现的可能性太小。这时，企业就应该好好分析当前的形势，尤其是要注意企业的微观条件可能不够。

第Ⅲ象限内，机会潜在吸引力很小，成功的可能性大，虽然企业拥有利用机会的优势，但不值得企业去开拓。这样的情况很多，比如说更换或改进产品的包装会对消费者形成新的刺激，但这种刺激的程度往往是有限的。虽然说成功的可能性很大，但要考虑成本和收益的比较。

第Ⅳ象限内，机会潜在吸引力很小，成功的可能性也小，企业应当主动放弃。这种情况企业就应该有所取舍了。

找出主要环境因素后，还必须确定其重要程度。因为并不是所有的市场威胁因素对企业的威胁程度都一样，也不是所有的市场机会对企业具有同样的吸引力。因此，企业可以用市场“威胁—机会矩阵图”加以分析、评价。

（三）威胁—机会矩阵图分析

营销环境带来的对企业的威胁和机会是并存的，威胁中有机会，机会中也有挑战。企业还可以运用威胁—机会矩阵综合分析，能更清楚认识企业在环境中的位置，见图 11－3 所示。

机会水平 \ 威胁水平	低	高
高	Ⅱ	Ⅰ
低	Ⅲ	Ⅳ

图 11－3　威胁—机会矩阵图

第Ⅰ象限为理想企业。这类企业机会水平高，威胁水平低，说明企业有非常好的发展前景，这样的企业是很少的。比如说，面对全球环境保护声音的提高，绿色企业就成了理想企业，它们前期投入很大的人力和物力在这方面，就可以在有这种门槛出现的时候最先满足条件从而进入市场，占取先机。针对这样的要求，那么企业就应该往这方面发展，这样就会迎来比较宽松的环境和广阔的前景，而不会被绿色壁垒等所限制。

第Ⅱ象限为冒险企业。这类企业机会水平和威胁水平高，也就是说，在环境中机会与挑战并存，成功和风险同在。因此，这类企业应抓住机会充分利用，同时制定避免风险的对策。如某烟草公司既有两个威胁出现的可能性和潜在严重性都大的市场营销环境因素，又有一个成功出现可能性和潜在吸引力都大的市场营销环境因素，总体上说，这家烟草公司处于冒险的市场营销环境中，属于冒险企业。

现实中的企业，尤其是那些大中型企业，一般生产多品种的产品，市场营销环境变化不一定给每一种产品带来同等的威胁或同等的机会。但对具体产品的市场威胁和机会分析，也可采用同种方法。

第Ⅲ象限为成熟企业。这类企业机会和威胁水平低，说明企业发展的机会已经很少，自身发展潜力也很低，企业应该研究环境营造的新机会，进一步开拓创新，否则，将影响到企业的生存。这样的企业有很大一部分是大企业，比如我国的服务、服装、工艺品等劳动密集型行业，都已经形成了比较完备的格局，一般情况下，不会面临很大的威胁和机会。

第Ⅳ象限为困难企业。这类企业面临较大的环境威胁，而营销机会却很少，这种企业如果不能减少环境威胁，将陷入经营困难的境地。比如说，在绿色经济的呼声中，污染大的企业就很可能成为困难企业。

从上面的分析可以得出不同的结果：理想企业，即高机会和低威胁的企业；冒险企业，即高机会和高威胁的企业；成熟企业，即低机会和低威胁的企业；困难企业，即低机会和高威胁的企业。

二、企业营销对策

市场营销环境变化给企业营销带来的影响是多样、复杂的。企业应持全面、具体的评价原则，运用环境扫描法、威胁—机会矩阵图法，对影响企业营销的相关环境因素及其权重作出准确估计，并在环境分析与评价的基础上，对企业威胁与机会水平不等的各种营销业务，要分别采取不同的对策。

对理想业务，应看到机会难得，甚至转瞬即逝，必须抓住机遇，迅速行动；否则，丧失商机，将后悔莫及。

对冒险业务，面对高利润与高风险，既不宜盲目冒进，也不应迟疑不决，坐失良机；应全面分析自身的优势与劣势，扬长避短，创造条件，争取突破性的发展。

对成熟业务，机会与威胁处于最低水平，可作为企业的常规业务，可以维持企业的正常运转，并为开展理想业务和冒险业务准备必要的条件。

对困难业务，要么努力改变环境，走出困境或减轻威胁；要么立即转移，摆脱无法扭转的困境。

分析评价市场营销环境，目的是为了制定应变对策。由于各个企业的具体情况不同，在同样的市场营销环境变化中，应变对策也不能一样，因此很难确定一种固定模式。这里仅根据威胁与机会两种情况，为企业适应环境变化，选择合理的对策提供几种思路供参考。

1. 对面临的市场机会

企业必须慎重地评价其质量，尤其注意不要把某些领域表面上的机会过分夸大，作出错误的市场机会估计。美国著名市场营销学家西奥多·莱维特曾经说过：“这里可能有某种需要，但是没有市场；或者这里可能是一个市场，但是没有顾客；或者这里可能有一位顾客，但目前其实还不是一个市场。”

2. 对所面临的主要威胁

一般有三种可选择的对策：①反抗，即通过自身的努力扭转不利的发展趋势。

②减轻，即通过调整市场营销组合来改善企业对环境的适应性，以减轻环境威胁、降低风险程度。③转移，即将企业资源转移到风险相对较低的市场领域。

第五节　市场营销调研

一、市场营销调研的含义及作用

市场营销调研是运用科学的方法，有目的、有计划、系统地收集、整理和分析研究有关市场营销方面的信息，提出解决问题的建议，供营销管理人员了解营销环境，发现机会与问题，作为市场预测和营销决策的依据。

市场营销调研是企业营销活动的出发点，其作用十分重要。

1. 有利于指定科学的营销规划

通过调研，分析和了解市场，才能根据市场需求及其变化、市场规模和竞争格局、消费者购买行为、营销环境的基本特征，科学地制定和调整企业营销规划。

2. 有利于优化营销组合

如根据消费者对现有产品的接受程度、对产品及包装的偏好，改进现有产品，开发新用途，研究新产品创意，然后进行开发和设计。

3. 有利于开拓新的市场

通过调研，企业可发现消费者尚未满足的需求，测量市场上现有产品及营销策略满足消费需求的程度，从而不断开拓新的市场。

总之，市场营销调研的主要作用是通过信息把营销者和消费者、顾客及公众联系起来。这些信息用来辨别和界定营销机会和问题，改善和评估市场营销方案，监控市场营销行为，改进对市场营销过程的认识，帮助企业营销管理者制定有效的市场营销决策。

二、市场营销调研的类型

根据调研目的的不同，营销调研的类型有所不同。

1. 探测性调研

当企业对所需研究的问题不甚清楚时，可通过探测性调研帮助确定问题的关键或产生的原因，为进一步的调查做准备。

探测性调研通常是一种非正式的、在利用二手资料基础上的小范围的调查，往往为正式调查中初步调查或明确问题阶段所采用。

2. 描述性调研

描述性调研是通过详细的调查和分析，对市场营销活动的某个方面进行客观的描述。大多数的市场营销调研都属于描述性调研。例如，市场潜力和市场占有率，产品的消费群结构，竞争企业状况的描述。在描述性调研中，可以发现其中的关联因素，但是，此时我们并不能说明两个变量哪个是因、哪个是果。与探测性调研相比，描述性调研的目的更加明确，研究的问题更加具体。

3. 因果关系调研

因果关系调研的目的是找出关联现象或变量之间的因果关系。描述性调研可以说明某些现象或变量之间的相互关联，但要说明某个变量是否引起或决定着其他变量的变化，就要用到因果关系调研。因果关系调研的目的就是寻找足够的证据来验证这一假设。

4. 预测性调研

市场营销所面临的最大问题就是市场需求的预测问题，这是企业制定市场营销方案和市场营销决策的基础和前提。预测性调研就是企业为了推断和测量市场的未来变化而进行的研究，它对企业的生存与发展具有重要的意义。

三、市场营销调研的方法

在营销调研的设计和执行阶段，要根据调研的目的和具体的研究目标，选择合适的调查对象，采用适当的调查方法和技术，获取完整可靠的信息。这些在实践中发展起来的方法和技术，既包含一些基本的操作程序，又涉及研究者的运用技巧，各自都有其适用的范围和优缺点。

（一）调查方法

调查方法一般分为三类，即访问法、观察法和实验法。

1. 访问法

访问法是营销调研中使用最普遍的一种调查方法。它把研究人员事先拟订的调查项目或问题以某种方式向被调查者提出，要求给予答复，由此获取被调查者或消费者的动机、意向、态度等方面的信息。按照调查人员与被调查者接触方式的不同，访问法又分为个人访谈、电话访问和邮寄访问。

2. 观察法

观察法是由调查员直接或通过仪器在现场观察调查对象的行为动态并加以记录而获取信息的一种方法。观察法分人工观察和非人工观察，在市场调研中用途很广。比如，研究人员可以通过观察消费者的行为来测定品牌偏好和促销的效果。随着现代科学技术的发展，人们设计了一些专门的仪器来观察消费者的行为。观察法可以观察到消费者的真实行为特征，但是只能观察到外部现象，无法观察到调查对象的一些动机、意向及态度等内在因素。

3. 实验法

实验法是指在控制的条件下对所研究的现象的一个或多个因素进行操纵，以测定这些因素之间的关系，它是因果关系调研中经常使用的一种行之有效的方法。实验法来源于自然科学的实验求证，现在广泛应用于营销调研，是市场营销学走向科学化的标志。现场实验法的优点是方法科学，能够获得较真实的资料。但是，大规模的现场实验往往很难控制市场变量，影响实验结果的内部有效性。实验室实验则正好相反，内部效度易于保持但难于维持外部有效度。此外，实验法实验周期较长，研究费用昂贵，严重影响了实验法的广泛使用。

（二）问卷设计

调查问卷是市场营销调研的重要工具之一。在大多数市场调查中，研究者都要依据研究的目的设计某种形式的问卷。问卷设计没有统一的、固定的格式和程序，一般说来，有以下几个步骤：

1. 确定需要的信息

在问卷设计之初，研究者首先要考虑的就是要达到研究目的，检验研究假设所需要的信息，从而在问卷中提出一些必要的问题以获取这些信息。

2. 确定问题的内容

确定了需要的信息之后，就要确定在问卷中要提出哪些问题或包含哪些调查项目。在保证能够获取所需信息的前提下，要尽量减少问题的数量，降低回答问题的难度。

3. 确定问题的类型

问题的类型一般分为以下三类：①自由问题：这种回答问题的方式可以获得较多的、较真实的信息。但是被调查人因受不同因素的影响，各抒己见，使资料难以整理。②多项选择题：这种问题应答者回答简单，资料和结果也便于整理。需要注意的问题是，选择题要包含所有可能的答案，又要避免过多和重复。③二分问题：二分问题回答简单也易于整理，但有时可能不能完全表达出应答者的意见。

4. 确定问题的词句

问题的词句或字眼对应答者的影响很大，有些表面上看来差异不大的问题，由于字眼不同，应答者就会作出不同的反应。因此，问题的字眼或词句必须斟酌使用，以免引起不正确的回答。

5. 确定问题的顺序

问题的顺序会对应答者产生影响，因此，在问卷设计时，问题的顺序也必须加以考虑。原则上，开始的问题应该容易回答并具有趣味性，以提高应答者的兴趣，涉及应答者个人资料的问题则应最后提出。

6. 问卷的试答

一般在正式调查之前，设计好的问卷应该选择小样本进行试答，其目的是发现问卷的缺点，改善问卷的质量。

（三）抽样方法

大多数的市场调查是抽样调查，即从调查对象总体中选取具有代表性的部分个体或样本进行调查，并根据样本的调查结果去推断总体。抽样方法按照是否遵循随机原则分为随机抽样和非随机抽样。

1. 随机抽样方法

随机抽样就是按照随机原则进行抽样，即调查总体中每一个个体被抽到的可能性都是一样的，是一种客观的抽样方法。随机抽样方法主要有：简单随机抽样、等距抽样、分层抽样，以及分群抽样。

2. 非随机抽样方法

常用的非随机抽样方法主要有：

（1）任意抽样。

任意抽样，也称便利抽样，这是纯粹以便利为基础的一种抽样方法。街头访问是这种抽样最普遍的应用。这种方法抽样偏差很大，结果极不可靠。一般用于准备性调查，在正式调查阶段很少采用。

(2) 判断抽样。

判断抽样是根据要求样本设计者的判断进行抽样的一种方法，它要求设计者对母体有关特征有相当的了解。在利用判断抽样选取样本时，应避免抽取“极端”类型，而应选择普通型或平均型的个体作为样本，以增加样本的代表性。

(3) 配额抽样。

配额抽样与分层抽样法类似，要先把总体按特征分类，根据每一类的大小规定样本的配额，然后由调查人员在每一类中进行非随机抽样。这种方法比较简单，又可以保证各类样本的比例，比任意抽样和判断抽样样本的代表性都强，因此实际上应用较多。

四、市场营销调研的程序

市场营销调研分为三个阶段：调查准备阶段、正式调查和结果处理阶段。这三个阶段又可进一步分为五步：明确问题、制订调研计划、组织实施计划、分析调查资料、提出研究报告。

(一) 明确问题

只有将每次调研所要解决问题的范围限定在一个确切的限度内，才便于有效地制订计划和实施调研。

(二) 制订调研计划

调研计划须包含以下内容。

(1) 确定所需要的信息。

(2) 信息来源。

信息可分为一手资料和二手资料：一手资料，又称原始资料，是为当前某种特定目的直接从调查对象那里获取的信息；二手资料则是已由别人收集、整理且通常是已经发表过的信息。

(3) 调研方法。

调研方法主要有三种：观察法、实验法和询问法。

①观察法。调研人员直接到现场观察调查对象、收集信息，也可通过照相机、摄像机等工具达到观察的目的。观察法能方便地得到某些在其他场合很难得到的信息，但不适合判断调查对象内心的情况，故更适合描述型调查，不适合因果型调查。

②实验法。这是最科学的方法，最适合因果型调查。运用实验法，首先需挑选被实验者，组成若干相互对照的小组，给予不同的条件，同时对其他变量加以控制，然后观察不同条件下所得结果的差异是否具有统计学上的意义，以找出因果关系。

③询问法。询问法介于观察法的探索性和实验法的严密性之间，是最常见的方法，更适合于描述性调查，又有邮寄问卷、电话询问和直接面谈三种形式。邮寄问卷优点是询问面广；缺点是时间周期长，问卷回收率低。电话询问可望立即得到所需信息，且提问灵活，成本也低；缺点是交谈时间有限。直接面谈的形式最为灵活，缺点主要是成本太高。

(4) 抽样计划。

要解决下述三个问题：谁是抽样对象？调查样本有多大？样本应如何挑选出来？抽样方法常见的有随机抽样和非随机抽样两大类。

(5) 调研工具。

调研工具有两类：一是前面已提到的问卷；二是某些机械工具。

(三) 组织实施计划

这一阶段的实际工作量最大，支出费用最大，且最容易出错。

(四) 分析调查资料

分析调查资料包括：检查资料是否齐全、对资料进行编辑加工、对资料进行分类、运用统计模型和其他数学模型对数据进行处理。

(五) 提出研究报告

研究报告应包括这样几项内容：引言、摘要、正文和附件。

本章知识小结

1. 企业处在复杂和动态的环境之中。市场营销环境由微观环境和宏观环境构成，它们或给企业带来有利于发展的市场机会，或给企业带来不利于其发展的环境威胁。

2. 企业首先需要适应环境，企业的营销活动本身就是适应环境变化，对不断变化的环境作出积极反应的动态过程。同时，企业的营销活动也可以影响环境的变化过程。企业能否与环境保持动态协调，关乎企业的生存和发展。

3. 市场营销环境包括宏观营销环境和微观营销环境。宏观营销环境主要包括政治法律环境、人口环境、经济环境、自然环境、技术环境和社会文化环境等；微观营销环境主要包括企业内部、供应商、顾客、公众等环境。

本章能力小结

1. 企业需要通过环境分析评估市场机会和环境威胁，前者是各项有利因素的总和，后者是各项不利因素的总和。

2. 威胁—机会矩阵是一个良好的分析工具，通过分析和评估，企业可以把握住最好的市场机会，回避最大的环境威胁，从而趋利避害地开展营销活动。因此，该工具需要熟悉并能够运用。

【课后任务练习】

1. 储蓄影响购买力

1979 年，日本电视机厂商发现，尽管中国人可任意支配的收入不多，但中国人有储蓄习惯，且人口众多。于是，他们决定开发中国黑白电视机市场，不久便获得了成功。当时，荷兰的飞利浦电视机厂商虽然也来中国调查，却认为中国人均收入过低，市场潜力不大，结果贻误了时机。

任务：分析影响购买力的因素。

2. 形形色色的审美观

我国唐代女子以胖为美，而当前瘦身则是时尚。缅甸的巴洞人以妇女长脖为美；而非洲的一些民族则以文身为美。在欧美，妇女结婚时喜欢穿白色的礼服，因为她们认为白色象征着纯洁、美丽；在我国，妇女结婚时喜欢穿红色的礼服，因为她们认为红色象征着吉祥如意、幸福美满。又如，中国妇女喜欢把装饰物品佩戴在耳朵、脖子、手指上，而印度妇女却喜欢在鼻子上、脚踝上配以各种饰物。

任务：分析文化因素对市场营销活动的影响。

3. 谁是真正的对手？

埃斯特曼·柯达公司在胶卷业一直担心崛起的竞争者——日本富士公司。但柯达面临的更大威胁是新发明的数码照相机。佳能和索尼公司销售的数码照相机能在电脑上展现画面，可转录入软盘，也能擦掉。可见，对胶卷业而言，更大的威胁来自数码照相机。

联合利华公司和其他清洁剂制造商对超声波洗衣机的研究惶恐不安。“不要洗衣粉的洗衣机”的成功会给洗衣粉市场带去不小的打击。可见，对清洁剂行业而言，更大的威胁可能是来自“不要洗衣粉的洗衣机”。

任务：如何识别不同层次的竞争者？

4. 舍不得 500 万，损失 830 亿

1950 年，美国政府正在考虑是否出兵朝鲜之际，美国知名的民间战略咨询机构兰德公司调集内部和外部的各类专家，通过对美、朝、中三方的历史、文化、民族特性、实力对比等方面的研究分析，得出一份长达 600 页的调研报告，核心结论是：如果美国出兵朝鲜，中国一定会参战，战争的结局将以美国的全面失败而告终。并向美国政府开价 500 万美元出售，美国政府未予理会。

几年后，当美军在朝鲜战场上被中朝联军打得丢盔弃甲、狼狈不堪时，政府才意识到这份报告的价值，出于研究需要，急忙以 280 万美元的价格买下这份已过时的报告。

战后，美军总司令麦克阿瑟将军感慨地说：“我们最大的失策是怀疑咨询公司的价值，舍不得为一条科学的结论付出一架战斗机的代价，结果是我们在朝鲜战场上付出了 830 亿美元和十多万士兵的生命。”

朝鲜战争以后，美国政府深感咨询的重要性，并影响到许多民间公司争相聘用咨询公司为企业出谋划策，许多企业由此成长为全球巨型企业。咨询业也得以快速发展，已成为最成功、最重要的产业之一。

任务：谈谈你对市场营销调研作用的认识。

第十二章

目标市场营销战略

一、本章学习目标

能力目标：

1. 能了解市场细分的原理、依据，知道如何对实际市场进行细分；
2. 会运用目标市场选择战略子市场。

知识目标：

1. 掌握市场定位的策略；
2. 掌握目标市场选择的标准。

二、本章工作任务

1. 了解市场细分的依据、方法与步骤；
2. 掌握目标市场选择的标准及战略；
3. 了解市场定位的方法及策略。

三、本章学习指导

1. 掌握市场细分的依据、方法与步骤；
2. 掌握目标市场选择的标准、战略及市场定位的方法及策略。

导入案例

他她水：赢在“男女有别”

案例主体：北京他她饮品公司

成功关键词：细分新思路

市场效果：一周内产品订货量超过2亿元，并在3个月内创下了6亿元的订货量新高。

口味、成分、年龄、功能等纵向产品细分标准早已被众厂家用滥，想在这些细分市场中出奇已经不可能，“横”切市场一刀，把饮料分出男女，使男女要喝不同的营养水的产品诉求得到很好的体现。

营销事件回放：

"这是一个千年等一回的产品"，他她水总裁周子琰经常这样评价他她水。

在饮料行业，口味、成分、年龄、功能等纵向产品细分标准早已被众厂家用滥，从成人饮料到儿童饮料，从功能饮料到情绪饮料，想在这些细分市场中出奇已经不可能。但从没有人把饮料的消费人群做一个二元切割，而在这个极度追求个性和差异化的时代，为了适应男女个性、生活习惯、身体健康的需求，就贴上男女标签。"我们能否'横'切市场一刀，把我们的饮料也分出男女呢？"周子琰说。

2004 年 3 月，"他 + 她"营养水正式推向市场，其独特的创意立刻成为焦点，好评如潮，一周内产品订货量超过 2 亿元，并在 3 个月内创下了 6 亿元的订货量新高。

目标市场营销，又称 STP 营销或 STP 三步曲，这里 S 指 segmenting market，即市场细分；T 指 targeting market，即选择目标市场；P 为 positioning，亦即定位。正因为如此，营销大师菲利普·科特勒认为 STP 营销策略是当代战略营销的核心。

第一节　市场细分

一、市场细分的概念

市场细分是美国市场营销学家温德尔·斯密在总结了西方企业界市场营销的实践经验后于 20 世纪 50 年代中期提出的概念。所谓市场细分，是指企业根据消费者需求、购买行为和购买习惯的差异性，将整体市场划分为若干个具有相同需求特点的消费者群的细分市场的过程。每个细分市场都是具有相同需求特点的顾客群，称为"子市场"。属于同一个细分市场的消费者群在需求与欲望、购买行为及习惯上表现出极大的相似性。因此，市场细分实际上是一种求大同、存小异的市场分类方法，它不是对商品进行分类，而是对需求各异的消费者进行分类，是识别具有不同需求和欲望的购买者或用户群的活动过程。

二、市场细分的作用

市场细分对企业营销的影响和作用很大，它表现在以下几个方面：

（1）有利于企业发掘新的市场机会，不断开拓市场。

通过市场细分，企业可以对每一个细分市场的购买潜力、满足程度、竞争情况等进行分析对比，探索出有利于本企业的市场机会，使企业及时作出投产、移地销售决策或根据本企业的生产技术条件编制新产品开拓计划，进行必要的产品技术储备，掌握产品更新换代的主动权，开拓新市场，以更好地适应市场的需要。

（2）有助于企业确定目标市场，制定有效的市场营销组合策略。

市场细分后的子市场比较具体，比较容易了解消费者的需求，企业可以根据自己的经营思想、方针及生产技术和营销力量，确定自己的服务对象，即目标市场。针对较小的目标市场，便于制定特殊的营销策略。同时，在细分的市场上，信息容易了解和反馈，一旦消费者的需求发生变化，企业可迅速改变营销策略，制定相应的对策，以适应市场需求的变化，提高企业的应变能力和竞争力。

（3）有利于企业发挥资源优势，提高竞争力。

任何一个企业的资源、人力、物力、资金都是有限的。通过细分市场，选择了适合自己的目标市场，企业可以集中人力、财力、物力及资源，去争取局部市场上的优势，然后再占领自己的目标市场，全面提高企业的经济效益。

三、市场细分的标准

（一）消费者市场细分的标准

由于消费者需求的差异性，企业不可能用一种产品满足全部消费者的需求，但也难以做到为每一位消费者量身定制产品。因此需要对消费者市场进行细分，使得细分市场内的众多消费者对某一产品具有极其类似的需求。而影响消费者市场需求差异性的因素，则是进行市场细分的标准与依据。这些因素概括起来包括地理因素、人口因素、心理因素和行为因素四大方面。

1. 按地理因素进行市场细分

地理环境因素即消费者所处的地理位置、自然环境。具体变量包括国家、地区、城市规模、气候、地域文化及人口密度等。

处于不同地理位置和环境下的消费者，对同一类产品往往会呈现出差别较大的需求特征，以至于对企业营销组合的反应也常常存在较大的差别。例如，防暑降温、御寒保暖之类的消费品按照不同气候带细分市场是很有意义的。按照不同地区的人口密度来划分市场，对于某些基本生活资料市场也具有重要意义，因为基本生活资料的消费数量往往与人口数量成正比例关系。总之，地理环境因素易于辨别和分析，是细分市场时应予以考虑的基本因素。但同时，地理环境因素又是一种相对静态的变数，处于同一地理位置的消费者对某一产品的需求仍会存在较大的差异。因此企业选择目标市场，还必须同时依据其他因素进行市场细分。

2. 按人口因素进行市场细分

人口是构成市场的最基本因素。它会产生衣、食、住、行和用等多种消费需求。因此，人口因素也就成为市场细分常用的和最主要的依据。可以依据的人口统计变量包括年龄、婚姻、职业、性别、收入、受教育程度、家庭生命周期、国籍、民族、宗教、社会阶层等。

显然，这些人口变量因素与需求差异性之间存在着密切的关系。例如，不同年龄、受教育程度不同的消费者在价值观念、生活情趣、审美观念和生活方式等方面会有很大的差异。因此，依据人口统计变量来细分市场，在企业营销管理中受到普遍重视。

3. 按心理因素进行市场细分

消费者的需求不仅受地理因素、人口因素的影响，而且消费者个人性格、追求的生活方式和他们所处社会阶层的不同也造成了他们对同一商品的爱好、态度和购买行为截然不同的消费习惯和特点。因此，按照消费者心理特征来细分消费者市场不仅有理论的依据，而且有实践的必要，这种细分方法称为“心理细分”。

心理因素十分复杂，包括社会阶层、生活方式、个性、购买动机、价值观念等变量。

（1）个性。

个性是指人们在一定的生理基础上、在一定的社会历史条件下形成和发展起来的带有倾向性的、本质的、比较稳定的心理特征的总和。人有各种各样的个性特征，这些个性特征往往潜在地影响着人们的消费观念和购买行为，因此人们倾向于选择那些能够与其个性相吻合的商品。比如，万宝路香烟就吸引了众多具有独立、豪爽个性的男性烟民，因为万宝路香烟通过产品设计、广告宣传等营销手段，已经使产品本身就具有了独立、豪爽的个性。

（2）生活方式。

生活方式是指消费者对物质享受、娱乐等消费生活和活动的特定习惯和倾向性。它是一个内涵十分广泛、丰富的概念，不仅与消费者的收入水平密切相关，而且与消费者的文化素养、社会地位、价值观念、职业等因素密切相关。来自相同的亚文化群、社会阶层、职业的消费者可能具有不同的生活方式，生活方式不同的消费者对商品和服务有不同的需求。一个消费者的生活方式一旦发生变化，他就会产生新的需要。也就是说，生活方式是影响消费者需求和欲望的重要因素。一般来讲，有关人们的生活方式可以分为传统型、新潮型、奢靡型、活泼型、社交型等群体。显然，这种细分方法可以显示出不同的消费群体对产品的心理需求特征。

（3）社会阶层。

社会阶层是在一个社会中具有相对的同质性和持久性的群体，它们是按等级排列的，每一阶层成员具有类似的价值观、兴趣爱好和行为方式。

社会阶层有几个特点：第一，同一社会阶层内的人，其行为要比来自两个不同社会阶层的人的行为更加相似。第二，人们以自己所处的社会阶层来判断各自在社会中占有的高低地位。第三，某人所处的社会阶层并非由一个变量决定，而是受到职业、收入、财富、居住地、教育和价值观等多种变量的制约。社会阶层不同表现在衣着、说话方式、娱乐爱好和许多其他的特征上。第四，个人能够在一生中改变自己所处的阶层，既可以向高阶层迈进，也可以跌至低阶层。但是，这种变化的变动程度因某一社会的层次森严程度不同而不同。

社会阶层方面的三种消费者心理：基于希望被同一阶层成员接受的“认同心理”，人们常会依循该阶层的消费行为模式行事；基于避免向下降的“自保心理”，人们大多抗拒较低阶层的消费模式；基于向上攀升的“高攀心理”，人们会喜欢采取一些超越层级的消费行为，以满足其虚荣心。

4. 按行为因素进行市场细分

按行为因素进行市场细分，即根据消费者不同的购买行为来进行市场细分。它包括购买时机、消费者追求的利益、使用状况、使用频率、对品牌的忠诚程度等。

（1）购买时机。

购买时机就是根据消费者对产品或服务产生需求、购买或使用的时机，对消费者群进行划分，形成不同的细分市场。在今天，按消费者购买和使用产品的时机细分市场已成为越来越多的企业扩大销售的常用手法之一。例如，在春节、中秋节、国庆节等节日的前后，许多企业都会为自己发现购买力旺盛的新的市场机会。

（2）消费者追求的利益。

这是根据消费者在购买特定商品时追求的利益来细分市场。不同的消费者在购买同类商品时，可能会追求不同的利益。例如，根据一项市场调查，在牙膏市场上存在着四种利益细分市场，即经济型、药物型、美齿型和口感型。企业可以根据自己的条件，选择其中某一个追求某种利益的消费者群为目标市场，设计和生产出适合目标市场需要的产品。

（3）使用状况。

根据消费者使用某种产品的数量，可以将使用者的情况分为非使用者、曾经使用者、潜在使用者、首次使用者和经常使用者几种，不同的情况需要区别对待。一般来说，具有高市场份额的公司，特别注重将潜在使用者变为实际使用者，以扩大市场份额；而市场份额较小的公司则设法吸引经常使用者，以维持其市场份额。

（4）使用频率。

按照使用频率可以把消费者划分为大量使用者、中量使用者和少量使用者三类顾客群。大量使用者可能在整个目标市场中人数所占比例不大，但消费量所占比重却很高。有一项啤酒饮用调查显示，68%的被调查者不饮用啤酒，剩下12%的饮用啤酒者中约有50%的人是少量饮用者，他们仅饮用了全部消费量中的12%，另外50%的人是大量饮用者，却消耗了全部消费量的88%。这项研究表明，大量消费者应是企业最主要的营销对象。

（5）对品牌的忠诚程度。

品牌忠诚程度是指消费者对某种品牌的偏好和经常使用程度。根据对品牌的偏好程度，可将一种产品的消费者划为单一品牌忠诚者、几种品牌忠诚者和无品牌偏好者等不同类型的群体，采取不同的品牌决策和相应措施以扩大销售。

（二）生产者市场细分的标准

许多用来细分消费者市场的标准，同样可用于细分生产者市场。如根据地理、追求的利益和使用率等变量加以细分。不过，由于生产者与消费者在购买动机与行为上存在着差别，所以，除了运用前述消费者市场细分标准外，还可用一些新的标准来细分生产者市场。

1. 用户规模

在生产者市场中，有的用户购买量很大，而另外一些用户购买量很小。

以钢材市场为例，像建筑公司、造船公司、汽车制造公司对钢材需求量很大，动辄数万吨地购买，而一些小的机械加工企业，一年的购买量也不过几吨或几十吨。企业应当根据用户规模大小来细分市场，并根据用户或客户的规模不同，企业的营销组合方案也应有所不同。比如，对于大客户，宜于直接联系、直接供应，在价格、信用等方面给予更多优惠；而对众多的小客户，则宜于使产品进入商业渠道，由批发商或零售商去组织供应。

2. 产品的最终用途

产品的最终用途不同也是工业者市场细分标准之一。工业品用户购买产品，一般都是供再加工之用，对所购产品通常都有特定的要求。比如，同是钢材用户，有的需要圆钢，有的需要带钢；有的需要普通钢材，有的需要硅钢、钨钢或其他特种钢。企业此时可根据用户要求，将要求大体相同的用户集合成群，并据此设计出不同的营销策略组合。

3. 工业者购买状况

根据工业者购买方式来细分市场。工业者购买的主要方式如前所述包括直接重购、修正重购及新任务购买。不同的购买方式的采购程度、决策过程等各不相同，因而可将整体市场细分为不同的小市场群。

（三）有效市场细分的标准

1. 可衡量性

可衡量性是指细分的市场是可以识别和衡量的，亦即细分出来的市场不仅范围明确，而且对其容量大小也能大致作出明确的判断。企业选择细分市场的依据变量应该是可以识别、可以定量化的，应该能够用数据来描述细分市场中消费者的一些购买行为特征、勾勒细分市场的边界；能够用数据来表达和判断市场容量的大小。否则，既会使细分市场边界模糊、准确划分很困难或无效划分，又会使得无法有针对性地制定营销战略。有些细分变量，如具有“依赖心理”的青年人，在实际中是很难测量的，以此为依据细分市场就不一定有意义。

2. 可进入性

可进入性是指所选定的细分市场必须与企业自身现有的人力、物力和财力等资源相匹配，企业有优势占领这一市场，并能充分满足该市场消费者对某商品的需要。如果对细分出来的市场，企业没有足够的资源力量进入，那么市场细分就毫无实际价值可言。

3. 可赢利性

可赢利性是指企业新选定的细分市场容量足以使企业获得良好的经济收益。通过细分，必须使子市场有足够的需求量，能够保证企业获取足够的利润，有较大的利润上升空间，即细分出来的市场其容量或规模要大到足以使企业获利。进行市场细分时，企业必须考虑细分市场上顾客的数量，以及他们的购买能力和购买产品的频率。如果细分市场的规模过小，市场容量太小，细分工作烦琐，成本耗费大，获利小，就不值得去细分。因此，市场在很多情况下不能无限制地细分下去，避免造成规模上的不经济。市场细分必须把握一个前提条件，即细分出的子市场必须有足够的需求水平，是现实中可能的最大的同质市场，值得企业为它制订专门的营销计划。只有这样，企业才可能进入该市场，才可能有利可图。

4. 可实施性

可实施性是指要能为细分市场设计出行之有效的营销组合方案并有能力根据营销方案去实施。例如，一家小型航空公司将其顾客分为 7 个子市场，但公司资源有限，没有能力分别为每一个子市场制定单独的营销策略，因此该公司的这种细分市场就没有意义。

第二节 目标市场选择

市场细分是选择目标市场的基础。对市场进行细分后，企业并非也不可能把所有的细分市场都作为目标市场，企业可根据对自身生产、技术、资金等实力大小和竞争能力的分析，在众多的细分市场中选择一个或几个有利于发挥企业优势、最具吸引力、能达到最佳或满意的经济效益的细分市场作为目标市场。

一、目标市场的概念

所谓目标市场，是指企业为满足现实或潜在的需求而开拓和要进入的特定市场。企业在选择目标市场时主要有以下五种模式可供参考：

1. 单一市场集中

最简单的方式是公司选择一个细分市场集中营销。大众汽车公司集中经营小汽车市场，通过密集营销，公司更加了解本细分市场的需要，并树立了特别的声誉，便可在该细分市场建立巩固的市场地位。另外，公司通过生产、销售和促销的专业化分工，也获得了许多经济效益。如果细分市场补缺得当，公司的投资便可获得高回报。但密集市场营销比一般市场营销风险更大。

2. 产品专门化

用此法集中生产一种产品，公司向各类顾客销售这种产品。例如，显微镜生产商向大学实验室、政府实验室和工商企业实验室销售显微镜。公司准备向不同的顾客群体销售不同种类的显微镜，而不去生产实验室可能需要的其他仪器。公司通过这种战略，在某个产品方面树立起很高的声誉。但如果产品（显微镜）被一种全新的显微技术代替，就会发生危机。

3. 市场专门化

采用此法是专门为满足某个顾客群体的各种需要而服务的。例如，公司可为大学实验室提供一系列产品，包括显微镜、示波器、本生灯、化学烧瓶等。公司专门为这个顾客群体服务而获得良好的声誉，并成为这个顾客群体所需各种新产品的销售代理商。但如果大学实验室突然经费预算削减，它们就会减少从这个市场专门化公司购买仪器的数量，公司就会产生危机。

4. 选择性专门化

采用此法选择若干个细分市场，其中每个细分市场在客观上都有吸引力，并且符合公司的目标和资源。但在各细分市场之间很少有或者根本没有任何联系，然而每个细分市场都有可能赢利。这种多细分市场目标优于单细分市场目标，因为这样可以分散公司的风险，即使某个细分市场失去吸引力，公司仍可继续在其他细分市场获取利润。

5. 完全市场覆盖

采用此法是指公司想用各种产品满足各种顾客群体的需求。只有大公司才能采用完全市场覆盖战略，如IBM（计算机市场）、通用汽车公司（汽车市场）和可口可乐公司（饮料市场）。

二、目标市场策略

目标市场的选择一般有三种基本策略：

1. 无差异性营销策略

无差异性营销策略，又称市场整体化策略，是指企业以市场整体为服务对象，不考虑市场需求的差异，只注重市场需求的共性，以一种产品、一种市场营销组合策略，力求在一定程度上吸引尽可能多的顾客。

无差异性营销策略的优点是节约企业成本，可以充分发挥规模经济的优势；可以降低生产、存货和运输成本；缩减广告、推销、市场调研和市场细分的费用。缺点是忽视了不同消费者群体之间的差异性，其产品和营销策略的针对性不强，不能充分满足市场需求，很容易受到竞争对手的攻击，因应变力差而丧失许多市场机会。所以这种策略只适用于消费者具有共同需求特征的同质性产品市场，而对于大部分产品市场，这种策略并不适用。

2. 差异性营销策略

差异性营销策略，又称市场细分策略，是根据消费者需求和购买行为的差异性，将某种产品的整体市场划分为若干个细分市场，企业从中选择几个细分市场作为目标市场，并且按照各个细分市场的不同需求，采取不同的营销组合策略，有针对性地满足不同细分市场顾客的需求。如宝洁公司就是长期采取差异性营销策略的典范，它的洗发水、洗衣粉、护肤品都有许多品种，可满足不同顾客的需要。

差异性营销策略的优点是小批量、多品种生产能更好地满足各类消费者的不同需求，从而扩大销售量，提高市场占有率；企业适应性强，大大减少了经营风险。缺点是由于小批量、多品种生产，必然要求具有多种销售渠道和推销方法，广告宣传也要多样化，使生产成本、研发成本、存货成本、销售费用、市场调研费用大量增加，降低了经济效益。所以，在决定使用差异性营销策略时要慎重，企业需要结合自身实力和目标通盘考虑。

3. 集中性营销策略

集中性营销策略，又称产品—市场专业化策略，是指企业在市场细分的基础上，以一个或几个细分市场为目标市场，为该市场量身定做产品，实施高度专业化的生产和销售。

采用集中性营销策略的多是资源有限的中小型企业，或初次进入新市场的大企业。其追求的目标不是在一个较大的市场上占有较小的份额，而是在一个较小的市场上占有较大甚至是领先的市场份额。采用集中性营销策略的优点是使企业得以集中有限的资源，实行专业化的生产和销售，能充分发挥优势，降低成本，提高效益。但是，实行集中性营销策略也有较大的风险性，因为企业的目标市场比较单一和狭窄，一旦目标市场发生突然变化，企业可能会缺乏回旋余地，陷入困境。因此，企业在选用这种策略时，要谨慎从事，并留有回旋余地。

三、选择目标市场策略应注意的问题

以上策略各有优缺点，企业在选择适合自己的目标市场策略时，除了要考虑以上方面的因素外，还有几点是企业尤其要注意的事项：

1. 企业的综合实力

如果企业在生产、技术、资源、销售等方面的实力很强，可以考虑采用无差异性营销策略或差异性营销策略；如果企业资源有限、实力较弱，则最好实行集中性营销策略。

2. 产品性质

在选择目标市场营销策略时，还要看企业经营的是同质产品还是异质产品。同质产品如食盐、大米、肥皂、洗衣粉等，比较适合采用无差异性营销策略；而对一些差异性较大的产品，如服装、化妆品、家具、汽车、食品等，宜采用差异性营销策略或集中性营销策略。

3. 市场性质

如果顾客对某种产品的需求、爱好、购买行为基本相同，对产品供应和销售要求的差别不大，即市场需求类似程度较高，则该市场是同质市场，宜采用无差异性营销策略；反之，如果市场需求差异性很大，则该市场属于异质市场，宜采用差异性营销策略或集中性营销策略。

4. 产品生命周期

处于产品生命周期的不同阶段，宜采取不同的目标市场营销策略。在新产品初次投入市场或成长期，宜采用无差异性营销策略；当产品进入成长期或成熟期后，则宜采用差异性营销策略，以形成自己的特色或开拓新产品，延长产品生命周期；当产品进入衰退期，宜采取集中性营销策略，以集中力量于少数尚有利可图的目标市场。

5. 竞争者的市场策略

如果竞争对手实行无差异性营销策略，则应采取差异性营销策略与之竞争；如果竞争对手实行差异性营销策略，企业可以考虑进一步细分市场，采用差异性营销策略或集中性营销策略；如果竞争对手实力较弱，也可考虑采用无差异性营销策略。

第三节　市场定位

企业在选择了目标市场之后，所面对的一个重要问题就是如何成功地进入市场和以什么形象进入市场，这就是市场定位问题。

一、市场定位的含义

市场定位也被称为产品定位或竞争性定位，是根据竞争者现有产品在细分市场上所处的地位和顾客对产品某些属性的重视程度，设计、塑造出本企业的产品与众不同的鲜明个性或形象，并传递给目标顾客，从而能在目标顾客心目中占有一个独特的、有价值的位置，并使该产品在细分市场上能够占有强有力的竞争位置。其实质是使本企业与其他企业严格区分开来。例如，美国七喜公司在竞争激烈的饮料市场上，针对可口可乐、百事可乐公司的饮料产品的特点，把本公司生产的饮料定位于非可乐型饮料，并重点宣传它不含咖啡因的特点，从而拥有了自己产品的顾客。定位实施当年，销售量就提高了10%。

企业确定目标市场后，对产品进行市场定位，这是产品的第一次定位，也称初次定位。一般新产品投放市场均属初次定位。企业产品的市场定位不是一成不变、一劳永逸的。随着市场情况的变化，产品尚需重新定位，即对产品进行二次或再次定位。一般是：①当本企业产品定位附近出现了强大的竞争者，导致本企业的产品销售量及市场占有率下降时；②顾客的消费观念、消费偏好发生变化，由喜爱本企业产品转向竞争者产品时；③当本企业产品在目标市场已逐步走向产品生命周期的衰退期，企业要转移新的市场时，企业需对产品进行重新定位。

二、市场定位的步骤

市场定位的关键是企业要设法在自己的产品上找出比竞争者更具有竞争优势的特性。竞争优势一般有两种基本类型：一是价格竞争优势，就是在同样的条件下比竞争者定出更低的价格。这就要求企业采取一切努力来降低单位成本。二是偏好竞争优势，即能提供确定的特色来满足顾客的特定偏好。这就要求企业采取一切努力在产品特色上下工夫。因此，企业市场定位的全过程可以通过以下三大步骤来完成：

1. 分析目标市场的现状，确认本企业潜在的竞争优势

这一步骤的中心任务是要回答以下三个问题：一是竞争对手产品定位如何？二是目标市场上顾客欲望满足程度如何以及确实还需要什么？三是针对竞争者的市场定位和潜在顾客的真正需要的利益要求，企业应该以及能够做什么？要回答这三个问题，企业市场营销人员必须通过一切调研手段，系统地设计、搜索、分析并报告有关上述问题的资料和研究结果。

通过回答上述三个问题，企业就可以从中把握和确定自己的潜在竞争优势。

2. 准确选择竞争优势，对目标市场初步定位

竞争优势表明企业能够胜过竞争对手的能力。这种能力既可以是现有的，也可以是潜在的。选择竞争优势实际上就是一个企业与竞争者各方面实力相比较的过程。比较的指标应是一个完整的体系，只有这样，才能准确地选择相对竞争优势。通常的方法是分析、比较企业与竞争者在经营管理、技术开发、采购、生产、市场营销、财务和产品等七个方面究竟哪些是强项，哪些是弱项。借此选出最适合本企业的优势项目，以初步确定企业在目标市场上所处的位置。

3. 显示独特的竞争优势和重新定位

这一步骤的主要任务是企业要通过一系列的宣传促销活动，将其独特的竞争优势准确传播给潜在顾客，并在顾客心目中留下深刻印象。为此，企业首先应使目标顾客了解、知道、熟悉、认同、喜欢和偏爱本企业的市场定位，在顾客心目中建立与该定位相一致的形象。其次，企业通过各种努力强化目标顾客形象，保持目标顾客的了解，稳定目标顾客的态度和加深目标顾客的感情来巩固与市场相一致的形

象。最后，企业应注意目标顾客对其市场定位理解出现的偏差或由于企业市场定位宣传上的失误而造成的目标顾客模糊、混乱和误会，及时纠正与市场定位不一致的形象。

企业的产品在市场上定位即使很恰当，但在下列情况下，还应考虑重新定位：

（1）竞争者推出的新产品定位于本企业产品附近，侵占了本企业产品的部分市场，使本企业产品的市场占有率下降。

（2）消费者的需求或偏好发生了变化，使本企业产品销售量骤减。

三、市场定位战略

无论是产品的初次定位还是重新定位，要树立品牌形象，产品必须有所差异，一般有以下四种产品市场定位策略可供选择。

1. 产品差异化

企业控制市场的程度取决于它们使自己的产品差异化的成功程度，因此，企业应力求在产品形式、风格、质量、特色等方面形成产品差异，为企业赢得竞争优势地位。例如德国大众汽车，因精良的生产制造技术、高质量的产品、稳定一致性的产品表现，赢得了世界级的声誉；还有我们大家都非常熟悉的宝洁公司，国内现有 6 个宝洁公司的洗发水品牌，由于宝洁公司巧妙地运用了产品差异化，设计了 6 个品牌各自的个性化定位，从而实现了在洗发水行业骄人的战绩。

2. 服务差异化

随着科技的发展，产品实体之间进行差异化的难度越来越大，要获得竞争的胜利就要做到提供有价值的服务，并提高服务质量。主要的服务差异为：订购货物的难易程度、产品投递、安装、客户培训、客户咨询、维修等。服务差异化战略能够提高顾客的总价值，保持牢固的顾客关系，从而击败竞争对手。服务差异化战略尤其在饱和的市场上，对于技术精密产品，如汽车、计算机、复印机等更为有效。例如，海尔因其星级服务体系，在家电行业享有盛名；上海大众遍布各大城市的维修服务网点，打造了大众的服务品牌，成为一把竞争利器。

3. 员工差异化

公司也可以通过训练有素的员工来获得竞争优势。一个训练有素的员工应具有以下基本的素质和能力：能力（知识和技能）、礼貌（尊重和体贴）、可信（值得信赖）、可靠（一贯性和准确的表现）、响应能力强（行动迅速）和良好的沟通能力（愿意了解顾客并能清楚地沟通）。例如，微软有一支实力强大的研发队伍，所以才能不断创造性地研发出具有市场生命力的新产品；日本航空公司既没有美国“联航”的实力与规模，也不及韩国“韩航”的价格低廉，但在与它们竞争的过程中，丝毫不落下风，原因就在于日航高素质的员工队伍，能够为旅客提供细致、周到的服务。

4. 形象差异化

类似的产品会带给消费者不同的感受，这就是形象差异。企业通过品牌、标志、媒体、事件等，向外界宣传企业及其产品的个性特征，在消费者心里形成深刻的企业印象。如万宝路鲜明的“牛仔”形象、麦当劳的“金色拱门”、IBM 的“蓝色的 IT

巨人”、英特尔的“intel inside”等都在消费者头脑中创造了个性鲜明的企业和产品形象，企业竞争优势也因此得以巩固。

本章知识小结

一般来说，任何企业都不可能很好地满足所有的顾客群的不同需要。为了提高企业的经济效益，企业必须根据市场产量、市场竞争状况和企业自身状况确定企业的目标市场。目标市场营销战略决策过程包含三个步骤：一是市场细分；二是目标市场选择；三是市场定位。

本章能力小结

能够理论与实际相结合，使用STP战略为企业的发展服务。

【课后任务练习】

1. 美国米勒公司营销案

在20世纪60年代末，米勒啤酒公司在美国啤酒业排名第八，市场份额仅为8%，与百威、蓝带等知名品牌相去甚远。为了改变这种现状，米勒公司决定采取积极进攻的市场战略。

他们首先进行了市场调查。通过调查发现，若按使用率对啤酒市场进行细分，啤酒饮用者可细分为轻度饮用者和重度饮用者，而前者人数虽多，但饮用量却只有后者的1/8。

他们还发现，重度饮用者有着以下特征：多是蓝领阶层；每天看电视3个小时以上；爱好体育运动。米勒公司决定把目标市场定在重度饮用者身上，并果断决定对米勒的“海雷夫”牌啤酒进行重新定位。

重新定位从广告开始。他们首先在电视台特约了一个“米勒天地”的栏目，广告主题变成了“你有多少时间，我们就有多少啤酒”，以吸引那些“啤酒坛子”。广告画面中尽是些激动人心的场面：船员们神情专注地在迷雾中驾驶轮船、年轻人骑着摩托车冲下陡坡、钻井工人奋力止住井喷等。

结果，“海雷夫”的重新定位战略取得了很大的成功。到了1978年，这个牌子的啤酒年销售量达2 000万箱，仅次于AB公司的百威啤酒，在美国名列第二。

任务：分析米勒公司取得成功的原因。

2. 宜家在中国

在欧美等发达国家，宜家把自己定位成面向大众的家居用品提供商。因为其物美价廉、款式新、服务好等特点，受到广大中低收入家庭的欢迎。

但到了中国之后，市场定位作了一定的调整，因为中国市场虽然大，但普遍消费水平低，原有的低价家具生产厂家竞争激烈接近饱和，市场上的国外高价家具也很少有人问津。于是宜家把目光投向了大城市中相对比较富裕的阶层。宜家在中国的市场定位是“想买高档货，而又付不起高价的白领”。这种定位是十分巧妙、准确的，获得了比较好的效果，原因在于：①宜家作为全球品牌满足了中国白领人群的心理；②宜家卖场的各个角落和经营理念上都充斥着异国文化；③宜家家具有顾客自己拼装(DIY)、免费赠送大本宣传刊物、自由选购等特点。

以上这些已经吸引了不少知识分子、白领阶层的眼球，加上较出色的产品质量，让宜家在吸引更多新顾客的同时，稳定了自己固定的回头客群体。宜家的产品定位及品牌推广在中国如此成功，以至于很多中国白领们把“吃麦当劳、喝星巴克的咖啡、用宜家的家具”作为一种风尚。

任务：分析宜家在中国为什么会取得成功？

3. 江崎泡泡糖

日本泡泡糖市场年销售额约为74亿日元，其中大部分为“劳特”所垄断。可谓江山唯“劳特”独坐，其他企业再想挤进泡泡糖市场谈何容易？但江崎糖业公司对此却不畏惧，公司成立了市场开发班子，专门研究霸主“劳特”产品的不足和短处，寻找市场的缝隙。经过周密的调查和分析，终于发现“劳特”的四点不足：第一，以成年人为对象的泡泡糖市场正在扩大，而“劳特”却仍旧把重点放在儿童泡泡糖市场上；第二，“劳特”的产品主要是果味型泡泡糖，而现在消费者需求正在多样化；第三，“劳特”多年来一直生产单调性的条状泡泡糖，缺乏新型式样；第四，“劳特”产品的价格是110日元，顾客购买时需多掏10日元的硬币，往往感到不便。通过分析，江崎糖业公司决定以成人泡泡糖市场为目标市场，并制定了相应的市场营销策略。不久便推出功能型泡泡糖四大产品：司机用的泡泡糖，使用了高浓度薄荷和天然牛黄，以强烈的刺激消除司机的困倦；交际用的泡泡糖，可清洁口腔、祛除口臭；体育用的泡泡糖，内含多种维生素，有益于消除疲劳；轻松型泡泡糖，通过添加叶绿素，可以改变人的不良情绪。他们还精心设计了产品的包装和造型，价格定为50日元和100日元两种，避免了找零钱的麻烦。功能型泡泡糖问世后，像飓风一样席卷全日本，而且占领了一定的市场份额，从零猛升至25%，当年销售额达175亿日元。

任务：江崎糖业公司为什么会获得成功？试用STP战略进行分析。

4. Swatch 手表

瑞士手表一向以高品质、高档次、高价位著称，如劳力士、梅花、伯爵、浪琴等品牌手表一直占据高档手表市场。然而，随着消费者对手表要求的改变，受日本和香港等厂商出产的中低价位但式样新颖的手表的冲击，定位于技术复杂、品质优异的瑞士手表销售逐渐走下坡路，失去了往日风光。1981年，瑞士最大的手表公司的子公司ETA开始一项新计划，结果推出了著名的Swatch手表，并迅速风靡全球手表市场。该手表不是以高品质、高价位定位，而是以款式新颖和低价位但不失高格调定位。该手表价格从40美元到100美元不等，它主要作为时装表来吸引活跃的追求潮流的年轻人。Swatch每年都要不断推出新式手表，以至于人们都焦急地期待新产品的出现，并将之作为收藏品。

在低价位的基础上，Swatch是如何保持它的高格调形象的呢？全凭销售渠道和限量生产。在美国，Swatch手表最初在珠宝店和时新店销售，现今在高档货店也有销售，但不进入批发市场。它在几家大型百货商店中开设了专柜，以增加辅助品的销售，如太阳镜、眼镜盒等，让顾客在整个 Swatch 氛围中欣赏公司的产品设计。Swatch 手表虽然每年推出新款式，但每种款式在推出 5 个月后即停止生产，因而即使是最便宜的手表都有收藏价值，获得了“现代古董”的美称。

通过高贵的名店销售价格便宜的商品，它给顾客的感觉就变成了“物美价廉”。Swatch 之所以能为瑞士表夺回江山，最重要的就在于“物美价廉”定位策略的成功。可见，在外界环境发生变化之后，企业定位也应随之调整。

任务：从 Swatch 手表营销案例中，你受到了哪些启发？

第十三章

产品策略

一、本章学习目标

能力目标：

1. 能根据市场情况采取不同的产品组合策略；
2. 会运用产品生命周期理论分析市场状况。

知识目标：

1. 掌握产品整体概念；
2. 掌握产品组合策略。

二、本章工作任务

1. 掌握产品整体、产品组合概念；
2. 掌握产品生命周期和新产品开发策略。

三、本章学习指导

1. 掌握产品生命周期各阶段的特点及应对措施；
2. 掌握产品组合策略。

导入案例

派克笔：一支会说故事的笔

拥有美国优良血统、深受英国皇室喜爱的派克笔一直以来都是身份和荣誉的象征、地位和品味的体现。自从 1972 年美国总统尼克松在访华时，将派克笔作为礼物赠送给毛主席，派克笔便打开了中国市场的大门，成了一个家喻户晓的高端品牌，令不少人可望而不可即。如今看来，算是一个相当成功的品牌营销案例。

自品牌建立后的 120 多年里，派克笔在豪华高级笔的市场里始终拥有稳固的行业地位。进入 21 世纪后，中国青年对品牌的追从、对个性的追求、对时尚的追捧等给派克笔提供了一片肥沃的土壤。2001 年，派克笔进驻上海，成立了上海派克笔有限公司，这标志着派克笔正式打入中国市场。经过几年的不懈努力，从 2008

年的最新统计报表来看，派克笔在中国市场已经创下了销售额1.8亿元的神话。即使是在经济十分萧条的当下，其发展形势仍然十分乐观，有望突破2个亿。

随着互联网行业的日益发达和电子商务的日趋成熟，各行各业都开始争抢网络销售这块大蛋糕，派克笔也不例外。现在由派克笔官方颁布的网络授权专卖仅有一家，同时也是ShopEx的优秀客户，除此之外的都是仿冒产品，正规的且是官方唯一授权的网络销售都会有派克笔公司给予的授权证书。在全球经济都呈现出低迷的时候，仍然很稳定、很顽强地在以平均每个月30%~40%的速度增长。网站之所以能运营得比较顺利，一方面是依托了派克笔这个品牌效应；另一方面，派克笔网络专卖店的售价要比实体专卖店的售价优惠不少，品种也更多样化，促销活动也更人性化，而且同样都是接受全球联保售后服务。

作为全球高质量书写工具的领导者，派克笔一直伴随着世界上的许多重大活动，见证历史，传播文明。柯南道尔用派克笔塑造了福尔摩斯，富豪亨利用派克笔签下了购买帝国大厦的合约，美国总统尼克松历史性访华时以派克笔相赠。从日本“二战”投降时的受降人麦克阿瑟将军到美俄签署核裁军条约的布什与叶利钦，无不是用派克笔记下了历史上浓重的一页，这些长长的历史铸就并见证了派克笔的辉煌。

问题：派克笔为什么会获得成功？

企业的市场营销活动以满足市场需求为中心，而市场需求的满足只能通过提供某种产品或服务来实现。产品是企业与市场联系的纽带，也是企业营销活动的基础，产品策略直接或间接地影响到其他营销组合策略的制定。

第一节　产品整体概念

一、产品整体概念

通常，人们将产品理解为具有某种特定物质形状和用途的物体，如汽车、服装、食品等。

而在市场营销学中，产品是一个整体概念，指能提供给市场、用于满足人某种欲望和需要的一切东西，既包括物质产品，也包括非物质形态的服务。它由三个层次组成：

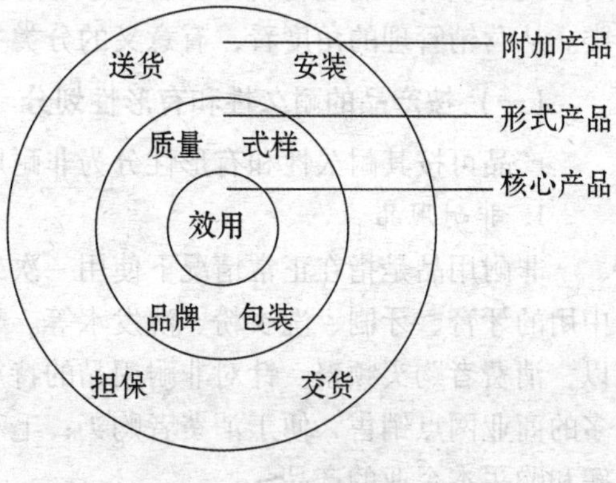

图13－1　产品的层次

1. 核心产品

核心产品也叫实质产品，是指通过形式产品向顾客提供的基本效用或利益，它是顾客真正要购买的东西，是产品整体概念中最基本、最核心的部分。顾客购买某种产品，就是为了要获得自己的某方面利益和满足。例如，女士购买口红并不是为了获得口红本身，而是要满足爱美的需求，也就是购买一种美的梦想，期望口红能使自己更漂亮、更有魅力。住旅馆、购买旅馆产品的旅客真正要购买的是“休息与睡眠”。旅游者到张家界旅游，购买张家界旅游产品，真正想获得的核心利益是观赏自然风光、享受大自然之美。

2. 形式产品

形式产品是指核心产品借以实现的形式，一般以产品的外观、质量、特色、包装、品牌等表现出来。产品的基本效用必须通过特定形式才能实现，因此，企业在设计产品时，既要着眼于用户所追求的核心利益，也要重视产品的外观特色。例如，奔驰轿车由其著名的品牌、精美的造型、超高的质量、合理的结构、舒适的乘坐感及其他属性巧妙地构成，从而给予消费者一种作为核心利益的满足感受和高地位象征。

3. 附加产品

附加产品是指顾客购买产品时所能得到的全部附加服务和附加利益的总和，如安装、维修、送货、调试、人员培训和售后服务等。随着市场竞争的加剧，不同企业提供的同类产品在核心利益上越来越接近，很难有很大的差别，因此，美国市场营销学家维特教授曾断言：“未来竞争的关键不在于工厂能生产什么产品，而在于其产品所提供的附加价值：包装、服务、广告、用户咨询、购买信贷、及时交货和人们以价值来衡量的一切东西。”

核心产品、形式产品和附加产品作为产品的三个层次，是不可分割并紧密相连的，它们构成了产品的整体概念。其中，核心产品是核心、基础和本质；核心产品必须转变为形式产品才能得以实现；在提供产品的同时，还要提供广泛的服务和附加利益，形成附加产品。

二、产品分类

市场营销人员需要根据产品的特性制定营销策略，而科学地制定有效的营销策略，就必须对产品进行科学的分类。按照不同的分类标准，可以把产品分成许多种类。从营销管理的角度看，有意义的分类主要包括以下几种：

（一）按产品的耐久性和有形性划分

产品可按其耐久性和有形性分为非耐用品、耐用品和服务。

1. 非耐用品

非耐用品是指在正常情况下使用一次或几次就被消费掉的有形物品。比如，生活中用的牙膏、牙刷、洗衣粉、洗发水等。非耐用品消费周期短，很容易被消费掉，所以，消费者购买频繁。针对非耐用品的特点，企业可以采取的营销策略是选择尽可能多的商业网点销售，便于消费者购买；毛利要低；要广泛开展宣传活动，让消费者了解和购买本企业的产品。

2. 耐用品

耐用品是指在正常情况下能多次使用并且使用寿命较长的有形物品。例如，电冰箱、家具、摩托车、音响等。这类产品属于消费者的负责购买行为，通常企业需要派出推销人员推销和提供服务。耐用品的毛利较高，但质量和服务更需要企业保证。

3. 服务

服务是指提供出售的活动、效益和满足感。如理发、修理、技术指导、文艺演出、旅馆等。服务主要的特点是无形、不可分割、可变和不持久，因此，服务更需要质量管理以及供应者的可靠性和适应性。

（二）按消费者的购物习惯划分

产品可按消费者的购物习惯分为便利品、选购品、特殊品和非渴求品。

1. 便利品

便利品是指顾客经常使用、频繁购买、几乎不作任何购买比较、不花太多精力就立刻作出购买决定的产品。如牛奶、面包、报刊、杂志、口香糖等。便利品可分为三类：日用品、冲动购买品和急需品。日用品是指消费者经常购买的商品，如牙膏、洗衣粉、油盐酱醋、食品等。冲动购买品是指消费者临时性、非计划性的购买，如在心理冲动下购买消遣性的期刊、饰品、旅游纪念品等。急需品是指在某些特殊情况下产生的紧急购买行为所购买的产品，如雨伞、药品、御寒物品等。

2. 选购品

选购品是指消费者在选购过程中要对产品的适用性、价格、质量、款式、颜色等作较细致的比较评估后才会作出购买决定的产品。如服装、家具、大型家电等。这类产品挑选性强，耐用程度较高，不需要经常购买，所以消费者经常花费较多精力和时间进行比较购买。

3. 特殊品

特殊品是指含独有特征或品牌的产品。如消费者忠诚于或偏好特定品牌、商店、特定物品（收藏品）、人（明星）等。对于特殊品，消费者愿意花费时间去比较和购买，所以，此类产品的营销者应注意保持和目标顾客的联系。

4. 非渴求品

非渴求品是指在消费者的日常生活中一般是可有可无、非必需的商品，不会有特别强烈的愿望去购买它，如百科全书、人寿保险等。非渴求品的基本特性就决定了营销者要做大量的营销努力，如广告和人员推销，以促使潜在顾客认识到需要并激发购买欲望。

第二节　产品组合策略

现代企业为了满足目标市场的需要，为了扩大销售、分散风险和增加利润，往往需要经营多种产品。但是，一个企业究竟应当生产经营多少种产品，这些产品应当如何搭配，都需要企业根据市场需要和自身能力等条件来决定。为了合理规划产品结构，调整新老产品的组成，有必要对产品组合问题进行探讨。

一、产品组合的概念

所谓产品组合，是指一个企业制造或经营的全部产品线和产品项目的组合。其中，产品项目是指每一个具体的产品；产品线是指产品组合中某一产品大类，是一组密切相关的产品。它包括以下四个要素：宽度、长度、深度和关联性。

1. 产品组合的宽度

产品组合的宽度是指企业的产品线总数。例如，某企业营销的产品有摩托车、电视机、录像机、收音机、收录机五大类，那么，该企业的产品组合的宽度为5。经营的产品线越多，产品组合也越宽；反之就越窄。从公司战略来看，宽的产品组合可使公司满足消费者的不同需求，能够满足一次性购齐的消费。如海尔能够提供洗衣机、电冰箱、电视机、空调机、吸油烟机、吸尘器、电熨斗等，能够提高其分销渠道的利用率。

2. 产品组合的长度

产品组合的长度是指一个企业的产品项目总数。产品项目指列入企业产品线中具有不同规格、型号、式样或价格的最基本产品单位。通常，每一产品线中包括多个产品项目，企业各产品线的产品项目总数就是企业产品组合长度。例如，某企业的产品项目总数是30个，也就是说，其产品组合长度是30。

3. 产品组合的深度

产品组合的深度是指产品线中的每一产品所包含的产品项目数目。如果某个彩电生产厂家所生产的电视机按尺寸大小划分品种的话，有8个品种，那么，这条产品线的深度为8。多条产品线的深度相加的平均数，就是产品组合的深度，或称平均深度。

4. 产品组合的关联性

产品组合的关联性是指一个企业的各产品线在最终用途、生产条件、分销渠道等方面的相关联程度。例如，某日用品公司拥有香皂、洗衣粉、肥皂等多条生产线，但每条生产线都与日用品有关，这一产品组合就具有较强的关联性。

产品组合的广度、深度和关联性不同，就构成不同的产品组合。分析产品组合的这三个因素，有利于企业更好地利用产品组合策略。增加产品组合宽度、扩大经营范围，可充分发挥企业各项资源的潜力，提高效益，减少风险；增加产品线的长度和深度，适应不同顾客的需求，吸引更多顾客；产品组合关联性的高低，可决定企业能在多大领域内加强竞争地位和获得声誉。

二、产品组合策略

产品组合策略就是对产品组合的宽度、深度、长度以及关联性等方面作出决定，选出最佳方案。常用的产品组合策略有以下几种：

（一）扩大产品组合策略

扩大产品组合策略是指拓宽产品组合的广度和加强产品组合的深度。前者是在原产品组合中增加一个或几个产品线，扩大经营范围；后者是在原有产品线内增加新的产品项目。当企业预测现有产品线的销售额和赢利率在未来一两年内可能下降时，就须考虑增加新的产品线；当企业打算增加产品特色，或为更多的细分市场提供产品时，则可选择在原产品线内增加新的产品项目。

扩大产品组合策略的优点是：充分利用企业的人力、物力和财力资源，避免企业能力的浪费，提高企业经营效果；减少企业受市场需求变动的影响，分散市场风险，降低损失；更好地满足不同偏好的消费者的各种需求，提高产品的市场占有率，并提高企业的声誉。

扩大产品组合策略也有局限性，它要求企业拥有多条生产线，具有多种销售渠道；同时，促销方式要多样化，这会增加企业的生产成本和销售费用。

（二）缩减产品组合策略

缩减产品组合策略是指缩减产品线或产品项目，实行集中经营。随着企业产品组合在广度和深度上的扩展，用于市场的调查研究、产品设计、促销、仓储、运输等方面的费用也随之上升。当市场不景气或能源、原材料供应紧张时，从产品组合中剔除那些获利很小甚至不获利的产品线或产品项目，可使企业集中资源，发展那些获利多的产品线或产品项目，获利水平反而会提高。

缩减产品组合策略的优点是：集中技术资源改进保留的产品线，便于降低成本，提高竞争力；有利于生产经营的专业化，提高生产效率，降低成本，使企业向纵深方向发展，寻求合适的目标市场；减少资金占用率，加速资金周转。

缩减产品组合策略的局限性是风险较大，一旦目标顾客的消费需求发生转移或市场上出现强有力的竞争者，企业很可能受到严重的损失，甚至破产。

（三）产品延伸策略

产品延伸策略是指全部或部分地改变公司原有产品的市场定位，具体做法有以下三种：

1. 向下延伸

向下延伸是指企业原来定位于高档市场的产品线向下延伸，在高档产品线中增加中低档产品项目。采取这种策略，可以使企业利用高档名牌产品的声誉，吸引不同层次的顾客，从而增加产品销售，扩大市场份额，充分利用原有的物质技术力量。但这种策略也会给企业带来一定的风险，如果处理不当，低档产品会对企业原有产品的市场形象和声誉造成不利的影响。

2. 向上延伸

向上延伸是指企业原来定位于低档市场的产品线向上延伸，在原有产品线内增加高档产品项目。如丰田车最初进入美国市场时仅提供中档产品，在取得成功后逐步进入高档车市场，如佳美即是其高档车的经典产品。采取这一策略的原因是高档产品市场具有较大的市场潜力和较高的利润率，企业在技术设备和营销能力方面已经具备进入高档市场的条件，需要对产品线进行重新定位等。这一策略的最大风险在于，低档产品在消费者心目中地位的改变比较困难。因而需要通过大量的营销努力，经过一段时间才能奏效。

3. 双向延伸

双向延伸是指企业原来定位于中档市场的产品线掌握了一定的市场优势后，决定向产品线的上下两个方向延伸，一方面增加高档产品，另一方面增加低档产品，力求全方位占领某一市场。采取这一策略的主要问题是，随着产品项目的增加，企业的营销费用和管理费用会相应增加，因此，要求企业对高、低档产品的市场需要有准确的预测，以使企业产品的销售在抵补费用的增加后有利可图。

第三节　产品生命周期

一、产品生命周期的概念

产品进入市场，被消费者偏爱并非永恒，由于替代品的出现或竞争，产品也会被淘汰，它就有生命周期。所谓产品生命周期，就是指产品从进入市场开始到被市场淘汰为止的全过程。产品生命周期可分为导入期、成长期、成熟期和衰退期四个阶段。

产品生命周期表明了产品在各阶段的发展趋势，是推测产品发展前途的出发点；对产品生命周期的阶段划分，便于营销者根据产品不同阶段的特征，分析产品的营销状况，并在不同发展阶段制定不同的营销组合，掌握营销活动的主动权；研究产品的生命周期理论，将有利于把握新产品开发和上市的时机，及时替代老产品。

现代市场营销学认为，企业的营销战略必须适应产品生命周期的发展变化。随着某种产品生命周期的变化，企业必须相应地改变产品的市场营销战略，这是企业能否在激烈的市场竞争中生存和发展的关键。

二、产品生命周期各阶段的市场特点及营销策略

（一）导入期的市场特点及营销策略

导入期一般是指新产品研制成功投放到市场试销的阶段。其主要特点是：消费者对产品不了解，产品销售量小，单位产品成本高；尚未建立最理想的营销渠道以及高效率的分配模式；价格决策难以确立，广告费用和其他营销费用开支较大；产品技术、性能还不够完善；利润较小，甚至为负利润。导入期市场营销策略的重点是要突出一个“快”字，尽快让消费者了解产品，让产品尽快进入市场。一般有以下四种可供选择的策略：

1. 快速—掠取策略

它又称双高策略，即企业以高价格和高促销费用相结合推出新产品。采用这种策略必须具备的条件是：市场需求潜力大，目标顾客求新心理强，急于购买新产品并愿意为此支付高价；产品在质量和性能上要优于同类产品或者在某些方面有新奇之处。

2. 缓慢—掠取策略

它又称选择性渗透策略，即企业以高价格和低促销费用相结合推出新产品。高价格和低促销费用的结合可以使企业获得更多利润。采用这种策略的市场条件是：目标市场的潜力和规模有限，竞争威胁不大，大多数用户了解这种产品，适当的高价能为顾客接受。

3. 快速—渗透策略

它又称密集式渗透策略，即以高促销费用和低价格的组合向市场推出新产品。目的在于先发制人，以最快的速度打入市场，该策略可以给企业带来最快的市场渗透率和最高的市场占有率。实施该策略的市场条件是：产品市场容量相当大，潜在消费者对产品不了解，且对价格十分敏感；潜在竞争比较激烈；产品的单位制造成本可随生产规模和销售量的扩大迅速下降。

4. 缓慢—渗透策略

它又称双低策略，即以低价格和低促销费用相结合推出新产品。实施这一策略的市场条件是：市场容量大，产品适用面广；顾客对该产品很了解，促销作用不明显，但对价格敏感，需求价格弹性高；潜在竞争激烈。

（二）成长期的市场特点及营销策略

成长期是指新产品试销成功后，转入大批量生产和销售的阶段。其主要特点是：顾客对产品已较为熟悉，分销渠道顺畅，产品销售量迅速增长，几乎呈直线上升；产品已经定型，生产工艺基本成熟，大批量生产能力形成，因而生产成本降低，利润大幅增加；市场出现竞争并日趋激烈，由于竞争和市场扩张的需要，企业的促销费用水平基本稳定或略有提高，但占销售额的比率下降。由于这个阶段是企业产品销售的黄金时期，市场营销策略的重点应该突出一个“好”字，来扩大并站稳市场，同时避免因产品质量问题而损害企业的形象和产品的信誉。企业应采取的主要营销策略有以下几种：

1. 产品策略

企业通过技术上的改进，进一步提高产品质量，不断改变产品的特色、款式、改良包装；加强服务、加强促销，促销的重点从介绍产品转向树立企业和产品的形象，同时加强售后服务，以建立品牌偏好，争取更多的顾客。

2. 价格策略

在扩大生产的基础上，企业可以选择适当时机，采取灵活降价策略，既可以吸引那些对价格敏感的消费者作出产品购买反应，又可以阻止竞争对手的进入，提高竞争力。

3. 渠道策略

企业增设销售机构和销售网点，进一步向市场渗透，开拓新的市场领域。

4. 市场开发策略

结合投入期市场销售情况，通过市场细分找到新的尚未满足的细分市场，做好充分的准备工作，一旦时机成熟，迅速进入新的市场。

（三）成熟期的市场特点及营销策略

成熟期是指大多数购买者已经接受这种产品，市场销售额的增长速度开始减慢的阶段。其主要特点是：销售量达到顶峰，销售增长率甚至呈现下降趋势；同时，生产量大，生产成本低，利润总额高，但增长率降低；由于产品普及率高，市场需求减少，行业内生产能力出现过剩，市场竞争激烈。市场策略的重点是要突出一个“改”字，企业在这一时期可以采取的营销策略有以下几种：

1. 市场改良策略

即开发新市场，寻求新用户。这种策略的实现方式有以下几种：一是开发产品的新用途；二是刺激现有顾客，增加使用频率；三是重新为产品定位，寻求新的买主。

2. 产品改良策略

即指产品通过在性能、质量、功能等方面的适当改进，重新推向市场，吸引更多的消费者。具体方法有四种：一是品质改进策略，主要侧重于增加产品的功能，目的是提高产品的竞争地位；二是特性改进策略，主要侧重于增加产品的新特性；三是式样改进策略，主要基于人们的美学欣赏观念而对产品的款式、外观进行改变；四是服务改进策略，有的企业销售耐用消费品，采取设立修理站、提供保修方法，以促进销售。

3. 营销组合改良策略

即指通过改变定价、销售渠道及促销方式等因素的改变来延长产品的市场成长期和成熟期，以扩大产品销售量，使企业获得更多的利润。

（四）衰退期的市场特点及营销策略

衰退期是指产品需要量迅速下降，产品逐渐老化转入产品更新换代的阶段。其主要特点是：产品老化，处于被市场淘汰的境地；产品销售量和利润急剧下降；企业生产能力过剩问题日益突出；市场上以价格竞争作为主要手段，努力降低售价，回收资金；一些企业纷纷退出市场，转入研制、开发新产品，一些企业的新产品已上市。企业的策略重点应抓好一个“转”字，此时的营销策略主要有：

1. 维持策略

即尽量维持原有产品的销售水平或市场份额，同时采取产品创新战略。

2. 收缩策略

即削减生产规模，减少投资，收缩分销规模，降低促销费用。

3. 放弃策略

即完全放弃无利可图的产品线，转移至新的业务领域。

第四节　新产品开发

一、新产品的概念

这里所说的新产品，是就企业而言的新产品，是指企业向市场提供的较之原有产品具有较大差别的产品，这些新产品应具备以下几个特点：

（1）新产品应具有新的原理、新的结构，或是改进了原有产品的原理与结构。例如，在普通伞基础上推出的自动、半自动伞就可列为新产品。

（2）新产品采用了新的元件和材料，并优于原产品，使新产品的性能超过了原有产品。例如，某些产品中用塑料代替木材，玻璃代替某些钢材，半导体收音机代替电子管收音机、电子表代替机械表等。这些都是新产品，具有先进性。

（3）新产品有新的实用功能。例如，日历手表比一般计时手表增加了功能。家用换气扇与电风扇原理相同，由于结构的改变增加了新的功能，也可视为新产品。

要正确理解新产品的含义，首先要从产品整体的概念上来理解，可以说，新产品并不一定是新发明的产品。固然，市场上出现的前所未有的崭新的产品是新产品。例如，一百多年以前出现的汽车，五十多年以前出现的黑白电视机等。但是，这种新产品并不是经常出现的。有些产品在形态或功能方面略有改变，人们也习惯于把它们看作新产品。例如，新型号的汽车就是汽车市场经常出现的新产品。由此可见，新产品的"新"，具有相对意义。

其次，还可以从市场与顾客的角度来确认新产品。比如，有些产品尽管在世界上早已出现，但从来没有在某个地区出售过，那么对这个地区市场来说，它就是新产品。这样一种关于新产品的理解，对于出口销售是具有重要意义的。

最后，从生产和销售企业的角度看，凡是本企业从来没有生产和销售过的产品，而标上本企业的招牌或商标的，也可以说是新产品。

二、新产品的种类

1. 全新新产品

这是指采用新原理、新结构、新技术、新材料制造的前所未有的产品。这类新产品都是科学技术的重大发明和创造，可以说是世界范围的新产品，代表了科学技术发展史上的新突破。例如，电话、飞机、打字机、盘尼西林（青霉素）、电子计算机等的发明，就被视为1860—1960年间世界公认的最重要的一部分新产品。这类产品是极为难得的，因为一项科学技术的发明，从理论到技术，从实验室到工业生产，要花费很长的时间、巨大的人力和财力，绝大多数企业都不容易提供这种全新的新产品。与老产品比较，全新新产品是一种完全的质变。

2. 换代新产品

换代新产品，也称部分新产品，指在原有产品的基础上，部分采用新技术、新材料制成的性能有显著提高的新产品。例如，电子计算机从问世到现在，已经经历了电子管、晶体管、集成电路、大规模或超大规模集成电路和具有人工智能的电脑等五代发展历程。每一代计算机与它的前一代比较，都属于换代新产品。再如，普通自行车发展到变速自行车；普通电熨斗发展到自动调温或自动喷水蒸气的电熨斗；普通缝纫机发展到电动缝纫机等，也都是换代新产品。这类新产品在市场上比全新新产品多，中小企业由于技术力量和其他力量薄弱，对产品的更新换代投入也较少。与老产品比较，多数换代新产品是一种部分的质变。

3. 改进新产品

改进新产品是指对现有产品在质量、结构、品种、材料等方面作出改进的产品。它主要包括质量的提高、用途的增加、式样的更新、材料的易取或更便宜。如普通牙膏改为药物牙膏、普通卷烟改为过滤嘴卷烟以及新款式的服装等。这些新产品经常在市场上出现，满足各种消费者的不同需要。但应注意的是，一种产品只是在花色、外观、表面装饰、包装装潢等方面的改进和提高不属于新产品。与老产品比较，改进新产品是一种量变。

4. 企业新产品

企业模仿市场上正在销售产品的性能、工艺而生产的产品。这类产品就整个市场来说，已不是新产品；但对企业来说，设备是新的，工艺是新的，生产的产品也与原来的产品不同，所以它仍然是企业的新产品。开发企业新产品，对于我国的许多企业很适用，企业可以有计划地引进和仿制国外的新产品，能大大缩短和国际先进水平之间的差距。应注意的是，在引进和仿制的时候，应符合专利法等法律法规的要求。

三、新产品的开发流程

1. 激发创意

新产品开发开始于创意。企业应该设计、营造一个可以刺激企业内部创意的环境。根据一项研究，80%的企业认为客户是新产品创意的最佳来源。越来越多的制造厂商鼓励甚至要求供应商构思创意。在特许经营体系中，很多业主经营者的创意变成了热卖商品，如麦当劳的巨无霸汉堡包就是连锁经营业主的创意。

2. 评估创意

有了新产品创意之后，企业需要予以评估，并决定哪些新产品创意值得进一步深入研究。通常，评估小组是靠经验与直觉而不是市场或竞争资料来评估各种新创意。

3. 经营分析

针对需要深入研究的新产品创意，企业应该制订具体的经营计划书。企业需要做到：①确认产品的特色；②预估市场需求量、竞争情况和产品的赢利能力；③制订产品的开发计划；④分派研究产品可行性的工作职责。

4. 开发产品原型

如果经营分析结果是可行的，那么，企业将着手新产品原型的开发。以有形产品为例，需少量生产测试模型来确定产品规格，进行技术评估，从而决定是否生产。例如，企业可能制造出新的移动电话原型，但无法进行大批量生产；或无法在控制成本下让企业既可刺激销售又可赢利。另外，实验室可测试产品的使用状况，如苹果电脑公司对新电脑机型进行压力测试。

5. 市场测试

原型开发阶段是内部测试，市场测试涉及实际的市场客户，如新产品分送给社区样本群众（消费性产品）或企业的客户试用（组织用品）。试用后，请使用者评估产品。

这一阶段可实行试销，即在限定区域内试售产品。分析试销的结果，特别是总销售量和客户重复采购的情况。根据测试结果，企业修正产品设计和生产计划。之后，企业决定是否推出产品。

6. 商品化

企业制订全面的批量生产计划和营销计划，并贯彻执行。到这一阶段，企业实际上已完成了新产品开发的全过程。不过，一旦制造产品并上市销售，外部竞争环境将是新产品命运的主要决定因素。

第五节　品牌策略

美国广告专家 Larry Light 认为："未来的营销是品牌的战争——品牌互争长短的竞争……拥有市场比拥有工厂重要多了，唯一拥有市场的途径是先拥有具有市场优势的品牌。"

一、品牌概念

品牌俗称牌子或厂牌。美国市场营销协会（AMA）对品牌的定义是：品牌是一个名称、术语、符号或图案设计，或者是它们的不同组合，用以识别某个或某群消费者的产品或劳务，使之与竞争对手的产品和劳务相区别。完整的品牌包括品牌名称、品牌标志、商标等。

1. 品牌名称

品牌名称是指品牌中可以用语言称呼的部分。例如，"长虹"、"康佳"、"TCL"、"熊猫"都是我国彩电的著名品牌名称；"日立"、"松下"、"东芝"则是日本彩电的著名品牌名称。

2. 品牌标志

品牌标志是指品牌中可以识别但不能直接用语言表达的部分，常常用一些图形、符号、色彩等特殊的设计来表示。例如，"奥迪"是四个连环圆圈；"麦当劳"是黄色的"M"标志；"凤凰"自行车是凤凰图案。

3. 商标

商标是指经过政府有关部门注册登记并受到法律保护的品牌。商标是一种法律术语，也就是受法律保护的某个品牌。商标是企业产权的组成部分，驰名商标更是企业的巨大财富。商标与品牌既密切联系又有所区别：所有的商标都是品牌，但并非所有品牌都是商标。二者的根本区别在于是否经过了一定的法律程序。

二、品牌策略

品牌策略是整个产品策略的一个重要组成部分。为了使品牌在市场营销中更好地发挥作用，必须采取适当的品牌策略。企业在制定品牌策略时，一般可以作出以下几种选择。

（一）品牌化策略

品牌化策略，即决定产品是否使用品牌。品牌化虽然会使企业增加成本费用，但也可使企业得到许多好处：

（1）品牌化可使企业的产品特色得到法律保护，防止被竞争者仿制、假冒。

（2）品牌化有利于企业创造品牌忠诚者和有利于公司的顾客，增加重复购买的消费者。

（3）品牌化有助于企业细分市场和控制市场，有利于产品组合的扩展。

(4) 强有力的品牌有利于树立企业形象，获得经销商和消费者的信任，从而更容易推出新产品。消费者可通过品牌来识别和判断同类产品的质量差别，以便进行高效率的选购。

(二) 品牌归属策略

品牌归属策略，又称品牌使用者决策，是指决定用本企业（制造商本身）的牌号，还是用经销商的牌号，或者是一部分产品用本企业的牌号，另一部分产品用经销商的牌号的策略。制造商的产品在品牌归属上有几种选择：采用自己的品牌，如索尼、福特、可口可乐等，企业品牌一直是品牌决策的主角，大多数企业都创立了自己的品牌；采用经销商的品牌，美国最大的零售商西尔斯公司90%以上的商品用它自己的品牌出售，如“顽强”电池、“工匠”工具、“肯摩尔”器具、“瑞溪”妇女服装等；或者以上两种品牌兼用。

(三) 个别品牌与统一品牌策略

个别品牌与统一品牌策略是指企业所生产的不同种类、规格、质量的产品分别使用不同的品牌，或者全部使用一个品牌。

1. 个别品牌策略

企业对不同产品分别使用不同的品牌名称。采用这一策略的好处是：企业不会因某一品牌信誉下降而承担较大的风险；它可以使企业为每一新产品寻求最佳的品牌，而不必把高档优质产品的品牌引进较低质量的产品线；每个新的品牌都可以造成新的刺激，建立新品牌有利于企业产品向多个细节市场渗透。缺点是：产品的促销费用、品牌过多，不利于企业创立名牌。

2. 统一品牌策略

企业对所生产的多种产品使用同一品牌。优点是企业可以运用多种媒体来集中宣传一个品牌，借助品牌的知名度来显示企业实力，塑造企业形象；有助于新产品进入目标市场，采用统一品牌的各种产品应具有相同的质量水平。

3. 统一品牌和个别品牌并列策略

一个拥有多条产品线或者具有多种类型的产品的企业可考虑采用此策略，一般是在每一种个别品牌前冠以公司的商号名称。采用这种策略的出发点是企图兼收以上两种策略的优点。

(四) 品牌扩展策略

品牌扩展策略，亦称品牌延伸策略，是指企业利用已具有市场影响力的成功品牌来推出改良产品或新产品，以凭借现有名牌产品形成系列名牌产品的一种名牌创立策略。由于这种做法既节约了推出新品牌的促销费用，又可使新产品搭乘原品牌的声誉便车，得到消费者承认，起到“借船出海”、“借势造势”的作用，有人便形象地称之为“搭乘名牌便车”策略。正因为如此，品牌扩展策略被许多企业视为扩展经营范围、提高知名度的利器，纷纷采用。

如海尔集团，自1984年到1991年7年的时间里，只生产一种产品——“海尔”牌电冰箱。当“海尔”牌成为当时家电产品唯一的驰名商标后，海尔集团利用“海尔”名牌效应和健全的全国性销售与服务，从电冰箱扩展到电冰柜、空调器、洗衣机、微波炉、彩电等27个门类的产品，成为国内企业实现多元化经营的成功典型。

（五）多品牌策略

多品牌策略是指企业在同一种产品上同时使用两个或两个以上相互竞争的品牌。采用多品牌策略的优点是：可以在零售商的货架上占用更大的陈列面积，提供几种品牌不同的同类产品，可以吸引那些求新好奇的品牌转换者；多种品牌可使产品深入多个不同的细分市场，占领更广大的市场；有助于企业内部多个产品部门之间的竞争，提高效率，增加总销售额。主要风险是不能集中到少数几个获利水平较高的品牌，那是非常得不偿失的。

（六）品牌再定位策略

品牌再定位策略是指企业因某些市场因素发生变化而对品牌进行重新定位的策略。在下列情况下，需要重新定位：有些消费者的偏好发生了变化，形成某一特定偏好的消费群，而本企业的品牌已不能满足这部分消费者的偏好时；竞争者将品牌定位在靠近本企业品牌的附近，并夺取部分市场，使本企业的市场占有率减少时，企业有必要对品牌再次定位。

本章知识小结

1. 根据企业产品组合现状，并结合市场情况，对企业的产品组合采取扩大策略、缩减策略和延伸策略。

2. 品牌决策对企业来说很重要，特别是在市场竞争激烈的情况下，品牌不仅是区别于竞争对手的标志，更是树立产品形象、赢得顾客的重要手段。当品牌变成名牌，成为企业的无形资产时，会带动产品的销售和利润的增加。

本章能力小结

1. 产品生命周期理论及其应用于新产品开发，是产品组合决策中的两个十分重要的问题，对企业营销活动具有重大影响。因此，要会灵活运用。

2. 掌握品牌在现代市场营销中的重要作用。

【课后任务练习】

1. “派克”钢笔的延伸策略

向下延伸策略是一把“双刃剑”，它可能成倍地拓展业务，也可能损害原品牌的高品质形象。早年，“派克”钢笔质优价高，是身份和地位的标志，许多社会上层人士都以戴一支派克笔为荣。然而，1982年新总裁詹姆斯·彼特森上任后，盲目延伸品牌，把派克笔品牌用于每支售价3美元的低档笔。结果，派克笔在消费者心目中的高贵形象被毁坏，竞争对手则趁机侵入高档笔市场，使派克公司几乎濒临破产。派克公司欧洲主管马克利认为，派克公司犯了致命的错误，没有以己之长攻人之短。鉴于此，马克利筹集巨资买下派克公司，并立即着手重塑派克笔形象，从一般大众化市场抽身出来，竭力弘扬其作为身份、地位象征的特点，使企业再次焕发光彩。

任务：试分析向下延伸策略的优劣性。

2. 德州仪器公司的双向延伸策略

美国德州仪器公司进入计算机市场前，该市场基本上被鲍玛公司低价低质的计算器和惠普公司高质高价的计算器所支配。德州仪器公司以中等价格和中等质量推出第一批计算器。然后，它推出价格与鲍玛公司一样，但质量较好的计算器，击败了鲍玛公司；它又设计了一种价格低于惠普公司但质量上乘的计算器，夺走了惠普公司的份额。双向延伸策略使德州仪器公司占据了袖珍计算器市场的领导地位。

任务：分析德州仪器公司成功的原因。

3. 华龙面：从农村进军城市

今麦郎是华龙方便面进军城市市场的新品牌。农村市场和城市市场对方便面品质的要求不一样。在农村市场，农村人讲实惠，吃方便面主要图便宜、方便和饱肚子。在城市，消费者对面的质感、口感、心理感受尤为看重。因此，今麦郎要进军城市市场就应该尊重城市消费者的口味，实现产品技术升级，坚决区别于原来农村市场的产品。

在华龙展示的一大堆面粉证书以及专业人员对各类面粉做的细致介绍中，市场策划人员发现，筋道是北方人对好面的最高评价，具有不易被拉断、不易煮烂的特点，因此今麦郎一定要用最好的面粉，将筋道发挥到极致。但通过调查，筋道属于北方方言，在北方极为通俗，但不便于全国推广，不能展示今麦郎全国品牌的大气。为了更好地感受高品质方便面的口感、质感，市场专家决定“以身试面”。随后几天，他天天吃方便面，买各类高质方便面吃。最后发现，越是耐煮、耐泡的方便面，质量就越好，卖得也越好，而这一切都是由面的韧性决定的。因此，韧性成为消费者购买方便面的一大标准。在反复的试验中发现，“弹”最能给人高品质感，最能表现面的韧性。最后提出“弹面”的概念。消费者，尤其是青少年，对弹面都非常感兴趣，他们认为弹面一定比其他面的质量更好，而且吃弹面应该比吃一般的方便面更有趣，能够从中获得娱乐和快感。弹面在获得调查认可的基础上，获准诞生。

任务：华龙面是如何定位产品的？

4. 动感地带——我的地盘听我的

2001 年 11 月 21 日，广东移动公司在广州和深圳两地举行品牌推介会，正式推出了精心打造的“动感地带”品牌。在此之前，他们专门成立了一个项目团队，揣摩目标用户群的心理并创造了一个卡通人物——酷酷的刺猬头、带着一脸坏笑的 M 仔——作为品牌代言人。这个最潦草的品牌包装最终成了动感地带走向全国的有力参照，因为广东移动做得很成功。只是广东移动没有想到的是，自己一个一不小心的试点，居然给中国移动平添了一个支撑未来的战略核心业务。

2002 年 3 月，中国移动再一次在竞争中显示了自己的领先地位，在针对用户市场进行科学细分的基础上，将发端于深圳、广州等地的“动感地带”推向全国，抢先将低端用户中最有潜力和价值的大中学生及时尚青年网罗在自己的旗下，斥巨资邀请周杰伦作为其形象代言人，在全国范围内进行了立体式媒体轰炸。很快，无论是电视、报纸还是户外广告，处处可见“我的地盘我做主”的激情宣言。

在短短15个月之内，中国移动重新包装的“动感地带”，就获得了2 000万“激情的用户”，也就是说，平均每3秒钟就会有一个动感地带新用户诞生。据中国移动2003年末的不完全统计，中国移动启用“动感地带”品牌与未启用“动感地带”品牌相比：短信流量增长超过63%；点对点短信业务收入增长超过30%；短信增值业务收入增长超过45%。

这个增长不过是动感地带用户人群1 000万时的收益，在2004年整个数据业务全速推进的产业背景下，中国移动在移动通信领域一股独大，以最新的财报显示来看，显然已攫取了移动增值服务领域最丰厚的一块油脂。中国移动能够最先涉足并攫取移动增值服务领域里的第一桶金，动感地带绝对功不可没。

任务：(1)“动感地带”的品牌在中国移动所有品牌的定位中属于何种范畴？

(2)“动感地带”的品牌特性可以从哪些方面体现出来？

第十四章

定价策略

一、本章学习目标

能力目标：

1. 能运用不同的定价方法进行定价；
2. 会根据市场情况采用不同的定价策略。

知识目标：

1. 掌握定价目标的种类；
2. 掌握影响企业定价的主要因素。

二、本章工作任务

1. 掌握定价的几种方法；
2. 掌握定价的不同策略。

三、本章学习指导

1. 根据定价目标采用恰当的定价方法；
2. 根据市场情况的变动采用相应的定价策略。

导入案例

奇特的价格策略

在美国伏特加酒的市场中，休布雷公司属于营销出色的企业，他们生产的史密诺夫酒在伏特加酒的市场占有率达23%。20世纪60年代，另一家公司推出了一种新型伏特加酒，其质量不比罗密诺夫酒差，但每瓶酒的价格却比史密诺夫酒低1美元。

按照惯例，休布雷公司有三条对策可用：

第一，降低1美元，以保住市场占有率。

第二，维持原价，通过增加广告费用和推销支出与竞争对手竞争。

第三，维持原价，听任其市场占有率逐渐降低。

由此看来，不论休布雷采取以上哪种策略，都很被动，似乎输定了。但是，该公司的市场营销人员经过深思熟虑后，却采取了令人们大吃一惊、意想不到的第四种策略。那就是：将史密诺夫酒的价格再提高1美元，同时推出一种与竞争对手的新伏特加酒一样的瑞色加酒和另一种价格更低的波波酒。

定价策略是市场营销组合中一个十分关键的组成部分。价格通常是影响交易成败的重要因素，同时又是市场营销组合中最难以确定的因素。企业定价的目标是促进销售，获取利润。这要求企业既要考虑成本的补偿，又要考虑消费者对价格的接受能力，从而使定价策略具有买卖双方双向决策的特征。此外，价格还是市场营销组合中最灵活的因素，它可以对市场作出灵敏的反应。因此，企业应该更加重视商品的价格决策工作。

第一节　定价目标及其影响因素

一、定价目标

定价目标是指企业通过特定水平的价格的制定或调整所要达到的预期目的。它的确定必须服从于企业营销总目标，也要与其他营销目标相协调。在市场经济下，企业的定价目标大致有以下四种：

1. 利润目标

利润目标是企业定价目标的重要组成部分，获取利润是企业生存和发展的必要条件，是企业经营的直接动力和最终目的。因此，利润目标为大多数企业所采用。由于企业的经营哲学及营销总目标的不同，这一目标在实践中有以下两种形式：

(1) 以追求最大利润为目标。

最大利润有长期和短期之分，还有单一产品最大利润和企业全部产品综合最大利润之别。一般而言，企业追求的应该是长期的、全部产品的综合最大利润，这样，企业就可以取得较大的市场竞争优势，占领和扩大更多的市场份额，拥有更好的发展前景。当然，对于一些中小型企业、产品生命周期较短的企业、产品在市场上供不应求的企业等，也可以谋求短期最大利润。

最大利润目标并不必然导致高价，价格太高，会导致销售量下降，利润总额可能因此而减少。有时，高额利润是通过采用低价策略，待占领市场后再逐步提价来获得的；有时，企业可以采用招徕定价艺术，对部分产品定低价，赔钱销售，以扩大影响，招徕顾客，带动其他产品的销售，从而谋取最大的整体效益。

(2) 以获取适度利润为目标。

这是企业在补偿社会平均成本的基础上，适当地加上一定量的利润作为商品价格，以获取正常情况下合理利润的一种定价目标。以最大利润为目标，尽管从理论上讲十分完美，也十分诱人，但实际运用时常常会受到各种限制。所以，很多企业都选择按适度原则确定利润水平，并以此为日标制定价格。采用适度利润目标有各种原因，以适度利润为目标使产品价格不会显得太高，从而可以避免激烈的市场竞争，或某些企业为了协调投资者和消费者的关系，树立良好的企业形象，而以适度利润为其目标。

由于以适度利润为目标确定的价格不仅使企业可以避免不必要的竞争，又能获得长期利润，而且由于价格适中，消费者愿意接受，还符合政府的价格指导方针，因此是一种兼顾企业利益和社会利益的定价目标。需要指出的是，适度利润的实现，必须充分考虑产销量、投资成本、竞争格局和市场接受程度等因素。否则，适度利润只是一句空话。

2. 销售额目标

这种定价目标是在保证一定利润水平的前提下，谋求销售额的最大化。某种产品在一定时期、一定市场状况下的销售额由该产品的销售量和价格共同决定，因此，销售额的最大化既不等于销量最大，也不等于价格最高。对于需求的价格弹性较大的商品，降低价格而导致的损失可以由销量的增加而得到补偿，因此，企业宜采用薄利多销策略，保证在总利润不低于企业最低利润的条件下，尽量降低价格、促进销售、扩大赢利；反之，若商品的需求价格弹性较小时，降价会导致收入减少，而提价则使销售额增加，企业应该采用高价、厚利、限销的策略。

采用销售额目标时，确保企业的利润水平尤为重要。因为销售额的增加，并不必然带来利润的增加。有些企业的销售额上升到一定程度，利润就很难上升，甚至销售额越大，亏损越多。因此，销售额和利润必须同时考虑。在两者发生矛盾时，除非是特殊情况（如为了尽量地回收现金），否则应以保证最低利润为原则。

3. 市场占有率目标

市场占有率又称市场份额，是指企业的销售额占整个行业销售额的百分比，或者指某企业的某产品在某市场上的销售量占同类产品在该市场销售总量的比重。市场占有率是企业经营状况和企业产品竞争力的直接反映。作为定价目标，市场占有率与利润的相关性很强，从长期来看，较高的市场占有率必然带来高利润。

市场占有率目标在运用时存在着保持和扩大两个互相递进的层次。保持市场占有率的定价目标的特征是根据竞争对手的价格水平不断调整价格，以保证足够的竞争优势，防止竞争对手抢夺自己的市场份额。扩大市场占有率的定价目标就是从竞争对手那里夺取市场份额，以达到扩大企业销售市场乃至控制整个市场的目的。

在实践中，市场占有率目标被国内外许多企业所采用，其方法是以较长时间的低价策略来保持和扩大市场占有率，增强企业竞争力，最终获得最优利润。但是，这一目标的顺利实现至少应具备三个条件：

（1）企业有雄厚的经济实力，可以承受一段时间的亏损，或者企业本身的生产成本本来就低于竞争对手。

（2）企业对其竞争对手的情况有充分了解，有从其手中夺取市场份额的绝对把握。否则，企业不仅不能达到目的，反而很有可能会受到损失。

（3）在企业的宏观营销环境中，政府未对市场占有率作出政策和法律的限制。比如，美国制定《反垄断法》，对单个企业的市场占有率进行限制，以防止少数企业垄断市场。在这种情况下，盲目追求高市场占有率，往往会受到政府的干预。

4. 稳定价格目标

稳定的价格通常是大多数企业获得一定目标收益的必要条件，市场价格越稳定，经营风险也就越小。稳定价格目标的实质是通过本企业产品的定价来左右整个市场价格，避免不必要的价格波动。按这种目标定价，可以使市场价格在一个较长的时期内相对稳定，减少企业之间因价格竞争而产生的损失。

为达到稳定价格的目的，通常情况下是由那些拥有较高的市场占有率、经营实力较强或具有一定竞争力和影响力的领导者先制定一个价格，其他企业的价格则与之保持一定的距离或比例关系。对大企业来说，这是一种稳妥的价格保护政策；对中小企业来说，由于大企业不愿意随便改变价格，竞争性减弱，其利润也可以得到保障。在钢铁、采矿业、石油化工等行业内，稳定价格目标得到最广泛的应用。

将定价目标分为利润目标、销售额目标、市场占有率目标和稳定价格目标，只是一种实践经验的总结，它既没有穷尽所有可能的定价目标，又没有限制每个企业只能选用其中的一种。由于资源的约束，以及企业规模和管理方法的差异，企业可能从不同的角度选择自己的定价目标。不同行业的企业有不同的定价目标，同一行业的不同企业可能有不同的定价目标，同一企业在不同的时期、不同的市场条件下也可能有不同的定价目标，甚至即使采用同一种定价目标，其价格策略、定价方法和技巧也可能不同。企业应根据自身的性质和特点，具体情况具体分析，权衡各种定价目标的利弊，灵活确定自己的定价目标。

二、影响企业定价的主要因素

价格是一个变量，受到许多因素的影响和制约，包括竞争因素。因此，定价时必须先对这些因素进行分析，再制定出合理的定价目标、定价方法和定价策略。

1. 竞争因素

在不同的竞争条件下，企业自身的定价自由度有所不同，在现代经济中可分为四种情况：完全竞争、纯粹垄断（或称完全垄断）、不完全竞争（也叫垄断性竞争）、寡头竞争。

（1）完全竞争条件下的价格接受者。

买卖双方只能按照由市场供求关系决定的市场价格来买卖商品。企业的主要竞争策略是降低成本。

（2）垄断性竞争条件下强有力的价格决定者。

这些行业的制造商定价往往利用心理因素，通过强调本企业产品的与众不同使消费者接受其价格。

（3）寡头垄断竞争条件下，少数几家大公司的相互依存、相互影响。

①完全寡头垄断竞争。调价非常慎重，市场价格相对稳定，而竞争主要集中于广告、促销等非价格方面。

②不完全寡头垄断竞争。利用其产品在市场上的垄断地位确定其价格，某些名牌产品的价格甚至可以定得很高。

（4）纯粹垄断条件下的随意定价者。

政府垄断：定价目标的不同，导致价格高低相差很大。

私人垄断：管制性垄断，企业的定价一般取得中等收益；非管制垄断，企业可以随意定价，但也不是无限度地抬高价格。

2. 市场需求因素

经济学原理告诉我们，如果其他因素保持不变，消费者对某一商品需求量的变化与这一商品价格变化的方向相反：如果商品的价格下跌，需求量就上升；而商品的价格上涨时，需求量就相应下降，这就是所谓的需求规律。这是企业决定自己的市场行为特别是制定价格时所必须考虑的一个重要因素。

3. 企业自身因素

企业自身因素主要是指企业的生产经营能力和企业经营管理水平对制定价格的影响。包括以下内容：企业的规模与实力、企业的销售渠道、企业的信息沟通、企业营销人员的素质和能力等。

4. 政府的干预程度

除了竞争状况之外，各国政府干预企业价格制定也直接影响企业的价格决策。在现代经济生活中，世界各国政府对价格的干预和控制是普遍存在的，只是干预与控制的程度不同而已。

第二节　定价方法与策略

一、定价方法

企业在确定了定价目标，掌握了有关影响因素的资料后，就开始进行具体的定价工作。影响定价最基本的三个因素是产品成本、市场需求和竞争。因此，定价方法也可分为三类：成本导向定价法、需求导向定价法和竞争导向定价法。

（一）成本导向定价法

成本导向定价以产品的成本为定价的基本依据，常见的形式如下：

1. 加成定价法

包括完全成本加成定价和进价加成定价。

$$产品售价=单位完全成本\times(1+成本加成率)$$

式中，

$$成本加成率=\frac{售价-进价}{进货成本}\times 100\%$$

进价加成定价是零售业流行的一种做法。

$$产品售价=\frac{进价}{1-加成率}$$

式中，

$$加成率=\frac{售价-进价}{售价}\times 100\%$$

加成率的确定是定价的关键。加成率的大小与商品的需求弹性和企业的预期赢利有关。加成定价法具有计算简单、简便易行的优点，但缺点是忽视了市场竞争和供求状况的影响，缺乏灵活性，难以适应市场竞争的变化形势。

2. 损益平衡定价法

其计算公式为：

$$损益平衡点销售=\frac{固定成本}{价格-单位变动成本}$$

$$保本价格=\frac{固定成本}{损益平衡点销售量}+单位变动成本$$

$$实际价格=\frac{固定成本+预期赢利总额（目标利润）+单位变动成本费用}{预计销售量}$$

损益平衡定价法侧重于总成本费用的补偿，这对于经营多条产品线和多种产品项目的企业极为重要。

3. 目标贡献定价法

又称为可变成本定价法，即以单位变动成本为定价的基本依据，加入单位产品贡献，形成产品售价。即

$$价格=单位可变成本+单位产品贡献额$$

目标贡献定价法具有以下优点：易于在各种产品之间合理分摊固定成本费用；有利于企业选择和接受市场价；根据各种产品贡献的多少安排企业的产品线，易于实现最佳产品组合。

（二）竞争导向定价法

竞争导向定价法是以市场上相互竞争的同类产品价格为定价基本依据，或与主要竞争者价格相同，或高于（低于）竞争者的价格，这要视产品和需求的情况而定。其主要特点是：只要竞争者价格不变，即使成本或需求发生变动，价格也不动；反之，则价格变动。其定价方法主要包括以下三种：

1. 随行就市定价

随行就市定价是竞争导向定价方法中广为流行的一种，定价原则是使本企业产品的价格与竞争产品的平均价格保持一致。这是一种比较稳定和常用的定价方法，既容易被消费者接受，使企业可以获得相对平均的利润，同时又可以避免激烈的竞争，减少风险。这种定价法适用于竞争激烈的均质产品，在完全寡头垄断竞争条件下使用也很普遍。

2. 主动竞争定价法

与通行价格定价法相反，它不是追随竞争者的价格，而是根据零售店商品的实际情况及与竞争对手的商品差异状况来确定价格。一般为富于进取心的零售店所采用。定价时，首先将市场上竞争商品价格与零售店估算价格进行比较，分为高、一致及低三个价格层次；其次，将零售店商品的性能、质量、成本、式样、产量等与竞争零售店进行比较，分析造成价格差异的原因；再次，根据以上综合指标确定零售店商品的特色、优势及市场定位，在此基础上，按定价所要达到的目标确定商品价格；最后，跟踪竞争商品的价格变化，及时分析原因，相应调整零售店商品价格。

3. 密封投标定价法

主要用于投标交易方式。投标价格是零售店根据对竞争者的报价估计确定的，而不是按零售店自己的成本费用或市场需求来制定的。零售店参加投标的目的是希望中

标，所以它的报价应低于竞争对手的报价。一般说，报价高则利润大，但中标机会小，如果因价高而招致败标，则利润为零；反之，报价低，虽中标机会大，但利润低，其机会成本可能大于其他投资方向。因此，报价时，既要考虑实现零售店目标利润，也要结合竞争状况考虑中标概率。最佳报价应是使预期利润达到最高水平的价格。此外，预期利润是指零售店目标利润与中标概率的乘积，显然，最佳报价即为目标利润与中标概率两者之间的最佳组合。

（三）需求导向定价

1. 理解价值定价法

理解价值定价法以消费者对商品价值的感受及理解程度作为定价的基本依据。为了加深消费者对商品价值的理解程度，从而提高其愿意支付的价格限度，企业在定价时，首先要搞好产品的市场定位，拉开本企业产品与市场上同类产品的差异，突出产品的特征，并综合运用各种营销手段，加深消费者对产品的印象，使消费者感到购买这些产品能获取更多的相对利益，从而提高他们所能接受的价格的上限。

2. 需求差异定价法

这种定价方法以不同时间、地点、产品及不同消费者的消费需求强度差异为定价的基本依据，针对每种差异来决定在基础价格上是加价还是减价。主要有以下四种形式：①因地点而异，如国内机场的商店、餐厅向乘客提供的商品价格普遍要大大高于市内的商店和餐厅；②因时间而异，假日是购物黄金假期，商品价格较平时有一些增长；③因产品而异，如在2008年奥运会举行期间，标有奥运会会徽或吉祥物的T恤及一些商品的价格，比其他同类商品的价格要高；④因顾客而异，因职业、阶层、年龄等原因，以及顾客的其他需求，零售店在定价时给予相应的优惠或提高价格，可获得良好的促销效果。

二、定价策略

（一）新产品定价策略

新产品定价是新产品开发的一个十分关键的问题，定价得当，新产品就可能打开销路，占领市场，否则就有可能失败。常见的新产品定价策略有以下三种：

1. 撇取定价策略

实行这种策略必须具有以下条件：首先，新产品比市场上现有产品有显著的优点，能使消费者“一见倾心”；其次，在产品初期上市阶段，商品的需求价格弹性较小或者早期购买者对价格的反应不敏感；再次，短时期内由于仿制等方面的困难，仿制产品出现的可能性小，竞争对手少。此策略的优点是达到短期最大利润目标，有利于企业竞争地位的确定。但其缺点也很明显：由于定价过高，有时渠道成员不支持或得不到消费者认可；同时，高价厚利会吸引众多的生产者和经营者转向此产品的生产和经营，加速市场竞争的白热化。

2. 渐取定价策略

采用此策略的条件是：商品的市场规模较大，存在着强大的竞争潜力；商品的需求价格弹性较大，稍微降低价格，需求量会大大增加；通过大批量生产能降低生产成本。这种策略的优点是可以占有比较大的市场份额，通过提高销售量来获得企业利润，也较容易得到销售渠道成员的支持，同时，低价低利对阻止竞争对手的介入有很大的屏障作用。其不利之处在于定价过低，一旦市场占有率扩展缓慢，收回成本的速度也慢；此外，有时低价还容易使消费者怀疑商品的质量保证。

3. 中间定价策略

即按照本行业的平均定价水平，或者按当时的市场行情来制定价格。企业制定的产品价格被消费者认可，企业可以在不承担较大风险的情况下，获得比较稳定的市场份额；同时，价格不高不低，销售渠道成员觉得稳妥因此保持经营的积极性；从企业自身看，可有计划地在不太长的时间里收回企业的研制成本。企业因有一定的利润而乐于经营，消费者、中间渠道及企业自身都满意，故又称“满意法”。

（二）折扣定价策略

折扣定价策略是企业为调动各方面积极性或鼓励顾客作出有利于企业的购买行为而常用的策略。常用于生产厂家与批发企业之间，批发与批发之间及批发与零售或批、零企业与消费者之间。常见的有以下四种：

1. 数量折扣

数量折扣也称批量折扣，即根据购买者购买数量的大小给予不同的折扣。

2. 季节折扣

季节折扣也称季节差价，一般在有明显的淡、旺季商品或服务的行业中实行。

3. 现金折扣

现金折扣也称付款期折扣，其目的在于鼓励购买者尽早付款以加速企业资金周转。购买者如以现金付款或提前付款，可以在原商品价格的基础上享受一定的价格优惠折扣。

4. 业务折扣

业务折扣也称同业折扣或功能折扣，是生产厂家给予批发企业和零售企业的折扣。

（三）心理定价策略

心理定价策略是零售商针对消费者的心理特点而采用的灵活定价策略。企业只有认真研究和掌握消费者的心理特点，才能制定出消费者乐于接受的价格。常用的有以下六种定价策略：

1. 组合定价策略

即企业迎合消费者求便宜的心理，将两种或两种以上有关联的商品合并制定一个价格，具体做法是将这些商品捆绑在一起或装入同一个包装物中。

2. 尾数定价策略

尾数定价策略也称“奇数定价”、“非整数定价”，即针对消费者对一般商品的求便宜、怕上当的心理，当商品价格为整数或略高于整数时，宁可减下一些，使其价格的尾数为零头。比如，把一种毛巾的价格定为2.97元，而不定为3元；将台灯价格定为19.90元，而不定为20元，这可以在直观上给消费者一种便宜的感觉，从而激起消费者的购买欲望，促进产品销售量的增加。这种策略通常适用于基本生活用品。

3. 整数定价策略

整数定价与尾数定价正好相反，企业有意将产品价格定为整数，以显示产品具有较好的质量。整数定价多用于价格较贵的耐用品或礼品，以及消费者不太了解的产品。对于价格较贵的高档产品，顾客对质量较为重视，往往把价格高低作为衡量产品质量的标准之一，容易产生“一分价钱一分货”的感觉，从而有利于销售。例如，精品店的服装可以定价为1 000元，而不必定为998元。

4. 声望定价策略

声望定价策略即针对消费者“便宜无好货、价高质必优”的心理，对在消费者心目中享有一定声望、具有较高信誉的产品制定高价。不少高级名牌产品和稀缺产品，如豪华轿车、高档手表、名牌时装、名人字画、珠宝古董等，在消费者心目中享有极高的声望价值。购买这些产品的人，往往不在乎产品价格，他们最关心的是产品能否显示其身份和地位，价格越高，心理满足的程度也就越大。

5. 习惯定价策略

有些产品在长期的市场交换过程中已经形成了为消费者所适应的价格，成为习惯价格。企业对这类产品定价时要充分考虑消费者的习惯倾向，采用“习惯成自然”的定价策略。对消费者已经习惯了的价格，不宜轻易变动。降低价格会使消费者怀疑产品的质量是否有问题；提高价格会使消费者产生不满情绪，导致购买的转移。在不得不提价时，应采取改换包装或品牌等措施，减少抵触心理，并引导消费者逐步形成新的价格习惯。

6. 招徕定价策略

这是适应消费者“求廉”的心理，将产品价格定得低于一般市价，个别的甚至低于成本，以吸引顾客、扩大销售的一种定价策略。采用这种策略，是因为虽然低价产品不赚钱，甚至亏本，但从总的经济效益看，低价产品带动了其他产品的销售，企业还是有利可图的。此策略常在经营多品类的超级市场、百货商店使用。

（四）地区定价策略

一般来说，一个企业的产品，不仅卖给当地顾客，还要卖给外地顾客，而卖给外地顾客时，把产品从产地运到顾客所在地，需要花费一些装运费。所谓地区性定价策略，就是企业要决定：对于卖给不同地区（包括当地和外地的不同地区）顾客的某种产品，是分别制定不同的价格还是制定相同的价格。也就是说，企业要决定是否制定地区差价。地区性定价的形式有：

1. FOB原产地定价

FOB原产地定价，就是顾客（双方）按照厂价购买某种产品，企业（卖方）只负责将这种产品运到产地的某种运输工具（如卡车、火车、船舶、飞机等）上。交货后，从产地到目的地的一切风险和费用概由顾客承担。如果按产地某种运输工具上交货定价，那么每一个顾客都各自负担从产地到目的地的运费，这是很合理的。但是，这样定价对企业也有不利之处，即远地的顾客就可能不愿购买这个企业的产品，而购买附近企业的产品。

2. 统一交货定价

这种形式和前者正好相反。所谓统一交货定价，就是企业对于卖给不同地区顾客的某种产品，都按照相同的厂价加相同的运费（按平均运费计算）定价。也就是说，对全国不同地区的顾客，不论远近，都实行一个价。因此，这种定价又叫邮资定价（目前我国邮资也采取统一交货定价，如平信邮资都是1.2元，而不论收发信人距离远近）。

案例分析

本世纪初，日本人盛行穿布袜子，石桥便专门生产经销布袜子。当时由于大小、布料和颜色的不同，袜子的品种多达100多种，价格也是一式一价，买卖很不方便。有一次，石桥乘电车时，发现无论远近，车费一律都是0.05日元。由此他产生灵感，如果袜子都以同样的价格出售，必定能大开销路。然而，当他试行这种方法时，同行全都嘲笑他，认为如果价格一样，大家便只会买大号袜子，小号的则会滞销，那么石桥必赔本无疑。但石桥胸有成竹，力排众议，仍然坚持统一定价。由于统一定价方便了买卖双方，深受顾客欢迎，布袜子的销量达到了空前的数额。

3. 分区定价

这种形式介于前两者之间。所谓分区定价，就是企业把全国（或某些地区）分为若干价格区，对卖给不同价格区顾客的某种产品分别制定不同的地区价格：距离企业远的价格区，价格定得较高；距离企业近的价格区，价格定得较低。在各个价格区范围内实行同一个价。但企业采用分区定价也有以下问题：

（1）在同一价格区内，有些顾客距离企业较近，有些顾客距离企业较远，前者就不合算。

（2）处在两个相邻价格区界两边的顾客，他们相距不远，但是要按高低不同的价格购买同一种产品。

4. 基点定价

基点定价，是指企业选定某些城市作为重点，然后按一定的厂价加上从基点城市到顾客所在地的运费来定价（不管产品实际上是从哪个城市起运的）。有些公司为了提高灵活性，选定许多个基点城市，按照顾客最近的基点计算运费。

5. 运费免收定价

运费免收定价，是指有些企业因为急于和某些地区做生意，负担全部或部分实际运费。这些卖主认为，如果生意扩大，其平均成本就会降低，因此足以抵偿这些费用开支。采取运费免收定价，可以使企业加深市场渗透，以便在竞争日益激烈的市场上站得住脚。

（五）差别定价策略

差别定价也叫价格歧视，是指企业按照两种或两种以上不反映成本费用的比例差异的价格销售某种产品或劳务。差别定价有以下四种形式：

1. 顾客差别定价

顾客差别定价，是指企业按照不同的价格把同一种产品或劳务卖给不同的顾客。

例如，某汽车经销商按照价目表的价格把某种型号汽车卖给顾客 A，同时按照较低价格把同一种型号汽车卖给顾客 B。这种价格歧视表明，顾客的需求强度和商品知识有所不同。

2. 产品形式差别定价

产品形式差别定价是指企业对不同型号或形式的产品分别制定不同的价格，但是，不同型号或形式产品的价格之间的差额和成本费用之间的差额并不成比例。

3. 产品部位差别定价

产品部位差别定价，是指企业对处在不同位置的产品或服务分别制定不同的价格，即使这些产品或服务的成本费用没有任何差异。例如剧院，虽然不同座位的成本费用都一样，但是不同座位的票价有所不同，这是因为人们对剧院里不同座位的偏好有所不同。

4. 销售时间差别定价

销售时间差别定价，是指企业对于不同时期、不同季节甚至不同钟点的产品或服务也分别制定不同的价格。例如，哈尔滨市洗衣机商场规定，商场的商品从早上 9 点开始，每一小时降价 10%。特别在午休时间及晚上下班时间，商品降价幅度较大，吸引了大量上班族消费者，在未延长商场营业时间的情况下，带来了销售额大幅度增长的好效果。

第三节 价格调整

一、削价及提价策略

企业为某种产品制定出价格，并不意味着大功告成。随着市场营销环境的变化，企业必须对现行价格进行适当的调整。

调整价格可采用减价及提价策略。企业产品价格调整的动力既可能来自于内部，也可能来自于外部。倘若企业利用自身的产品或成本优势，主动地对价格进行调整，将价格作为竞争的利器，则称为主动调整价格。有时，价格的调整出于应付竞争的需要，即竞争对手主动调整价格，而企业也相应的被动调整价格。无论是主动调整，还是被动调整，其形式不外乎是削价和提价两种。

（一）削价策略

这是定价者面临的最严峻且具有持续威胁力量的问题。

企业削价的原因很多，有企业外部需求及竞争等因素的变化，也有企业内部的战略转变、成本变化等，还有国家政策、法令的制约和干预等。这些原因具体表现在以下八个方面：

1. 企业急需回笼大量现金

对现金产生迫切需求的原因既可能是其他产品销售不畅，也可能是为了筹集资金进行某些新活动，而资金借贷来源中断。此时，企业可以通过对某些价格弹性大的产品予以大幅度削价，从而增加销售额，获取现金。

2. 企业通过削价来开拓新市场

一种产品的潜在顾客往往由于其消费水平的限制而阻碍了其转向现实顾客的可行性。在削价不会对原顾客产生影响的前提下，企业可以通过削价方式来扩大市场份额。不过，为了保证这一策略的成功，有时需要以产品改进策略相配合。

3. 企业决策者决定排斥现有市场的边际生产者

对于某些产品来说，各个企业的生产条件、生产成本不同，最低价格也会有所差异。那些以目前价格销售产品仅能保本的企业，在别的企业主动削价以后，会因为价格的被迫降低而得不到利润，只好停止生产。这无疑有利于主动削价的企业。

4. 企业生产能力过剩又无法扩大销售

企业生产能力过剩，产品供过于求，但是企业又无法通过产品改进或加强促销等策略来扩大销售。在这种情况下，企业必须考虑削价。

5. 企业决策者预期削价会扩大销售

特别是进入成熟期的产品，削价可以大幅度增进销售，从而在价格和生产规模之间形成良性循环，为企业获取更多的市场份额奠定基础。

6. 由于成本降低，费用减少，使企业削价成为可能

随着科学技术的进步和企业经营管理水平的提高，许多产品的单位产品成本和费用在不断下降，因此，企业有条件适当削价。

7. 企业决策者出于对中间商要求的考虑

以较低的价格购进货物不仅可以减少中间商的资金占用，而且为产品大量销售提供了一定的条件。因此，企业削价有利于同中间商建立较良好的关系。

8. 政治、法律环境及经济形势的变化，迫使企业降价

政府为了实现物价总水平的下调，保护需求，鼓励消费，遏制垄断利润，往往通过政策和法令，采用规定毛利率和最高价格、限制价格变化方式、参与市场竞争等形式，使企业的价格水平下调。在通货紧缩的经济形势下，或者在市场疲软、经济萧条时期，由于币值上升，价格总水平下降，企业产品价格也应随之降低，以适应消费者的购买力。此外，消费者运动的兴起也往往迫使产品价格下调。

削价最直截了当的方式是将企业产品的目录价格或标价绝对下降，但企业更多的是采用各种折扣形式来降低价格。如第三节中提到的数量折扣、现金折扣、回扣和津贴等形式。此外，变相的削价形式还有：赠送样品和优惠券，实行有奖销售；给中间商提取推销奖金；允许顾客分期付款；赊销；免费或优惠送货上门、技术培训、维修咨询；提高产品质量，改进产品性能，增加产品用途。由于这些方式具有较强的灵活性，在市场环境变化的时候，即使取消也不会引起消费者太大的反感，同时又是一种促销策略，因此在现代经营活动中运用得越来越广泛。确定何时削价是调价策略的一个难点，通常要综合考虑企业实力、产品在市场生命周期中所处的阶段、销售季节、消费者对产品的态度等因素。比如，进入衰退期的产品，由于消费者失去了消费兴趣，需求弹性变大，产品逐渐被市场淘汰，为了吸引对价格比较敏感的购买者和低收入需求者，维持一定的销量，削价就可能是唯一的选择。由于影响削价的因素较多，企业决策者必须审慎分析和判断，并根据削价的原因选择适当的方式和时机，制定最优的削价策略。

（二）提价策略

提价确实能够增加企业的利润率，但却会引起竞争力下降、消费者不满、经销商抱怨，甚至还会受到政府的干预和同行的指责，从而对企业产生不利影响。虽然如此，在实际生活中仍然存在着较多的提价现象。其主要原因是：

1. 应付产品成本增加，减少成本压力

这是所有产品价格上涨的主要原因。成本的增加或者是由于原材料价格上涨，或者是由于生产或管理费用提高而引起的。企业为了保证利润率不至因此而降低，便采取提价策略。

2. 为了适应通货膨胀，减少企业损失

在通货膨胀条件下，即使企业仍能维持原价，但随着时间的推移，其利润的实际价值也呈下降趋势。为了减少损失，企业只好提价，将通货膨胀的压力转嫁给中间商和消费者。

3. 产品供不应求，遏制过度消费

对于某些产品来说，在因需求旺盛而生产规模又不能及时扩大导致供不应求的情况下，可以通过提价来遏制需求，同时又可以取得高额利润，在缓解市场压力、使供求趋于平衡的同时，为扩大生产准备了条件。

4. 利用顾客心理，创造优质效应

作为一种策略，企业可以利用涨价营造名牌形象，使消费者产生价高质优的心理定势，以提高企业知名度和产品声望。对于那些革新产品、贵重商品、生产规模受到限制而难以扩大的产品，这种效应表现得尤为明显。

为了保证提价策略的顺利实现，提价时机可选择在以下情况下：产品在市场上处于优势地位；产品进入成长期；季节性商品达到销售旺季；竞争对手的产品提价。此外，在方式选择上，企业应尽可能多采用间接提价，把提价的不利因素减到最低程度，使提价不影响销量和利润，而且能被潜在消费者普遍接受。同时，企业提价时应采取各种渠道向顾客说明提价的原因，配之以产品策略和促销策略，并帮助顾客寻找节约途径，以减少顾客的不满，维护企业的形象，提高消费者的信心，刺激消费者的需求和购买行为。

至于价格调整的幅度，最重要的考虑因素是消费者的反应。因为调整产品价格是为了促进销售，实质上是要促使消费者购买产品。忽视了消费者的反应，销售就会受挫，只有根据消费者的反应调价，才能收到好的效果。

二、消费者对价格变动的反应

不同市场的消费者对价格变动的反应是不同的，即使处在同一市场的消费者，其对价格变动的反应也可能不同。从理论上来说，可以通过需求的价格弹性来分析消费者对价格变动的反应，弹性大表明反应强烈，弹性小表明反应微弱。但在实践中，价格弹性的统计和测定非常困难，其状况和准确度常常取决于消费者预期价格、价格原有水平、价格变化趋势、需求期限、竞争格局及产品生命周期等多种复杂因素，并且会随着时间和地点的改变而处于不断的变化之中，企业难以分析、计算和把握。所以，研究消费者对调价的反应，多是注重分析消费者的价格意识。

价格意识是指消费者对商品价格的感觉程度，直接表现为顾客对价格敏感性的强弱，包括知觉速度、清晰度、准确度和知觉内容的充实程度。它是掌握消费者态度的重要依据，也是解释市场需求对价格变动反应的关键变量。

价格意识强弱的测定，往往以购买者对商品价格回忆的准确度为指标。研究表明，价格意识和收入呈负相关关系，即收入越低，价格意识越强，价格的变化直接影响购买量；收入越高，价格意识越弱，价格的一般调整不会对需求产生较大的影响。此外，由于广告常使消费者更加注意价格的合理性，同时也给价格对比提供了方便，因而广告对消费者的价格意识也起着促进作用，使他们对价格高低更为敏感。

消费者可接受的产品价格界限是由价格意识决定的。这一界限也就规定了企业可以调价的上下限度。在一定条件下，价格界限是相对稳定的，若条件发生变化，则价格心理界限也会相应改变，进而影响企业的调价幅度。

依据上面介绍的基本原理，可以将消费者对价格变动的反应归纳为以下三种：

(1) 在一定范围内的价格变动是可以被消费者接受的；提价幅度超过可接受的价格的上限，则会引起消费者不满，产生抵触情绪，而不愿购买企业产品；降价幅度低于下限，会导致消费者的种种疑虑，也对实际购买行为产生抑制作用。

(2) 在产品知名度因广告而提高、收入增加、通货膨胀等条件下，消费者可接受价格上限会提高；在消费者对产品质量有明确认识、收入减少、价格连续下跌等条件下，下限会降低。

(3) 消费者对某种产品削价的可能反应是：产品将马上因式样陈旧、质量低劣而被淘汰；企业遇到财务困难，很快将会停产或转产；价格还要进一步下降；产品成本降低了。而对于某种产品的提价则可能这样理解：很多人购买这种产品，我也应赶快购买，以免价格继续上涨；提价意味着产品质量的改进；企业将高价作为一种策略，以树立名牌形象；卖主想尽量取得更多利润；各种商品价格都在上涨，提价很正常。

三、竞争者对价格变动的反应

虽然要透彻地了解竞争者对价格变动的反应几乎不可能，但为了保证调价策略的成功，主动调价的企业又必须考虑竞争者的价格反应。没有估计竞争者反应的调价，往往是难以成功的，至少不会取得预期效果。

如果所有的竞争者行为相似，只要对一个典型竞争者作出分析就可以了。但如果竞争者在规模、市场份额或政策及经营风格方面有关键性的差异，则各个竞争者将会作出不同的反应，这时，就应该对各个竞争者分别予以分析。分析的方法是尽可能地获得竞争者的决策程序及反应形式等重要情报，模仿竞争者的立场、观点、方式思考问题。最关键的问题是要弄清楚竞争者的营销目标：如果竞争者的目标是实现企业的长期最大利润，那么，本企业降低，它往往不会在价格上作相应反应，而在其他方面作出努力，如加强广告宣传、提高产品质量和服务水平等；如果竞争者的目标是提高市场占有率，它就可能跟随本企业的价格变动，而相应调整价格。

在实践中，为了减少因无法确知竞争者对价格变化的反应而带来的风险，企业在主动调价之前必须明确回答以下问题：

（1）本行业产品有何特点？本企业在行业中处于何种地位？

（2）主要竞争者是谁？竞争对手会怎样理解我方的价格调整？

（3）针对本企业的价格调整，竞争者会采取什么对策？这些对策是价格性的还是非价格性的？它们是否会联合作出反应？

（4）针对竞争者可能的反应，企业的对策又是什么？有无可行的应对方法？

在细致分析的基础上，企业方可确定价格调整的幅度和时机。

四、企业对策

竞争对手在实施价格调整策略之前，一般都要经过长时间的深思熟虑，仔细权衡调价的利害，但是，一旦调价成为现实，这个过程会相当迅速，并且在调价之前大多要采取保密措施，以保证发动价格竞争的突然性。企业在这种情况下，贸然跟进或无动于衷都是不对的，正确的做法是迅速地对以下问题进行调查研究：竞争者调价的目的是什么？竞争者调价是长期的还是短期的？竞争者调价将对本企业的市场占有率、销售量、利润、声誉等方面有何影响？同行业的其他企业对竞争者调价行动有何反应？企业有几种反应方案？竞争者对企业每一个可能的举措又会有何反应？

在回答以上问题的基础上，企业还必须结合所经营的产品特性确定对策。一般说来，在同质产品市场上，如果竞争者削价，企业必须随之削价，否则大部分顾客将转向价格较低的竞争者。但是，面对竞争者的提价，本企业既可以跟进，也可以暂且观望。如果大多数企业都维持原价，最终迫使竞争者把价格降低，使竞争者涨价失败。

在异质产品市场上，由于每个企业的产品在质量、品牌、服务、包装、消费者偏好等方面有着明显的不同，所以面对竞争者的调价策略，企业有着较大的选择余地：第一，价格不变，顺其自然。任顾客的选择随价格变化而变化，靠顾客对产品的偏爱和忠诚度来抵御竞争者的价格进攻，待市场环境发生变化或出现某种有利时机时企业再行动。第二，价格不变，加强非价格竞争。比如，企业加强广告攻势，增加销售网点，强化售后服务，提高产品质量，或者在包装、功能、用途等方面对产品进行改进。第三，部分或完全跟随竞争者的价格变动，采取较稳妥的策略，维持原来的市场格局，巩固取得的市场地位，在价格上与竞争对手一较高低。第四，以优越于竞争者的价格跟进，并结合非价格手段进行反击。比竞争者更大幅度地削价，比竞争者更小幅度地提价，强化非价格竞争，形成产品差异，利用较强的经济实力或优越的市场地位，居高临下，给竞争者以毁灭性的打击。

本章知识小结

1. 在营销组合策略中，价格具有其他任何营销组合因素无法替代的作用；

2. 企业定价一般有成本导向型、需求导向型和竞争导向型三种方式。

本章能力小结

1. 企业定价面对的是复杂多变的环境。鉴于此，企业必须在采用某种方法确定基本价格的基础上，根据目标市场状况和定价环境的变化，采用适当的策略，保证价格与环境得到适应；

2. 差别定价、组合定价、折扣定价和某些新产品价格就是一些适应性定价策略。除此之外，在必要的时候还要对价格进行适当的调节。

【课后任务练习】

1. 周大福“一口价”策略

价格是珠宝饰品消费者与商家能否达成交易的关键所在，针对这一敏感问题，在价格策略上，周大福走出了一条有别于其他同行的新路子。周大福创新性地推出了“珠宝首饰一口价”的销售政策，并郑重声明：产品成本加上合理的利润就是产品的售价，通过“薄利多销”的经营模式，节省了消费者讨价还价的时间，让顾客真正体验货真价实的感受。为了降低经营成本，从而更好地参与市场竞争，周大福还创立了自己的首饰加工厂，生产自己所售卖的各类首饰，减少中间环节，使生产成本降至最低，并获得了全球最大钻石生产商——国际珠宝商贸公司 DTC——配发钻石原石坯加工琢磨和钻石坯配售权，保证了它最低的原料成本和较强的竞争实力。

任务：试分析周大福的定价策略。

2.“无积压商品”的蒙玛公司

蒙玛公司在意大利以“无积压商品”而闻名，其秘诀之一就是对时装分多段定价。它规定新时装上市，以 3 天为一轮，凡一套时装以定价卖出，每隔一轮按原价削 10%，以此类推，那么到 10 轮（一个月）之后，蒙玛公司的时装价就削到了只剩 35% 左右的成本价了。这时的时装，蒙玛公司就以成本价售出。因为时装上市还仅一个月，价格已跌到 1/3，谁还不来买？所以一卖即空。最后，蒙玛公司既赚钱比其他时装公司多，又避免了积货的损失。

任务：试分析蒙玛公司的定价策略。

3. 沃尔玛的“折价销售”

沃尔玛能够迅速发展，除了正确的战略定位以外，也得益于其首创的“折价销售”策略。每家沃尔玛商店都贴有“天天廉价”的大标语。同一种商品，在沃尔玛比其他商店要便宜。沃尔玛提倡的是低成本、低费用结构、低价格的经营思想，主张把更多的利益让给消费者，“为顾客节省每一美元”是他们的目标。沃尔玛的利润率通常在 30% 左右，而其他零售商如凯马特的利润率都在 45% 左右。沃尔玛公司每星期六早上举行经理人员会议，如果有分店报告某商品的价格在其他商店比沃尔玛低，可立即决定降价。低廉的价格、可靠的质量是沃尔玛的一大竞争优势，吸引了一批又一批的顾客。

任务：分析折价销售的利弊。

4. “柯达”如何走进日本

柯达公司生产的彩色胶片在20世纪70年代初突然宣布降价，立刻吸引了众多的消费者，挤垮了其他国家的同行企业，柯达公司甚至垄断了彩色胶片市场的90%。但到了80年代中期，日本胶片市场被“富士”所垄断，“富士”胶片压倒了“柯达”胶片。对此，柯达公司进行了缜密的研究，发现日本人对商品普遍存在重质而不重价的倾向，于是制定高价政策打响牌子，保护名誉，进而实施与“富士”竞争的策略。他们在日本发展了贸易合资企业，专门以高出“富士”1/2的价格推销“柯达”胶片。经过5年的努力和竞争，“柯达”终于被日本人接受，走进了日本市场，并成为与“富士”平起平坐的企业，销售额也直线上升。

任务：试分析柯达公司是如何占领日本市场的？

第十五章

分销渠道策略

一、本章学习目标

能力目标：

1. 能理解市场营销渠道的特征；
2. 会进行分销渠道的设计与选择。

知识目标：

1. 掌握市场营销渠道系统的新发展；
2. 掌握批发商与零售商的主要类型。

二、本章工作任务

1. 掌握分销渠道的管理；
2. 掌握分销渠道在企业营销中的地位。

三、本章学习指导

1. 掌握分销渠道的设计与管理；
2. 掌握中间商的类型。

导入案例

打火机销售的秘诀

在日本，打火机原先一般都在百货商店或是在附带卖香烟的杂货店里出售。可是，日本丸万公司在十几年前推出瓦斯打火机时，就把它交由钟表店销售。如今，日本的钟表店到处都有卖打火机的，这在以前是根本没有的现象。钟表店一向被认为是卖贵重物品的高级场所，在这里卖打火机，人们一定会视它为高级品。而在暗淡的杂货店、香烟店里，上面蒙着一层灰尘的打火机和摆在闪闪发光的钟表店里的打火机，这两者给人的印象当然是天壤之别了。丸万公司在钟表店销售打火机的方式取得了惊人的效果，他们的打火机十分畅销。由于采取的是反传统的销售渠道，人们对丸万公司的打火机产生了非常高级的印象，使丸万的打火机出尽风头，风行到世界的每一个角落。

问题：试说明分销渠道的重要性。

第一节　分销渠道及类型

一、分销渠道的含义

菲利普·科特勒提出：营销渠道是促使产品或服务顺利地被使用或被消费的一整套相互依存的组织。营销渠道也称贸易渠道或分销渠道。

肯迪夫和斯蒂尔给分销渠道所下的定义是：当产品从生产者向最后的消费者或产业用户移动时，直接或间接转移所有权所经过的途径。

菲利普·科特勒认为，一条分销渠道是指某种货物或劳务从生产者向消费者移动时取得这种货物或劳务的所有权或帮助转移其所有权的所有企业和个人。因此，一条分销渠道主要包括商人中间商（因为他们取得所有权）和代理中间商（因为他们帮助转移所有权）。此外，它还包括作为分销渠道的起点和终点的生产者和消费者，但是，它不包括供应商、辅助商等。

科特勒认为，严格地讲，市场营销渠道和分销渠道是两个不同的概念。他说："一条市场营销渠道是指那些配合起来生产、分销和消费某一生产者的某些货物或劳务的一整套所有企业和个人。"这就是说，一条市场营销渠道包括某种产品的供销过程中所有的企业和个人，如资源供应商、生产者、商人中间商、代理中间商、辅助商（又译作"便利交换和实体分销者"，如运输企业、公共货栈、广告代理商、市场研究机构等），以及最后消费者或用户等。但现在营销渠道和分销渠道两个概念大多混用。

二、分销渠道的职能

（1）信息（Information）。

搜集和传播营销环境中有关潜在和现行的顾客、竞争对手和其他参与者及力量的营销调研信息。

（2）促销（Promotion）。

发展和传播有关供应物的富有说服力的吸引顾客的沟通材料。

（3）交易谈判（Negotiation）。

尽力达成有关产品的价格和其他条件的最终协议，以实现所有权或者持有权的转移。

（4）订货（Ordering）。

营销渠道成员向制造商（供应商）进行有购买意图的沟通行为。

(5) 融资 (Financing)。

获得和分配资金，以负担渠道各个层次存货所需的费用。

(6) 承担风险 (Risk taking)。

在执行渠道任务的过程中承担有关风险（库存风险等)。

(7) 物流 (Physical possession)。

产品实体从原料到最终顾客的连续的储运工作。

(8) 付款 (Payment)。

买方通过银行和其他金融机构向销售者提供账款。

(9) 所有权转移 (Title)。

所有权从一个组织或个人到其他组织或人的实际转移。

三、分销渠道类型

(一) 传统分销渠道类型

传统分销渠道是指由独立的生产者、批发商、零售商和消费者组成的分销渠道。这种渠道的每一个成员均是独立的，他们都为追求自身利益最大化而与其他成员进行短期合作或展开激烈竞争，没有一个渠道成员能够完全或基本控制其他成员。根据不同的标准，传统分销渠道基本类型有:

1. 按照商品在流转过程中是否经过中间商来分

按照商品在流转过程中是否经过中间商，分销渠道可分为直接渠道和间接渠道。

(1) 直接渠道。

直接渠道是指商品在从生产领域向消费领域转移的过程中不经过任何中间商，而是由生产商直接把商品卖给消费者或最终用户的营销渠道。如上门推销、邮购销售、制造商设立自销门市部、沿街设摊等都属于直接渠道。

直接渠道的优点是：生产者同顾客直接接触，有助于生产者及时、准确和全面地了解顾客意见和要求；没有中间商插手其间，从而能够减少商品处在流通领域里的时间，使产品及时进入消费领域；生产者和购买者直接见面，从而可以按照购买者的要求提供各种服务。

当然，直接营销渠道也有一些缺点，如增加了销售机构、人员和设施，从而增多了销售费用，并且也会增加管理难度。

(2) 间接渠道。

间接渠道是指商品从生产领域向消费领域转移过程中经过若干中间商的营销渠道。

间接渠道的优点是：由于中间商具有集中、平衡和扩散的功能，因此，当中间商介入后，可以减少交易次数和简化营销渠道；可以减少生产企业的资金占用，加快资金周转；中间商具有丰富的营销知识和经验，与顾客有着广泛而密切的联系，最了解顾客需求状况。因此，通过中间商更有利于促进销售，增强企业的销售能力。

当然，如果中间商介入过多，就会减缓商品的流通速度，延缓商品上市时间。并且每经过一道中间商，就要分割一部分利润，从而抬高了商品价格，降低了竞争优势。

2. 根据商品在流通过程中所经过环节或层次的多少来分

根据商品在流通过程中所经过环节或层次的多少，分销渠道可分为短渠道和长渠道。

(1) 短渠道。

短渠道是指商品在从生产领域向消费领域转移过程中仅仅利用一道中间商的营销渠道，其基本形式是：生产者——零售商——消费者；生产者——批发商——产业用户；生产者——代理商——消费者或产业用户。

短渠道的优点是：可以加快商品流转速度，使产品迅速进入市场；可以减少中间商分割利润，维持相对较低的销售价格；有助于生产者和中间商建立直接、密切的合作关系。

其缺点是：不利于产品在大范围内大批量销售，影响其销售量。

(2) 长渠道。

长渠道是指商品在从生产领域向消费领域转移过程中利用两道以上中间商的营销渠道，其基本形式有：生产者——批发商——零售商——消费者或用户；生产者——代理商——零售商——消费者或用户；生产者——代理商——批发商——零售商——消费者或用户。

长渠道的优点是：可以减少生产企业的资金占用、交易成本和其他营销费用；有助于生产企业开拓市场，扩大商品销售量。

其缺点是：会减慢商品流通速度，延缓商品上市时间；并且由于各个不同环节的中间商都要分割利润，所以会抬高商品售价。

3. 根据营销渠道每一层次中间商数目的多少来分

根据营销渠道中每一层次中间商数目的多少，营销渠道可分为窄渠道和宽渠道。

(1) 窄渠道。

窄渠道是指商品在从生产领域向消费领域转移的过程中使用较少数目同种类型中间商的营销渠道。

窄渠道的优点是：有助于密切厂商之间的关系；有助于生产企业控制营销渠道。

其缺点是：市场营销面较小，会影响商品销售量。

(2) 宽渠道。

宽渠道是指商品在从生产领域向消费领域转移过程中同时使用较多数目同种类型中间商的营销渠道。

宽渠道的优点是：方便消费者购买，扩大商品的销售量；促进中间商竞争，提高销售效率。

其缺点是：不利于密切厂商之间的关系，并且生产企业几乎要承担全部推广费用。

根据营销渠道宽窄不同，营销渠道具体又可分为广泛营销、选择营销、独家营销三种类型：

①广泛营销。广泛营销又称密集营销，是指生产企业在每一道环节上都同时利用很多个中间商来销售其产品的营销渠道。消费品中的便利品和工业品的通用机具等多

采用这种营销渠道。

广泛营销方式的优点是：便于购买者及时和就近购买。

其缺点是：生产企业几乎要承担全部推广费用。

②选择营销。选择营销是指生产企业在每一道环节上都只利用少数几家经过精心挑选的、最合适的中间商来销售其产品。这种营销方式几乎适用于所有产品，而消费品中的选购品、特殊品和工业品中的零部件等更适用于这种方式。

选择营销方式的优点是：容易密切生产企业与中间商的关系；中间商会主动开展一些推广活动；有利于生产厂家对中间商进行控制。现实生活中，有的企业开始采用广泛的营销方式，待以后根据需要再逐步淘汰不理想的中间商，实行选择营销，结果效率反而提高。例如，美国小型电器公司道美尔公司在 1958 年经济衰退时，在全国 97 个市场区域中将 1 500 个批发商减少了 123 个，结果销量反而增加了 18% 。

③独家营销。独家营销是指生产企业在某一地区仅选择某一家中间商销售其产品的营销渠道。独家营销通常由厂商双方签订书面协议，协议规定中间商不得再经营其他同类产品，而制造商不得再在本地区委托其他中间商销售其产品或自销。一些产品尤其是名牌产品多采用这种营销方式。

独家营销方式的优点是：有利于密切生产企业与中间商的关系；易于控制零售商价格；在广告和其他推广方面能够得到中间商的合作；销售、运输、结算等手续简便，可以减少销售费用；排斥竞争者利用此渠道；鼓励中间商提高推销效率，加强对顾客服务等。

其缺点是：生产企业在某一地区仅依赖某一家中间商销售其产品，可能会因销售力量不足而失去顾客；生产者过分依赖中间商，具有较大的风险性；合适的中间商不易物色等。正由于独家营销不利于开展竞争和消费者选择，所以，西方一些国家禁止采用此种营销方式。

（二）现代分销渠道类型

传统分销渠道是由制造商、批发商和零售商组成的松散网络，渠道上的各个成员各自为政，各行其是，他们为了获取利润而在市场上讨价还价，激烈竞争。这虽然保持了各个企业的独立性，但由于缺乏共同目标，内部矛盾较多，基础很脆弱，因而影响了整体效益。第二次世界大战结束后，特别是 20 世纪 70 年代以来，营销渠道出现了联合化的趋势：一方面，一些大企业为了控制和占领市场，采取前向一体化或后向一体化的经营方式，从而出现了垂直渠道系统；另一方面，一些中小企业纷纷组织起来，实行联合经营，从而出现了水平式渠道系统。

1. 垂直渠道系统

垂直渠道系统是指由制造商、批发商和零售商组成的统一联合体，在一个系统内，渠道成员之间采取不同程度的一体化经营或联合经营。垂直渠道系统的组建往往始于某一企业对相邻流通环节上的企业的接管或控股，这种渠道系统既可以由生产者支配，也可以由批发商或零售商支配。由于这种支配力的存在，从而可以使整个渠道系统形成专业管理的集中计划网络，具有一致的目标性、规模性和更高的效益，避免了独立成员为追求各自的目标而引起的冲突。当前，垂直渠道系统在一些发达国家已成为消费品营销的主要形式，其中，在美国通过垂直渠道系统销售的消费品占消费品市场的 70% ~80%。

2. 水平渠道系统

水平渠道系统是指两家或两家以上独立公司通过某种形式的合作，共同开发新的市场而形成的渠道系统，目的是通过联合发挥资源协同作用和回避风险。在现实生活中，一些公司因资本、技术、营销资源不足而无力单独开拓市场，或不愿冒险，或者看到同其他公司合作可以带来更大的效益，从而愿意组成水平渠道系统。他们可以暂时或永久合作，也可以联合建立新的经营单位。水平渠道系统可以发挥协同效应，实现优势互补；能够节省成本，避免重复建设；可以共享市场，实现互惠互利。

四、渠道级数（Number of Channel levels）

1. 零层渠道

2. 一层渠道

3. 二层渠道

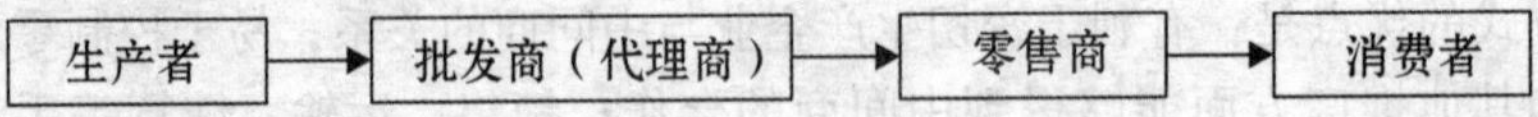

4. 三层渠道

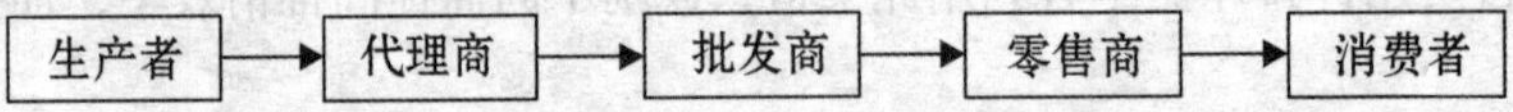

第二节　中间商

一、中间商的概念

中间商是指介于生产者与消费者之间，专门从事组织或参与商品流通业务，促进交易行为实现的企业和个人。在商品经济条件下，商品交换一般是以中间商为媒介进行的。以中间商为媒介的商品交换活动，是以生产者出售商品开始的。生产者出售商品（W－G），表现为中间商购买商品，是交换的第一阶段（G－W），此时，中间商获得了商品的所有权；但交换还没有结束，中间商载着从生产者传递过来的商品继续向交换的终点——消费者运动，最终将商品出售给消费者（W－G），完成交换的第二阶段，实现商品交换，消费者成为商品的所有者，商品从生产领域进入消费领域，完成"惊险的一跳"。

二、中间商的作用

（一）简化交易联系，扩大交换范围，加速商品流转，保证市场供应

如果没有中间商的介入，生产者直接销售，这就意味着每个生产者要同许多消费者发生交易关系，生产者就要投入大量的人力、物力、财力来承担流通任务，对生产者来说，交易变得复杂，而且由于生产者自身条件所限，交换范围和市场供应受到很

大限制，供求矛盾突出。由于中间商专业性强，联系面广，熟悉市场，掌握供求规律，因此其介入能加快商品转化，调节供求矛盾，减少商品占压资金，增加生产的资金，简化生产者的交易联系，为生产者节约时间、人力、物力、财力，使生产者为社会创造更多的价值。

（二）集中、平衡和扩散商品，均衡地按照消费者的需要组织商品实体转移

中间商发挥其组织商品流通的技能和特长，把若干个生产企业所生产的商品采购集中起来，进行分类，根据不同的市场需求，从品种、数量和时间上加以平衡分配，然后推销扩散到各地，以满足不同地区广大消费者的需要。中间商从收购商品开始，到向消费者出售商品为止，始终伴随着商品实体的位移，且这种位移能均衡地按照消费者的需求进行。

（三）沟通信息，促进产需更好地结合

中间商联系面广，承担着商品的购、销、调、存的具体业务，沟通生产者和消费者之间的经济联系，能及时搜集和掌握来自生产者和市场的信息，传递给消费者，并把市场和消费者的信息反馈给生产企业，促进产需结合。

三、中间商的类型

中间商是介于生产者与消费者之间专门从事商品流通活动的组织和个人。中间商可从多种角度进行划分：按其在流通过程中所处的环节分为批发商和零售商；按其是否拥有所经营商品的所有权划分，可分为经销商和代理商。

（一）批发商和零售商

1. 批发商

（1）批发商的概念。

专门从事供进一步转售或进行加工而买卖大宗商品的经济行为（交易行为）的商业企业叫批发商业企业（国外均称批发商）。从市场学角度看，衡量其是否属于批发商，关键看其购买动机和目的。一般说，凡是其购买行为是为了进一步转卖或供其他商业用途的都是批发交易。供进一步转卖一般是对零售商而言，供进一步加工生产是对加工生产企业出售所需要的生产资料、原材料、零配件等而言，所以凡是经营批发交易的组织和个人统称为批发商。一般说来，批发商处于商品流通的起点和中间环节。批发商在商品流通过程中始终表现为中间环节，批发交易行为结束了，商品流通并没有结束。当批发商的交易对象是商业企业（不管是批发还是零售），商品还要继续流通，当商品购买者是生产企业时，商品的使用价值虽被消耗，但商品的价值却依赖于生产者的劳动转移到新产品中去，并随着新产品的诞生而重新出现在流通领域。批发商与零售商相比具有交易频率低且每次交易数量大的特点。

（2）批发商的功能。

批发商在分销渠道中主要表现为以下功能：

①组织货源（购进）。批发企业和许多生产企业直接发生经济往来，工业企业的大部分产品，尤其是轻工业产品，只有通过批发商的收购才能销售出去，即工业企业只有先卖才能再买，其再生产才能维持甚至扩大。从流通看，批发商的收购是市场商

品流通的起点，它给商品的储存和销售、合理地安排市场供应提供了一个物质基础，所以组织货源、搞好收购是批发商的首要任务，购好才能销好。

②储备商品（储存、存货）。社会产品离开生产过程进入流通领域，在它进入最终消费之前，必须停留在流通领域之中，形成必要的商品储存，而这种储存是商品流通不断进行的条件，流通领域的蓄水池职能主要由批发商来承担，这样，合理的储存商品就成为批发商的重要任务。当然，还应区分合理储存与商品积压的关系。存货一方面可以减轻生产者的资金负担；另一方面，也可以便于零售商随时根据市场需求变化进行购货，也减轻了零售商的存货负担。

③提供信息。批发商接近市场又接近工业用户，有利于搜集市场情报，及时将有关生产、技术产品的质量、市场需求动态的有关信息提供给生产企业。批发商往往还是经营方面的专家，联系面广、有条件向零售企业提供价格和有关基础性能等方面的信息，协助零售企业搞好陈列、推销并提高服务质量。

④商品调运（运输）。商品调运任务通常由批发商承担，批发商要及时、安全地把商品调运到消费地往往还要经过中转，因此，运输中有节省运输费用，走最短的运输路线，用较少的运输时间进行合理运输的问题，如何将商品源源不断地供应给众多的零售商，的确是个繁重的任务。

⑤商品分类（分级）。商品分类在流通过程中有两种，一是生产上工业分类；二是商业分类。工业分类具有品种单一、同种品种批量大的特点，这种分类适合于生产消费需要；商业分类具有品种多样，不同品种批量小的特点，它适应着消费市场的需要。由于存在这两种不同形式的分类，二者之间又是矛盾的，这就需要批发企业进行商品的挑选、分装、编配和必要的加工。把商品从生产分类改为商业分类，以适应零售企业进货需要，适应个人消费需要。

⑥资金融通。资金融通是指批发商向小型零售商开展的赊销业务，一方面可以有助于零售企业的正常销售和资金周转；另一方面减轻了生产企业的信贷风险。西方企业将批发商的任务分为八个方面，即购买、销售、分割、运输、财务融通、仓库、风险负担、管理服务（咨询）。

（4）批发商的类型。

批发商按是否拥有所经办商品的所有权可划分为三种主要类型：

①买卖批发商。也叫商人批发商、独立批发商。这种批发商对其所经营的商品拥有所有权，按其经营商品范围可划分为：

a. 普通批发商。即一般批发商，这种批发商经营普通商品、一般货物，而且经营范围广、种类多，销售对象主要是普通日杂店、小百货店、五金商店、电器店、药店等。

b. 产品线批发商。它经营的商品仅限于某一类商品，且这一类商品的花色、品种、规格、厂牌都较齐全。

c. 专业商品批发商。它经营产品线中有限的几种产品项目，专业化程度高，主要同大零售商和专业零售商进行交易。生产资料商品专业批发商一般都专门针对技术性或需要销售后服务的工业品进行批发销售。

②商品代理商。商品代理商是指从事购买或销售或二者兼备的洽商工作，对商品

没有所有权的商业单位和个人，其主要职能在于促成商品的交易，借此赚取佣金和报酬。在同一笔交易中，他们通常不会同时代表买卖双方。

③制造商的营业部和销售机构。这是一种为制造商所有，专门经营其产品的批发销售业务的独立机构，与制造商是隶属和所有的关系。

2. 零售商

(1) 零售商的概念。

零售商是指将所经营的商品直接出卖给最终消费者的个人或组织。作为生产者和消费者的中介，零售商处在中介地位靠近最终消费者的一端；在流通领域内，零售商处在商品运动的终点，商品经过零售进入消费领域，实现商品价值。因此，其销售活动是在营业员和最终消费者之间单独、分散进行的，一般有特定的交易场所，各种商品与消费者直接见面，并随着商品的出售向消费者提供服务。

(2) 零售商的特点。

①零售商的销售对象是最终消费者。主要包括：消费者个人、家庭、从零售商处购买商品用作消费的机关团体等。商品经过零售，便离开流通领域进入消费领域，实现商品价值。

②零售商的交易较批发商频繁，且每次交易的量小。零售商的销售对象是最终消费者，而作为个人和家庭的消费需要量较小，购买次数却较为频繁。

③零售商的地区分布较批发商广，一般分散在全国各地广大最终消费者中间。这是由零售商所处的地位决定的，零售商是专门从事零售贸易，直接为广大最终消费者服务的单位，而各种商品的最终消费者分散在全国各地。

(3) 零售商的作用。

零售商的作用也是由它处于流通中的地位所决定的。它处于流通领域的终端，直接联结消费者，完成产品最终实现价值的任务，其作用有：

①实现商品价值，促进社会再生产的发展。在商品经济条件下，工厂生产的产品几乎全部都是作为商品来生产的。生产资料的生产通过商品交换转化为生活资料生产的条件，为生活资料的生产服务。生产资料生产的有效性，最终要通过生活资料生产的有效性来实现或表现。因此，零售商是商品经济条件下的社会全部产品实现其最终的实际有效性的渠道。商品通过零售商销售给最终消费者，才能使商品的价值和使用价值最终得以实现，才能补偿在生产中消耗的价值，增加国家的财政收入，为国家积累资金，促进社会再生产的发展。零售商销售情况的好坏会引起整个商品流通过程和社会再生产一系列环节的连锁反应，影响整个经济的发展。如果零售商经营情况好，销售繁荣，批发贸易就会畅通兴旺，从而促进生产的扩大，带来社会经济的发展；如果零售商销售状况不佳，商品在零售环节积压，产品的有效性实现不了，就会引起批发贸易和社会生产的停滞，从而导致整个社会经济的衰退。

②为消费者提供多种形式的服务。零售商向生产企业或批发商采购商品，汇集不同厂家、品种、规格、花色的商品供消费者选购。同时，伴随商品的销售向消费者提供服务，根据消费者在购物、使用过程中的困难提供帮助。如送货上门、维修、提供零配件、赊购和分期付款信用、向消费者传递信息、公开交易、维护消费者利益等。

(4) 零售商的类型。

零售商的类型可按不同的标准进行划分，这里只介绍几种典型的零售商组织形式：

①专业商店。它是一种专门经营一类或几类商品的商店。主要专营钟表、食品、皮货、服装、毛织品、蔬菜等，有的只经营本行业商品，有的兼管其他行业，但在消费上经营有连带性的商品都称为专业性商店（像筷子商店，不仅是经营筷子，饭桌上其他的餐具也都经营；又如礼品商店，既有床上用品又有工艺品、灯具、皮箱等），这种商店将随商品经济的发展越来越多，分工越来越细。其特点是：经营的商品种类上比较单一，专业性较强（系列少、项目多、深度大），具体的商品品种、花色、规格比较齐全，有利于消费者广泛挑选。同时，也是研究消费者需求变化的典型场所。

②百货商店（百货公司）。它是一种大规模的经营日用工业品为主的综合性的零售商业企业，经营的商品类别（系列）多，同时每类商品（每条商品线）的花色、品种、规格齐全（项目多），实际上是许多专业商店的综合体。一般以大、中型居多：从日用品到食品，从工业到土特产品，从低档、中档到高档品都经营，综合性强，它又是高度组织化的企业，内部分设商品部或专柜，商品部相对独立（一般半独立核算），可自己负责商品进货业务，控制库存，制订销售计划。1862 年创立于法国巴黎的“好市场”是世界第一家百货公司，百年来，百货公司仍是零售商业的主要形式之一。美、日、法等国的大型百货公司，销售的商品多在 25 万种以上，最多的达到 50 万种。百货公司也是城市一、二级商业群的骨干企业。

③超级市场。它是一种消费者自我服务、敞开式的自选售货的零售企业。它是“二战”后发展起来的，最先在欧美兴起，现在欧美十几个国家中已有超级市场 20 万个。

超级市场一般以经销食品和日用品为主，其特点主要是：a. 薄利多销，基本上不设售货员，经营中低档商品；b. 商品采用小包装、标明分量、规格和价格；c. 备有小车或货筐，供顾客自选商品；d. 出门一次结算付款。

超级市场的规模：营业面积小的有 180 平方米，最大的约有 1 620 平方米。日本最大的大荣超级市场有 15 个店铺（不在一个地方），营业面积有 993 000 平方米。

超级市场的经营范围，初期以食品为主，兼售少量杂货；目前除上述外还兼营化妆品、文具、五金、服装等，多达七八千种，正在向综合服务发展，并增设停车场、咖啡馆、俱乐部、电影院及银行、保险、邮政等各种服务设施。超级市场发展很快，日本的超级市场销售额已超过百货公司。超级市场的商品包装是“无声的推销员”，可以代替售货员介绍商品，具有介绍商品名称、用途、产地、用法、价格分量及特点的功能。超级市场的优点：省人（节省劳动力和劳务开支）；省地（充分利用营业面积）；省钱（节省投资）；省时（不用排队，手续简便）；干净（尤其是副食、蔬菜）。

④折扣商店。它是“二战”之后兴起的有影响的零售企业，也是一种百货公司，主要特点是低价竞销，重点经营，不限制营业时间，自助选购。20 世纪 40 年代曾与百货商店有过激烈的竞争，出售商品以家庭生活用品为主，其特点是：a. 出售的商

品价格比一般商店低；b. 出售全国性牌号商品，保证质量；c. 采取自动式售货，很少服务；d. 店址不在闹市区；e. 设备简单。折扣商店明码标价，但出售时给予一定折扣。折扣商店经营的主要商品是家庭耐用商品，如洗衣机、电视机、收音机等。

⑤样本售货商店。这种商店主要出售毛利高、周转快的名牌货，包括装饰品、电动工具、皮箱、皮包、摄影器材等。这种商店有彩色样本，除本土实物照片之外，还标有货号、价格及折扣数，顾客可凭样本打电话订货，由商店送货到家，提取货款和运费。如果顾客需要取货，商店设有陈列室，把各种商品放在玻璃橱中，可供展览。这是一种很新的销售方式。20 世纪后期美国开始建立这种商店之后，成为最热门的零售方式之一。

⑥自动售货机。“二战”以后，自动机售货的商品不断增加，目前出售的商品已由香烟、软饮料、糖果报纸等，扩大到化妆品、唱片、磁带、袜子、胶卷等。在美国，自动售货机遍及各种场所，大型零售店、加油站、咖啡馆及火车餐车、娱乐场、学校、机关等常设有售货机，无人看管，只有工人定期巡回补货。自动售货的缺点是经营费用很高，机器需要经常保养和修理，所以自动售货的商品价格比正常零售价稍高一些。宜采用自动售货的商品多半是人们信得过的名牌货，而且仅限于单价稳定，体积小，包装或容量标准化的商品。自动售货的商品在日本还发展有自动吹风机、自动电话出租机等。

⑦连锁商店。它指的是在同一资本系统的统一管理之下，分设两个以上的商店。其经营业务在一定程度上受总店的控制，每一家商店都是这个集团的构成单位。一般总店控制范围有：a. 统一店名，对商店地点的选定、设施的提供、主要人员的安排和教育均由总店负责；b. 商品的采购、保管和广告由总店控制；c. 总店直接向厂家进货，发送给各分店，并规定经理的销售权利。这种商店的主要特点是：其管理制度相当标准化。连锁组织中，各家商店在计价、宣传推广及售货方式上都有统一的形象，使消费者无论走到哪里，从视觉上首先感到的是同一组织的连锁商店。

一般说来，商店与工厂不同，单纯靠商店的大型化来提高销售效率，不切实际，也不可能都有条件，竞争效果不一定好。而连锁商店规模适当、数量较多、分布面广，就能获得大规模经营的各种主要利益（好处）：a. 能提高和扩大商店规模经营的声誉；b. 由于这类商店统一进货，又直接与生产厂家或企业自身经营的工厂建立产销关系，进货批量大、不经批发商转手、经营费用低，因此价格低，可以享受特别折扣，运输成本也低；c. 在市场预测、存货、定价策略和宣传推广技术方面都有比较进步的管理办法，因而经济效益较高；d. 由于总公司实行产销直挂，所以产品的质量、性能、包装、进货时间均可据商店和顾客的要求进行设计和改进，以满足各方面的需要。其缺点是：由于集中进货、统一管理，各个商店往往缺乏因地制宜的灵活性。在美国，一般在同一资本系统下拥有很多家商店（通常在 11 家以上）才能称作连锁商店组织，有的叫“联销网”，在英国则叫“多支商店”。

⑧购物中心。其形式可分为以下两种：a. 相当于商场的形式，设立在公共建筑物中，由出售食品和日用品的零售商业组成；b. 相当于商业街的形式，这类购物中心位于住宅区附近，有的位于市中心或交通枢纽。在这个区域内，商业中心一般是以百货商店和超级市场为主，此外，尚有各种类型的专业商店、食品店、饭菜馆、银行等

形成一个区域性购买中心（我国称为零售商业群）。如日本位于大阪郊区的千里购物中心，就以百货商店和超级市场为主，配以各种食品店、日用品店、专卖店、饭馆和娱乐场所，形成一个商业服务中心。

⑨协同营业百货商店。一些国家的产业资本家，自己不经营零售业务，而是在适当地点建造高层建筑或宽敞市场，专供小零售商租用，这些零售商协同营业，起了百货公司的作用，但是他们在组织上没有什么关系，协同营业商品品种齐全，各有特色。

⑩特许代管组织。它是与连锁店较相似的另一种组织形式，是近三十年来与连锁商店竞争最激烈的经营方法。特许代管组织是由特许人、一家制造商、批发商或服务组织为一方，若干特许代管人（若干家批发商或零售商）为另一方，以契约式固定下来，独立经营、自负盈亏。特许代管组织形式在国外有三类：第一类是由制造商筹组的零售商特许代管，即生产厂主持、组织零售商而构成的机构。这种组织有的是厂家为了能得到零售商的积极协助而提供一定资金，让零售商参加股份，以扶助零售商；也有的是由厂家组织自愿连锁商店，吸收零售商参加。如日本的资生堂就属此类型，其连锁商店共84家，营业面积共62.5万平方米，年销售额达4 885亿日元。美国福特汽车公司也有许多特许代管零售商，按照福特公司规定的销售方式和服务标准出售福特汽车。第二类是制造商筹组的批发商特许代管。如可口可乐公司，给不同市场的装瓶商以特许代管。这些装瓶商向可口可乐公司买进可口可乐晶，自己冲制，然后购买公司的瓶子装瓶后，向零售商出售瓶装可口可乐。第三类是服务性行业筹组的零售商特许代管，这种形式在快餐业、汽车出租业应用较多。此制度已广泛流行，美国已有45万家这样的企业。

（二）经销商和代理商

1. 经销商

经销商泛指拥有商品所有权的批发商和零售商。其特点是：①拥有商品的所有权和经营权，独立自主地开展商品购销活动，独立核算，自负盈亏；②一般都有一定的营业场所和各种经营设施；③有独立的购买商品的流动资金；④承担商品的经营风险。

2. 代理商

代理商即商品代理商，不拥有所经营的商品的所有权，受委托人委托，代理商品采购或销售业务，从代办业务中取得一定数量的佣金。其特点是：本身不发生独立的购销行为，对产品不具所有权、不承担市场风险；有广泛的社会关系、信息灵通等。

按代理商与委托企业的业务联系的特点，代理商可分为企业代理商、销售代理商、寄售商和经纪人。

（1）企业代理商。

企业代理商是指受生产企业委托，签订销货协议，在一定区域内负责代销生产企业产品的中间商。企业代理商和生产企业间是被委托和委托的关系，它负责推销商品，履行销售商品业务手续，生产企业按销售额的一定比例给它酬金。通常，生产企业在产品消费对象少而分布面广，以及推销新产品、开拓新市场时，借助于企业代理商的帮助。

(2) 销售代理商。

销售代理商是一种独立的经销商，它代理制造商销售全部产品，并为制造商提供更多的服务，如设置产品陈列和负责广告全部费用等。资力雄厚的销售代理商还以票据或预付款等方式向制造商提供资金方面的帮助（可以不用先付款）。此外，销售代理商还经常派人参观国内外各种展览会，进行市场调查和搜集各种市场情报资料，供制造商参考。销售代理商实际上就是制造商的产品销售组织，它把自己的命运同制造商的发展联系在一起。

销售代理商是一种独立的中间商，受委托全权独家经销生产企业的全部产品。销售代理不受销售地区的限制，并对商品销售有一定的决策权。销售代理商实际上是生产企业的全权独家代理商，双方关系一经确定，生产企业自身不能再进行直接推销活动，而且同一时期只能委托一个销售代理商。正因为如此，销售代理商要对生产企业承担较多的义务。如在代销协议中，一般规定在一定时间内的推销数量，还规定销售代理商不能同时代销其他企业的类似产品，并向生产企业提供市场调查预测情报，负责进行商品的陈列、广告等促销活动。

(3) 寄售商。

寄售商是受委托经营现货代销业务的中间商。生产企业根据协议向寄售商交付产品，寄售商将销售后所得货款扣除佣金及有关销售费用后，再支付给生产企业。寄售商要自设仓库或营业场所，以便储存、陈列商品，使顾客能及时购得现货。因此，委托寄售商销售产品，对发掘潜在购买力、开辟新市场、处理滞销产品有较好的作用。

(4) 经纪人。

经纪人是既无商品所有权，又无现货，不承担风险，只在双方交易洽谈中起媒介作用的中间商。经纪人也是一种代理商，大业务只是介绍买卖双方，帮助双方磋商交易，由委托一方付给佣金。他们同制造商没有固定的联系，可在为某制造商服务的同时为其他制造商服务。有的经纪人还代表别人买东西，同其他代理商一样，对产品没有所有权，主要为买卖双方提供产品和价格的市场行情，协助双方进行易货谈判。由经纪人参加的销售渠道，在粮食、矿产品和基本化工原料市场上常见，最常见的经纪人有食品经纪人、房地产经纪人、保险和证券经纪人。在一般情况下，经纪人和买卖双方均无固定联系，成交后提取一定的佣金。

第三节　分销渠道的设计与管理

一、分销渠道系统的发展

（一）直销的发展

在市场经济条件下，尽管绝大多数产品和服务要通过市场营销中间商出售，但是从事直销活动的生产者也在不断增加。直销又称无店铺销售，是指产品的所有权从生产者手里直接转移到用户或最终消费者手里，而省去了传统市场营销渠道的诸多中间环节。直销之所以如此风靡，是因为它区别于传统的销售方式，具有如下特点：①它免去了层层加价、多次倒手、多次搬运等环节，有利于降低售价，提高产品竞争能力；②生产者与使用者、消费者直接接触，既有利于改进产品和服务，也便于控制价格；③为人们的特殊购物需要提供了可能；④返款迅速，加快了企业资金周转。

直销的方式主要有四种：邮购、电话订购、上门销售和多层传销。其中，多层传销近几年来发展迅猛。在美国，多层传销的年销售额占其全部直销额的50%～60%。所谓多层传销，又称消费者销售制，即消费者自己组织起来作为直销商，从生产者或传销公司那里直接购买产品，同时以众口相传的方式传播产品信息、销售产品。通过这种方式，直销商不仅可以通过销售产品获得利润，而且更为重要的是，随着直销网络的扩大和自身级别的上升，还可以从传销公司处得到十分丰厚的佣金。多层传销属于非线性销售。假如每个直销商能将某一产品信息传递给另外三个消费者，这三个消费者成为直销商后就能传给九个消费者。以此类推，销售行为的能量不断地被储存放大，产生几何级数市场营销效果。因此，它是一种强有力的推销方式。尽管如此，并非任何公司采用它都能取得成功。采用多层传销的主要条件包括：产品是最终消费品、质量上乘、佣金制度诱人及管理计算机化等。适宜于多层传销的产品有美容护肤品、化妆品、营养保健品、珠宝、家庭工艺品等。

（二）垂直市场营销系统的发展

"二战"以来，特别是近几十年来，在西方国家，由于商业趋于集中和垄断，竞争激烈，垂直市场营销系统或垂直渠道系统有了新的发展。垂直市场营销系统是一个高度分离的组织网，在此网络系统中，关系松弛的制造商、批发商和零售商以疏远的态度彼此进行交换，他们各自为政，为了自身利益在市场上讨价还价，互不相让，激烈竞争。垂直渠道系统则是一个实行专业化管理和集中计划的组织网，在此网络系统中，各个成员为了提高经济效益，都采取不同程度的一体化经营或联合经营。这种系统的经营规模、交换能力和避免重复经营的特性，使得它有可能实现规模经济，并与传统渠道系统展开有力的竞争。发达国家垂直市场营销系统有以下三种：

1. 公司系统

所谓公司系统，是指一家公司拥有和统一管理若干工厂、批发机构、零售机构等，控制市场营销渠道的若干层次，甚至控制整个市场的营销渠道，综合经营生产、批发、零售业务。这种渠道系统又分为两种：一种是大工业公司拥有和统一管理若干生产单位和商业机构，采取工商一体化经营方式；另一种是大零售公司拥有和统一管理若干批发机构、工厂等，采取商工一体化经营方式，综合经营零售、批发、加工生产等业务。

2. 管理系统

在发达国家，许多制造商，即使是大制造商都不能建立推销其产品所需要的全部商业机构。因此，有些素有盛誉的大制造商，为了实现其战略计划，往往在销售促进、库存管理、定价、商品陈列、购销业务等问题上与零售商协调一致。

3. 合约系统

合约系统是指不同层次的独立制造商和经销商为了实现其单独经营所不能及的经济性而以合约为基础实行的联合体。这种渠道系统一般又可分为以下三种：

（1）特许经营组织。

特许经营组织是指由生产与市场营销系统中的各个机构与其中某一机构组成的联合体。这种渠道系统又可分为三种类型：①制造商倡办的零售商特许经营系统；②制造商倡办的批发商特许经营系统；③服务企业倡办的零售商特许经营系统。

（2）批发商倡办的自愿连锁。

这种自愿连锁和一般连锁店不同之处在于：①自愿连锁是若干独立的中小零售商为了和连锁店这种大零售商竞争而自愿组成的联营组织，参加联营的各个中小零售商仍然保持自己的独立性和经营特点。而连锁店是属于一个大零售公司所有的某种类型的零售商店集团，这些零售商店是这家大零售公司的分店和联号。②自愿连锁实际上是参加联营的各个独立中小零售商的进货在采购中心统一管理下进行，但独立销售，实行联购分销。此外，联营组织还为各个成员提供各种服务。而连锁商店的总公司虽设有批发机构——中央采购处，但连锁商店本身是零售组织。③自愿连锁通常是由一个或一个以上独立批发商创办的。这些独立批发商为了和大制造商、大零售商竞争，维护自己的利益，帮助与其有业务往来的一群独立中小零售商组成自愿连锁，统一进货推销批发商经营的商品。

（3）零售商合作社。

这是一群独立的中小零售商为了和大零售商竞争而联合经营的批发机构，各个参加联营的独立中小零售商要缴纳一定的股金，各个成员通过这种联营组织，以共同名义统一采购一部分货物，统一进行宣传广告活动及共同培训职工等，有时还要进行某些生产活动。

（三）水平市场营销系统的发展

在发达国家，工商企业为了扩大销售，获得更多利润，在激烈的竞争中求得生存和发展，不仅在渠道系统内采取垂直一体化经营或联合经营的方式，还在同一层次的若干制造商之间、若干批发商之间、若干零售商之间采取横向联合经营的方式，即水平市场营销系统。所谓水平市场营销系统，是指两个或两个以上企业自愿组成短期或长期联合关系，共同拓展新出现的市场营销机会。这种联营主要原因是单个企业无力单独积聚进行经营所必须具备的巨额资金、先进技术、生产设备及市场营销设施，或是由于风险太大不愿单独冒险，或是由于期望能带来更大的协同效应等。

（四）多渠道市场营销系统的发展

在发达国家，由于市场商品供过于求，卖主之间竞争激烈，制造商往往通过多条渠道将相同的产品送给不同的市场和相同的市场。这就是说，同一种产品由于既卖给消费者，又卖给产业用户用于生产消费，制造商通常通过若干不同的渠道将同一种产品送给不同的市场（消费者市场和生产者市场）；有些制造商还要通过多条渠道将产品送给同一种顾客。这种多渠道结构也叫做双重分销。

二、分销渠道的设计决策及影响因素

生产者在发展其市场营销渠道时，须在理想渠道与可用渠道之间进行抉择。一般来说，新企业在刚刚开始经营时，总是先采取在有限市场上进行销售的策略，以当地市场或某一地区市场为销售对象，因其资本有限，只得采用现有中间商。而在某一地区市场内，中间商的数目通常是很有限的，所以，到达市场的最佳方式也是可以预知的，问题是如何说服现有可用的中间商来销售其产品。

该新企业一旦经营成功，它可能会扩展到其他新市场。这家企业可能仍利用现有的中间商销售其产品，虽然它可能在不同地区使用各种不同的市场营销渠道。在较小的市场中，它可能直接销售给零售商；而在较大的市场，它必须通过经销商来销售其产品。总之，生产者的渠道系统须因时因地灵活变通。

渠道设计问题可以从决策理论的角度加以探讨。一般来讲，设计一个有效的渠道系统，须经过如下步骤：

（一）确定渠道目标与限制

有效的渠道设计应以确定企业所要达到的市场为起点。从原则上讲，目标市场的选择并不是渠道设计的问题。然而，事实上，市场选择与渠道选择是相互依存的。有利的市场加上有利的渠道，才可能使企业获得利润。渠道设计问题的中心环节，是确定到达目标市场的最佳途径。而渠道目标的确定是要受顾客、产品、中间商、竞争者、企业政策和环境等因素限制的。

1. 顾客特性

渠道设计深受顾客人数、地理分布、购买频率、平均购买数量及不同市场营销方式的敏感性等因素的影响。当顾客人数多时，生产者倾向于利用每一层次都有许多中间商的长渠道。但购买者人数的重要性又受到地理分布程度的影响。例如，生产者直接销售给集中于同一地区的500个顾客所花的费用，远比销售给分散在500个地区的顾客少。而购买者的购买方式又取决于购买者人数及其地理分布的因素。如果顾客经常小批量地购买，则须采用较长的市场营销渠道为其供货。因此，少量而频繁的订货，常使得五金器具、烟草、药品等产品的制造商依赖批发商为其销货。同时，这些相同的制造商也可能越过批发商而直接向那些订货量大且订货次数少的大顾客供货。此外，购买者对不同市场营销方式的敏感性也会影响渠道选择。例如，越来越多的家具零售商喜欢在商品展销会上选购，从而使得这种渠道迅速发展。

2. 产品特性

产品特性也影响渠道选择。易腐坏的产品为了避免拖延及重复处理，通常需要直接市场营销。那些与其价值相比，体积较大的产品（如建筑材料、软件材料等），需要通过生产者到最终用户搬运距离最短、次数最少的渠道来销售。非标准化产品（如顾客定制的机器和专业化商业表格），通常由企业推销员直接销售，这主要是由于不易找到具有该类知识的中间商。需要安装、维修的产品经常由企业自己或授权独家专售特许商来负责销售和保养。单位价值高的商品则应由企业推销人员销售而不通过中间商。

3. 中间商特性

设计渠道时，还必须考虑执行不同任务的市场营销中间机构的优缺点。例如，由制造商代表与顾客接触，花在每一顾客身上的成本比较低，因为总成本由若干个顾客共同分摊，但制造商代表对顾客所付出的销售努力则不如中间商的推销员。一般来讲，中间商在执行运输、广告、储存及接纳顾客等职能方面，以及在信用条件、退货特权、人员训练和送货频率等方面，都有不同的特点和要求。

4. 竞争特性

生产者的渠道设计还要受到竞争者所使用的渠道的影响，因为某些行业的生产者希望在与竞争者相同或相近的经销处与竞争者的产品抗衡。例如，食品生产者就希望其品牌和竞争品牌摆在一起销售。有时，竞争者所使用的市场营销渠道反倒成为生产者所避免使用的渠道。企业特性在渠道选择中扮演着十分重要的角色，企业的总体规模决定其市场范围、较大客户的规模及强制中间商合作的能力。企业的财务能力决定了哪些市场营销职能可由自己执行、哪些应交给中间商执行。财务薄弱的企业，一般都采用“佣金制”的分销方法，并且尽力利用愿意并且能够吸收部分储存、运输及顾客融资等成本费用的中间商。

5. 企业特性

企业的产品组合也会影响其渠道类型。企业产品组合的广度越大，则其与顾客直接交易的能力越强；产品组合的深度越大，则使用独家专售或对选择代理商越有利；产品组合的关联性越强，则越应使用性质相同或相似的市场营销渠道。企业过去的渠道经验和现行的市场营销政策也会影响渠道的设计。以前曾通过某种特定类型的中间商销售产品的企业，会逐渐形成某种渠道偏好，例如，许多直接销售给零售食品店的老式厨房用具制造商，就曾拒绝将控制权交给批发商。再如，对最后购买者提供快速交货服务的政策，会影响到生产者对中间商所执行的职能、最终经销商的数目与存货水平，以及所采用的运输系统的要求。

6. 环境特性

渠道设计还会受到环境因素的影响。例如，当经济萧条时，生产者都希望采用能使最终顾客以廉价购买的方式将其产品送到市场，这也意味着使用较短的渠道，并免除那些会提高最终售价但却不必要的服务。

（二）明确各种渠道交替方案

在研究了渠道的目标与限制之后，渠道设计的下一步工作就是明确各主要渠道的交替方案。渠道的交替方案主要涉及以下四个基本因素：

1. 中间商的类型

企业首先须明确可以完成其渠道工作的中间商的类型。这涉及是否采用中间商、选择哪几类中间商等问题。

2. 中间商的数目

在每一渠道类型中的不同层次所用多少数目的中间商，要受到企业分销渠道战略的影响。企业可以根据自身实力，结合产品特点，选择不同的分销战略，即密集分销、选择分销和独家分销。

3. 渠道成员的特定任务

每一个生产者都必须解决如何将产品转移到目标市场这一问题。在转移的过程中，会有许多工作要做，如运输、广告、储存等。这就涉及对渠道成员进行任务的分派，某一特定层次应有其特定的工作任务，这样才会使所建立的渠道经济、合法、稳定。

（三）评估各种可能的渠道交替方案

每一渠道交替方案都是企业产品送达最后顾客的可能路线。生产者所要解决的问题，就是从那些看起来似乎很合理但又相互排斥的交替方案中，选择最能满足企业长期目标的一种。因此，企业必须对各种可能的渠道交替方案进行评估。评估标准有三个，即经济性、控制性和适应性。

在这三个标准中，以经济性标准最为重要。因为企业是追求利润而不是追求渠道的控制性与适应性。经济分析可用许多企业经常遇到的一个决策问题说明，即企业应使用自己的推销力量还是应使用制造商的销售代理商。这就要分析各方案的销售额和销售成本。

使用代理商无疑会增加控制上的问题。代理商是一个独立的企业，他所关心的是自己如何取得最大利润。在代理过程中，常常会出现一些问题，如他可能不愿与相邻地区同一委托人的代理商合作；代理商的推销员可能不愿去了解与委托人产品相关的技术细节，不能正确认真对待委托人的促销资料等。

在评估各渠道交替方案时，还有一个需要考虑的标准，那就是生产者是否具有适应环境变化的能力，即应变力如何。每个渠道方案都会因某些固定期间的承诺而失去弹性。当某一制造商决定利用销售代理商推销产品时，可能要签订五年的合同。这段时间内，即使采用其他销售方式会更有效，但制造商也不得任意取消销售代理商。所以，一个涉及长期承诺的渠道方案，只有在经济性和控制性等方面都很优越的条件下，才可以考虑。

三、分销渠道的管理

分销渠道建立以后，企业还必须对其进行管理，目的是加强渠道成员间的合作，调解渠道成员间的矛盾，从而提高整体的分销效率。对分销渠道的管理主要有以下三个方面。

（一）选择渠道成员

在选择中间商时，生产企业必须明确该中间商的优劣特性。一般来讲，生产者要评估中间商经营时间的长短及其成长记录、清偿能力、合作态度和声望等。当中间商是销售代理商时，生产者还须评估其经销的其他产品大类的数量与性质、推销人员的素质与数量。当中间商打算授予某家百货公司独家分销时，生产者尚须评估商店的位置、未来发展潜力和经常光顾的顾客类型。

（二）激励渠道成员

生产者不仅要选择中间商，而且还要经常激励中间商，使之尽职。促使中间商进入渠道的因素和条件已构成部分的激励因素，但仍需生产者不断地监督、指导与鼓励。生产者不但利用中间商销售商品，而且把商品销售给中间商。这就使得激励中间商这一工作不仅十分必要，还非常复杂。

激励渠道成员，使其具有良好的表现，必须从了解各个中间商的心理状态与行为特征入手。许多中间商常受到如下批评：不能重视某些特定品牌的销售；缺乏产品知识；不认真使用供应商的广告资料；忽略了某些顾客；不能准确地保存销售记录，甚至有时遗漏品牌名称。

了解了中间商的心理状态后，在采取激励措施时，生产者尽量避免激励过分和激励不足两种情况。当生产者给予中间商的优惠条件超过中间商所需的条件时，就会出现激励过分的情况，其结果是销售量提高，而利润下降。当生产者给予中间商的条件过于苛刻，以致不能激励中间商时，则会出现激励不足的情况，其结果是销售量下降，利润减少。所以，生产者必须确定应花费多少力量及花费何种力量来鼓励中间商。生产者在处理与经销商的关系时，常依据不同情况而采取三种方法：合作、合伙和分销规划。

（1）合作。

激励的目的是设法取得中间商的合作。生产者多利用高利润、奖赏、津贴、销售比等积极手段激励中间商。如果这些都不能奏效，他们就采取一些消极的惩罚手段，例如，威胁减少中间商的利润，减少为他们所提供的服务，甚至终止双方关系等。这些方法的根本问题是，生产者从未认真研究过经销商的需要、困难及优缺点。

（2）合伙。

一些老于世故的企业往往试图与经销商建立长期合伙关系。这就要求制造商必须深入了解他能从经销商那里得到些什么，以及经销商可从制造商那里获得些什么。这些都可用市场涵盖程度、产品可得性、市场开发、寻找顾客、技术方法与服务、市场信息等各种因素来衡量。制造商希望经销商能同意上述有关政策，并根据其遵守程度的具体情况确定付酬办法。

例如，某企业不直接付给经销商25%的销售佣金，而是按下列标准支付：①如保持适当的存货，付5%；②如能达到销售配额，再付给5%；③如能有效地为顾客服务，再付5%；④如能及时报告最终顾客的购买水平，再付5%；⑤如能对应收账款进行适当管理，再付5%。

（3）分销规划。

分销规划是制造商与经销商可能进一步发展的一种更密切的关系。所谓分销规划，是指建立一个有计划的、实行专业化管理的垂直市场营销系统，把制造商的需要与经销商的需要结合起来。制造商可在市场营销部门中专设一个分销关系规划处，负责确认经销商的需要，制订交易计划及其他各种方案，以帮助经销商以最佳方式经营。该部门和经销商合作确定交易目标、存货水平、商品陈列计划、销售训练要求、广告与销售促进计划。借助该部门的上述活动，可以转变经销商对制造商的某些不利看法。比如，过去经销商可能认为他之所以赚钱，是他与购买者站在一起共同对抗制造商的结果；现在，他可能转变这种看法，认为他之所以赚钱，是由于他与销售商站在一起，成为销售商精密规划的垂直市场营销系统的一个组成部分的缘故。

（三）评估渠道成员

生产者除了选择和激励渠道成员外，还必须定期评估他们的绩效。如果某一渠道成员的绩效过分低于既定标准，则须找出主要原因，同时还应考虑可能的补救方法。绩效评估的具体措施有：

（1）在生产者与中间商签订的有关绩效标准与奖惩条件的契约中，应明确经销商的责任（如销售强度）、绩效与覆盖率、平均存货水平、送货时间、次品与遗失品的处理方法、对企业促销与训练方案的合作程度、中间商对顾客须提供的服务等。

(2) 除针对中间商绩效责任签订契约外，生产者还须定期发布销售配额，以确定目前的预期绩效。生产者可以在一定时期内列出各中间商的销售额，并依据销售额大小排出先后名次。这样可促使后进中间商为了自己的荣誉而奋力上进，也可促进先进中间商努力保持已有的荣誉，百尺竿头，更进一步。

需要注意的是，在排名次时，不仅要看各中间商销售水平的绝对值，而且还须考虑到他们各自面临的变化环境，考虑到生产者的产品大类在各中间商的全部产品组合中的相对重要程度。

测量中间商的绩效，主要有以下两种办法可供使用：

(1) 将每个中间商的销售绩效与上期的绩效进行比较，并以整个群体的升降百分比作为评价标准。对低于该群体平均水平的中间商，必须加强评估与激励措施。但对因当地经济衰退，主力推销员离开或退休等因素造成绩效降低的中间商，制造商就不应采取任何惩罚措施。

(2) 将各中间商的绩效与该地区的销售潜量分析所设立的配额相比较。即在销售期过后，根据中间商的实际销售额与其潜在销售额的比率，将各中间商按先后名次进行排列。这样，企业的调查与激励措施可以集中于那些未达既定比率的中间商。

本章知识小结

1. 分销渠道是产品和服务从生产者向消费者转移过程中，取得这种产品和服务的所有权或帮助所有权转移的所有企业和个人；

2. 影响渠道选择的主要因素有顾客特性、产品特性、中间商特征、竞争特征、企业特征和环境特征；

3. 企业必须对个别中间商进行选择、激励与定期评估。

本章能力小结

1. 分销渠道的设计要求确定渠道的各种目标和限制，辨认主要的可供选择的渠道（中介机构的类型和数目），以及渠道的条件和责任。每一条不同的渠道必须按照经济性、控制性和适应性标准加以评价；

2. 渠道管理要求选择特定的中间商，并且运用成本效益贸易关系组合激励中间商，对于每个渠道成员，必须根据其过去的销售成绩和其他成员的销售情况定期加以比较评价；

3. 由于营销环境在不断地变化，必须定期改进渠道。

【课后任务练习】

1. 联想科技商城

联想科技商城组建于1997年10月，是联想科技发展公司下属的13个并行事业部之一，其前身是联想门市，很多事业部都是从这里发展起步的。现在，它成为北京联想控股公司的一个全资子公司，成为一个独立注册的法人。商城已建成了一个基本的全国中心城市连锁网络，目前在北京、上海、广州、沈阳、成都、武汉、济南、西安、南京等9个城市建立了自己的分部。目前年销售收入已达到7亿元左右，是中国目前最大的IT产品连锁直销机构。

联想科技商城入住海龙大厦，标志着联想科技商城从经营联想品牌和联想代理品牌的商城转化为经营综合性IT产品的商城。用联想科技的话来说就是“我们要建设一个全新的品牌，无论是联想的产品还是其他厂商的产品，只要用户接受，我们就经营，相反，如果用户不接受的产品，即使是联想的产品我们也要将它从商城中淘汰出去”。

联想建立这个新品牌，是为了向业界表明一个决心，今后的商城将彻底建成一个中性化的商城。除了因为商城脱胎于联想，在管理风格上会保持联想管理的精华外，商城绝不会以联想现有的业务来影响商城与其他厂商的合作，绝不会人为地影响用户的选择。

任务：联想为什么建设这样一个全新的品牌，一个以直销为主的连锁商城？

2. 非洲居民为什么买不到蚊香

非洲国家普遍蚊子肆虐，居民深受蚊子危害，蚊香等产品在非洲国家是非常受欢迎的。但1990年以前却很少在非洲看到中国品牌的蚊香。原因是，1990年以前，中国蚊香在非洲很少有供货。当地小商店买不到，商场也买不到，怎么才能让那些被蚊子叮得体无完肤的非洲居民熟悉中国品牌的蚊香呢？占领当地市场最有效的手段，就是占领销售点，控制渠道。对于大众消费品来说，最重要的不是你的产品与对手有多少差异，而在于你的产品是否能方便地被消费者购买。

任务：试分析销售渠道的重要作用。

3. 拓宽餐饮渠道　蒙牛与肯德基结成战略联盟

百胜餐饮集团中国事业部和蒙牛乳业（集团）2007年10月22日宣布，肯德基与蒙牛结成战略联盟。从2008年开始，蒙牛牛奶将进入肯德基在全国的近2 000家连锁餐厅销售。

本次战略联盟中，除了蒙牛获得新的渠道外，双方还将在包括营销、公益等多个层面进行合作。其中包括肯德基作为爱心伙伴加入由蒙牛和中国奶业协会联合发起的“中国牛奶爱心行动”，将通过双方在中国各自拥有的销售网络，共同宣传牛奶对健康的益处，推动国人普及饮奶运动。而蒙牛也加入肯德基全国青少年三人篮球冠军挑战赛合作伙伴的行列。

蒙牛更着手拓展餐饮渠道。2007年，蒙牛进入星巴克。此外，蒙牛还是小肥羊的合作伙伴。蒙牛称，在渠道拓展方面，只要有机会，都会尝试。

任务：你如何看待营销渠道的动态性？

4. 好的代理商给公司带来运气

斯地勒公司是美国一家生产办公设备的生产商，该生产商虽然拥有优质的产品，有竞争力的价格及有效的促销手段，但它还是通过使用了一家优秀的代理商，为顾客提供了满意的服务，从而取得了较好的效果。

事情发生在一个星期二的晚上，斯地勒公司在纽约地区的代理商麦克正与家人共进晚餐，这时接到纽约一家大银行的设备经理打来的电话。这位设备经理在电话里冲着麦克大叫大嚷，暴跳如雷。原来这家银行通过麦克向斯地勒公司订购了一批价值50万美元的米色开放式办公室用隔板系统，可是刚收到的第一批500张隔板却全是深橘红色的！当时，墙壁已经粉刷好，门已经漆好，地毯也已铺好，就等银行董事长前来视察安装情况了。

时间只有一个星期。

麦克本可以推卸责任的，因为颜色出问题并不是他的过错，他只是代理。但麦克没有这样做，他在电话里向设备经理真心诚意地道歉，并保证马上纠正错误：在董事长视察之前安装好500块米色隔板。

麦克积极想办法协助公司解决问题：尚未交货的部分隔板立即改成米色的；已运到银行的500张深橘红色隔板暂不退货，但必须尽快运来1 800码米色纤维布。

待米色纤维布运到后，麦克组织人力，在500块隔板上刮掉了深橘红色纤维布，全部套上了米色纤维面并安装好。银行对此十分满意。

显而易见，正是这位纽约代理商第一流的经营素质为斯地勒公司挽回了名誉，斯地勒公司才能在竞争中占一席之地。

任务：如何对分销渠道进行有效的管理？结合该案例谈谈你的看法。

第十六章

市场营销的新发展

一、本章学习目标

能力目标：

1. 能熟练掌握网络营销的营销策略；
2. 能熟练掌握关系营销的营销策略。

知识目标：

1. 掌握网络营销的内涵；
2. 掌握绿色营销的内涵。

二、本章工作任务

1. 掌握几种现代市场营销观念；
2. 能运用所学市场营销观念加深对营销内涵的认识。

三、本章学习指导

1. 采用比较学习法，深刻理解几种市场营销观念的内涵和意义；
2. 熟练掌握所学几种市场营销方式的内涵。

导入案例

少年戴尔的“白日梦”

戴尔还只是个小学生的时候，有一次无意中看到报纸上有一则广告：“只要通过本考试中心的一个测试，您就能直接获得高中毕业证书。”小戴尔真是欣喜若狂，心想这可是天大的好事，如果省掉那些烦人的课程就能直接高中毕业，岂不快哉?！想到这儿，戴尔几乎笑不拢嘴，马上兴冲冲地拨打了广告中的电话。

考试中心的人果然上门服务了。可等看到接待他们的“客户”居然只是个小毛孩时，不禁哭笑不得。

但从此，一个大胆的设想开始在小戴尔心中生根发芽，那就是：我们为什么不去尽可能地省掉那些看起来天经地义的中间环节，直接一步到位呢？这并不是痴人说梦，因为就是凭借着这个念头，戴尔在仅仅 18 岁时就创建了神话般的直销和网络营销奇迹，并创立了一种划时代的经营模式！

第一节　网络营销

一、网络营销的发展

互联网起源于美国。1969 年，美国国防部资助西海岸四所大学和研究所，通过简单的通信电缆将主电脑连接起来，实现互相通信，并称之为 ARPANET。在 20 世纪 90 年代初，美国国防部将其商业化，并成立国际标准化管理委员会，负责标准制定和实施。在随后的短短几年内，互联网由美国发展到全世界 100 多个国家和地区，在互联网上，可以很容易地与任一联网地区进行联系，而且收费非常便宜，简直是"信息超导体"。互联网发展的全球化，得益于其自身的开放性、共享性、协作性、低廉性。在互联网上，任何人都可以自由发挥创作，既是信息的创作者，也是信息的消费者，信息的流动不受限制，网络的运作是相互协调决定的，可以自由连接和退网。因此，互联网上的资源基本上是免费的、共享的。

进入 21 世纪，互联网受到各行各业和全社会的青睐。由于中国加入了世界贸易组织，全球经济一体化趋势日趋显著，企业网络化、信息化发展进程加速，因而网络营销也随之诞生与发展。网络营销是企业借助于网络技术和信息技术来实现营销目标的一种新的营销方式。

二、网络营销的功能

网络营销的基本职能表现在以下八个方面：

1. 网络品牌

网络营销的重要任务之一，就是在互联网上建立并推广企业的品牌，让企业的品牌在网上得以延伸和拓展。

2. 网站推广

获得必要的访问量是网络营销取得成效的基础，尤其对于中小企业，由于经营资源的限制，发布新闻、投放广告、开展大规模促销活动等宣传机会比较少，因此，通过互联网手段进行网站推广的意义显得更为重要，这也是中小企业对于网络营销更为热衷的主要原因。即使对于大型企业，网站推广也是非常必要的，事实上，许多大型企业虽然有较高的知名度，但网站访问量却不高。因此，网站推广是网络营销最基本的职能之一，是网络营销的基础工作。

3. 信息发布

网络营销的基本思想就是通过各种互联网手段，将企业营销信息以高效的手段向目标用户、合作伙伴、公众等群体传递，因此，信息发布就成为网络营销的基本职能之一。互联网为企业发布信息创造了优越的条件，不仅可以将信息发布在企业网站上，还可以利用各种网络营销工具和网络服务商的信息发布渠道向更大的范围传播信息。

4. 销售促进

市场营销的基本目的是为最终增加销售提供支持，网络营销也不例外。各种网络营销方法大都直接或间接具有促进销售的效果，同时还有许多针对性的网上促销手段。这些促销方法并不限于对网上销售的支持，事实上，网络营销对于促进现实中的销售同样很有价值，这也就是为什么一些没有开展网上销售业务的企业一样有必要开展网络营销的原因。

5. 销售渠道

网上销售是企业销售渠道在网上的延伸，一个具备网上交易功能的企业网站，其本身就是一个网上交易场所。网上销售渠道建设并不限于企业网站本身，还包括建立在专业电子商务平台上的网上商店，以及与其他电子商务网站不同形式的合作等。因此，并不仅仅是大型企业才能开展网上销售，不同规模的企业都有可能拥有适合自己需要的网上销售渠道。

6. 顾客服务

互联网提供了更加方便的在线顾客服务手段，从形式最简单的 FAQ（常见问题解答），到电子邮件、邮件列表，以及在线论坛和各种即时信息服务等。在线顾客服务具有成本低、效率高的优点，在提高顾客服务水平方面具有重要作用，同时也直接影响到网络营销的效果，因此，在线顾客服务成为网络营销的基本组成内容。

7. 顾客关系

顾客关系对于开发顾客的长期价值具有至关重要的作用，以顾客关系为核心的营销方式成为企业创造和保持竞争优势的重要策略。网络营销为建立顾客关系、提高顾客满意度和顾客忠诚度提供了更为有效的手段，通过网络营销的交互性和良好的顾客服务手段，增进顾客关系成为网络营销取得长期效果的必要条件。

8. 网上调研

网上市场调研具有调查周期短、成本低的特点，网上调研不仅为制定网络营销策略提供支持，也是整个市场研究活动的辅助手段之一，合理利用网上市场调研手段，对于市场营销策略具有重要价值。

网络营销的各个职能之间并非相互独立的，而是相互联系、相互促进的，网络营销的最终效果是各项职能共同作用的结果。网络营销的职能是通过各种网络营销方法来实现的，同一个职能可能需要多种网络营销方法的共同作用，而同一种网络营销方法也可能适用于多个网络营销职能。网络营销的八项功能也说明，开展网络营销需要用全面的观点，充分协调和发挥各种职能的作用，让网络营销的整体效益最大化。

三、网络经济时代的新营销观念

网络经济的主要特征是信息化给人们的生产方式和生活方式带来了巨大影响。这些影响的结果也必将给市场营销观念带来革命性的变化。这种变化来自一种新经济的内部，是不以人的意志为转移的，如果能顺应这种变化，企业就有可能获得竞争，否则，若以传统的营销观念去参与网络经济时代的竞争，必将使企业营销方向发生错误。归纳起来，网络经济时代的新营销观念大致包含以下内容：

1. 营销主体出现巨大变化

综合性企业将被拥有核心营销能力的专业性企业所代替，市场营销主体因受到网络经济的冲击而呈现出巨大的变化。

尽管综合性企业（拥有完整的从产品设计到产品销售以至售后服务的企业）在未来很长时间内仍然是市场的主角，但它们存在的前提是要有不断扩大的市场才能满足效率要求。正因如此，全球化经营是综合大型企业的首要追求，综合性企业的解体与专业性企业的兴起是一个更为重要的趋势，如市场调查公司专负责市场需求的调查，而专业设计公司希望出售产品设计，甚至是概念产品。

2. 营销客体——产品概念的拓展

将产品限定为实物产品是工业经济时代营销的重大缺陷。在网络经济时代，服务作为营销客体，与实物产品具有同等性质，同样需要研究其营销手段。这样，营销学必将在更多的领域被运用，如金融、注册会计师事务所及快递等公司，如20世纪90年代美国曾将一家快递公司评为最佳公司，这充分说明服务产品的营销已经引起发达国家的重视。服务产品的营销引起了一系列问题，包括服务产品在不同国家的准入制度、服务产品价值制定标准、服务产品销售网络以及促销策略等。因而，引入服务产品为整个营销领域注入了新的活力。

3. 营销活动的载体——市场从有形趋向无形

许多营销专家都认为，有形市场难以满足服务产品的销售需要，因而需要一个跨越时空的无形市场。网络商业的兴起为无形市场的发展提供了契机，更多的产品将被搬上网络，这一趋势的必然结果是传统的商流——从厂家到批发企业，然后通过零售商送到消费者手中的渠道——将被改变，生产厂家可以通过网络直接与消费者完成交易，这样做还带来了另一个好处，即消费者直接表达了对商品的评价，生产者与消费者之间的沟通大大提高了。

4. 市场营销任务从满足需求到创造需求

雷戈里·卡彭特在其《改革营销活动的准则》一文中指出：目前的营销观就是营销"给顾客想要的东西"。公司只应弄清购买者想要什么，然后想出行之有效的办法予以满足。但是，随着网络经济时代的到来，产品和服务的科技含量已大为提高，消费者在消费过程中，已不再单纯地享受产品带来的物质感受，更重要的是消费产品的同时得到一个学习的过程，这一学习过程不但可以满足消费该产品的需要，而且使消费者的素质得到提高，素质的提高又可以为消费者充当生产者角色时提高效率打下基础。

5. 网络时代的营销性质是品牌营销，而品牌战略则是先锋品牌战略

先锋品牌是指第一个进入市场的品牌。在网络经济时代，由于生产能力的大幅度提高，信息成本的大幅度下降，企业开发新产品的能力大大提高，消费者识别新产品往往注重品牌及整体产品价值，而对产品内部零配件的来源不会太多地关注。先锋品牌往往成为产品的形象代言人，令人更觉得可靠。先锋品牌的这一功能，必将大大打

击模仿者，企业唯一的出路是提高研究开发能力。

6. 市场营销中的竞争态势更趋激烈

在网络经济时代，传统的市场领导者、市场挑战者等角色之间只有一步之遥，企业之间的竞争往往不以规模取胜。哪怕是很小的企业，只要拥有一项核心技术或能力，通过一定的机制与方法，就可以迅速从市场中聚集资源，成为大企业的竞争对手。例如，微软公司依靠软件核心技术成为全球最大的企业，原来人们普遍预计微软公司将是无法超越的，但是最近的数据显示，思科公司将成为最大的企业。

四、网络营销与传统营销的结合

当网络经济、电子商务热遍全球时，许多学者和企业家都认为传统营销已经过时，网络营销将全面替代传统营销。而当纳斯达克的暴跌粉碎了无数梦想家的美梦时，网络经济末日来临的论调又甚为嚣张，他们提出，网络营销也将随之销声匿迹。我们认为，这两种观点都没有把网络营销放在一个社会和科技发展的环境中来认真分析，其实，网络营销与传统营销是一个整合的过程。目前，虽然已有不少公司认识到了利用互联网的必要性，但是，按照美国辛辛那提市的 Matrix 营销公司的调查，大约有 60% 的被调查公司没有将网络用于顾客服务体系当中。他们只将互联网看作一个销售工具。

网络营销应该支持公司的整个营销体系，它不应该是存在于真空中，因为网络只是营销海洋的一个水域，它不是唯一的解决方案，而是整体方案的一部分。为了打一场漂亮的网络营销战，在线服务应被认为是向消费者提供服务的另一个渠道。因此，网络营销首先应与公司的战略策划相互匹配、相互支持。

（一）网络营销的优势与劣势

随着科学技术的迅猛发展，电脑已进入了千家万户，图形界面让人们远离了枯燥乏味的指令，互联网上丰富的信息资源更吸引着人们在网上遨游。与传统的营销手段相比，网络营销无疑具有许多明显的优势：①有利于企业取得未来的竞争优势；②使消费者的决策更具有便利性和自主性；③有利于企业取得成本优势；④有利于企业和顾客的良好沟通；⑤有利于企业提供更优质的服务；⑥有利于企业提高产品促销的多媒体效果。

凡事有利也有弊，网络营销也不例外。与传统的营销相比，网络营销的主要劣势体现在以下六方面：①缺乏信任感；②缺乏生趣；③技术与安全性问题尚待改进；④价格问题愈加敏感；⑤广告效果不佳；虽然网络广告具有多媒体的效果，但由于网页上可选择的广告以及计算机屏幕等限制，其色彩效果不如杂志和电视，声音效果不如电视和广播，创意有很大的局限；⑥企业促销的被动性加剧。

（二）传统营销与网络营销的互补

虽然网络营销能给企业和消费者带来种种好处，但我们认为网络营销与传统营销并非替代关系，应互相融合。

1. 传统营销是网络营销的基础

网络营销作为一种新的营销方式或技术手段，是营销活动中的一个组成部分。如果想用网络手段产生价值，就必须将网络与传统的企业方式结合起来，看在多大程度上节省了成本和促成了价值生成，也就是产生了多大的价值。否则，仅靠一个信息手段来做商务必将因为对行业不理解和资源缺乏而没有任何的优势可言。

2. 网络营销不可能完全替代传统营销

尽管网络飞速发展及普及，但网络营销要完全替代传统营销还为时尚早。这主要是由于：①消费是一种行为，而不仅仅是一种商业活动；②消费者购物往往有“眼见为实”的心理；③网络营销还要面对许多传统领域无法体会的问题。

（三）网络营销与传统营销整合的有效策略

企业的根本目的是通过提供产品或服务，满足消费者需求，从而得以生存和发展。网络时代的企业，其提供产品和服务的方式也必须适应消费者需求的变化，必须根据网络的特点来制定有效的营销策略。

1. 努力提供个性化的产品与服务，确立合适的目标定位

由于技术的革新和变更，产量受重视程度越来越低，已经不再像从前那样成为生产商的策略中心。企业必须考虑按照客户的需求定制产品，而非按部就班地生产标准化产品。

2. 建立产品和企业信誉

信誉是网络营销的前提。谁会在网上购买自己从来没听说过或者质量不可靠的产品呢？如何确认顾客需求的真实性也是网络营销阶段所面临的难点，这都可归结为信誉的问题。另外，在建立企业门户网站过程中，网站的知名度、服务质量等条件也是一种品牌的营造。产品信誉、企业信誉在进行网络营销的过程中是一个长期性的、战略性的问题。

3. 适时改变价格策略和促销策略

传统营销的价格策略主要考虑产品的生产成本和同类产品的市场价格，并且同一种产品在不同国家、地区的价格也不相同，即实行价格歧视。而消费者利用互联网及时获得同类产品或相关产品的不同价格信息，必然会给实行地区价格差异的企业带来巨大冲击。为了消除这种不利影响，企业要努力使价格差异减少或实行价格标准化，尤其是网络上的消费者有较强的理想性，企业在制定价格策略时更要考虑消费者的价值观念。

4. 提高企业员工素质和服务效率

网络营销要求企业员工特别是营销和网络管理人员不仅具有先进的技术知识，还要在市场营销方面有独当一面的能力；不但有搜集、整理、分析信息的能力，还要有强烈的服务意识和良好的沟通能力。因此，企业要注意吸引和培养复合型人才，提高员工的综合素质。

5. 搞好网站建设

网站是企业进行网络营销的基础，企业通过有自己特色的网站，一方面可以树立企业形象；另一方面可以吸引新顾客，沟通老顾客，而这一点又直接影响营销的效果。

6. 控制营销绩效

企业应随时统计进站访问的顾客次数与顾客信息，做好顾客资料管理、消费者分析及成本效果分析，以便及时修正营销策略。

第二节 关系营销

一、关系营销的含义

关系营销并不高深，特别在中国的文化环境中，关系营销更是早已被人们实践着。因为东方文化讲“亲信”，由“亲”而“信”。情理法三者，动之以情，晓之以理，绳之以法，然而以“情”为首，“情”的维系重于“理”的思考和“法”的约束。讲求“信”与“和”是不少人的经营观念，“诚信为本”，“和气生财”，“信”与“和”又是华人建立相互间良好关系的基本准则。东南亚华人是最成功的“关系营销专家”，在当地，他们在政治上比较被动，但他们生意上的成就却让世人瞩目，这除了因为他们有强烈的危机感、勤奋和才智外，他们内部形成的环环相套的、以社团形式出现的关系圈所起的作用也不可低估。大多数华人同时参加多个团体活动，团体成员之间联络感情，照顾生意，排他人于圈之外。作为关系营销的具体化，有人提出了五缘文化营销，五缘即亲缘、地缘、神缘（宗教信仰）、业缘（同行、同学、同事）和物缘（经济关系）。五缘即五种社会关系类型，在华人文化中非常突出。

（一）关系营销的概念

传统营销思想的演进可按先后分为产品导向和市场导向两大阶段。由产品导向到市场导向的转化无疑是革命性的，但这两者都是以企业向消费者的提供物为中心的，无论是产品还是服务，强调的始终是企业能为消费者提供什么，着眼点在于交易的完成。关系营销另辟蹊径，把企业的重心转移到建立和维持与顾客的关系上来，把包括交易在内的与顾客的每一次接触视为维系企业和客户关系的一个步骤。

关系营销包括两个基本点：首先，在宏观上认识到市场营销会对范围很广的一系列领域产生影响，包括顾客市场、劳动力市场、供应市场、内部市场，以及利益相关者的市场；其次，在微观上，认识到了企业与顾客相互关系的性质正在不断改变，市场营销的核心从交易转到了关系。在这些观念的支持下，关系营销主张把客户关系作为企业营销的根本。

面对日益残酷的竞争和挑战，许多企业逐步认识到：保住老顾客比吸引新顾客收益要高；随着顾客的日趋大型化和数目不断减少，每个客户显得越发重要；交叉销售的机会日益增多；更多的大型公司正在形成战略伙伴关系来对付全球性竞争，而熟练的关系管理技术正是必不可少的；购买大型复杂产品的顾客正在不断增加，销售只是这种关系的开端，而任何“善于与主要顾客建立和维持牢固关系的企业，都将从这些顾客中得到许多未来的销售机会”（科特勒语）。

综上所述，关系营销就是通过建立一个维系与顾客或其他相关者之间的长期良好的伙伴关系，充分强化和利用各种形式的关系及关系网络来开展的营销活动。其核心是建立和发展与公众的良好关系。

我们可以从以下五个方面对关系营销的含义进行理解。

(1) 关系营销关注的是如何保持顾客。

(2) 关系营销高度重视顾客服务，并藉顾客服务提高顾客满意度，培养顾客忠诚度。

(3) 关系营销对顾客有充分的承诺，并竭力将承诺实现。

(4) 关系营销认为，企业内所有部门都应该关心质量问题。

(5) 关系营销的核心在于发展与顾客长期、稳定的关系。

(二) 关系营销的三个层面

关系营销建立在顾客、关联企业、政府和公众三个层面上，它要求企业在进行经营活动时，必须处理好与这三者的关系。

1. 建立、保持并加强同顾客的良好关系

顾客是企业生存和发展的基础。企业离开了顾客，其营销活动就成了无源之水、无本之木。市场竞争的实质就是争夺顾客，顾客忠诚的前提是顾客满意，而顾客满意的关键条件是顾客需求得到满足。

2. 与关联企业合作，共同开发市场

在传统市场营销中，企业与企业之间是竞争关系，任何一家企业若想在竞争中取胜，就得不择手段。这种方式既不利于社会经济的发展，又易使竞争双方两败俱伤。关系营销理论认为，企业之间存在合作的可能，有时通过关联企业的合作，将更有利于实现企业的预期目标。

3. 与政府及公众团体协调一致

企业是社会的一个组成部分，其活动必然要受到政府有关规定的影响和制约，在处理与政府的关系时，企业应该采取积极的态度，自觉遵守国家的法规，协助研究国家所面临的各种问题的解决方法和途径。关系营销理论认为，如果企业能与政府积极地合作，树立共存共荣的思想，那么国家就会制定出对营销活动调节合理化、避免相互矛盾、帮助营销人员创造和分配价值的政策。

(三) 关系营销的本质特征

1. 信息沟通的双向性

社会学认为，关系是信息和情感交流的有机渠道，良好的关系即是渠道畅通，恶化的关系即是渠道阻滞，中断的关系则是渠道堵塞。交流应该是双向的，既可以由企业开始，也可以由营销对象开始。广泛的信息交流和信息共享，可以使企业赢得支持和合作。

2. 战略过程的协同性

在竞争性强的市场上，明智的营销管理者应强调与利益相关者建立长期的、彼此信任的、互利的关系。这可以是关系一方自愿或主动地调整自己的行为；也可以是关系双方都调整自己的行为，以实现相互适应。各具优势的关系双方，互相取长补短，联合行动，协同运作去实现对双方都有益的共同目标，可以说是协调关系的最高形态。

3. 营销活动的互利性

关系营销的基础，在于交易双方之间有利益上的互补。如果没有各自利益的实现和满足，双方都不会建立良好的关系。关系建立在互利的基础上，要求互相了解对方的利益要求，寻求双方利益的共同点，并努力使双方的共同利益得到实现。真正的关系营销是达到关系双方互利互惠的境界。

4. 信息反馈的及时性

关系营销要求建立专门的部门，用以追踪利益相关者的态度。关系营销应具备一个反馈的循环，连接关系双方，企业由此了解到环境的动态变化，根据合作方提供的信息，改进产品和技术。信息的及时反馈使关系营销具有动态的应变性，有利于挖掘新的市场机会。

二、关系营销的目标

（一）关系营销的目标——顾客满意

关系营销的目标在于赢得厂家商品的长期使用者，使这些使用者成为企业的伙伴，进而确立永久性的伙伴关系。关系营销不仅停留在关系建立与维系上，更主要的是实现营销目的，也就是更有效地满足顾客需求。

顾客满意（Customer Satisfaction，简称CS）是关系营销的灵魂，在当代日趋激烈的市场竞争中，企业要保持良好的业绩，保持和扩大其市场占有率，就必须维持一个与自己有长期良好关系的顾客群，这就是关系营销的含义。企业销售业绩由两部分组成，一是企业老顾客的重复购买；另一个是新顾客的初次购买。因此，营销者既要努力保持原有的顾客群，又要努力创造新的顾客群，其关键都在于企业能否提供富有吸引力的产品和服务使顾客满意。其满意的结果是对产品本身的忠诚度增强，自觉成为企业顾客群的一员，从而使顾客与厂家的关系得到发展，企业形象得到改善与强化。顾客满意对企业营销的直接影响表现在：

（1）顾客会对企业产品进行重复购买。

（2）顾客会不自觉地产生排他行为，不再对其他厂家的产品感兴趣。

（3）顾客会乐意购买企业的其他产品。

（4）最重要的是会使顾客对企业产生认同感，这种认同感会导致口碑效应的发生，而口碑效应正是任何营销者都梦寐以求的，其促销作用的效果是任何其他促销手段所不能及的。不断重复的顾客满意就会不断强化和延伸企业与顾客之间的良好关系，推进企业关系网络的形成。而这本身就是关系营销所要做好的基础性工作。

要赢得长期顾客，就要创造顾客满意。而要做到这一点，企业就要比其竞争对手更了解顾客满意发生的机制，即顾客为什么和在什么情况下会对其购买行为的后果产生满意。

（二）实现关系营销目标的对策

（1）提高企业全员的“顾客满意”认识，增强“关系”意识。

开展关系营销的关键在于树立“以顾客为中心”的经营思想，努力提供卓越的富有竞争力的产品或服务来吸引、保持顾客。顾客满意作为一种市场经济条件下的现代营销观念，应为企业全体工作人员所共识，应当成为企业行为的最高准则，培养和强化企业的全员顾客满意观念，树立“以顾客为核心”的经营思想，并以此为指导，调整企业的组织结构和运作方式。

（2）研究并熟悉顾客的需求和消费行为，判断顾客的“理想产品”标准，向顾客提供优于竞争对手的高附加价值的产品，在顾客购买过程中诚心帮助顾客选择他们真正需要的商品和服务。

（3）强调在与顾客交往过程中的感情沟通，做到坦诚相待，友情重于生意，“买卖不成友情在”，实行微笑服务，一线人员要记准顾客姓名，主动笑脸相迎。

（4）热情耐心地对待顾客的抱怨，尊重顾客，尊重关系网络成员，宁可自己受损失，也不可让顾客吃亏。

（5）建立顾客档案，开展数据库营销，准确把握顾客信息，不时地通过各种方式和手段维系和发展与客户的感情，争取不断地将暂时性顾客变成长久性顾客。

（6）做好顾客售前、售中、售后服务。

（7）开展包括产品质量和服务质量的全面质量管理，培养质量观念和服务观念，做好关系营销基础工作。

（8）把企业所有关系者都当作企业的“顾客”，包括各种资源的供应者、各类中间商、同业者、政府、社团、一般公众，发展与他们的双赢（win-win）关系，互利、互惠、互谅。

（9）充分利用各种机会参与社会各种社团活动，从总经理到基层员工都主动与社会各阶层建立广泛的形式多样的关系。建立公司立体型的关系网络，保护和尊重网络成员利益，激发网络活力，实行网络管理。

（10）坚决杜绝一切不健康的关系形式和不正当发展关系的方式。

三、关系营销的实施

（一）关系营销策略

关系营销把一切内部和外部利益相关者纳入研究范围，用系统的方法考察企业所有的活动及其相互关系。企业的营销策略可分解为：顾客关系营销策略；供销商关系营销策略；竞争者关系营销策略；员工关系营销策略；影响者关系营销策略。其中，员工关系营销是关系营销的基础，顾客关系营销是关系营销的核心和归宿。

1. 顾客关系营销策略

顾客是企业生存与发展的基础，是市场竞争的根本所在。只有企业为顾客提供了满意的产品和服务，才能使顾客对产品满意进而对企业产生信赖感，成为企业的忠诚顾客。菲利普·科特勒指出：“忠诚的顾客是企业最宝贵的财富，现在日益重视设计出最好的关系组合以争取和保持顾客。好的顾客就是资产，只要管理得当和为其服务，他们就能转为公司丰厚的终身利益来源。在紧张的市场竞争中，公司的首要任务，就是持续地用最优的方法满足他们的需要，以保持顾客的忠诚度。”美国的商业研究报告指出，多次光顾的顾客比初次登门者可为企业多带来20% ~80% 的利润；固定顾客增加 5%，企业利润将增加 25%。那么，企业该如何与顾客建立良好关系，促使其成为忠诚顾客呢？

(1) 树立以消费者为中心的观念。

这种观念认为，企业的一切计划和策略应以消费者为中心，正确确定目标市场的需要与欲望，比竞争者更有效地提供目标市场所要求的满足。其基本观点有：

①顾客至上。企业要把顾客放在经营管理体系中的第一位，站在顾客立场上研究、开发产品，预先把顾客的"不满意"从设计、制造和供应过程中去除，使消费者在心理上对企业产生认同和归属感，进而产生顾客满意的群体网络效应。

②顾客永远是对的。这是顾客满意管理的重要表现，其中包括三层意思：第一，顾客是商品的购买者，不是麻烦制造者；第二，顾客最了解自己的需求、爱好，这恰恰是企业需要搜集的信息；第三，由于顾客有"天然的一致性"，同一个顾客争吵就是同所有的顾客争吵。

③一切为了顾客。"一切为了顾客"要求一切从顾客的角度考虑，想顾客之所想，急顾客之所急，顾客的需要就是企业的需要。因此，企业要根据顾客需要，重视顾客的意见，让顾客参与决策，不断完善产品服务体系，最大限度地使顾客满意。

(2) 了解顾客的需要，提高顾客的满意度。

了解顾客的需要是企业提高顾客的满意度的前提。顾客的需要通常分为四个层次：

①期望型需求。这是指顾客期待你所提供的产品的质量必须是有竞争力的且符合进入市场的标准。

②表达型需求。这是指顾客表达出所需产品或服务的具体特性。这些特性也正是企业为满足顾客所愿意提供的。

③未表达型需求。这是指顾客对企业的产品或服务特性不作表述。但这些未表述的要求却十分重要。

④兴奋型需求。这是指令顾客意想不到的产品或服务的特性。这些特性使产品变得独一无二，不同于其他竞争产品。事实上，企业的产品从进入市场到赢得订单，从令顾客满意到令顾客愉快，是一个较高和较深的探求，也是营销导向的真正秘密。一个以顾客需求为导向的企业，必须定期跟踪用户的满意度并确立改进的目标。顾客满意或愉快是企业未来利润的最好指示器。

(3) 建立顾客关系管理系统，培养顾客的忠诚度。

关系营销是与关键顾客建立长期良好业务关系的种种策略。建立与顾客关系的数据库系统是企业实施关系营销的第一步，比如，当今盛行的 CRM 系统就可以有效地把各个渠道传来的用户信息集中在一个数据库中。在公司各个部门之间共享这同一个客户资料数据库。这样不仅有利于企业赢得顾客，更有利于企业维系顾客。培养顾客忠诚是为了构建顾客与企业之间的牢固关系，实现长期的顾客挽留。俱乐部市场营销、频繁市场营销、一对一市场营销都是通过构建网上数据库实现的，是解决顾客关系营销难题的比较有效的最切实可行的手段和方法。

2. 供销商关系营销策略

对于多数企业来说，它不可能也没有必要从原料的生产到产品的销售完全独立完成，较为普遍的模式是供应商——企业——分销商——最终顾客。即企业从供应商那里获取原材料，通过分销商销售产品。因为供应商提供原材料的费用和产品由分销商销售产生的分销费用构成了企业产品的成本，因此，一般认为，供应商和分销商会使企业的收益降低，企业与供应商和分销商之间存在着竞争。但实际上，企业与供应商、中间分销商之间也有共同利益。在竞争日趋激烈的市场环境中，明智的市场营销者会和供应商、分销商建立起长期的、彼此信任的互利关系。最佳状态的交易不需要每次都进行磋商，而是成为一种惯例。现代信息技术的应用为这种惯例的形成创造了条件，不少成功的跨国公司就是这种惯例的受益者。那么，企业该如何制定策略呢？

（1）求实为本，增进了解。

企业应该让供销商充分了解企业的实力，培养供销商对企业的信心，同时必须让供销商充分了解企业的营销战略，特别是将企业的战略目标、营销计划充分传达给经销商，以制定有利于本企业的销售计划，树立与企业长期合作的信念。为了表达对顾客需求的关心，赢得顾客的信任，许多制造商通过经销商来建立顾客信任并保证他们通过经销商享受到周到的服务。为促进企业同顾客的关系，企业往往需要经销商密切配合企业的经营战略，采取利益一致的行动，通过经销商来提高顾客满意度。

（2）讲究信用，互利互惠。

企业和供销商之间必须保持供销的畅通和平衡。在这一过程中，实现企业利益的同时必须保证供应商应得的利益。现代工商企业的生产经营活动日益复杂，企业在市场活动中对待供销商的态度不应为市场供求波动所左右，而应从长远利益出发，重视建立与供应商之间长期互惠互利的关系。供应商所提供的生产要素的质量和数量及价格等，直接影响到企业的生产经营情况，企业要维持正常的生产经营活动，就必须依靠供应商的支持，良好的供应商关系有助于企业摆脱原材料缺乏和价格不稳定的困境。长期享受公平待遇的供应商愿意为企业提供紧急服务。因此，建立良好的供销商关系对于企业生产具有积极的扶持作用。

（3）诚意合作，共同发展。

建立企业与供销商之间的良好关系，必须以诚相待，共同解决供应与销售中存在的问题。一方面，提供各种资料与建议，促使采购、收货、营销、会计等部门与供销商加强合作；另一方面，企业应接受并考虑供销商所提的意见和建议，传达给企业各部门并保证予以合理解决，从而使企业与供销商共存共荣。供销商在与企业的交往中，逐渐对企业的生产经营情况熟悉起来，会善意地提出产品的改进意见和减低产品成本的措施，当企业采纳经销商的建议并付诸实施时，就会促进企业的经营和生产水平的提高。

3. 竞争者关系营销策略

在以往的营销观念中，企业与企业的竞争是一场不宣而战的特殊战争，是你死我活的竞争。在这种营销观念的指导下，企业为寻求成功，往往不择手段地制对方于死地，有时为了取得竞争上的优势，不惜采取低价倾销的策略，这样做的结果只能是两败俱伤。其实在当今市场竞争日趋激烈的形式下，视竞争对手为仇敌，彼此势不两立的竞争原则已经过时，企业之间不仅存在着竞争，而且存在着合作的可能，可以以合作代替竞争，实行“强强联合”，依靠各自的资源优势实现双方的利益扩张。

4. 员工关系营销策略

内部营销是企业关系营销的基础，其目标是企业员工转向关系营销的新视野，激励员工开发执行关系营销策略。可以说，没有良好的员工关系企业就无法开展工作，如果企业不能满足其雇员的需要，那么与顾客建立长期关系之前，员工就已经转向其他工作了。因此，任何企业都必须首先处理好自己内部的员工关系，只有企业内部关系融洽协调，全体员工团结一致、齐心协力，才能成功地“外求发展”，通过员工的协作以实现资源再转化过程中的价值最大化。

（1）造就良好的员工信念。

员工信念是企业及其员工所公认的、在实践中奉行的一种文化价值观念。确认一个具有挑战性的、统一的、独一无二的并且让人信服的信念可以把大家凝为一体，激励员工不断奋发向上。如 IBM 公司的组织信念是：尊重个人——尊重组织中每个人的尊严和权利；服务顾客——提供全世界所有公司中最好的服务给顾客；杰出——相信一个组织目标是以卓越的方法完成所有的工作。经过长期努力，IBM 公司的“IBM 就是最佳服务”成为众多员工的组织信念。这种信念帮助 IBM 在成功路上稳步前进。

（2）满足员工的不同层次的需要。

即满足员工不断增长的物质需求，使企业具有光明的发展前景；满足员工对企业的情感需要，使企业内部建立融洽的人际关系；满足员工的成就感，使企业为员工提供实现其个人价值和充分成长的机会，并不断根据知识经济的发展需要，对他们进行知识和技能的培训。

（3）建立企业内部良好的沟通气氛。

现代社会，不但组织外部存在着大量的信息交换关系，在企业内部也存在着大量互相传递信息的沟通活动。因此，在企业内部沟通过程中，企业领导要作风民主，平易近人，要善于倾听不同的意见，鼓励下属大胆提出批评和建议，消除沟通中的地位障碍，形成轻松和谐的沟通环境和气氛。

5. 影响者关系营销策略

企业从“以生产为中心”转到“以市场为中心”，使得社会的关系结构发生了根本的变化，长期形成的以行业为主的竞争方式开始向全方位转向。也就是说，现在一个企业要生存和发展，不仅要生产出好的产品，还要迎合市场的需要，同时还能被政府和社会各个阶层所欣赏，取得公众的信任，在社会上塑造一个令人满意、尊敬的形象。

任何一个企业都不可能独立地提供营运过程中所有必要的资源，它必须通过银行获得资金、从社会招聘人员、与科研机构进行交易和合作、通过经销商分销产品、与广告公司联合进行促销和媒体沟通。不仅如此，企业还需要被更为广泛的相关人员所接受，包括同行企业、社会公众、媒体、政府、消费者组织、环境保护团体等，企业无法以自己的力量应付所有的环境压力。因此，企业作为一个开放的系统从事活动，不仅要注意企业内部的员工关系、企业和顾客关系、企业与合作者关系，还必须拓宽视野，注意企业与股东的关系、企业与政府的关系，以及企业与媒介、社区、国际公众、名流、金融机构、学校、慈善团体、宗教团体等的关系。这些关系都是企业经营管理的影响者，企业与这些环境因素息息相关，构成了保障企业生存与发展的事业共同体。与共同体中的伙伴建立起适当的关系，形成一张巨型的网络，对于大多数企业来说，要想成功必须充分利用这种网络资源。

影响者关系营销策略通常可借助以下公共关系模式来实施：

(1) 宣传型公共关系活动模式。

即企业运用大众媒介和内部沟通方法，开展宣传工作，树立良好的企业形象。其基本形式包括举办展览会、经验和技术交流会、座谈会、新闻报道、专题通讯、记者专访、记者招待会等。必要时可以“制造新闻”、利用名人发挥“名人效应”。

(2) 服务性公共关系活动方式。

即企业通过向公众提供各种形式的实惠服务，强化企业信誉和形象，设身处地地为顾客着想，为顾客当参谋，通过热情、周到的售前、售中、售后服务，为消费者提供全方位的服务，使消费者得到最大限度的满足。

(3) 社会型公共关系方式。

即企业利用举办各种社会性、公益性、赞助性活动，塑造企业形象，扩大企业的社会影响，提高企业社会声誉，赢得公众的支持。

(4) 交际型公共关系活动方式。

即企业在人际交往中开展公共关系工作。目的是通过人与人的直接接触，进行感情上的联络，为企业广结良缘，建立广泛的社会关系网络，形成有利于企业发展的人际环境。

(5) 征询型公共关系活动方式。

即以采集信息为主，目的是了解民情、民意，了解社会舆论，为企业的决策者提供咨询，保持企业与社会环境之间的动态平衡。

(二) 关系营销的实施

营销实施是将营销策略转化为行动的过程，也是将纸面上的计划、任务落实，以实现预定目标的过程。从宏观的角度来看，关系营销策略的实施，还需要企业从整体上进行统筹规划，具体来说包括组织设计、资源的合理配置及文化的整合。

1. 组织设计

关系营销的管理，必须设置相应的机构。企业关系管理，对内要协调处理部门之间、员工之间的关系，对外要向公众发布信息、征求意见、搜集信息、处理纠纷等。管理机构代表企业有计划、有准备、分步骤地开展各种营销活动，把企业领导者从繁琐的事物中解脱出来，使各职能部门和机构各司其职，协调合作。关系管理机构也就是企业营销部门与其他职能部门之间、企业与外部环境之间联系、沟通和协调行动的专门机构。

2. 资源配置

(1) 人力资源配置。

一方面，实行部门间人员轮换，以多种方式促进企业内部关系的建立；另一方面，从内部提拔经理，可以增强企业观念并使其具有长远眼光。

(2) 信息资源共享。

在采用新技术和新知识的过程中，以多种方式分享信息资源。如利用电脑网络协调企业内部各部门及企业外部拥有多种知识和技能的人才的关系；制定政策或提供帮助以削减信息超载，提高电子邮件和语言信箱系统的工作效率；建立“知识库”或“回复网络”，并入更庞大的信息系统；组成临时“虚拟小组”，以完成自己或客户的交流项目。

3. 文化整合

关系各方环境的差异会造成建立关系的困难，使工作关系难以沟通和维持。跨文化之间的人们要互相理解和沟通，必须克服不同文化规范带来的交流障碍。文化的整合是关系双方能否真正协调运作的关键。合作伙伴的文化敏感性非常敏锐和灵活，能使活动双方共同有效地工作，并互相学习彼此的文化差异。文化整合是企业市场营销中处理各种关系的高级形式。不同企业有不同的文化：推动差异化战略的企业文化可能是鼓励创新、发挥个性及承担风险；而成本领先的企业文化，则可能是节俭、纪律及注重细节。如果关系双方的文化相适应，将能强有力地巩固企业与各子市场系统的关系并建立竞争优势。

第三节 绿色营销

绿色营销、企业的可持续发展是随着现代企业经营环境的变化而产生的。新世纪的企业经营环境体现出两个明显特点，一是环境污染与资源紧缺；二是世界范围内的“绿色浪潮”的冲击。企业如何适应这种经营环境是我们面临的重要难题。根据现代营销的基本原理，有新的需求就有新的机会，“绿色浪潮”虽然给企业带来了压力和冲击，但同时也产生了众多的新机会，谁能率先发现并有效地利用它，满足人们的绿色需求，谁就掌握了主动权。因此，现代企业必须树立新的经营观念，事实证明，企业开展绿色营销是捕捉“绿色机会”的良好手段。传统的营销的重点是放在企业、顾客与竞争者的三者关系上，也可能重视了企业利益同消费者及社会长远利益的结合，但却并未重视社会的可持续发展。而绿色营销则考虑了企业营销活动同自然环境的关系，并突破了国家和地区的界限，关注全球环境，关注企业及社会的可持续发展。在当前企业特定经营环境下，绿色营销、企业的可持续发展应运而生。

一、绿色营销的含义与功能

（一）绿色营销的含义

绿色营销（Green Marking）是指企业以环境保护观念作为其经营哲学思想，以绿色文化为其价值观念，以消费者的绿色消费为中心和出发点，力求满足消费者绿色消费需求的营销策略。通过绿色营销活动，协调企业利益，保护环境社会发展的关系，使经济的发展既能满足当代人的需求，又不至于对后代人的生存和发展构成危害和威胁，即实现社会经济的可持续发展。绿色营销的主体归根到底是企业，绿色营销是企业的营销活动，绿色营销的策略主要是由企业的一系列营销策略和方法构成的。21 世纪将是绿色文明的世纪和绿色经济的时代，绿色营销必将成为 21 世纪的经营理念。

一般认为，绿色营销是指企业在经营活动中要体现“绿色”，即在营销中要注意生态环境的保护，促进经济与生态的协调发展，为实现企业自身利益、消费者和社会利益及生态环境的统一而对产品、定价、分销和促销进行策划与实施。它要求在现代市场营销的基础上，增加环境保护，把“无废无污”和“无任何不良成分”及“无任何副作用”贯穿于整个市场营销活动之中。绿色营销体现了生态系统之完美，大自然之纯正，生态之和谐，是当今世界发展的大趋势和必由之路。

绿色营销要求以“绿色”为核心，至少包括以下含义：市场营销的观念是绿色的，以节约能源、资源和保护生态环境为中心，强调污染防治、资源的充分利用、再生利用及新资源的开发；绿色营销企业所属的行业是绿色的，或者说其生产经营的产品是绿色的，具有节约能源、资源，利用新型资源，或者促使资源再生利用等特点；绿色营销强调企业服务的不仅是顾客，还包括整个社会，关注的不是短期而是长期；绿色营销不仅是要从大自然索取，更强化对大自然的保护，在营销活动的全过程中，时时注意对环境的影响。

（二）绿色营销的功能

（1）绿色营销倡导的绿色文明。

通过绿色营销活动，协调了企业利益、保护环境和社会发展的关系，使经济的发展既能满足当代人的需求，又不至于对后代人的生存和发展构成危害和威胁，即实现社会经济的可持续发展。

（2）绿色营销有利于企业占领市场和扩大市场销路。

随着消费者“绿色意识”的增强，消费者购买绿色产品成为时尚和明智之举。

（3）绿色营销有助于企业树立良好的形象。

（4）绿色营销有助于企业追求合理的经济效益。

绿色营销促进了资源的合理配置，提高了资源配置和使用效率。同时，随着消费者绿色意识的增强，购买绿色产品成为时尚和趋势，通过绿色营销，有利于企业占领市场，可以扩大市场占有率。

（5）绿色营销促进企业文化建设和优化企业行为。

绿色营销促使企业采取防治和防止污染技术或使用无污染技术，在企业内部营造清洁和安全的工作环境，有利于企业职工的身心健康，在企业外部通过绿色营销，树立企业“绿色”形象，促进产品销售和企业发展。

二、绿色营销的特征

1. 绿色消费是开展绿色营销的前提

消费需求由低层次向高层次发展，是不可逆转的客观规律，绿色消费是较高层次的消费观念。人们的温饱等生理需要基本满足后，便会产生提高生活综合质量的要求，产生对清洁环境与产品的需要。满足绿色需求是绿色营销的出发点。

2. 绿色观念是绿色营销的指导思想

绿色营销以满足绿色需求为中心，为消费者提供生产、流通、消费过程中能有效防止资源浪费、环境污染及损害健康的产品。绿色营销所追求的是人类的长远利益与可持续发展，重视协调企业经营与自然环境的关系，力求实现人类行为与自然环境的融合发展。

3. 绿色体制是绿色营销的法制保障

绿色营销是着眼于社会层面的新观念，其所要实现的是人类社会的协调持续发展。在竞争性的市场上，必须有完善的政治与经济管理体制，制定并实施环境保护与绿色营销的方针、政策，制约地方政府、部门和企业的短期行为，以全社会和全人类的共同努力，维护全社会和全人类的长远利益。

4. 绿色科技是绿色营销的物质保证

技术进步是产业变革和进化的决定因素，新兴产业的形成必然要求技术进步；但技术进步如背离绿色观念，其结果有可能加快环境污染的进程。只有以绿色科技促进绿色产品的发展，促进节约能源和资源可再生、无公害的绿色产品的开发，才是绿色营销的物质保证。

三、绿色营销与传统营销的区别

首先，传统营销方式注重的是刺激消费，并使其无限扩张，即企业以最大规模求效益，消费者以同等价格获取更多商品为趋向，最终导致的是资源严重浪费；而绿色营销则不同，它突出的是产品消费过程的绿色、环保、无害和有效，企业追求的是消费需求与有效需求的统一和资源利用边际效益的最大化。

其次，传统营销强调采用各种手段达到营销目标，但忽视了营销手段的负面影响；而绿色营销在管理上强调营销手段必须与自然环境、社会环境和谐与协调，以利于环境的良性发展。

其实，绿色产品的营销并不是一个简单的概念，企业应该根据消费者的特征、产品的特点和市场竞争的状况等，来制定自己的绿色营销策略。

根据 ROPER 调查公司的统计结果，消费者按照对绿色产品的态度可以划分为以下五类：

蓝色（9%）：有着强烈的环保价值观，尽量不购买非环保的产品。

青绿（6%）：在政治上不会特别提倡环保，但是比一般消费者更乐于购买环保产品。

嫩绿（31%）：只是在理论上支持环保事业，但没有实际行动。但是，如果绿色产品在价格上有吸引力的话，他们也会积极购买。

抱怨者（19%）：对环保问题所知不多，他们认为绿色产品价格太高。

棕色（33%）：根本不关心环保问题和其他社会问题。

从以上调查结果可以发现，企业在选定绿色营销策略之前，必须根据不同的消费群体进行选择，并且在选择这种策略之前，还应弄清楚这些问题：绿色消费者的份额占企业所有客户的比例是多少？通过实施绿色产品营销，企业收益能够提高多少？公司是否有能力变“绿”？与其他竞争者相比，“绿”能否成为一个差异化的特征？

四、绿色营销的实施

1. 制订绿色计划

实施绿色营销战略和生产真正绿色产品的先决条件是要有一个适宜的绿色计划。在企业绿色计划中，应明确企业的环境事务的方针和方向，不仅要阐明企业自身应当承担的研制和营销绿色产品的义务，还要具体说明环保的努力方向及如何尝试，并用以指导日常决策。此外，企业绿色计划还必须与企业长期战略计划相组合，保证资源的充分利用。

2. 绿色产品策略

开发绿色产品要从产品设计开始，包括材料的选择，产品结构、功能、制造过程的确定，包装与运输方式，产品的使用及产品废弃物的处理等都要考虑对环境的影响。绿色设计是本阶段的关键，它强调对资源与能源的有效利用。在产品设计时，要综合考虑各种因素，如材料选择、产品制造品牌、功能、包装、回收、无污染、安全等。绿色产品的生产过程应该是“一种清洁生产”，这是一种物料和能耗最少的人类生产活动的规划和管理，将废物减量化、资源化和无害化，或消灭于生产过程之中。企业在给产品命名和选择品牌时，要符合绿色标志的要求，符合“环境标志”。而且绿色包装也是一个极其重要的组成部分，应选择纸料等可分解、无毒性的材料来包装，并使包装材料单纯化，避免过度包装等。企业在产品或劳务满足绿色消费的同时，要考虑废弃物的再生利用性、可分解性，并搞好包装品及其废弃物的回收服务，以免给环境带来污染。

3. 绿色价格策略

一是利用人们的求新、求异、崇尚自然的心理，采用消费者心目中的“觉察价值”来定价，而且消费者一般都认为绿色产品具有更高的价值，愿意为此支付较高的价格；二是根据“污染者付费”和“环境有偿使用”的现代观念，企业用于环保方面的支出应计入成本，从而成为价格构成的一部分。但是，绿色产品价格上扬的幅度不仅取决于绿色产品品质提高的幅度和环保费用支出的多少，而且还取决于消费者对绿色产品价格的理解。在工业发达国家，绿色产品价格上扬幅度较大，消费者也乐于接受。在我国，由于消费者的绿色意识较弱，绿色产品价格上扬幅度不宜过大，在大中城市，市场价格可略高些。

4. 绿色渠道策略

绿色营销渠道的畅通是成功实施绿色营销的关键，既关系到绿色产品在消费者心中的定位，又关系到绿色营销的成本。因此，企业选择绿色渠道时，一是选择具有绿色信誉的中间商，如关心环保、在消费者心中有良好信誉的大中间商。借助该中间商本身的良好信誉，推出绿色产品。二是设立绿色产品专营机构，以回归自然的装饰为标志，招徕顾客。三是所选择的中间商应不经营相互排斥的、相互竞争的，而且相互补充的非绿色产品，便于中间商虔心地推销企业的绿色产品。

5. 绿色促销策略

绿色促销就是围绕绿色产品而开展的各项促销活动的总称。其核心是通过充分的信息传递，来树立企业和企业产品的绿色形象，使之与消费者的绿色需求相协调，巩固企业的市场地位。因此，绿色营销首先是一种观念。企业要通过宣传自身的绿色营销宗旨，在公众中树立良好的绿色形象。其次，绿色营销又是一种行动。企业可以利用各种传媒宣传自己在绿色领域的所作所为，并积极参与各种与环保有关的事务，以实际行动来强化企业在公众心目中的印象。最后，企业还应大力宣传绿色消费时尚，呼吁人们使用绿色产品，支持绿色营销，本身就是对社会、对自然、对他人、对未来的奉献，提高公众的绿色意识，引导绿色消费需求。因此，制定绿色促销策略，应注意长远目标与现阶段任务相结合，要突出重点、切忌空泛。

6. 推行绿色管理

绿色管理就是融环境保护的观念于企业的经营管理和生产活动之中。这一思想可概括为“5R”原则：

（1）研究（Research）：把环保纳入企业的决策要素之中，重视研究本企业的环境对策。

（2）减消（Reduce）：采用新技术、新工艺，减少或消除有害废异物的排放。

（3）再开发（Rediscover）：变传统产品为“绿色产品”，积极争取“绿色商标”。

（4）循环（Recycle）：对废旧产品进行回收处理，循环利用。

（5）保护（Reserve）：积极参与社区的环境整治，对员工、公众进行环保宣传，树立绿色企业形象。企业只有在绿色管理原则下，才能加快向绿色企业发展转变，推动企业采用各种环保技术，实行清洁生产，生产出符合社会和消费者需要的绿色产品，从而实现经济的可持续发展。

本章知识小结

1. 网络营销的内涵和营销策略；
2. 关系营销的内涵和营销策略；
3. 绿色营销的内涵和营销策略。

本章能力小结

1. 根据市场营销的具体情况，选择有利于己方的营销观念来指导；
2. 掌握现代市场营销发展的新趋势。

【课后任务练习】

1. 案例分析：

海尔星级服务规范

在中国的家电市场上，海尔的质量也许不是最好的，但价格却并不便宜，因为海尔服务提升了品牌价值。

海尔的星级服务规范为：

一证件：服务人员上门服务时出示“星级服务资格证”。

二公开：公开出示海尔“统一收费标准”；公开一票到底的服务记录单，服务完毕后请用户签署意见。

三到位：服务后清理现场到位；服务后通电试机演示到位；服务后向用户讲解使用知识，提供一站式产品通检到位。

四不准：不喝用户的水，不抽用户的烟，不吃用户的饭，不收用户的礼品。

五个一：递上一张名片，穿上一副鞋套，配备一块垫布，自带一块抹布，提供一站式产品通检服务。

任务：海尔的星级服务体现了现代市场营销的什么观念？

百事可乐印度公关

20 世纪 70 年代末，可口可乐公司因抗议印度政府的政策撤出印度市场后不久，这个世界第二人口大国的巨大市场再一次吸引了国际大饮料公司的目光。后来，可口可乐和七喜可乐公司都试图重新进入印度市场，但都未成功。最后唯有百事可乐公司成功地打进了印度市场，因为它运用了公共关系手段。百事可乐公司与一个印度集团组成了一个合营企业。为了获得批准，百事可乐公司四处活动，它提出帮助印度出口农产品，并使其出口额大于进口饮料浓缩液的成本。另外，提出把食品加工、包装和掺水处理等新技术提供给印度，并且大力宣传保证要使它的饮料不仅受到城市欢迎，还将不惜工本把它销往农村，从而改变印度农村的生活质量。一系列的活动使百事可乐公司顶住了印度国内软饮料公司的极力反对，并巧妙地说服了跨国公司立法机关的成员，终于跨越重重障碍出现在印度的大街小巷中。

任务：百事可乐的印度公关体现了现代市场营销的什么观念？

杜康酒的文化营销

杜康酒是中国历史名酒。魏武帝曹操在著名的《短歌行》中曾留下诗句：“慨当以慷，忧思难忘。何以解忧，唯有杜康。”然而，杜康酒的制作工艺却失传了。直到 20 世纪 70 年代，河南伊川开发出新一代杜康酒。为迅速打开日本市场，杜康酒厂抓住我国一个代表团访问日本的机会，把酒送给原日本首相田中角荣，并赠诗一首：“田中原首相，和好利家邦。献上杜康酒，周公（周恩来总理）古义长。”这酒是通过该代表团的一位团员的日籍华裔弟弟转送的，转送者也附写了一首诗：“美酒古来为杜康，河南一饮三年香。诺言生死应更改，七载做成献寿长。”一并送给田中角荣。诗送酒意，酒香古雅。于是，杜康酒与颂酒诗很快传遍日本，在日本形成了一股杜康酒热。

任务：该案例体现了什么营销理念？

2. 试列举你所知的现代市场营销新理念。

第四编

国际贸易

第十七章

国际贸易概述

一、本章学习目标

1. 掌握国际贸易中的基本概念；
2. 掌握进出口业务的基本流程；
3. 掌握 GATT 和 WTO 的主要内容和基本原则；
4. 掌握对外贸易政策的主要内容。

二、本章工作任务

1. 熟悉进出口业务流程；
2. 分析 WTO 产生的背景、基本原则，以及中国加入 WTO 的现实意义。

三、本章学习指导

1. 本章概念相对复杂，应当透彻地理解各个概念；
2. 出口业务的流程是本章学习的一个重点，应根据具体的业务，运用图示的方法重点掌握；
3. WTO 是本章节学习的另一个重点，应结合中国加入 WTO 谈判的历程来学习。

导入案例

艰难的中国入世历程

中国是 1947 年成立的《关税及贸易总协定》（General Agreement on Tariffs and Trade，以下简称 GATT）创始国之一。新中国成立后，台湾当局非法窃据中国席位。1984 年 11 月，中国获得了 GATT 观察员地位。1986 年 7 月，中国正式提出恢复 GATT 缔约国地位的申请。

1986 年 9 月，中国开始全面参与 GATT 乌拉圭回合多边贸易谈判。

1987 年 3 月，GATT 成立中国工作组，并于同年 10 月举行了工作组第一次会议。1992 年 10 月第十一次会议时，中国工作组基本结束了对中国经贸体制的审议，进入有关中国复关议定书内容的实质性谈判。

1994年4月，中国签署了《乌拉圭回合多边贸易谈判的最后文件》和《建立世界贸易组织的马拉喀什协议》。签署这两个文件是中国复关的必备条件之一。

1995年1月1日，世界贸易组织（World Trade Organization，简称WTO）正式成立。同年7月11日，中国成为该组织观察员。11月，中国政府照会世贸组织总干事鲁杰罗，把中国复关工作组更名为中国“入世”工作组。

1997年5月23日，在日内瓦举行的第四次世界贸易组织中国工作组会议就中国加入世贸组织议定书中关于非歧视原则和司法审议两项主要条款达成协议。同年8月，新西兰成为第一个就中国加入世贸组织同中国达成双边协议的国家。同年，中国还与韩国、匈牙利、捷克等国签署了入世双边协议。同年11月，中日两国关于中国“入世”的双边市场准入谈判宣告基本结束。

1998年4月7日，中国在第七次世界贸易组织中国工作组会议上提出了一揽子降低关税的方案。1998年6月，国家主席江泽民提出了中国“入世”三原则：世贸组织没有中国的参加是不完整的；中国毫无疑问要作为发展中国家加入世贸组织；中国的“入世”是以权利和义务的平衡为原则的。此前，中国已先后4次大幅度降低关税，并已签署了世贸组织的《信息技术协议》。

1999年11月15日，中美两国政府在北京签署关于中国加入世界贸易组织的双边协议。

2000年5月19日，中国与欧盟代表在北京签署关于中国加入世贸组织的双边协议。

2001年6月9日和21日，美国和欧盟先后与中国就中国入世多边谈判的遗留问题达成全面共识。6月28日~7月4日，第十六次世贸组织中国工作组会议就多边谈判中遗留的12个主要问题达成全面共识。7月16日~20日，第十七次世贸组织中国工作组会议对中国加入世贸组织的法律文件及其附件和工作组报告书进行了磋商，并最终完成了这些法律文件的起草工作。

2001年9月13日，中国和墨西哥就中国加入世界贸易组织达成双边协议。至此，中国完成了与世贸组织成员的所有双边市场准入谈判。

2001年9月17日，世界贸易组织中国工作组第十八次会议在日内瓦通过了中国入世议定书及附件和中国工作组报告书。这意味着中国工作组正式完成了历史使命，中国加入世贸组织的谈判全部结束。从1986年7月中国申请恢复在关贸总协定的地位到谈判结束，中国争取加入世贸组织的15年可谓风雨兼程。

（资料来源：《人民日报》，2001年11月09日第七版，标题为编者另加）

第一节 基本概念

国际贸易（International Trade）是指世界各国（地区）实体之间进行的货物、服务和技术交换的活动。其中，货物贸易是最早发展起来的，也是最基本的国际贸易形式。

一、几个基本概念

1. 有形贸易与无形贸易

有形贸易是“无形贸易”的对称，是指商品的进出口贸易。由于商品是可以看得见的有形实物，故商品的进出口被称为有形进出口，即有形贸易。国际贸易中的有形商品种类繁多，为便于统计，联合国秘书处于1950年起草了《联合国国际贸易标准分类》，并分别在1960年和1974年进行了修订。在1974年的修订本里，把国际贸易商品分为10大类、63章、233组、786个分组和1 924个基本项目。这10类商品分别为：食品及主要供食用的活动物（0）；饮料及烟类（1）；燃料以外的非食用粗原料（2）；矿物燃料、润滑油及有关原料（3）；动植物油脂及油脂（4）；未列名化学品及有关产品（5）；主要按原料分类的制成品（6）；机械及运输设备（7）；杂项制品（8）；没有分类的其他商品（9）。在国际贸易中，一般把0到4类商品称为初级产品，把5到8类商品称为制成品。

无形贸易是“有形贸易”的对称，是指劳务或其他非实物商品的进出口而发生的收入与支出。主要包括和商品进出口有关的一切从属费用的收支，如运输费、保险费、商品加工费、装卸费等，以及和商品进出口无关的其他收支，如国际旅游费用、外交人员费用、侨民汇款、使用专利特许权的费用、国外投资汇回的股息和红利、公司或个人在国外服务的收支等。以上各项中的收入称为“无形出口”，支出称为“无形进口”。

有形贸易因要结关，故其金额显示在一国的海关统计上；而无形贸易不经过海关办理手续，其金额不反映在海关统计上，但显示在一国国际收支表上。

2. 转口贸易

转口贸易是指生产国与消费国之间通过第三国所进行的贸易。即使商品直接从生产国运到消费国，只要两者之间并未直接发生交易关系，而是由第三国进行商品的买卖，这种贸易对中转国来说就是转口贸易。交易的货物可以由出口国运往第三国，在第三国不经过加工（改换包装、分类、挑选、整理等不作为加工论）再销往消费国；也可以不通过第三国而直接由生产国运往消费国，但生产国与消费国之间并不发生交易关系，而是由中转国分别同生产国和消费国发生交易。转口贸易有货物集散地、仓库、堆栈之意，它属于再出口贸易和过境贸易中间接过境的一部分。

转口贸易之所以发生，主要是有些国家（或地区）由于地理、历史、政治或经济的因素，其所处的位置适合于作为货物的销售中心。这些国家（或地区）输入大量货物，除了部分供本国或本地区消费外，又再出口到邻近国家和地区。如新加坡、中国香港、伦敦、鹿特丹等，都是国际著名的中转地，拥有数量很大的转口贸易。它们通过转口贸易除了可以得到可观的转口利润和仓储、运输、装卸、税收等收入外，同时也推动了当地金融、交通、电信等行业的发展。

3. 贸易顺差、贸易逆差与贸易平衡

贸易顺差是指一国在特定年度内出口贸易总额大于进口贸易总额，又称“出超”，表示该国当年对外贸易处于有利地位。贸易顺差的大小在很大程度上反映一国在特定年份对外贸易活动状况。通常情况下，一国不宜长期出现大量对外贸易顺差，因为此举很容易引起与有关贸易伙伴国的摩擦。例如，美、日两国双边关系市场发生波动，主要原因之一就是日方长期处于巨额顺差状况。与此同时，大量外汇盈余通常会致使一国市场上本币投放量随之增长，因而很可能引起通货膨胀压力，不利于国民经济持续、健康发展。

贸易逆差是指一国在特定年度内进口贸易总值大于出口总值，俗称"入超"，反映该国当年在对外贸易中处于不利地位。同样，一国政府当局应当设法避免长期出现贸易逆差，因为大量逆差将致使国内资源外流，对外债务增加。这种状况同样会影响国民经济正常运行。

贸易平衡（Balance of Trade）是指一国在特定年度内外贸进、出口总额基本上趋于平衡。纵观世界各国（地区）政府的外贸政策实践，这种现象并不多。一般来说，一国政府在对外贸易中应设法保持进出口基本平衡，略有结余，这样有利于国民经济健康发展。

二、国际贸易与国内贸易的异同

由于国际贸易和国内贸易都是贸易，所以两者之间有相同之处；又由于它们一个是国际商品交换活动，另一个是国内商品交换活动，所以两者之间又各有不同之处。

（一）国际贸易与国内贸易的相同点

（1）交易的标的相同。

不论是国际贸易还是国内贸易，其所交换的商品不外乎有形的货物和无形的服务及技术这两种。

（2）交易的目的相同。

交易都是为了获取经济利益。

（3）交易的程序大同小异。

均需经过交易前的准备、寻找交易的对象、进行交易的磋商、签订交易合同、履行合同等程序。通常国内贸易仅因节省了前两个环节而使得交易程序相对简单许多。

（二）国际贸易与国内贸易的不同点

1. 语言环境不同

国内贸易在同一个法定语言环境下进行商品交易，基本上没有语言障碍。但由于各国法定语言不同，使国际贸易首先遇到的困难就是语言问题。由于历史的原因，为了提供各国交易者之间沟通的便利，英语就成了国际贸易的通用语言。国际贸易工作者必须通晓国际贸易实务英语。

2. 法律环境不同

国内交易处在同一个法律框架之下，交易双方遵循共同的法律准则。但由于各国（地区）有自己独立的立法权，各有自己的法律规范，交易各方均不得违背自己国家的法律，这给国际贸易带来了法律方面的障碍。为了解决这个问题，联合国等权威组织和国际商会等民间机构出台了有关的国际公约和国际惯例，如《联合国国际货物销售合同公约》、国际商会的《跟单信用证统一惯例》等。因此，国际贸易所使用的法律规范更多，更为广泛。

3. 货币不同

国内贸易一般必须使用本币进行交易，这是由法定货币所规定的。国际贸易则需要使用二十几种国际通行货币，这些货币一般是自由兑换货币。也就是说，绝大多数国家在对外贸易中不能够使用本币，而要使用外币。因此，参与国际贸易的企业不仅要将本币兑换成外币，而且还要承担汇兑风险。也就是国际贸易比国内贸易多出了风险，即汇兑风险，也称外汇风险或汇率风险。

4. 度量衡不同

国际上有四大常用的度量衡制度，即公制、美制、英制和国际单位制，各国通常根据自身情况选择一种作为本国度量衡制度。而国际贸易的出口方所提供的货物不能仅仅按照自己的度量衡来加工，还要按照进口国的度量衡加工，以方便进口国用户使用。

5. 政策障碍多

各国政府常因保护国内产业和资源的原因，而对进出口货物采取各种各样的限制或鼓励措施，如关税、配额、许可证、出口补贴、出口信贷、烦琐的进出口通关环节等，而国内贸易则不采用这些措施。

第二节　进出口业务的基本流程

一、出口贸易的基本流程

出口贸易一般经过出口交易前的准备、出口交易磋商与合同订立、出口合同的履行这三个阶段，具体程序如图 17－1 所示。

1. 出口交易前的准备

（1）出口市场调研，制订出口商品经营方案。

出口前要做好出口市场调研，即使是面对熟悉的市场和老客户也需要对该出口市场新的形势有所跟踪。出口市场调研主要包括对进口国（地区）的宏观经济调研、目标市场调研和交易对象的调研三个方面。

以出口市场调研为基础，根据国家的出口政策和本企业经营目标制定出口商品经营方案，并做好成本核算和定价策略。

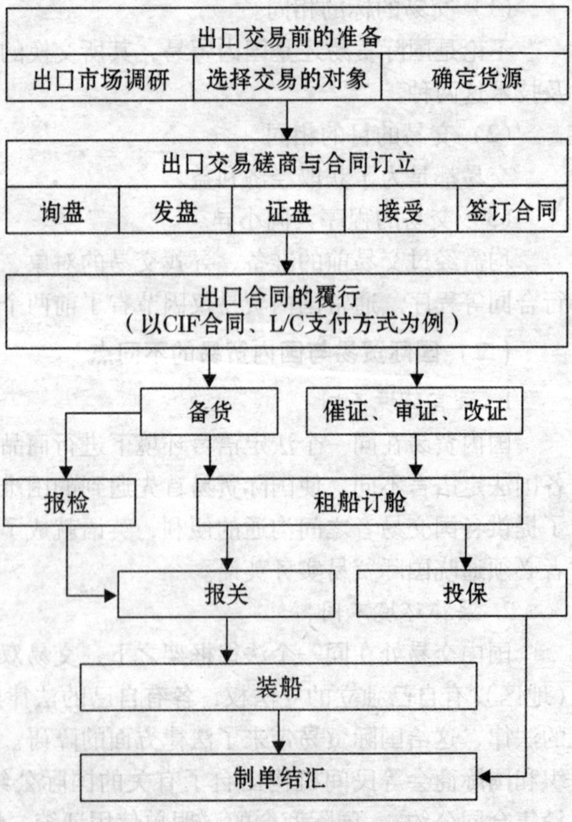

图 17－1　出口贸易的一般程序

（2）选择交易对象。

对可能的各交易对象进行调研，从中选择资信情况良好、经营能力较强、对本方友好且没有偏见的客户作为交易对象。

（3）确定货源。

在制定出口商品经营方案之前或同时，联系货源。基于供货单位或生产部门落实货物收购、生产和调运，在保证货源的前提下，制订可行的出口商品经营方案，并在此基础上进行对外合同磋商，以确保出口交货的顺利完成。

2. 出口交易磋商与合同订立

根据前一阶段选择的交易对象，通过合适的通信方式，主动向对方发函，经过询盘、发盘、还盘等环节，就合同的商品品质、数量、价格、支付、货物交付等各项交易条件进行磋商，最后达成交易，签订合同。

3. 出口合同的履行

交易达成后，出口方履行合同一般因合同所采用的贸易术语而有所不同。在采用CIF贸易术语和信用证支付方式下，出口合同的履行程序需要经过备货、落实和审查信用证、报检、租船订舱、报关、投保、装船、制单结汇等环节，从而完成交货并向买方提供相关的单据。

二、进口贸易的基本流程

进口贸易一般也经过进口前准备、进口交易磋商与合同订立、进口合同的履行三个阶段，只是本方为进口方，其在交易中的角色不同。具体程序如图 17－2 所示。

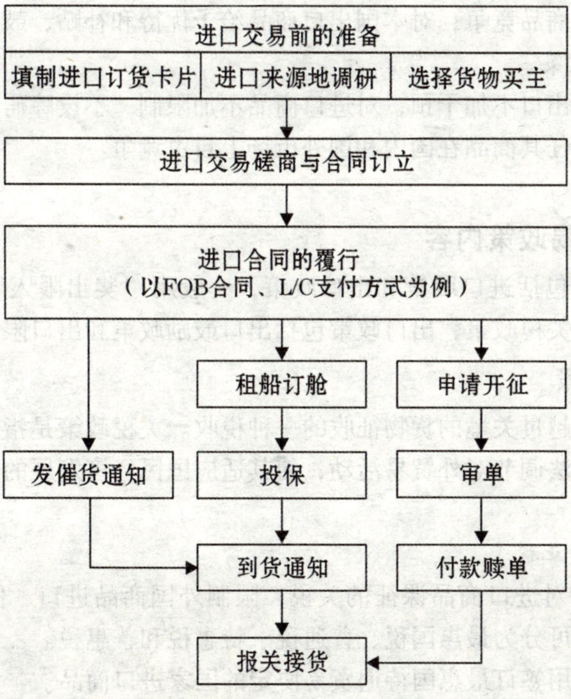

图 17－2　进口贸易的一般程序

1. 进口交易前的准备

根据用货单位填制的进口订货卡片，对国外货源市场进行深入调研，从商品的品质、价格、生产供应、技术水平等方面对出口国的主要供应商进行对比分析，选择合适的货物卖主。

2. 进口交易的磋商与合同订立

与出口交易磋商相对应，进口交易磋商是本方作为进口方进行的，磋商的程序与出口基本相同。合同订立后，通常需要签订书面合同。

3. 进口合同履行

进口合同履行程序也因贸易术语的不同而不同，以 FOB 合同并采用信用证支付为例，进口合同履行需经过申请开证、向卖方发催货通知、租船订舱、投保、审单付款等环节。

第三节　对外贸易政策

一、对外贸易政策概念

对外贸易政策是一国在一定时期内对进口和出口贸易所实行的政策，是确定一国贸易构成和方向的全部行动的总和。其目的是保护国内市场和国内产业的生产，扩大本国产品的销售，谋求进口利益，促进国内经济的发展。

1. 保护贸易政策

国家对商品进出口积极干预，利用各种措施限制商品进口，保护国内市场及生产，使之免受外国商品竞争；对本国出口商品给予优待和补贴，鼓励扩大出口。

2. 自由贸易政策

国家对商品进出口不加干预，对进口商品不加限制，不设障碍；对出口商品也不给予特权和优待，任其商品在国内和国外市场上自由竞争。

二、对外贸易政策内容

对外贸易政策包括进口政策和出口政策，一般用“奖出限入”概括。进口政策包括关税政策和非关税政策，出口政策包括出口鼓励政策和出口限制政策。

（一）关税政策

关税是政府对越过关境的货物征收的一种税收。关税政策是指政府通过关税征收的种类、水平和方法调节对外贸易活动，使其适应国民经济发展的需要而采取的行为措施。

1. 关税分类：正税

（1）进口税：对进口商品课征的关税，限制外国商品进口、保护国内生产和市场。进口税按性质可分为最惠国税、普通税、特惠税和普惠税。

最惠国税：适用签订最惠国待遇贸易协定的国家进口商品。

普通税：适用于没有签订该贸易协定的国家进口商品。最惠国税率大大低于普通税率。

普惠税：指发达国家对发展中国家、地区某些出口产品，特别是制成品和半制成品，给予普遍优惠的一种关税减免制度。普惠税源于普惠制，目标是扩大发展中国家工业制成品和半制成品出口，增强竞争能力，增加外汇收入，促进其工业化和经济增长。普惠税的原则是：普遍性、非歧视性、非互惠性。

（2）出口税：对出口商品课征的关税，一般不征收，也有的为限制出口、增加财政征收。

（3）过境税：对过境商品课征的关税。目前，大多数国家为促进服务贸易已经取消此税。

2. 关税分类：附加税

附加税是指根据某种目的在正税基础上额外加征的进口税。

（1）反补贴税：对直接或间接接受任何机构的现金、非现金补贴的外国商品征收的附加税。

（2）反倾销税：对实施商品倾销的进口商品征收的附加税。

（3）报复关税：对特定国家的不公平贸易行为临时加征的附加税。

3. 征收办法：从价税、从量税、混合税、选择税

（1）从价税为从量税的对称，是以征税对象的价值或价格形式为标准，按一定比例计算征收的各种税。

（2）从量税是按照商品的重量、多量、容量、长度和面积等计量单位为标准计征的量税。

（3）混合税是指对一种商品同时订出从价、从量两种税率，分别计算出税额，以两个税额之和作为该商品征税额的一种征收关税标准。

（4）选择税是对某一进出口货物按根据规定的条件，征收从价税或征收从量税。

（二）非关税政策

非关税政策是指一国政府采取除关税以外的各种办法（法律、行政规定），对本国的对外贸易进行调节、管理和控制的一切政策的总和，作为贸易保护的主要手段始于20世纪70年代。

1. 进口配额

一定时期内，进口国对某种商品的进口数量或金额规定一个最高数额，数额之内允许进口，超过数额则不准进口。具体做法是：全球配额、国别配额。

2. 自动出口限制

出口国在进口国的要求和压力下“自动”规定对该国出口某种商品的最高限额。有协议和非协议性两种。自限协议内容包括：商品种类、数量、留用额、预用额的最高限额及权限。

3. 进口许可

进口许可是指商品进口必须得到政府指定部门的批准才能实行进口的制度。

4. 外汇管制

政府通过对国际结算和外汇买卖实行限制以平衡国际收支、维护本国货币的制度，分行政管制和成本管制。目前有30多个国家实行多种汇率制度。

5. 歧视性政府采购

国家通过法令和其他手段、途径规定本国机构采购时必须优先购买本国产品。

20 世纪 30 年代，受凯恩斯宏观经济思想影响，各国政府在经济中的影响与作用越来越重要。政府采购成为一国消费中的重要组成部分，也成为影响国际贸易的因素，并用来作为贸易保护工具。例如，美国一年的政府采购都超过 1 万亿美元，占当年 GDP 的 20%；国产飞机的 30% 由美国政府购买。

6. 烦琐、复杂的海关手续

一些国家名义上没有进口限制，但进口海关手续却非常烦琐、复杂，即使不用审批，也要层层填表、盖章，故意推迟时间，降低过关效率。

（三）出口鼓励措施

1. 财政政策

（1）出口补贴：政府对本国出口商给予财政津贴，提高国际市场的竞争力，采取的形式有直接的现金补贴和间接的费用减免。

（2）出口退税：政府将出口商品的原料进口税、国内税全部或者部分退还。

（3）出口奖励：政府对出口商按出口业绩予以各种形式的奖励。

（4）出口减税：政府对出口商品的生产和经营减免各种国内税、出口税。

2. 信贷政策

（1）出口信贷：买方信贷、卖方信贷。

本国政府对本国出口商、外国进口商、进口国银行提供贷款，支持本国商品对外出口。

（2）出口信贷国家担保。

由政府专门的保险机构承保一般保险公司不承保的出口风险项目。涉及政治风险和经济风险，如政变、战争、禁运、银行倒闭、拒付、汇率异常变动等。

3. 倾销政策

（1）商品倾销。

商品倾销是指出口商以低于国际市场、国内成本价格，集中或者持续地大量向国外抛售商品的行为，打击竞争对手、占领国外市场。商品倾销分持续性、间歇性、临时性倾销三种。

商品倾销可以使出口商维持国外市场的垄断地位、解决国内矛盾、控制进口国的政治和经济。

例如，美国从 20 世纪 30 年代开始实施的农业政策，以国内价格的一半长期向国外倾销，损失由联邦财政补偿，近年农产品出口一直保持 1 亿吨以上，占世界出口总量的 50%。

（2）外汇倾销。

外汇倾销是指出口国政府通过本国货币对外贬值以扩大出口的方法。它对促进对外贸易有双重效果，但是对内贬值程度要大于对外贬值，对方不贬值。

4. 资本政策

资本政策是指出口国政府提高资本输出以带动本国商品的出口、贸易的发展。资本输出分生产资本和借贷资本的输出。

5. 特区政策

特区政策是指政府通过建立经济特区促进本国出口贸易的发展。本国政府在关境外划出范围，实行特殊的出口优惠政策：降低地价、减免关税、放宽海关管制和外汇管制、提供各种服务等优惠方法，吸引外国商人，发展转口贸易，或鼓励和吸引外资，引进先进技术，发展加工制造业，以达到开拓出口货物、增加外汇收入、促进本国或本地区经济发展的目的。

目前，世界各国设置的经济特区主要分为以下三种：

（1）自由贸易区：原则是关税减免、活动自由、特殊商品受限。

对进出口商品全部或大部分免征关税，并且准许在港内或区内进行商品自由储存、展览、加工和制造等业务活动。

（2）出口加工区：专门为加工、制造、装配出口产品而划出的特定区域。

生产的产品全部出口或大部分供出口，引进先进技术与设备，增加就业及外汇收入。

（3）保税区：功能类似自由贸易区，由海关批准并设置。

外国商品存入保税区内，可以暂时不缴纳进口税，如再出口，不缴纳出口税。运入区内的商品可进行储存、改装、分类、混合、展览、加工和制造等，主要是为了发展转口贸易，增加各种费用收入，并给予贸易商经营上的便利。

6. 组织政策

组织政策是指政府机构、行业组织为鼓励出口而制定和采取的各种服务措施。包括提供信息、举办贸易博览会和展销会、高层协调会议、驻外商务代表。

（四）出口限制措施

向敌对国家、不友好国家出口往往受到政府的限制，被限制商品一般包括武器、军事设备、先进技术、重要战略物资等。实行贸易制裁时，被限制出口商品种类更多。

采取的管制方法有国家专营、出口税、出口许可证、出口配额、出口禁运。

第四节　关税与贸易总协定（GATT）

一、什么是关贸总协定

1. 什么是关税与贸易总协定

关贸总协定的全称为“关税与贸易总协定”，英文名称是 General Agreement on Tariffs and Trade，缩写为 GATT。

1991 年，关贸总协定的秘书处出版了一本小册子，题为《关贸总协定：它是什么？它做什么？》。这本书中有这样一段自我介绍：

（1）关贸总协定是一套协调其成员即各缔约方政府对外贸易政策措施的多边协议。关贸总协定的第三任总干事邓克尔（Arthur Dunkel）说：“这是国际贸易的‘交通规则’，人们不仅要了解它，更要遵守它。”

（2）它是各缔约方举行贸易谈判的“论坛”，即谈判场所。

（3）它是裁决贸易争端的“法院”，原文是“court”，因为它只作出仲裁，而不是判决。小册子还强调：关贸总协定与国际货币基金组织、世界银行三者共同构成了世界经济赖以运转的轮子。

2. 关贸总协定产生的背景

第二次世界大战结束时，一些国家感到，在贸易方面也需要恢复正常的秩序，以便通过扩大贸易来促进经济的增长。于是，1946 年，在联合国的支持下，有关各国召开了“世界贸易与就业会议”，制定了《国际贸易宪章》。与此同时，还进行了相互减让关税的谈判，并达成了一系列协议。他们将上述宪章中涉及关贸总协定的内容单独列出，签订了一个临时适用议定书，有人把它翻译为“暂时实施议定书”，这就是关贸总协定成立的法律依据。由于议定书是国际法中规格较低的文件，所以关贸总协定只是一个行政性协议，无须各国的立法机构（比如议会）通过，只需要行政机构，即政府批准就可以了。然而有意思的是，尽管关贸总协定只是一个临时性的协议，但它却一直运行了 40 多年——从 1948 年 1 月 1 日到 1995 年 12 月 31 日。

二、关贸总协定的主要内容

1. 关贸总协定的宗旨

关贸总协定的文本开头有一小段前言，开宗明义地宣布了它的宗旨和作用。前言说：各缔约方政府通过互利互惠的协议，削减关税和其他贸易障碍，消除贸易歧视，以发展商品交换，扩大世界资源的利用，保证充分就业和实际收入的增长，从而提高生活水平。

由此可见，关贸总协定的宗旨和作用是推动多边谈判，相互减让关税，消除非关税壁垒，建立自由化的多边贸易体系，促进世界贸易和经济增长。所谓多边谈判，是在有关商品的主要供应方与有重大利害关系的缔约方之间进行的，双方达成协议后，再按照最惠国待遇原则扩大适用到所有其他缔约方。关贸总协定中有专门条款为贯彻上述宗旨、发挥上述作用提供法律依据。

2. 关贸总协定的主要内容

关贸总协定在国际上以法律形式提供了一套调整国际贸易及贸易关系的规则和程序，并对其成员国间的权利和义务作了具体的规定。主要目的是管理关税和相关的进口壁垒，如配额、国内税收、差别管理、补贴、倾销、国家支配贸易、差别关税及其他的关税壁垒。内容包括序言及 38 个条款，共分为四个部分。

3. 基本原则

从以上内容可以概括出如下十个原则：

（1）非歧视原则。

缔约方对另一方不采取限制和禁止措施，也不得对任何其他缔约方采取限制或禁止措施；反之，缔约方对另一方采用某种限制或禁止措施，对其他缔约方也应该采取这种限制或禁止措施。非歧视待遇原则在总协定中主要是通过最惠国待遇条款和国民待遇条款来实现的。

（2）最惠国待遇原则。

在关税和其他费用方面给予一缔约国的优惠，应该立即给予另一缔约国。最惠国待遇条款是关贸总协定的核心条款，其目的是要保证出口商在所有国家的市场上，享有公平竞争和一视同仁的待遇。

（3）国民待遇原则。

对进口商品要和国内的商品一视同仁。适用于从外国进口的商品，而不涉及外国商人的其他商业行为。

（4）贸易自由化原则。

贸易自由化原则就是限制和取消一切妨碍和阻止国际间贸易开展的障碍，包括法律、法规、政策和措施等。它主要是通过关税减让原则、互惠原则及一般取消数量限制原则来实现的。这是个根本性原则。

（5）关税减让原则。

《关贸总协定》中的关税减让有四种形式：①削减关税，并将削减后的税率水平加以约束；②约束现有的关税税率；③上限约束，即将关税约束在高于现行税率的某一特定水平，承诺即使提高税率也不超过该水平；④对免税待遇加以约束，即承诺税率保持为零。

（6）互惠原则。

在国际贸易中，互惠是指两国相互给予对方的贸易优惠待遇。

（7）一般取消数量限制原则。

关贸总协定第11条规定："任何缔约方除征收捐税或其他费用以外，不得设立或维持配额、进出口许可证或其他措施以限制或禁止其他缔约方领土的产品的输入，或向其他缔约方领土输出或销售出口产品。"

（8）透明度原则。

透明度原则是指缔约方政府应该公布同进出口贸易和服务有关的法律与规章，在公布以前不得实施。实施后有义务接受其他缔约方对实施状况的检查、纠正与监督。

（9）对发展中国家和最不发达国家给予优惠待遇原则。

（10）公正、平等处理贸易争端原则。

第五节　世界贸易组织（WTO）

一、世界贸易组织概述

（一）世界贸易组织简介

世界贸易组织英文名称为World Trade Organization，缩写为WTO。根据在"乌拉圭回合"谈判中通过、并于1995年1月1日起生效的《关于建立世界贸易组织的协定》（以下简称世贸组织协定）中第3条第1款到第5款的规定：

世贸组织是执行和管理"乌拉圭回合"通过的各项协议的共同机构（第1款）；

它是为各成员方进行多边谈判提供的场所（第2款）；

它是裁决经贸争端的机构（第 3 款）；

它是审议各成员方贸易政策的机构（第 4 款）。

（二）世界贸易组织产生的背景

WTO 是由 1947 年创立的关税和贸易总协定（GATT）发展而来的。

建立世界贸易组织这一构想已有半个多世纪的历史。20 世纪 40 年代，以美国为首的西方工业发达国家曾积极策划与筹备，但终因各种原因而未能成功。作为《哈瓦那宪章》中的一个临时协定的关税与贸易总协定，承担起了建立国际贸易秩序的历史使命。关贸总协定这一“临时适用”一用就是四十多年。

在将近半个世纪的历程中，科技革命迅速发展，经济全球化不断加强。以信息技术为核心的当代科技革命，大大缩短了时空的距离，使世界变成了地球村。特别是产业内的分工成了当代国际分工的主导模式，其具体表现就是产业内贸易在国际贸易中占了主要比重。各国在经济上的相互依存和密切联系成为不可逆转的历史趋势。这种趋势客观上要求商品和生产要素，即资本、服务、技术、人员的跨国界流动更加自由化。1986 年 9 月乌拉圭回合谈判涉及的广泛领域就是一个证明。内容不仅涉及传统的贸易问题，同时也包括了服务贸易、知识产权保护、与贸易有关的投资措施及环境等议题。而关贸总协定仅仅涉及商品，也就是货物贸易。

在这种情况下，寻求新的多边贸易组织机构问题提到了乌拉圭回合谈判的议事日程。各缔约方普遍认为有必要在关贸总协定的基础上，建立一个正式的国际经贸组织来协调、监督、执行乌拉圭回合的成果。

1990 年初，欧共体轮值主席国意大利提出了建立多边贸易组织的倡议。随后，瑞士、美国和欧共体也分别向关贸总协定体制职能谈判小组正式提出类似提案。经过艰难磋商，“建立多边贸易组织协定”成为 1992 年 12 月乌拉圭回合最终协议草案的一个重要组成部分。

乌拉圭回合谈判于 1993 年 12 月 15 日顺利结束，终于形成《关于建立多边贸易组织协定》。据美国的提议，把“多边贸易组织”改为“世界贸易组织”（WTO）。

1994 年 4 月 15 日，在摩洛哥的马拉喀什召开的关贸总协定部长会议上，经 104 个参加方代表签署，乌拉圭回合谈判各项议题的协议均获通过。1995 年 1 月 1 日，世贸组织宣告正式成立。

二、世界贸易组织的内容

（一）《关于建立世界贸易组织的协定》的主要内容

1993 年 12 月 15 日，在日内瓦达成的《关于建立世界贸易组织的协定（草案）》包含序言、条款和附件三部分内容。

主要条款涉及如下四个方面的内容：

（1）规定世界贸易组织提供的共同机构框架，是为了处理世界贸易组织成员国之间的关系。

（2）规定世界贸易组织的职能是：对世界贸易组织协定及其附件中的协议进行管理；为实施附件中各项协议和主持以后的多边协议谈判提供一个框架；为其成员国

根据部长级大会决定的有关多边贸易关系方面进一步的谈判提供场所；管理综合性争端解决制度和政策审议机制；与国际货币基金组织和世界银行及其所属机构进行合作，使全球经济决策更趋和谐一致。

（3）规定接受世界贸易组织协定和多边贸易协议的关贸总协定缔约方，包括按关贸总协定议定条件的接受者，为世界贸易组织创始成员国。

（4）规定世界贸易组织在履行职能和任务时，应尊重关贸总协定的规则、决定和习惯做法；在对国内法作修改时，所有成员国都应努力采取一切必要步骤，使其国内法实施附件中协议的规定，以保证它们的法律与这些协议相互一致；综合性争端解决协议，适用于附件 4 中东京回合四个多边贸易协议外的所有多边协议，及四个多边贸易协议的签字国。

（二）世贸组织的基本原则

WTO 协议的基本原则就是关贸总协定的原则，它并没有提出更多的原则。

三、WTO 的组织结构

1. 部长会议

根据《马拉喀什协议》，世贸组织的整个机构由其最高权力机构——部长会议领导。部长会议由世贸组织所有成员的代表组成，要求至少每两年开会一次，它可对任何多边贸易协定下的所有事务作出决定。

2. 总理事会

世贸组织的日常工作由总理事会承担。总理事会须向部长会议汇报所有工作，有权代表部长会议处理日常事务，并对世贸组织各成员实行定期的贸易政策评审。

3. 理事会

总理事会将部分职权授予另外三个主要机构——货物贸易理事会、服务贸易理事会及与贸易有关的知识产权理事会。货物贸易理事会监督有关货物贸易的所有协议的实施和运作。尽管许多这样的协议拥有其自身特定的监督机构，但是货物贸易理事会仍被授予更高的权力，以利贸易的有序发展。后两个理事会对各自有关的世贸组织协议负责，并有权在需要时建立其自身的辅助机构。

4. 委员会

部长会议还建立了另外三个机构：贸易与发展委员会、国际收支委员会和预算、财务与行政委员会。其中，贸易与发展委员会负责关心与解决有关发展中国家，尤其是最不发达国家的有关问题；国际收支委员会负责世贸组织成员与根据关贸总协定第 12 条和第 18 条规定而采取贸易限制措施以解决国际收支困难的国家间的磋商。预算、财务与行政委员会专门负责处理与世贸组织的财政与预算有关的问题。

另外，世贸组织的四个诸边协议，即关于民用航空器、政府采购、奶制品和牛肉的诸边协议，都建立了自己的管理机构，须向总理事会报告工作。

本章知识小结

1. 掌握进出口业务的基本流程；
2. 掌握 GATT 和 WTO 的主要内容和基本原则；
3. 掌握对外贸易政策的主要内容。

【课后任务练习】

1. 用图表详细说明出口业务流程。
2. 案例分析：

中国入世谈判首席代表龙永图畅谈谈判内幕

记者：中国为加入 WTO 付出了 15 年的努力，朱总理说，从黑发人都谈到白发人了，你认为这值得吗？

龙永图：加入世界贸易组织的整个谈判过程，就好比爬山，这座山我们爬了 15 年。15 年的时间的确太长了点，但就加入世贸组织谈判进程本身而言，这是件好事。

我举一个例子吧。世界这样一个国际大市场，其实就像个农贸市场。以前咱们贸易量很小，就像是一个担着小菜进这个市场卖菜的个体户一样，那些大户一看影响不了他的生意，他随你怎样，税务局的人也睁只眼闭只眼，因为你交税也交不了几个钱。后来我们中国的贸易量越做越大，你再不加入世界贸易组织的话，就有点问题了。那时你是一个有头有脸的大户了，所以这个时候你再不交税，税务局就盯上了。

你有头有脸了，公安局也知道这人是咱们这一带的，是咱们菜市场的，你的合法权益因此受到保护，而且很可能有大单的生意。我们中国现在是全世界第七大贸易国了，在整个菜市场里面咱们是老七，所以也是有头有脸的。这时候工商局都不登记，税务局也不登记，你算什么呢？所以你就没有名分嘛。有个身份，在整个世界贸易组织、整个市场上要有个身份。我们谈判 15 年，就是为了进这个“菜市场”，而且要成为国际大市场中有身份、有头有脸的成员。

记者：整个谈判好像给大家的印象就是跟美国谈判，为什么中美谈判格外艰苦呢？

龙永图：中美谈判之所以非常艰苦，我想，首先是因为美国财大气粗，谈判地位非常高。美国在关贸总协定历年谈判中的方式和态度都是：我要求一、二、三、四，你就必须做到一、二、三、四，而且，“在这些问题上没有谈判的余地”，恰恰中国人不吃这一套。所以谈判一开始并不是所谓实质性的谈判，而是针对谈判态度的谈判。美国人花了五六年的时间，才适应了中国需要平等的谈判地位这样一种要求。

任务：结合上述材料，谈谈中国为什么要加入世界贸易组织。

（资料来源：《南方都市报》，2001 年 11 月 10 日）

第十八章

国际贸易术语

一、本章学习目标

能力目标：

1. 能根据交易的具体情况，选择有利于己方的贸易术语；
2. 能正确解释三种主要贸易术语的区别。

知识目标：

1. 掌握各种贸易术语的含义，重点掌握 FOB、CFR、CIF 三种术语的含义；
2. 掌握三种常用贸易术语使用时的区别。

二、本章工作任务

广东天成汽车用品有限公司是中外合资的专门从事汽车用品生产、销售的外向型企业。公司占地总面积为 18 万平方米，建筑面积为 12 万平方米，现有职工近千人。公司主要产品有汽车座椅套、坐垫、脚垫、太阳挡、方向盘套、车罩等百余款汽车用品，是同行业中资格最老、规模最大、品种最全的企业之一。产品主要出口到欧美和中东地区。你是该公司国际贸易部高级业务员。最近几个伊朗的客户有意采购你公司的部分种类的产品，他们准备借参加广交会的时机，到你公司参观，并可能和你详细洽谈相关事宜。因此，你至少要完成以下两方面的准备工作：

1. 分析贸易过程中各种可能发生的情形，选择相应的贸易术语；
2. 分析贸易过程中各种可能发生的情形，制定相应的报价策略。

三、本章学习指导

1. 采用比较学习法，深刻理解各种贸易术语的相同点和不同点；
2. 熟练掌握各术语相应的英语表达，有助于理解和记忆各术语的含义。

导入案例

我公司与外商按 CIF 成交一批出口货物。货物在合同规定的时间内在指定的装运港装船，受载船只在航运途中触礁沉没。当我出口公司凭提单、保险单、发票等单据要求国外进口商支付货款时，进口商以货物已全部损失，不能得到货物为由，拒绝接受单据和付款。

显然，上面的案例涉及 CIF 贸易术语的一个重要特点：卖方以向买方提供单据来履行其交货义务，而不是以向买方实际交付货物来完成其交货义务，即 CIF 术语属于象征性交货。所以，案例中卖方完全有权利凭规定的单据要求买方付款。由此可见，学习和掌握国际贸易中现行的各种贸易术语及其有关惯例，对于确定价格和明确买卖双方各自承担的风险、责任和费用是有重要意义的。

第一节 贸易术语的含义

在国际贸易中，货物在运输途中可能发生的损坏或灭失的风险由哪方承担？货物运输、装卸、办理货运保险、申请进出口许可证和报关纳税等责任又由何方负责？货物的检验费、包装费、装卸费、运费、保险费、进出口税费和其他杂项费用究竟由谁支付？这些问题都是买卖双方必须明确的。国际贸易的买卖双方，一般相距比较遥远，在卖方交货和买方接货的过程中，将会涉及许多问题。但如果每笔交易都要求买卖双方对上述这些问题逐项反复磋商，那将耗费大量的时间和费用，并将影响交易的达成。因此，在国际贸易的长期实践中，逐渐形成了各种不同的贸易术语。

一、贸易术语的含义与作用

贸易术语（Trade Terms）又称贸易条件，是用简短的概念或英文缩写字母来表示的商品的价格构成和买卖双方在货物交付过程中各自承担的费用、手续等责任及风险的划分。

商品的价格构成是由货物的价值和有关从属费用共同组成的，即货价的成分。买卖双方的责任划分实际上就是规定了交货方法，以及确定买卖双方在交接货物中享有的权利和应承担的义务，即部分合同义务。在磋商谈判和签约过程中，只要使用了某种贸易术语，就使这项合同具有一定特征，因此，人们往往称其为某种贸易术语合同，如“FOB 合同”或“CIF 合同”。贸易术语的意义，就在于规定了买卖双方在以下五个方面应承担的义务：

（1）交货地点和交货方式。

（2）风险和费用的划分。

（3）货物的运输、保险、通关过境手续的办理。

（4）承办上述事项所需的费用及其他费用。

（5）申请办理有关单据的责任。

在交易磋商中，使用贸易术语可以简化买卖双方交易磋商的内容，缩短成交的过程和时间，节省双方的业务费用支出。它在国际贸易的长期实践基础上产生，反过来又推动了整个国际贸易的发展。

二、国际贸易惯例及其性质与作用

国际贸易惯例是指在国际通商往来的长期实践中逐渐形成的为人们普遍承认与接受的习惯做法与规则或先例解释。但它不是各国的共同立法，也不是某一国的法律，因而对买卖双方没有强制的约束力，只有实际的效力，是否采用完全由双方当事人决定。只有当双方当事人在他们订立的贸易合同中明确表示采用某种国际贸易惯例来确定他们之间的权利和义务时，该项惯例才适用于该合同并对当事人产生约束力。如果买卖双方在合同中订立与惯例完全相反的约定或条款，只要这些约定和条款是合理的，与本国法律不相矛盾，那么它就能得到有关国家的法律承认和保护。如买卖双方在合同中既不排除，也不明确规定采用何种惯例，则当发生争议而提交诉讼或仲裁时，法院或仲裁机构往往采用某些公认的或影响较大的惯例，作为判决或裁决案件的依据。

三、有关贸易术语的国际惯例

在国际贸易业务实践中，各国法律制度、贸易惯例和习惯做法各不相同，国际上对各种贸易术语的理解与运作也互有差异，因而容易引起贸易纠纷。为了避免各国在对贸易术语解释上出现分歧和引起争议，一些国际组织和商业团体便分别就某些贸易术语作出统一的解释与规定，其中影响较大的主要有：国际商会制定的《国际贸易术语解释通则》（International Rules for the Interpretation of Trade Terms，简称INCOTERMS）；国际法协会制定的《华沙—牛津规则》（Warsaw-Oxford Rules）；美国一些商业团体制定的《1941 年美国对外贸易定义修订本》（Revised American Foreign Trade Definition 1941）。

由于上述各项解释贸易术语的规则在国际贸易中运用范围较广，从而成为有关贸易术语方面的国际贸易惯例。这些解释贸易术语的国际贸易惯例，在国际贸易发展的各个历史阶段都起到了重要作用，尤其是通过国际商会对《国际贸易术语解释通则》的不断修订，有效地促进了国际贸易惯例的发展。而国际贸易惯例也日益受到各国政府、法律界和贸易界的重视，在国际立法和许多国家的立法中，都明文规定了国际贸易惯例的效力。由此可见，为了合理地商订和履行合同，以及正确运用国际贸易惯例，国际贸易从业人员必须了解国际上各种通行的国际贸易惯例，以便在实际业务中对其作出适当的抉择和正确的解释。现将解释贸易术语的各种国际贸易惯例分别简介如下。

（一）《1932 年华沙—牛津规则》

国际法协会于 1928 年在波兰华沙举行会议，制定了 CIF 有关买卖合同的统一规则，共 22 条，称为《1928 年华沙规则》。后经 1930 年纽约会议、1931 年巴黎会议和 1932 年牛津会议修订为 21 条 59 款，定名为《1932 年华沙—牛津规则》（Warsaw-Oxford Rules 1932，WO Rules 1932），一直沿用至今，并成为国际贸易中颇有影响的国际贸易惯例。

它主要说明 CIF 买卖合同的性质和特点，并具体规定了 CIF 条件下有关买卖双方所承担的风险、责任和费用的划分，以及所有权转移方式，解释的内容具体详尽。

（二）《1941 年美国对外贸易定义修订本》

《1941 年美国对外贸易定义修订本》也是在国际贸易中具有一定影响的国际贸易惯例，它不仅在美国使用，而且也为加拿大和一些拉丁美洲国家所采用。1919 年，美国 9 个大商业团体制定了《美国出口报价及其缩写条例》（The US Export Quotations and Abbreviations）。其后，因贸易习惯发生了很多变化，在 1940 年举行的美国第 27 届全国对外贸易会议上对该定义作了修订，并于 1941 年 7 月 31 日经美国商会、美国进出口协会和美国全国对外贸易协会所组成的联合委员会通过，称为《1941 年美国对外贸易定义修正本》（Revised American Foreign Trade Definitions 1941）。它对以下六种贸易术语作了解释：

（1）Ex（Point of Origin）（产地交货）。

（2）FOB（Free on Board）（在运输工具上交货）。

（3）FAS（Free Along side）（在运输工具旁边交货）。

（4）C&F（Cost and Freight）（成本加运费）。

（5）CIF（Cost，Insurance and Freight）（成本加保险费、运费）。

（6）Ex Dock（named port of importation）（目的港码头交货）。

《1941 年美国对外贸易定义修正本》在美洲国家有较大影响，但由于其内容与一般解释相去甚远，国际上很少采用。

（三）《2000 年国际贸易术语解释通则》

该惯例是国际商会为了统一对各种贸易术语的解释而制定的，简称《2000 通则》，共包括四组 13 种贸易术语。合同双方可自愿采用。如下表所示。

《2000 通则》中的贸易术语已经成为在世界范围内影响最大、沿用最广的贸易术语。要注意的是：

（1）《2000 通则》只限于对有形货物买卖合同中交易双方权利义务的规定，不包括无形的服务贸易。

（2）《2000 通则》只对交货、交单义务作出规定，对货物的所有权转移及违约和违约后果并没有作出规定。

E 组	EXW	EX Works	工厂交货
F 组	FCA FAS FOB	Free Carrier Free Alongside Ship Free on Board	货交承运人 装运港船边交货 装运港船上交货
C 组	CFR CIF CPT CIP	Cost and Freight Cost Insurance and Freight Carriage Paid to Carriage Insurance Paid to	成本加运费 成本加运费、保险费 运费付至 运费、保险费付至

（续上表）

E组	EXW	EX Works	工厂交货
D组	DAF DES DEQ DDU DDP	Delivered at frontier Delivered Ex Ship Delivered Ex Quay Delivered Duty Unpaid Delivered Duty Paid	边境交货 目的港船上交货 目的港码头交货 未完税交货 完税后交货

第二节 三种常用贸易术语

一、FOB

（一）FOB术语的含义

FOB是Free on Board（…named port of shipment）的简称，船上交货（……指定装运港）是指卖方必须在合同规定的日期或期间内在指定装运港将货物交至买方指定的船上，并负担货物越过船舷为止的一切费用和货物灭失或损坏的风险。适用于水上运输方式。

（二）买卖双方的基本义务

卖方承担的义务	买方承担的义务
装船（及时通知买方）	租船定舱（及时通知卖方）
承担装船为止的一切费用、风险	承担装船后的一切费用、风险
出口通关	进口通关
投保＝交货（象征性交货）	付款提货

（三）FOB术语的要素解释

（1）船货衔接。

①按照FOB术语成交的合同，属装运合同。所谓装运合同（shipment contract），是与到达合同（arrival contract）相对而言的。按F组和C组贸易术语成交的合同，都是装运合同。在装运合同下，卖方只负责在约定时间和地点，将货物交给承运人或装上运输工具，即完成交货，他并不保证货物按时运抵目的地。

②如果因买方原因致使卖方不能按时交货，由此而产生的风险和损失均由买方承担。

（2）交货地点：装运港。

（3）风险点：（装运港）船舷。

（4）术语后“地点”：装运港。

(5) 术语性质：象征性交货。

(6) 合同性质：装运合同。

(7) 适合运输方式：水上运输。

(8) 租船定舱：买方；支付运费：买方。

(9) 投保：买方。

(10) 关于 FOB 的不同解释：《1941 年美国对外贸易定义修订本》。

(11) FOB 变形。

租船运输方式下，在 FOB 术语后附加短语，明确装船费用的负担问题。FOB 的变形在风险、责任划分上和正常的 FOB 价格术语没有任何区别，只是在支付费用上有某些变化。常见的 FOB 术语变形有：

①FOB Liner Terms（FOB 班轮条件），是指装船费用按照班轮的做法处理，即由买方承担。

②FOB Under Tackle（FOB 吊钩下交货），是指卖方负担费用将货物交到买方指定船只的吊钩所及之处，而吊装入舱以及其他各项费用，一概由买方负担。

③FOB Stowed（FOB 理舱费在内），是指卖方承担包括理舱费在内的装船费用。

④FOB Trimmed（FOB 平舱费在内），是指卖方承担包括平舱费在内的装船费用。

⑤FOB Stowed and Trimmed（FOB 理舱费、平舱费在内）。

二、CFR

(一) CFR 术语的含义

CFR 是 Cost and Freight（…named port of destination）的简称，成本加运费（……指定目的港），是指卖方必须在合同规定的日期或期间内，在指定装运港将货物交至船上，并负担货物越过船舷为止的一切费用和货物灭失或损坏的风险，还必须支付将货物运至指定目的港所需的运费。适用于水上运输方式。

(二) 买卖双方的基本义务

卖方承担的义务	买方承担的义务
租船定舱、装船（及时通知买方）	/
承担装船为止的一切费用、风险	承担装船后的一切费用、风险
出口通关	进口通关
交单 = 交货（象征性交货）	付款提货
/	投保

(三) CFR 术语的要素解释

(1) 没有船货衔接的问题。

(2) 交货地点：装运港。

(3) 风险点：（装运港）船舷。

(4) 术语后“地点”：目的港。

(5) 术语性质：象征性交货。

(6) 合同性质：装运合同。

(7) 适合运输方式：水上运输。

(8) 租船定舱：卖方；支付运费：卖方。

(9) 投保：买方。

(10) CFR 变形。租船运输方式下，在 CFR 术语后附加短语，明确卸货费用的负担问题。CFR 的变形在风险、责任划分上和正常的 CFR 价格术语没有任何区别，只是在支付费用上有某些变化。常见的 CFR 术语变形有：

①CFR Liner Terms（CFR 班轮条件），是指卸货费用按照班轮的做法处理，即由卖方承担。

②CFR Landed（CFR 卸到岸上），是指卖方负担将货物卸到目的港岸上为止的卸货费，包括从轮船到码头转运时可能发生的驳船费和码头捐税。

③CFR Ex Tackle（CFR 吊钩下交接），是指卖方负担货物从舱底吊至船边卸离吊钩为止的费用。

④CFR Ex Ship's Hold（CFR 舱底交接），是指买方负担将货物从目的港船舱底起吊卸到码头的费用。

三、CIF

（一）CIF 术语的含义

CIF 是 Cost Insurance and Freight（…named port of destination）的简称，即成本加保险费、运费（……指定目的港），适用于水上运输方式。

（二）买卖双方的基本义务

卖方承担的义务	买方承担的义务
租船定舱、装船（及时通知买方）	/
承担装船为止的一切费用、风险	承担装船后的一切费用、风险
出口通关	进口通关
交单＝交货（象征性交货）	付款提货
/	投保

（三）CIF 术语的要素解释

(1) 没有船货衔接的问题。

(2) 交货地点：装运港。

(3) 风险点：（装运港）船舷。

（4）术语后“地点”：目的港。

（5）术语性质：象征性交货。

（6）合同性质：装运合同。

（7）适合运输方式：水上运输。

（8）租船定舱：卖方；支付运费：卖方。

（9）投保：卖方。

（10）关于CIF的不同解释：《1932年华沙—牛津规则》。

（11）CIF变形。租船运输方式下，在CIF术语后附加短语，明确卸货费用的负担问题。CIF的变形在风险、责任划分上和正常的CIF价格术语没有任何区别，只是在支付费用上有某些变化。常见的CIF术语变形有：

①CIF Liner Terms（CIF班轮条件），是指卸货费用按照班轮的做法处理，即由卖方承担。

②CIF Landed（CIF卸到岸上），是指卖方负担将货物卸到目的港岸上为止的卸货费，包括从轮船到码头转运时可能发生的驳船费和码头捐税。

③CIF Ex Tackle（CIF吊钩下交接），是指卖方负担货物从舱底吊至船边卸离吊钩为止的费用。

④CIF Ex Ship's Hold（CIF舱底交接），是指买方负担将货物从目的港船舱舱底起吊卸到码头的费用。

第三节　货交承运人的三种贸易术语

一、FCA（Free Carrier）货交承运人

（一）交货地点

FCA术语下，卖方要在指定地，如运输站（运输站是指铁路站、货运站、集装箱货运站或堆场、多用途货运站或类似的受货点或其他受货地点），按规定的日期或期限，以约定的方式或该指定地点习惯的方式，将货物交由买方指定的或在买方要求下卖方选定的承运人或其他人（如转运代理人）照管。如果没有指定具体地点，并有几个地点可供选择，则卖方可以选择最适合其目的的交货地点。如果买方未给予明确的指示，卖方可以按承运人的运输方式和货物数量和/或性质所要求的方式将货物交给承运人，并给予买方货物已交由承运人处置的充分通知。出口结关手续由卖方办理。但对于运输合同和保险合同，卖方无义务。货交承运人处置后的风险和费用由买方负担。

（二）运输合同问题

FCA术语下，买方自行负担费用订立从指定地承运货物的运输合同，而卖方无订立运输合同的义务。但是，如果应买方的要求，或按商业惯例并且买方未及时作出相反的指示，卖方可以按通常的条件代为订立运输合同，而由买方负担风险和费用。卖方可以拒绝买方的要求，如果拒绝，应立即通知买方。

（三）风险和费用划分点

一般情况下，买卖双方的风险划分点是卖方将货物已交给承运人处置时。但是，如果卖方的货物已划归本合同项下，而买方未给予卖方关于货物运输的充分通知，或者其指定的承运人未收受货物，则买方承担自约定的交货日期或期限届满之日起的货物灭失或损坏的一切风险。

买卖双方的费用划分点一般是卖方将货物已交给承运人处置时。但是，如果卖方的货物已划归本合同项下，而买方未指定承运人或其指定的承运人未按约定的时间收受货物，或者买方未给予卖方货物运输的充分通知，则买方支付由此所产生的任何额外费用。

二、CPT（Carriage Paid To）货交承运人运费付至指定目的地

CPT 术语下，卖方要按照通常条件自行负担费用订立运输合同，在规定的时间或期限内将货物交给承运人或第一承运人照管，并给予买方货物已交付的充分通知，以及为使买方采取通常必要的措施能够提取货物所要求的其他任何通知。出口结关手续由卖方办理。但对于保险合同，卖方无义务。货物交由承运人处置后的风险和除通常运费以外的费用由买方负担。如果由后续承运人将货物运至约定的目的地，则风险自货物交给第一承运人时转移至买方。

1. 卖方订立运输合同的责任

在 CPT 合同中，卖方要订立运输合同，将货物按惯常航线和习惯方式运至指定目的地的约定地点。如果该地点未约定或习惯上未确定，卖方可在指定目的地选择最适合其要求的地点。在实际业务中，如果买方提出关于限制承运人的要求，卖方有权拒绝接受。但是，卖方可以放弃这一权利。如果买方提出上述要求，卖方能够做到但又不增加额外费用的情况下，应考虑接受。

2. 卖方提交运输单据的责任

卖方要按照习惯自行负担费用，并向买方提供通常的运输单据（如可转让提单、不可转让海运单、内河运输单、空运单、铁路运单、公路运单或多式联运单据）。

如果卖方与买方已约定，使用电子通信，则运输单据可以由相等的 EDI 单证所代替。

一般情况下，买卖双方的风险划分点是卖方将货物已交给承运人处置时。但是，如果卖方的货物已划归本合同项下，而买方未给予卖方关于货物运输的充分通知，或者其指定的承运人未收受货物，则买方承担自约定的交货日期或期限届满之日起的货物灭失或损坏的一切风险。

买卖双方的费用划分点一般是卖方将货物交给承运人处置时。但是，如果卖方的货物已划归本合同项下，而买方有权确定装货时间和/或目的地但未给予卖方这方面的充分通知，则买方支付由此所产生的任何额外费用。

三、CIP（Carriage Insurance Paid to）货交承运人运保费付至指定目的地

CIP 术语下，卖方除承担与 CPT 术语相同的义务外，还必须代买方办理货物在运

输途中应由买方承担的货物灭失或损坏风险的运输保险、订立保险合同，并支付保险费。保险的险别和金额的要求与 CIF 术语的规定基本相同。CIP 术语下，与 CPT 术语相同卖方订立运输合同的责任，卖方提交运输单据的责任、以及风险和费用划分点。

四、FCA、CPT 和 CIP 术语之间的比较

FCA、CPT 和 CIP 术语的共同点是：

第一、适用于任何运输方式，包括多式联运，也包括海运。在船舷无实际意义时，如在滚装、滚卸或集装箱运输的情况下，使用 FCA、CPT、CIP 术语比使用 FOB、CFR、CIF 更为适宜。

第二、卖方在规定的日期或期间内，在出口国的内地或港口把货物交给承运人或第一承运人照管。

第三、卖方自行负担风险和费用，取得出口许可证或其他官方批准证件，并办理货物出口所必需的一切海关手续；买方自负风险和费用，取得进口许可证或其他官方批准文件，并办理货物进口及必要时经由另一国家过境运输所需的一切海关手续。

第四、卖方支付货物出口所需的办理海关手续的费用及为出口应交纳的一切关税、税负等。买方支付货物进口和必要时经另一国家过境运输应缴纳的一切关税税负和其他官方费用及办理海关手续的费用。

第五、卖方承担货物灭失或损坏的一切风险，直至货物在指定的出口国内地或港口交给承运人或第一承运人处置时为止；货交承运人或第一承运人处置后的风险则由买方负责。

第六、卖方支付一切费用，直至货物在指定的出口国的内地或港口交给承运人或第一承运人处置时为止；货交承运人处置后费用则由买方负责。例外的是，CPT 术语下，货交承运人后的通常运费由卖方负担；CIP 术语下，货交承运人后的通常运费和保费由卖方负担。

货交承运人的三种贸易术语 FCA、CPT、CIP，目前使用的频率仍不能与 FOB、CFR、CIF 相比，故不能被认为是常用的贸易术语，但在我国的贸易实践中，已越来越多见，而且从其发展来看，具有推广的价值，

本章知识小结

1. 贸易术语的作用；
2. 有关贸易术语的国际贸易惯例，《2000 年国际贸易术语解释通则》；
3. 常用的三种贸易术语的含义及其使用过程中要注意的问题。

本章能力小结

1. 根据交易的具体情况，选择有利于己方的贸易术语；
2. 能正确解释三种主要贸易术语的区别。

【课后任务练习】

1. 我某出口公司按 CIF 条件向某国进口商出口一批草编制品，向中国人民保险公司投保了一切险种，并规定用信用证方式支付。我出口公司在规定的期限、指定的我国某港口装船完毕，船公司签发了提单，然后去中国银行议付款项。第二天，出口公司接到客户来电称：装货的海轮在海上失火，草编制品全部烧毁，客户要求我公司出面向中国人民保险公司提出索赔，否则要求我公司退回全部货款。

任务：拟定处理方法。

2. 我方按 CIF“卸到岸上”条件对外出口，并按规定提交了全套符合要求的单据，货轮在航行途中触礁沉没，货物全部灭失。买方闻讯，以“卖方需将货物运到目的港并安全卸到岸上才算完成交货任务”为由拒付货款。

任务：拟定处理方法。

3. 我某进出口公司向新加坡某贸易公司出口香料 15 吨，对外报价为每公吨2 500 美元，FOB 湛江，装运期为 10 月份，用集装箱装运。我方 10 月 16 日收到买方的装运通知，为及时装船，公司业务员于 10 月 17 日将货物存于湛江码头仓库，不料货物因当夜仓库发生火灾而全部灭失，以致货物损失由我方承担。

任务：分析该笔业务中我方做法的不当之处。

第十九章

国际贸易合同

一、本章学习目标

能力目标：

1. 能运用理论，解决合同磋商过程中的基本问题；
2. 能正确地履行合同。

知识目标：

1. 掌握合同磋商过程中基本的环节及其法律意义；
2. 掌握合同履行程序及实践技巧。

二、本章工作任务

1. 分析合同磋商过程中各种可能发生的情形，拟定所采取的策略；
2. 简述履行合同的程序和工作内容。

三、本章学习指导

1. 采用比较学习法，深刻理解各种贸易术语的相同点和不同点；
2. 熟练掌握各术语相应的英语表达，有助于理解和记忆各术语的含义。

导入案例

A 向 B 发盘："供应 50 台拖拉机、100 匹马力，CIF 香港每台 $3 500，订立合同后两个月内装船，不可撤销即期信用证付款。请电复。"B 收到发盘后，立即电复说："我方接受你方发盘。在订立合同后立即装船。"但 A 之后未作任何答复。双方合同是否成立？

第一节　国际货物买卖合同概述

一、国际货物买卖合同的含义

国际货物买卖合同，按照1980年《联合国国际货物买卖合同公约》的规定，是指营业地处于不同国家的当事人所订立的货物买卖合同。货物买卖合同是指卖方为了取得货款而把货物的所有权移交给买方的一种双务合同。所谓“双务”（Bilateral），是指合同双方相互承担义务，同时，双方都享有权利，一方所承担的义务正是另一方所享有的权利。

二、国际货物买卖合同的特点

1. 具有国际性

国际性的标准采用第一种情况，即交易双方当事人的营业地处于不同的国家。

2. 标的物是货物

《联合国1980年国际货物买卖合同公约》则采取了排除法，即将下列产品排除在该公约的适用范围之外：

（1）供私人、家属或家庭使用而进行的购买。

（2）经由拍卖方式进行的买卖。

（3）根据法律执行应进行的买卖。

（4）各种债务券或者货币的买卖。

（5）船舶、气垫船或收音机的买卖。

（6）电力的买卖。

3. 合同的性质为买卖

所谓买卖合同，按照《英国货物买卖法》的规定，是指由卖方将货物的所有权转换给买方，以换取买方的金钱作为对价。

三、国际货物买卖合同的形式

根据《联合国国际货物买卖合同公约》和《中华人民共和国合同法》的有关规定，当事人订立合同，有书面形式、口头形式和其他形式。

四、国际货物买卖合同的内容

根据《中华人民共和国合同法》和其他国家民商法的规定，合同的内容由双方当事人约定，一般包括以下条款：

（1）当事人的名称或者姓名和住所。

（2）标的。国际货物买卖合同的标的通常就是货物。

（3）数量。

（4）质量。

(5) 价款或者报酬。

(6) 履行期限、地点和方式。

(7) 违约责任。违约责任是合同当事人违反合同的规定时应当承担的法律责任，是合同履行的保障条款。承担违约责任的形式主要有支付违约金、实际履行、损害赔偿等。

(8) 解决争议的方法。在履行合同中难免会发生争议，为使产生争议后能有一个双方都接受的解决方法，合同中一般均对此作出规定。解决争议的方法主要有协商、调解、仲裁和诉讼等。

第二节 国际货物买卖合同的磋商

交易磋商是指买卖双方以买卖某种商品为目的，通过一定程序，就交易的各项条件进行洽商，最后达成协议的全过程。交易磋商的目的是买卖双方通过磋商能共同取得一致意见，达成交易。因此，交易磋商是签订货物买卖合同的基础，是进出口商品贸易的基础工作。

交易的一般程序应包括邀请发盘、发盘、还盘、接受和签订合同等环节，其中，发盘和接受是交易成立的基本环节，也是合同成立的必要条件。

一、邀请发盘

邀请发盘（Invitation to Offer）是指交易的一方打算购买或出售某种商品，向对方询问买卖该项商品的有关交易条件，或者就该项交易提出带有保留条件的建议。

邀请发盘在通常的交易中并非必不可少的环节，然而在一些特殊的贸易方式下，如招标投标、拍卖等，情况则有所不同。

邀请发盘可有不同形式，其中最常见的是询盘（Inquiry）。询盘的内容可涉及价格、品质、数量、包装、装运及索取样品等，而多数只是询问价格，所以业务上常把询盘称作询价。

二、发盘

在国际贸易实务中，发盘（Offer）又称报盘、发价、报价。法律上称之为“要约”。

（一）发盘的定义及具备的条件

《联合国国际货物销售合同公约》（以下简称《公约》）第14条第一款对发盘的解释为：“向一个或一个以上特定的人提出的订立合同的建议，如果十分确定并且表明发盘人在得到接受时承受约束的意旨，即构成发盘。一个建议如果写明货物并且明示或暗示地规定数量和价格或规定如何确定数量和价格，即为十分确定。”

从这个定义可以看出，一项发盘的构成必须具备下列三个条件：

1. 向一个或一个以上的特定人提出

发盘必须指定可以表示接受的受盘人。受盘人可以是一个，也可以指定多个。不指定受盘人的发盘，仅应视为发盘的邀请。

2. 表明订立合同的意思

发盘必须表明严肃的订约意思，即发盘应该表明发盘人在得到接受时，将按发盘条件承担与受盘人订立合同的法律责任。这种意思可以用发盘、递盘等术语和语句加以表明，也可不使用上述或类似上述的术语和语句，而按照当时的谈判情形，或当事人之间以往的业务交往情况或双方已经确立的习惯做法来确定。

3. 发盘的内容须十分确定

对于什么是“十分确定”，《公约》的解释是在发盘中明确货物，规定数量和价格。在规定数量和价格时，可以明示，也可以暗示，还可以只规定确定数量和价格的方法。

（二）发盘的撤回和撤销

《公约》第15条对发盘生效时间作了明确规定：“发盘在送达受盘人时生效。”那么，发盘在未被送达受盘人之前，如发盘人改变主意，或情况发生变化，这就必然会产生发盘的撤回和撤销的问题。

在法律上，“撤回” 和 “撤销” 属于两个不同的概念。撤回是指发盘尚未生效，发盘人采取行动，阻止它的生效；而撤销是指在发盘已生效后，发盘人以一定方式解除发盘对其的效力。

《公约》第15条第2款规定：“一项发盘，即使是不可撤销的，也可撤回，如果撤回的通知在发盘到达受盘人之前或同时到达受盘人。”

根据《公约》的规定，发盘可以撤销，其条件是：发盘人撤销的通知必须在受盘人发出接受通知之前传达到受盘人。但是，在下列情况下，发盘不能再撤销：

（1）发盘中注明了有效期，或以其他方式表示发盘是不可撤销的。

（2）受盘人有理由依赖该发盘是不可撤销的，并且已本着对该发盘的依赖行事。

三、发盘的失效

在以下情况下可造成发盘的失效：

（1）受盘人作出还盘。

（2）发盘人依法撤销发盘。

（3）发盘中规定的有效期届满。

（4）人力不可抗拒的意外事故造成发盘的失效，如政府禁令或限制措施。

（5）在发盘被接受前，当事人丧失行为能力或死亡、法人破产等。

三、还盘

受盘人在接到发盘后，不能完全同意发盘的内容，为了进一步磋商交易，对发盘提出修改意见用口头或书面形式表示出来，就构成还盘（Counter-Offer）。

还盘的形式可有多种不同，有的明确使用“还盘”字样，有的则不使用，而在内容中表示出对发盘的修改，也构成还盘。

需要注意的是，还盘有两个法律后果：其一是还盘是对发盘的拒绝，还盘一经作出，原发盘即失去效力，发盘人不再受其约束；其二是还盘等于是受盘人向原发盘人提出的一项新的发盘。还盘作出后，还盘的一方与原发盘的发盘人在地位上发生了变化。还盘人由原发盘的受盘人变成新发盘的发盘人，而原发盘的发盘人则变成了新发盘的受盘人。新受盘人有权针对还盘的内容进行考虑，决定接受、拒绝或是再还盘。

四、接受

所谓接受（Acceptance），就是交易的一方在接到对方的发盘或还盘后，以声明或行动向对方表示同意的行为。法律上将接受称作承诺。接受和发盘一样，既属于商业行为，也属于法律行为。对有关接受问题，在《公约》中也作了较明确的规定。

根据《公约》的解释，构成有效的接受要具备以下四个条件：

（1）接受必须是由受盘人做出。

其他人对发盘表示同意，不能构成接受。

（2）受盘人表示接受，要采取声明的方式。

即以口头或书面的声明形式向发盘人明确表示出来。

（3）接受的内容要与发盘的内容相符。

就是说，接受应是无条件的。但在业务中，常有这种情况，受盘人在答复中使用了“接受”的字眼，但又对发盘的内容做了增加、限制或修改，这在法律上称为有条件的接受，不能成为有效的接受，而属于还盘。

那么，是不是说，受盘人在表示接受时，不能对发盘的内容作丝毫的变更呢？也不是的。根据《公约》，关键问题是看这种变更是否属于实质性的。什么叫实质性变更呢？“有关货物价格、付款、货物质量和数量、交货地点和时间、一方当事人对另一方当事人赔偿责任范围或解决争端等的添加或不同条件。均视为实质上变更发盘的条件。”实质性变更是对发盘的拒绝，构成还盘。非实质性变更的后果又是什么呢？《公约》中指出：“对发盘表示接受但载有添加或不同条件的答复，如所载添加或不同条件在实质上并不改变发盘的条件，除非发盘人在不过分迟延的期间内以口头或书面通知反对其差异外，仍构成接受。”

（4）接受的通知要在发盘的有效期内送达发盘人才能生效。

发盘中通常都规定了有效期。这一期限有双重意义：一方面，它约束发盘人，使发盘人承担义务，在有效期内不能任意撤销或修改发盘的内容，过期则不再受其约束；另一方面，发盘人规定有效期，也是约束受盘人，只有在有效期内作出接受，才有法律效力。

在国际贸易中，由于各种原因，导致受盘人的接受通知有时晚于发盘人规定的有效期送达，这在法律上称为“迟到的接受”。对于这种迟到的接受，发盘人不受其约束，不具有法律效力。但也有例外的情况，《公约》第21条规定过期的接受在下列两种情况下仍具有效力：

第一，如果发盘人毫不迟延地用口头或书面形式将此种意思通知受盘人。

第二，如果载有逾期接受的信件或其他书面文件表明，它在传递正常的情况下是能够及时送达发盘人的，那么此项逾期接受仍具有接受的效力；除非发盘人毫不迟延地用口头或书面方式通知受盘人，否则认为该发盘已经失效。

第三节 国际货物买卖合同的成立

一、合同有效成立的条件

交易一方的发盘一经对方有效接受，合同即告成立。但合同是否具有法律效力，还要视其是否具备了一定的条件。不具法律效力的合同是不受法律保护的。因此，了解和掌握合同有效成立的条件非常重要。概括起来，合同应具备下述条件才算有效成立：

（1）当事人必须在自愿和真实的基础上达成协议。

（2）买卖双方当事人应具有法律行为的资格和能力，包括：①自然人订立合同的资格和能力；②法人的行为能力。

（3）合同必须以双方互惠、有偿为原则。

（4）合同的标的和内容必须合法。

（5）合同的形式必须符合法律规定的要求。

二、书面合同的签订

1. 书面合同的意义

（1）作为合同成立的证据。

（2）作为履行合同的依据。

（3）作为合同生效的条件。

2. 书面合同的类型

在国际贸易中，书面合同的格式和名称不尽相同，形式很多，均无特定的限制。一般常用的有销售合同、购货合同、成交确认书、协议、备忘录、意向书、订单等。我国对外贸易业务中，主要采用的书面合同是销售合同、销售确认书两种。

（1）正式合同（Contract）。

正式合同是带有“合同”字样的法律契约，包括销售合同和购货合同。

（2）确认书（Confirmation）。

确认书较正式合同简单，是买卖双方在通过交易磋商，达成交易后，寄给双方加以确认的列明达成交易条件的书面证明。经买卖双方签署的确认书，是法律上有效的文件。

3. 书面合同的内容

书面合同的内容一般由下列三部分组成：

（1）约首。

约首是指合同的序言部分，其中包括合同的名称、订约双方当事人的名称和地址（要求写明全称）。除此之外，在合同序言部分常常写明双方订立合同的意愿和执行合同的保证。该序言对双方均具约束力。因此，在规定该序言时，应慎加考虑。

(2) 本文。

本文是合同的主体部分，具体列明各项交易的条件或条款，如品名、品质规格、数量、单价、包装、交货时间与地点、运输与保险条件、支付方式以及检验、索赔、不可抗力和仲裁条款等。这些条款体现了双方当事人的权利和义务。

(3) 约尾。

约尾一般列明合同的份数，使用的文字及其效力，订约的时间和地点及生效的时间。合同的订约地点往往要涉及合同准据法的问题，因此要慎重对待。我国的出口合同的订约地点一般都写在我国国内。有时，有的合同将“订约时间和地点”在约首订明。

4. 签订书面合同应注意的问题

(1) 必须贯彻我国对外贸易的方针、政策，体现平等互利的原则。

(2) 必须和磋商达成的协议内容相一致。

(3) 要具体、明确、完善。各条款之间应协调一致，防止互相矛盾。

(4) 文字要简练、严密，避免使用含糊不清或模棱两可的词句。

第四节　国际货物买卖合同的基本条款

合同的基本条款主要包括成交商品的品名、品质、数量、包装、价格、运输、保险、支付、检验、索赔、不可抗力和仲裁等内容。下面就主要的基本条款的内容作简要介绍。

一、商品的名称

在国际货物买卖合同中，列明商品的名称，是必不可少的条件。

按照有关的法律和惯例，对交易标的物的描述，是构成商品说明(Description) 的一个主要组成部分，是买卖双方交接货物的一项基本依据，它关系到买卖双方的权利和义务。若卖方交付的货物不符合约定的品名或说明，买方有权提出损害赔偿要求，直至拒收货物或撤销合同。因此，列明合同标的物的具体名称具有重要的意义。

买卖合同中的标的物条款一般比较简单，通常是在“商品名称”或“品名”(Name of Commodity) 的标题下，列明双方同意买卖的商品的名称，故又称之为“品名条款”。

二、商品的品质

商品的品质 (Quality of Goods) 是指商品的内在质量和外观形态的综合。合同中的品质条件是构成商品说明的重要组成部分，是买卖双方交接货物的依据。

在国际贸易中，由于交易的商品种类繁多，特点各异，故表示品质的方法也不相同。概括起来，它包括以实物表示和凭说明约定两大类。

1. 以实物表示商品品质

以实物表示商品品质通常包括凭成交商品的实际品质和凭样品两种表示方法。前者为看货买卖；后者为凭样品买卖。

2. 以说明表示商品品质

凡以文字、图表、相片等方式来说明商品的品质者，均属凭说明（Description）表示商品品质的范畴。

在国际货物买卖中，有些产品，因产区的自然条件、传统加工工艺等因素的影响，在品质方面具有其他产区的产品所不具有的独特风险和特色，对于这类产品，一般也可用产地名称来表示其品质。例如，四川涪陵榨菜、良乡板栗等。

上述表示商品品质的几种方法，可以单独运用，也可以根据商品的特点、市场或交易的习惯，将几种方式结合运用。但要注意，在规格与样品同时使用的进出口贸易中，必须明确表明是以规格为准，还是以样品为准，因为根据国外一些法律的规定（如英国），凡是既凭样品又凭规格达成的交易，卖方所交货物必须既符合样品，又要与规格保持一致；否则买方有权拒收货物，并可以提出索赔要求。

在国际货物买卖中，为了避免交货品质与合同稍有不符而造成违约，保证交易的顺利进行，可以在合同条款中作出某些变通规定。例如，“交货品质和样品大体相等”或其他类似条款。对于凭说明进行的买卖，则可加列公差条款或品质机动幅度条款，即允许交付的货物的品质，可以在一定范围内高于或低于合同规定。

公差条款一般应用于制成品的交易。它有两种做法：一是只作出笼统规定，例如，“质地、重量、尺寸、颜色均允许合理差异”；二是明确规定一定幅度的公差，例如，“尺码或重量允许有±3%~5%的合理公差”。在公差范围内，买方不得拒收货物，也不得要求调整价格。

三、商品的数量

商品的数量是国际货物买卖合同中不可缺少的主要条件之一。《公约》也规定，按约定的数量交付货物是卖方的一项基本义务。如卖方交货数量大于约定的数量，买方可以拒收多交的部分，也可以收取多交部分中的一部分或全部，但应按合同价格付款；如卖方交货数量少于约定的数量，卖方应在规定的交货期届满前补交，但不得使买方遭受不合理的不便或承担不合理的开支，即使如此，买方也有保留要求损害赔偿的权利。

目前，在国际贸易中，一般采用下述六种方法来说明商品的计量单位：

（1）按重量（Weight）计算。

（2）按数量（Number）计算。

（3）按长度（Length）计算。

（4）按面积（Area）计算。

（5）按体积（Volume）计算。

（6）按容积（Capacity）计算。

由于世界各国的度量衡制度不同，以致造成同一计量单位所表示的数量不一。在国际贸易中，通常采用公制（The Metric System）、英制（The British System）、美制

(The U. S. System) 和国际标准计量组织在公制基础上颁布的国际单位制 (The International System of Units, 简称 SI)。

在实际履约过程中，由于商品特性、生产条件、运输工具的承载能力，卖方要做到严格按量交货是有一定困难的。因此，为了避免因实际交货不足或超过合同规定而引起的法律责任，方便合同的履行，对于一些数量难以严格限定的商品，如大宗的农副产品、矿产品及某些工业制成品，通常是在合同中规定交货数量允许有一定范围的机动幅度，这种条款一般称为溢短装条款 (More or Less Clause)。

目前，对在机动幅度范围内超出或低于合同数量的多装或少装部分，一般是按合同价格计价结算。但是，由于在数量上的多装或少装，在一定条件下关系到买卖双方的利益，因此，根据《公约》规定，卖方多交货物后，买方若收取了超出部分，则要按合同规定支付相应的价款。在国际货物买卖中，尤其是大宗货物，买卖双方从签订合同开始到实际履行合同，需要相当一段时间。买卖双方所约定的商品价格，可能会发生较大的波动，尤其是那些商品价格较敏感或季节性较强的商品更是如此。为了防止有权选择溢短装的当事人利用行市的变化，有意多装或少装，以获取额外的好处，有的合同中规定，多装或少装部分不按合同价格计算，而代之以按装船日的行市或目的地的市场价格计算；如果双方未能就装船日或到货日的市场价格达成协议，则可交由仲裁机构解决。

四、商品的包装

商品包装是商品生产的继续，通常也是商品进入流通领域的必备条件之一。在国际货物买卖中，包装还是说明货物的重要组成部分，包装条件是买卖合同中的一项主要条件。

按其在流通领域中所起作用的不同，商品包装分为运输包装和销售包装。此外，还有中性包装与定牌等。

1. 运输包装

运输包装 (Shipping Package) 又称外包装，其主要作用在于保护商品，防止在储运过程中发生货损货差。

为了便于装卸、运输、仓储、检验和交接工作的顺利进行，防止发生错发错运、损坏货物与伤害人身的事故，以保证货物安全、迅速、准确地运交收货人，就需要在运输包装上书写、压印、刷制各种有关的标志，以资识别和提醒人们操作时注意。运输包装上的标志，按其用途可分为运输标志 (Shipping Mark)、指示性标志 (Indicative Mark) 和警告性标志 (Warning Mark) 三种。

2. 销售包装

销售包装 (Sale Package) 又称内包装或小包装，是指直接接触商品、随商品进入零售市场、直接和消费者见面的包装。这类包装除必须具备保护商品的作用外，更加强调具备美化商品、宣传商品的功能，并便于消费者识别、选购、携带和使用，以促进销售。

3. 中性包装

中性包装 (Neutral Packing) 是指既不标明生产国别、地名和厂商名称，也不标明商标或牌号的包装。也就是说，在出口商品包装的内外，都没有原产地和出口厂商的标记。中性包装包括无牌中性包装和定牌中性包装两种。前者是指包装上既无生产地名和厂商名称，又无商标、牌号；后者是指包装上仅有买方指定的商标或牌号，但无生产地名和出口厂商的名称。

4. 定牌

定牌是卖方按买方要求在其出售的商品或包装上标明买方指定的商标或牌号，这种做法叫定牌生产。在定牌生产的商品或包装上，只用外商所指定的商标或牌号，而不标明生产国别和出口厂商名称，这属于采用定牌中性包装的做法。

五、商品的检验

进出口商品检验是指在国际货物买卖过程中，对卖方所交付的货物或拟予交付合同规定的货物进行品质、数量和包装等方面的检验。商检的目的在于，确定进出口商品是否与合同中的规定一致，并在发现不符或发生货损、货差时分清责任，避免争议，以便向有关责任方提出索赔。由此可见，商品检验及合同中的检验条款，对于促进商品买卖业务的顺利进行，是不可缺少的。

国际货物买卖合同中的检验条款，主要包括检验时间及地点、检验机构、检验证书、检验依据与检验方法、商品的复验等。

（一）检验时间与地点

在国际货物买卖合同中，关于商品检验的时间和地点有各种不同的规定办法，通常有以下四种：

1. 在出口国工厂检验

由出口国工厂的检验人员会同买方验收人员，于货物在工厂发货前进行检验，卖方承担货物离厂前的责任。

2. 装船前或装船时在装运港检验

出口货物在装运港装船前，以双方约定的商检机构验货后出具的品质、重量（数量）和包装等检验证明，作为决定商品品质和重量的最后依据，这叫做离岸品质和离岸重量（Shipping Quality and Shipping Weight）。

3. 目的港卸货后检验

货到目的港卸船后，由双方约定的目的港商检机构验货并出具品质、重量（数量）检验证明作为最后依据，这叫做到岸品质、到岸重量（Landed Quality and Landed Weight）。

4. 出口国装运港检验，进口国目的港复验

出口国装运港商检机构验货后出具的检验证明，作为卖方向银行议付货款的单据之一，而不作为最后依据。货到目的港后由双方约定的检验机构在规定的时间内复验，如发现货物的品质、重量（数量）与合同规定不符而责任属于卖方时，买方可根据检验机构出具的复验证明，向卖方提出异议，并作为索赔的依据。这种检验办法对买卖双方都有好处，且比较公平合理，因而在国际贸易中应用很广泛。

（二）检验机构

国际贸易中从事商品检验的机构大致有如下四类：

(1) 官方机构。由国家设立的检验机构。

(2) 非官方机构。由私人或同业公会、协会等开设的检验机构，如公证人、公证行。

(3) 生产制造厂商。

(4) 用货单位或买方。

(三) 检验证书

进出口商品经商检机构检验，鉴定后出具的证明文件，称为检验证书（Inspection Certificate）。在交易中，经买卖双方同意，也可由出口商品的生产单位或进口商品的使用单位出具证明，该项证明也起检验证书的作用。常见的检验证书有：

(1) 品质检验证书。即运用各种检测手段，对进出口商品的质量、规格、等级进行检验后出具的书面证明。

(2) 重量检验书。即根据不同的计重方式证明进出口商品的重量。

(3) 数量检验证书。即根据不同计量单位，证明商品的数量。

(4) 兽医检验证书。即证明动物产品在出口前经过兽医检验，符合检疫要求后出具此证书。

(5) 卫生检验证书。即出口食用动物产品，经检验后使用此种证明书。

(6) 消毒检验证书。即证明出口动物产品经过消毒，使用此种证书。

(7) 产地检验证书。即证明出口产品的产地时使用此种证书。

(8) 价值检验证书。即需要证明产品的价值时使用此种证书。

在国际商品买卖业务中，卖方究竟提供何种证书，要根据成交商品的种类、性质、有关法律和贸易习惯及政府的涉外经济贸易政策而定。因此，为了明确要求，分清责任，在检验条款中应订明所需证书的类别。

六、国际货物运输

(一) 运输方式

目前，国际贸易货物运输方式有海洋运输、铁路运输、航空运输、邮政运输和联合运输等。我们重点介绍海洋运输。

在国际货物运输中，运用最广泛的是海洋运输（Ocean Transport）。目前，其运量在国际货物运输总量中占有 80% 以上。海洋运输之所以被如此广泛采用，是因为它与其他国际货物运输方式相比，有下列明显的特点：

(1) 通过能力大。

海洋运输可以利用四通八达的天然航道，它不像火车、汽车受轨道和道路的限制，故其通过能力很大。

(2) 运量大。

海洋运输船舶的运载能力远远大于铁路运输车辆和公路运输车辆。如一艘万吨船舶的载重量，一般相当于 250～300 个车皮的载重量。

(3) 运费低。

按照规模经济的观点，因为运量大，航程远，分摊于每货运吨的运输成本就少，因此运价相对低廉。

海洋运输虽有上述优点，但也存在不足之外。例如，海洋运输受气候和自然条件的影响较大，航期不易准确，而且风险较大。此外，海洋运输的速度也相对较慢。

海洋运输按照船舶经营方式的不同，可分为班轮运输（Liner Transport）和租船运输（Shipping by Chartering）。

（1）班轮运输。

班轮运输是在不定期船运输的基础上逐渐发展起来的。所谓班轮（Liner），是指按照规定的时间，在一定的航线上，以既定的港口顺序，经常从事航线上港口间运输的船舶。班轮运费包括两个部分的内容：基本运费和附加费。

基本运费是班轮公司为一般货物在航线上各基本港口间进行运输所规定的运价。基本运费构成全程运费的主要部分。而附加费是指班轮公司承运一些需要特殊处理的货物，或者由于燃油、货币及港口等原因收取的附加运费。班轮运费中的附加费名目繁多，其中常见的包括：超长超重附加费、选择卸货港附加费、变更卸货港附加费、燃油附加费、港口拥挤附加费、绕航附加费、转船附加费和直航附加费等。上述基本运费和各种附加费，均按班轮运价表计算。

班轮运费的计算公式为：$F=Fb\times(1+\sum s)\times Q$，其中，$F$ 为班轮运费；Fb 为基本运费率；$\sum s$ 为附加费率之和；Q 为总货运量。

（2）租船运输。

租船运输又称不定船期运输，是相对于班轮运输而言的另一种船舶营运方式。它与班轮运输不同：没有预订的船期表，航线和停靠港口也不固定，须依据船舶所有人和承租人签订的租船合同安排船舶就航的航线。因此，船舶就航的航线、运输货物的种类、航行时间等都按承租人的要求，由船舶所有人确认而定，运费或租金也由双方根据租船市场的行市在租船合同中约定。

租船运输通常适用于大宗货物的运输。

（二）装运条款

合同的装运条款应包括装运时间、装运港、目的港、是否允许转船与分批、装运通知及滞期速遣条款等。

1. 装运期

装运期即卖方装运货物的期限，它是买卖合同的主要条件，如果卖方违反该条件，买方则有权撤销合同，并要求卖方赔偿其损失。

2. 装运港和目的港

装运港（Port of Shipment）是指货物起始装运的港口。目的港（Port of Destination）是指最终卸货的港口。在一般情况下，装运港和目的港分别规定各为一个。有时按实际业务需要，也可分别规定两个或两个以上。在磋商交易时，如明确规定一个或几个装卸港有困难，可以采用选择港（Optional Ports）办法。

3. 分批装运和转船

分批装运和转船条款直接关系到买卖双方的权益，因此，能否分批装运和转船，应在买卖合同中订明。

4. 滞期、速遣条款

这是大宗交易商品采用租船运输的买卖合同装运条款的内容。

如果在约定的允许装卸时间内未能将货物装卸完，致使船舶在港内停泊时间延长，给船方造成经济损失，则延迟期间的损失，应按约定每天若干金额补偿给船方，这项补偿金叫滞期费；反之，如按约定的装卸时间和装卸率，提前完成装卸任务，使船方节省了船舶在港的费用开支，船方将其获取的利益的一部分给租船人作为奖励，这部分奖励叫速遣费。按惯例，速遣费一般为滞期费的一半。滞期费和速遣费通常约定为每天若干金额，不足一天者，按比例计算。

（三）海运提单

运输单据是承运人收到承运货物后签发给出口商的证明文件，它是交接货物、处理索赔与理赔及向银行结算货款或进行议付的重要单据。提单（Bill of Lading）是承运人或其代理人在收到货物后签发给托运人的一种证件，它体现了承运人与托运人之间的相互关系。

七、国际货运保险

国际货运保险是指保险人与被保险人订立保险合同，在被保险人交付约定的保险费后，保险人根据保险合同对货物发生承保责任范围内的损失和费用，给予经济补偿。

（一）海损分类

保障的损失是指保险人承保哪些性质的损失，由于是海上货物运输保险，因此，保险公司承保的损失是属于海损（Average）。海损一般是指海运保险货物在海洋运输中，由于海上风险所造成的损失和灭失。根据各国海运保险业务的习惯，海损通常也包括与海陆连接的陆运过程中所发生的损坏或灭失。海损按照损失程度的不同，可分为全部损失与部分损失；按照损失性质的不同，又可分为共同海损和单独海损。

部分损失（Partial Loss）是指运输中的整批货物或不可分割的一批货物没有达到全损程度的损失。部分损失按照损失的程度，又可以分为共同海损（General Average）和单独海损（Particular Average）。

1. 共同海损

共同海损是指载货的船舶在海上遇到灾害或者意外事故，威胁到船、货等各方的共同安全时，为了解除这种威胁，维护船货安全，或者使航程得以继续完成，由船方有意识地、合理地采取措施，所作出的某些特殊牺牲或支出某些额外费用，这些损失和费用叫共同海损。例如，某一货船在途中遭遇暴风雨，船身严重斜倾，即将倾覆，船长为了避免船只覆没，命令船员抛弃船舱内的一部分货物以保持船身平衡，这种抛弃就是为了避免船、货的全部损失而采取的措施，被抛弃的货物属于特殊牺牲，即为共同海损。又如，船舶搁浅时，为了使船舶脱险，雇用拖驳强行脱浅的费用，即为共同海损。

构成共同海损须具备以下条件：共同海损的危险必须是实际存在的，或者是不可避免产生的，而不是主观臆测的；必须是自动有意采取的行为；必须是为船货共同安全而采取的谨慎的合理的措施；必须属非常性质的损失。

共同海损是为了使船舶、货物和运费方免于遭受损失而支出的，因而应该由船舶、货物或运费方按最后获救价值共同按比例分摊，这种分摊叫共同海损的分摊。

2. 单独海损

单独海损是指除共同海损以外的意外损失，即由承保范围内的风险所直接导致的船舶或货物的部分损失。该损失仅由各受损者单独负担。例如，某公司出口大米一万公吨，在海洋运输途中遭受暴风雨，海水浸入舱内，大米受海水泡，其中三千公吨变质，这种损失只是使该公司一家的利益遭受影响，跟同船所装的其他货物的货主和船东利益并没有关系，因而属于单独海损。

（二）保险险别

海洋运输货物保险的险别可分为基本险和附加险两大类别。

1. 基本险

基本险亦称主险，是可以独立承保的险别。我国海运货物保险的基本险分为平安险（Free from Particular Average，简称 FPA）、水渍险（With Particular Average，简称 WPA 或 WA）和一切险（All Risks）三种。

2. 附加险

附加险是不能单独承保的险别。它必须依附于基本险项下，即只有投保基本险其中的一种之后，才可加保附加险，并须另外支付一定的保险费。目前，我国海运货物保险的附加险有一般附加险和特殊附加险。

（三）承保责任的起讫期限

承保责任的起讫期限又称保险期限，是指保险人承担责任的起讫时限。我国海运货物保险条款对基本险和战争险分别作出了规定。

1. 基本险的责任起讫期限

根据中国海洋运输货物保险条款规定，基本险承保责任的起讫均采用国际保险业中惯用的“仓至仓条款”（Warehouse to Warehouse，简称 W/W）规定的办法处理。

仓至仓条款规定保险公司所承担的保险责任是从被保险货物运离保险单所载明的起运港（地）发货人仓库开始，一直到货物到达保险单所载明的目的港（地）收货人的仓库时为止。当货物一进入收货人仓库，保险责任即行终止。但是，当货物从目的港卸离海轮时起满 60 天，不论保险货物有没有进入收货人的仓库，保险责任均告终止。

2. 战争险的责任起讫期限

战争险的责任起讫与基本险的责任起讫不同，它不采用仓至仓条款。战争险的承保期限仅限于水上危险或运输工具上的危险。例如，海运战争险规定自保险单所载明的起运港装上海轮或驳船时开始，直到保险单所载明的目的港卸离海轮或驳船时为止。如果货物不卸离海轮或驳船，则保险责任最长延至货物到目的港之当日午夜起算 15 天为止。如在中途港转船，则不论货物在当地卸载与否，保险责任以海轮到达该港或卸货地点的当日午夜起算满 15 天为止，待再装上续运的海轮时，保险人仍继续负责。

(四) 除外责任

除外责任是保险人不负赔偿责任的范围。规定主要包括下列内容：

(1) 被保险人的故意行为或过失所造成的损失。

(2) 属于发货人责任所引起的损失。

(3) 在保险责任开始前，被保险货物已存在的品质不良或数量短差所造成的损失。

(4) 被保险货物的自然损耗、本质和特性缺陷，以及市价跌落、运输延迟所造成的损失或费用。

(5) 战争险和罢工险条款规定的责任范围和除外责任。

第五节 合同的履行

合同的履行大致经过备货、催证、审证、装运、报关、投保、制单结汇等七个步骤。

一、备货

备货工作主要包括：出口部门及时与生产部门或供货部门安排货物的生产、加工、收购和催交，核实应交货物的品质、规格、数量和交运时间，并进行必要的包装等工作。

备货时应注意以下五个问题：

(1) 备货要及时，应严格按照销售合同及信用证上规定的交货期限，同时结合船期进行安排。为防止意外，在时间上一般应留有适当余地。

(2) 货物的品质、规格、花色等应与合同和信用证的规定相符。

(3) 货物的数量要与合同和信用证的规定相符，为防止在搬运过程中可能发生意外损失，备货的数量要留有适当的余地。

(4) 包装的方式与包装材料均应符合合同与信用证的规定。

(5) 对货物的运输标志，如合同和信用证已作出规定，应在联系单中准确列出，以便提前刷唛，若合同中规定运输标志由买方确定，而所开立的信用证又未作具体规定，应催促对方及时提出，否则卖方可自行决定。刷唛时要注意图形、字迹清楚，位置要醒目，大小要适当。

二、催证、审证、改证

1. 催证

催证是指当进口方未按合同规定的时间开立信用证，或出口方根据货源和运输情况可能提前装运时，通过信函、电报、电传或其他方式催促进口方迅速开出信用证。另外，对于签约时间过早的合同，或对于资信欠佳的客户，在开证时间到来之前，也须向其催开信用证。催证并非是每笔业务必有的程序，只有上述情况发生或存在时，才须催证。

2. 审证

审证是指对国外进口方通过银行开来的信用证内容进行全面的审核，以确定是接受还是修改。审核的依据是货物买卖合同和《跟单信用证统一惯例》。

审核信用证是银行（通知行）与出口企业的共同责任，只是各有侧重。银行重点审核开证行的政治背景、资信能力、付款责任、索汇路线及信用证的真伪等。出口企业则着重审查信用证的内容与买卖合同是否一致。

对信用证的装运期，有效期和到期地点审核。信用证中的装运期必须与合同的规定相同；信用证的有效期一般规定在装运期后7~15天，以方便卖方制单。关于信用证的到期地点，通常要求规定在中国境内，对于在国外到期的信用证，我们一般不接受。

3. 改证

对于审证中凡发现有不符合我国对外贸易方针政策及影响合同履行和安全收汇情况者，必须要求开证申请人通过开证行进行修改，并坚持在收到银行修改信用证通知书后发货，以免货物装出后而修改通知书未到的情况发生。

在改证中应注意，凡须修改的各项内容应一次性向对方提出，对不可撤销信用证中任何条款的修改，都必须在有关当事人一致同意后才能生效。另外，对经过对方修改后的内容，我方仍无法接受者，可仍坚持让对方改证，直到满意为止。当然，对来证不符合合同的具体情况，凡可以变通处理且不是非修改不可的，只要不影响安全收汇，不增加我方费用则可不改，按信用证要求办理即可。

三、装运

按CFR或CIF条件成交的出口合同，应由我方负责办理租船订舱并支付到目的港的运费。我出口企业在办理租船订舱时，全权委托外运公司办理。当出口商品数量较大时，可委托该公司办理租船。当出口商品数量不大时，则向外运公司预订部分舱位。

一般手续如下：出口企业填写托运单（Booking Note，简称B/N）；外运公司收托运单后会同外轮公司或中国远洋运输公司根据配载原则，结合船期、货物性质、货运数量、目的港等安排船只或舱位；确定后，外运公司将托运单的配舱回单退回，并将全套装货单（Shipping Order，简称S/O）交进出口公司；然后由外运公司代表出口企业作为托运人向外轮代理公司办理货物托运手续。

四、报关

出口企业在装船前，须填写出口货物报关单，连同其他必要的单证，如装货单、合同副本、信用证副本、发票、装箱单、商检证书等送交海关申报。货物经海关查验，货、证、单相符无误，并在装货单上加盖放行章放行后，即可凭以装船。

五、投保

凡按CIF条件成交的出口合同，出口方在装船前须及时向保险公司办理投保手续，保险公司一经承保即向出口企业签发保险单或保险凭证。

六、制单结汇

外贸企业在货物装船后，应立即缮制符合信用证要求的所有单据。出口单据一般有汇票、发票、海关发票、海运提单或其他运输单据、保险单、产地证书、商检证书等。

在托收方式下，汇票的定义是：由一个人向另外一个人签发的，要求受票人立即或在一定的时间内，对某人或其指定人，支付一定金额的无条件支付命令书。在信用证支付方式下，除了上述作用，汇票还有收据作用，证明出票人从议付行领到了这笔金额，同时，议付行还把它作为向受票人索偿的书面命令。

在这里，发票通常是指商业发票（Commercial Invoice），是出口方开列的载有货物名称、品质、规格、数量、价格、包装、交货条件等内容的清单，是发运货物的总说明。它的作用是：进口方可凭以核收货物及支付货款的依据；出口方向银行办理结汇、投保人向保险公司办理投保时（计算保额）不可缺少的单据；海关对进出口商品征税时不可缺少的单据。

发票的有关内容一定要符合信用证规定，发票上与其他单据对应的内容也要对应一致。

海关发票（Customs Invoice）是进口国海关当局规定的进口报关必须提供的特定格式的发票，由出口方填制，供进口商凭以报关。

海关发票的作用有：一是作为进口国海关对进口货物估价定税的依据；二是核实原产地，进口国海关根据货物的不同产出国，征收不同税率的关税；三是确定有无倾销，进口国海关通过发票上的出口国市场销售价格核查有无对进口国低价销售现象，以决定是否征反倾销税；四是供海关统计用。

海运提单（bill of lading，简称 B/L）是货物承运人或其代理人（轮船公司）签发的证明托运的货物已收到，或装在船上，约定将该项货物运往目的地交与提单持有人的所有权凭证。海运提单是各项单据中最重要的单据，这是因为海运提单不仅是货物收据，还是货物所有权凭证，同时它也是一种运输契约的证明。

保险单据（Insurance Policy）是保险公司和投保人之间签订的保险合同，也是保险公司出具的承保证明，是被保险人凭以向保险公司索赔和保险公司进行理赔的依据。所以，在货物出险后，只有既掌握了提单又掌握了保险单据，才是真正地掌握了货权。

装箱单和重量单（Packing List and Weight List）这两种单据是用来补充商业发票内容的，便于国外买方在货物到达目的港时，供海关检查和核对货物。在实际业务中，卖方根据信用证规定提供这两种单据，或只提供其中一种。其内容必须与发票和其他单据相一致。装箱单、重量单的日期与发票日期相同或略迟于发票日期，但不应早于发票日期。

检验证书（Inspection Certificate）是指出口商品经商检机构检验、鉴定后出具的证明文件。在交易中，经买卖双方同意，也可由出口商品的生产单位出具证明。

产地证明（Certificate of Origin）是一种证明货物原产地或制造地的证件。不使用海关发票或领事发票的国家，要求提供产地证明可确定对货物应征收的税率。有的国家限制从某个国家或地区进口货物，也要求以产地证明来确定货物来源国。

产地证书一般由出口地的公证行或工商团体签发。我国的产地证书由中国进出口商品检验局或中国国际经济贸易促进委员会出具。

普惠制单据（Generalized System of Preference Documents，简称 G. S. P.）：目前，有新西兰、加拿大、日本、欧共体成员国等 10 多个国家给予我国以普惠制待遇。对这些国家的出口货物，须提供普惠制单据，作为进口国海关减免关税的依据。

出口货物托运之后，外贸公司应按照信用证的规定正确缮制各种单据，在信用证规定的有效期内，递交银行办理议付和结汇手续。

议付是指出口地银行买入出口人出具的跟单汇票；结汇是指出口人所得的外汇货款，按照结汇日的外汇牌价的银行买入价卖给国家指定的银行。

本章知识小结

1. 贸易术语的作用；
2. 有关贸易术语的国际贸易惯例，《2000 年国际贸易术语解释通则》；
3. 常用的六种贸易术语的含义及使用过程中要注意的问题。

本章能力小结

1. 根据交易的具体情况，选择有利于己方的贸易术语；
2. 根据交易的具体情况，选择对外报价方式及报价金额。

【课后任务练习】

1. 我方某公司于 5 月 20 日以电传发盘，并规定："限 5 月 25 日复到。" 国外客户于 5 月 23 日复电至我方，要求将限期信用证改为远期信用证见票后 30 天。我方公司正在研究中，次日又接到对方当天发来的电传，表示无条件接受我方 5 月 20 日的发盘。

任务：分析交易是否达成。

2. 我国某进出口公司于 4 月 20 日就某种商品以电传方式向国外 A 商发盘，有效期为 5 月 1 日前复到。4 月 29 日我方收到 B 商按我方发盘条件开来的信用证，同时收到 A 商来电，称"你 20 日发盘已转 B 商"。此时市价已上涨，我方遂将信用证退回，并按调整价向 B 商发盘，但 B 商拒绝接受新价，并认为他已在原发盘有效期内以开立信用证的方式作出了有效接受，合同已成立。

任务：拟定我方处理方法。

3. 一法国商人于某日上午与我某公司就购买某商品进行口头磋商，我方报价为 150 美元 CIF 马赛，法商对此未置可否。当日下午再次磋商时，法商表示愿意接受上午的条件，而此时我方获悉该商品的国际市场价格开始上升。

任务：拟定我方处理方法。

4. 罗列在信用证支付方式下，卖方可能需要准备的全套单据的种类。

第二十章
国际贸易结算

一、本章学习目标

能力目标：

1. 能根据交易的具体情况，选择有利于己方的结算方式；
2. 能解释各种结算方式的操作流程。

知识目标：

1. 掌握各种支付工具的含义；
2. 掌握各种结算方式的流程与特点，重点掌握信用证支付方式。

二、本章工作任务

1. 分析贸易过程中各种可能发生的情形，选择相应的支付工具；
2. 分析贸易过程中各种可能发生的情形，选择相应的支付方式。

三、本章学习指导

1. 采用比较学习法，深刻理解三种支付工具的相同点和不同点；
2. 熟练掌握三种支付方式的操作流程，重点掌握信用证支付方式。

导入案例

A银行向B银行开出不可撤销信用证，受益人交单后，B银行通过快递将单据寄交A银行，A银行审单后发现有下述不符点，遂对外拒付。

汇票上小写金额为USD905000.00，大写金额为HONG KONG DOLLARS NINE HUNDRED AND FIVE THOUSAND ONLY，金额不一致。

收到A银行的拒付电后，B银行认为所述不符点仅是打字手误，非实质性不符点。

1930年6月7日，日内瓦《统一汇票票法公约》第二章第一节第6条规定："汇票金额同时以文字及数字记载者，于两者有差异时，文字记载之数额为付款数额。""汇票金额以文字或数字记载在一次以上，而先后有不符时，其较小数额为付款数额”。

《国际汇票和国际本票公约（草案）》第二章第二节第7条第1款规定：“票据上以文字表明的金额与以数码表明的金额不符时，应以文字金额为准。”

英国《1882年票据法》第二章第一节第9条2款规定：“票面所列数额，如用文字及数字并书时，若两者有不符时，应以文字金额为准。”

本案例中，汇票票面金额同时以文字及数字记载，文字金额即大写金额为HONG KONG DOLLARS NINE HUNDRED AND FIVE THOUSAND ONLY，数字金额即小写金额为USD905000.00，两者不一致，根据上述规定，开证行只能按文字金额，即大写金额照付。

第一节　支付工具

国际贸易的收付采用现金的较少，大多使用非现金的金融票据来进行。国际贸易中使用的金融票据主要有汇票（Bill Exchange；Draft）、本票（Promissory Note）和支票（Cheque；Check），其中以使用汇票为主。

一、汇票

（一）汇票的概念

汇票是由一个人向另一个人开立的，要求对方于见票时或于一定的时间之内，对某人或其指定的人或持票人，支付一定金额的无条件的书面支付命令书。

1995年5月10日公布的《中华人民共和国票据法》（自1996年1月1日施行，以下简称《票据法》）第19条规定：汇票是出票人签发的，委托付款人在见票时或者在指定日期无条件支付确定的金额给收款人或持票人的票据。

最常见的三种汇票格式是：

（1）见票即付的指示抬头汇票。

汇票样1

汇票金额10 000美元	伦敦1990年5月4日
见票即付给简·爱或其指定人壹万美元，对价收讫。	
此致	
汤姆·克鲁斯先生	
	威廉·史密斯

(2) 出票后规定日期向持票人付款的汇票。

汇票样 2

汇票金额 20 000 美元	伦敦 1994 年 4 月 5 日
于出票后三个月付给持票人贰万美元，对价收讫。	
此致	
汤姆·克鲁斯先生	
	威廉·史密斯

(3) 在见票后一定日期付款的汇票。

汇票样 3

汇票金额 5 000 美元	纽约 1990 年 10 月 3 日
于见票后十天凭本人指示付给伍千美元，对价收讫。	
此致	
汤姆·克鲁斯先生	
	威廉·史密斯

从上面的例子可以看出，汇票的当事人有三个：

(1) 出票人：发出支付命令的一方，即威廉·史密斯。

(2) 付款人：接受支付命令的一方，即汤姆·克鲁斯先生。

(3) 收款人：接受付款的一方，即简·爱。

在国际贸易中，通常卖方作为出票人，买方作为付款人，银行或其他受托人作为收款人，以汇票的交付代替现金的运送来结算款项。

(二) 汇票使用

汇票的流通使用一般经过出票、背书、提示、承兑、付款等法定程序。

1. 出票（开立）

出票是把汇票投入流通区的第一个环节。出票包括两个内容：①由出票人制作汇票，并在其上签名；②将票据交给收款人。两个内容缺一不可，如果制好票据却不把它交给收款人，则该出票过程只完成了一半。

出票人在制作时必须按有关国家票据法的规定，把法定内容记载于汇票之上，才能产生法律效力。它基本上应包括以下项目：

(1) 标明“汇票”字样。

(2) 必须无条件支付一定的金额。汇票是一种无条件的支付命令，如果满足夹带某种附加条件后付款人才予付款，则不能算作汇票。

(3) 必须载明付款人的姓名。

(4) 汇票的收款人。它可以有以下三种写法：

①限制性抬头（即收款人）。例如，汇票上载明“仅付给 A 公司”（Pay to A Co Only）或“付给 A 公司，不可转让”（Pay to A Co, not Transferable）；

②指示性抬头。例如，汇票上载明“付给 A 公司或其指定人”（Pay to the order

of A Co），这是使用最广泛的一种写法。

③来人抬头。汇票上不写明受款人的姓名，而只写上“付与持票人”（Pay to Bearer）字样。

（5）汇票的出票日期及地点（例表中右上角）。

（6）汇票的到期日。亦即汇票金额的支付日期。它可以有以下四种规定方式：

①定日付款。比如“在3月5日向约翰·琼斯付款”，这种形式极少使用。

②见票即付。即于持票人提示汇票时付款（见汇票样1）。

③出票日后定期付款。即从出票日后起算，于一定期间内（如一个月）付款（见汇票样2）。

④见票后定期付款。即从持票人提示汇票后起算，于见票后的一定期间付款（见汇票样3）。

（7）必须由出票人在汇票上签名。

由于目前尚无一条广泛承认的国际性汇票公约，故各国对汇票的内容仍有很大分歧。为保险起见，最好将以上七项内容都载入汇票。

2. 背书

（1）背书的作用。

背书因签字多在汇票背面而得名。汇票的背书就是指持票人在汇票背面签名，并把它交给第三方的行为。按照各国的法律规定，除无记名式汇票（来人抬头汇票）、记名性和指示性汇票都须以背书方式进行转让。

背书有两种效力：①通过背书，汇票上的权利便转移给了被背书人；②如果汇票被拒付或拒绝承兑，任何后手都有权向前手背书人进行追索。比如说，A把汇票背书转让给B，B再背书给C，C再背书给D，则A是B的前手，B是C的前手，C是D的前手；反之，D是C的后手，C是B的后手，B是A的后手。当D拿该汇票去向付款人索款时，D被拒绝，则D可以向A、B、C中的任何一位、两位或三位追索，请求偿还票据的金额。

（2）背书的方式。

①记名背书。持票人在背书时，在汇票背面写上被背书人的姓名、商号，并签上自己的名字，然后将汇票交付给被背书人，汇票的转让即告完成。

②空白背书。又称无记名背书，背书人仅在汇票背面签上自己的名字，而不填写被背书人的姓名和商号名称。经空白背书的汇票可仅凭交付而转让，其结果同来人抬头汇票相同。

3. 提示

提示是指持票人向付款人出示汇票，请其承兑或付款的行为。持票人如要取得汇票金额的支付或承兑，必须将汇票向付款人作出正式的提示。

提示一般分为付款提示和承兑提示。一般而言，远期汇票都应先向付款人作承兑提示，到期时再作付款提示。即期付款的汇票，则只需作付款提示，而无须作承兑提示。

4. 承兑

承兑是指汇票的付款人为了表示接受出票人的付款指示，同意承担支付汇票金额的义务，并将此意思以书面文字记载于汇票之上的行为。

承兑的方式通常是由付款人在汇票正面横写“承兑”字样，注明承兑日期并签上自己的名字。

承兑的作用在于确定付款人对汇票金额的付款义务。因为汇票是出票人（通常是卖方）的单方面行为，付款人对汇票的内容一无所知，所以未在汇票上签名的付款人是毫无责任的。只有当付款人在汇票上签字承兑之后，他才对汇票的付款承担法律上的责任。如果付款人拒绝承兑，则持票人不能对付款人起诉，而只能对其前手背书人或出票人进行追索。

前面也已提到，只有远期付款的汇票需要承兑，尤其是属于见票后定期付款（如见票后30天付款）的汇票，持票人必须向付款人出示承兑。因为只有经过承兑之后才能确定付款的日期。

5. 付款

付款是指汇票的持票人于汇票的到期日，向汇票的付款人提示汇票，要求支付汇票金额的行为。

持票人必须在法定的时间内向付款人做付款提示。如果持票人不及时做付款提示，即丧失了对出票人及其前手的追索权。

汇票经付款人如数照付后，汇票上的一切债权债务关系即告消灭。付款人在付款时要求持票人在汇票上签名并注明“收讫”字样，并把汇票交给付款人。

二、本票

本票是出票人约定于见票时或于某一日期，向收款人或其指定人支付一定金额的无条件的书面允诺。根据我国《票据法》第73条规定，本票是出票人签发的，承诺自己在见票时无条件支付确定的金额给收款人或持票人的票据。该法第74条又规定，本票的出票人必须具有支付本票金额的可靠资金来源，并保证支付。

下面是本票的一种格式：

> 伦敦
>
> 1991年8月10日
>
> 兹经本人允诺于见票时即付给约翰·史密斯先生或其指定人1 000英镑，对价收讫。
>
> 威廉·史密斯

可见，本票的当事人只有两个，一个是出票人，一个是收款人。出票人也就是付款人，这是本票与汇票的根本区别。

本票与汇票在很多方面是相似的。例如，汇票中有关出票、背书、付款等规定，基本适用于本票。但是两者也有显著差别：首先，汇票有三个当事人，本票只有两个；其次，远期汇票必须经过承兑以后，才能确定付款人对汇票的责任，而本票的出票人本身就是付款人，所以无须承兑，本票的出票人对本票债务承担绝对的偿付责任。

本票的使用在国际贸易中要大大少于汇票的使用。

三、支票

支票是以银行为付款人的即期支付一定金额的支付证券。

支票同汇票一样，也有三个当事人：出票人、付款人（一般是银行）、收款人。

支票在我国私人手中的使用基本还是空白，但在西方却已有百年历史。能领到支票本的人往往都是在某家银行存有一定金额的存款并有一定的信誉，银行才会同意付款。

由于支票不像存款单那样标注着有多少存款，故很容易发生客户提取的资金超出其存款额度的事情，即透支。对严重透支或开空头支票的恶意出票人，各国都有严厉的处罚方法，情节严重者还要负刑事责任。

按照我国《票据法》规定，支票可分为现金支票和转账支票。用以支取现金或是转账，均应分别在支票正面注明。现金支票只能用于支取现金；转账支票只能用于通过银行或其他金融机构转账结算。

但在许多国家，支取现金或是转账，通常可由持票人或收款人自主选择，但一经画线只能通过银行转账，而不能直接支取现金。因此，就有“画线支票”和“未画线支票”之分。画线支票通常都在其左上角划上两道平行线。

第二节　汇　付

国际贸易中，常见的支付方式有三种：汇付、托收、信用证。这一节主要讲汇付。汇付又称汇款，是指付款人通过银行或其他途径将款项汇交收款人。

一、汇付的方式

汇付方式可分信汇、电汇和票汇三种。如表 20－1 所示。

表 20－1　三种汇付方式的比较

汇付方式	结算手段（概念）	特点	
		优点	缺点
电汇 T/T	委托汇出行以电报、电传等电信手段发出付款委托通知书	安全、可靠、结算时间短、收款快	费用高
信汇 M/T	委托汇出行以信件方式寄发信汇委托书或支付通知书	费用较低	结算时间长、收款慢
票汇 D/D	以银行即期汇票为支付工具、由汇款人自行寄交收款人	1. 支付工具由汇款人自行传递 2. 经收款人背书后，汇票可在市场上流通 3. 收款人可自行持票向汇入行收款	

1. 信汇（Mail Transfer，M/T）

信汇是指汇出行应汇款人的申请，将信汇委托书寄给汇入行授权解付一定金额给收款人的一种汇款方式。其优点是费用较为低廉，但缺点是收款人收到汇款的时间较迟。

2. 电汇（Telegraphic Transfer，T/T）

电汇是指汇出行应汇款人的申请，拍发加押电报、电传或 SWIFT（参见323页）给在另一国家的分行或代理行（即汇入行）指示解付一定金额给收款人的一种汇款方式。优点是收款人可迅速收到汇款，但缺点是费用较高。

3. 票汇（Remittance by Banker's Demand Draft，D/D）

票汇是指汇出行应汇款人的申请，代汇款人开立以其分行或代理行为解付行的银行即期汇票（Banker's Demand Draft），支付一定金额给收款人的一种汇款方式。

票汇与电汇、信汇的不同在于：票汇的汇入行无须通知收款人取款，由收款人持票登门取款；这种汇票经收款人背书，可以转让流通，而电汇、信汇的收款人则不能将收款权转让。

二、汇付的程序和方法

在汇付业务中，通常涉及四个当事人：

（1）汇款人（Remitter），通常是进口人。

（2）收款人（Payee or Beneficiary），通常是出口人。

（3）汇出行（Remitting Bank），即受汇款人的委托汇出款项的银行。通常是进口地的银行。

（4）汇入行（Paying Bank），即受汇出行委托解付汇款的银行，又称解付行，通常是出口地的银行。

如果汇入行与汇出行之间没有建立直接的账户，则还须其他的代理行参与。

（一）电汇/信汇的方法

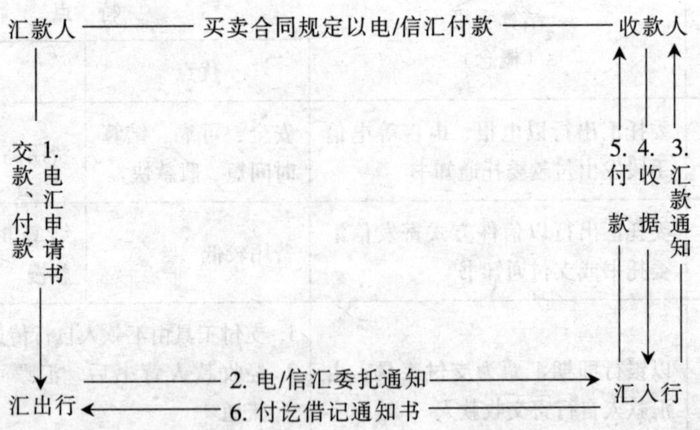

（二）票汇的方法

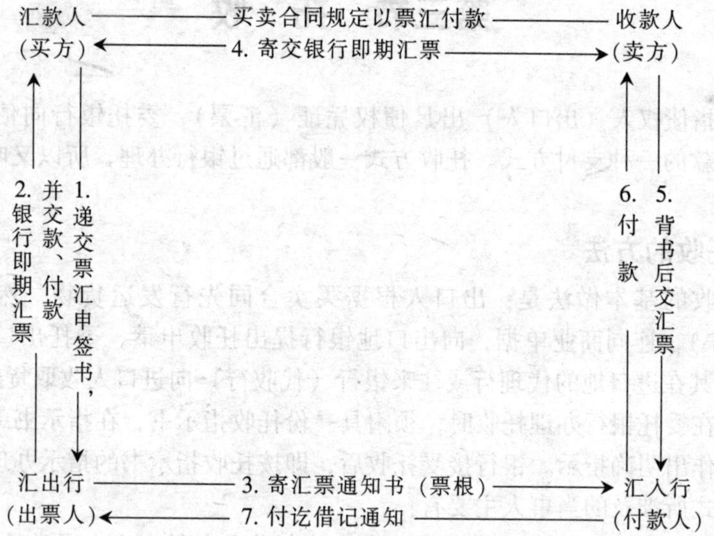

票汇使用的票据主要有三种：汇票、本票、支票。其中使用最多的是汇票。

汇款人出具汇款申请书。申请书是汇款人和汇出行之间的一种契约。汇出行一经接受申请，就有义务按照汇款申请书的指示通知汇入行。汇出行与汇入行之间事先订有代理合同，在代理合同规定的范围内，汇入行对汇出行承担解付汇款的义务。

三、汇付的特点

1. 风险大

对于货到付款的卖方或对于预付货款的买方来说，能否按时收汇或能否按时收货，完全取决于对方的信用。如果对方信用不好，则可能钱货两空。

货到付款（Payment after Arrival of the Goods）是指出口方在没有收到货款以前，先交出单据或货物，然后由进口方主动汇付货款的方法。这种方法实际上是一种赊账业务（Open Account Transaction）。出口方在发货后能否按时顺利收回货款，取决于买方的信用。因此，除非进口方的信誉可靠，否则出口方一般不宜轻易采用此种方式。

预付货款（Payment in Advance）是指在订货时汇付或交货前汇付货款的办法。预付货款对出口方来说有预先得到一笔资金的明显好处。但对进口方来说，却要过早地垫出资金，承担出口方延迟交货和不交货的风险。因此，这种付款方式不易被普遍采用，只能在个别小额交易中采用。

2. 资金负担不平衡

对于货到付款的卖方或预付货款的买方来说，资金负担较重，整个交易过程中需要的资金，几乎全部由他们来提供。

3. 手续简便，费用少

汇付的手续比较简单，银行的手续费用也较少。因此，在交易双方相互信任的情况下，或在跨国公司的各子公司之间的结算中，可以采用汇付方式。

第三节　托　收

托收是指债权人（出口人）出具债权凭证（汇票），委托银行向债务人（进口人）收取货款的一种支付方式。托收方式一般都通过银行办理，所以又叫银行托收。

一、托收的方法

银行托收的基本做法是：出口人根据买卖合同先行发运货物，然后开立汇票（或不开汇票），连同商业单据，向出口地银行提出托收申请，委托出口地银行（托收行）通过其在进口地的代理行或往来银行（代收行）向进口人收取货款。

出口人在委托银行办理托收时，须附具一份托收指示书，在指示书中对办理托收的有关事项作出明确指示。银行接受托收后，即按托收指示书的指示办理托收。

托收方式所涉及的当事人主要有：

（1）委托人（Principal），指委托银行办理托收业务的客户，通常是出口人。

（2）托收银行（Remitting Bank），指接受委托人的委托，办理托收业务的银行，一般为出口地银行。

（3）代收银行（Collecting Bank），指接受托收行的委托向付款人收取票款的进口地银行。代收银行通常是托收银行的国外分行或代理行。

（4）提示行（Presenting Bank），指向付款人作出提示汇票和单据的银行。可以是与付款人有往来账户关系的银行，也可以由代收银行自己兼任提示银行。

（5）付款人（Drawee），通常为进口人，即债务人。如使用汇票，即为汇票的受票人。

二、托收的方式

托收有不同的种类：

- 托收
  - 光票托收
  - 跟单托收
    - 付款交单 D/P
      - 即期付款交单 D/P at sight
      - 远期付款交单 D/P after sight
    - 承兑交单 D/A

（一）光票托收（Clean Collection）

卖方仅开汇票而不提供任何货运单据，委托银行收取货款的托收方式。在国际贸易中，光票托收主要用于小额交易、预付货款、分期付款及收取贸易的从属费用等。

（二）跟单托收（Collection on Documents）

卖方将汇票和货运单据一起交银行委托代收货款。有时只交货运单据，不开汇票。跟单托收进口商的风险较小。国际贸易中，货款的收取大多采用跟单托收。

1. *承兑交单*（Documents Against Acceptance，D/A）

代收方按出口人的指示，在进口人承兑后即交出单据。付款人在汇票到期时再付款。

2. 付款交单（Documents Against Payment，D/P）

被委托的代收行必须在进口人付清货款后才可将货运单据交给付款人。即出口人的交单是以进口人的付款为条件的。付款交单又可分为即期和远期两种。

（1）即期付款交单（Documents Against Payment at sight，D/P at sight）。即进口商于见票时立即付款，付款后领取货运单据。

（2）远期付款交单（Documents Against Payment After Sight，D/P after sight）。即出口商开远期汇票通过银行向进口商提示，进口商予以承兑，直到汇票到期日付清货款，才能取得货运单据。

进口商如果要提前取得货运单据，可有两种方法：①提前付款；②凭“信托收据”借单。信托收据（Trust Receipt）是进口人向银行出具的一种信用担保文件，表示愿意以银行受托人的身份代银行提货、报关、存仓、出售货物，并承认货物的所有权属于银行；货物出售后交银行保管。这种情况风险由代收行承担。另一种情况是：出口商授权银行凭信托收具借单，即所谓远期付款交单，凭信托收据借单（D/P·T/R），则出口商自己承担风险。

案例：有三笔业务，付款方式为：

D/P 见票 30 天。

D/A 见票 30 天。

D/P 见票 30 天，凭信托收据借取单据。

以上三笔业务，国外客户均于 8 月 1 日办理了除付款以外的各项手续，问各可在何日取得货运单据？

答：在 8 月 31 日前（包括当天）付清货款后。

8 月 1 日。

8 月 1 日借得货运单据。

二、托收的程序

托收的一般程序如下：

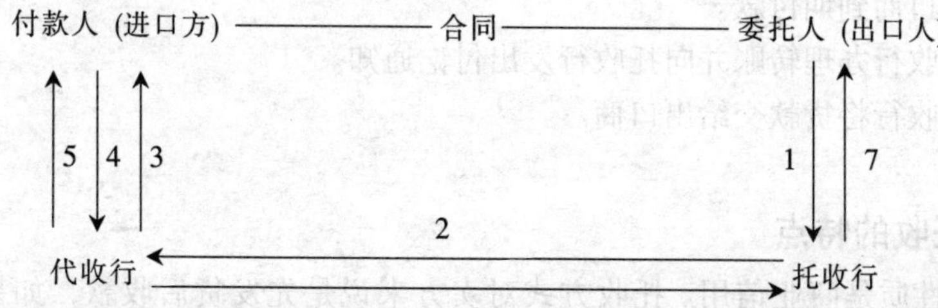

（一）即期付款交单的程序

（1）出口商按合同规定装货后，填写托收申请书，同时开立以进口商为付款人的即期汇票，连同货运单据（也可以不交单据，仅交汇票）送交托收行，委托其收款。

(2) 托收行以托收申请书为依据，缮制托收委托书，将委托书和汇票、货运单据寄交代收行委托其代收。

(3) 代收方按委托书的指示向进口商提示。

(4) 进口商审单无误后付款给代收行。

(5) 代收行交单。

(6) 代收行办理转账并向托收行发出付讫通知。

(7) 托收行将货款交给出口商。

(二) 远期付款交单程序

(1) 出口商按合同规定装货后，填写托收申请书，同时开立以进口商为付款人的远期汇票，连同货运单据送交托收行，委托其收款。

(2) 托收行以托收申请书为依据，缮制托收委托书，将委托书和汇票、货运单据寄交代收行委托其代收。

(3) 代收方按委托书的指示向进口商提示。进口商审核无误后承兑，代收行收回汇票与单据。

(4) 进口商到期付款。

(5) 代收行交单。

(6) 代收行办理转账并向托收行发出付讫通知。

(7) 托收行将货款交给出口商。

(三) 承兑交单的程序

(1) 出口商按合同规定装货后，填写托收申请书，同时开立以进口商为付款人的远期汇票，连同货运单据（也可以不交货运单据，仅将货运单据）送交托收行，委托其收款。

(2) 托收行以托收申请书为依据，缮制托收委托书，将委托书和汇票、货运单据、寄交代收行委托其代收。

(3) 代收行按委托书的指示向进口商提示。进口商审核无误后承兑，代收行收回汇票。

(4) 代收行将货运单据交给进口商。

(5) 进口商到期付款。

(6) 代收行办理转账并向托收行发出付讫通知。

(7) 托收行将货款交给出口商。

三、托收的特点

托收的性质是商业信用。托收方式对卖方来说是先发货后收款，如果是远期托收，卖方还可能要在货到后才能收回全部货款，这实际上是向买方提供信用。而卖方能否按时收回全部货款，取决于买方的商业信誉。

托收虽然是通过银行办理，但是银行只是按照卖方的指示办事，不承担付款的责任，不过问单据的真伪，如无特殊约定，对已运到目的地的货物不负提货和看管的责任。因此，卖方交货后，能否收回货款，完全取决于买方的信誉。所以，托收的支付方式是建立在商业信用基础上的。

托收对买方较为有利，可以减少费用支出，有利于资金融通，故许多卖方都把采用托收的支付方式作为推销库存和加强对外竞争的手段。

四、《托收统一规则》

国际商会1958年草拟了《商业单据托收统一规则》，并建议各国银行采用。后几经修订，于1995年公布了新的《托收统一规则》，简称《URC522》，1996年1月1日生效。

《URC522》包括六部分：①总则及定义；②托收的方式及结构；③提示方式；④义务与责任，已付款；⑤利息、手续费及费用；⑥其他规定。共26条。

《托收统一规则》公布实施后，已成为托收业务具有一定影响的国际惯例，并已被各国银行采纳和使用。但应指出，只有在有关当事人事先约定的条件下，才受该惯例的约束。我国银行在办理国际贸易结算，使用托收方式时，也参照该规则的解释办理。

五、托收应注意的问题

在使用此种方式时，应注意下列问题：

（1）认真考察进口人的资信情况和经营作风，并根据进口人的具体情况妥善掌握成交金额，但不宜超过其信用程度。

（2）对于贸易管理和外汇管制较严的进口国家和地区不宜使用托收方式，以免货到目的地后，由于不准进口或收不到外汇而造成损失。

（3）要了解进口国家的商业惯例，以免由于当地的习惯做法，影响安全迅速收汇。例如，有些拉美国家的银行对远期付款交单的托收按当地的法律和习惯，在进口人承兑远期汇票后，立即把商业单据交给进口人，即把远期付款交单（D/P远期）改为按承兑交单（D/A）处理，因而会使出口人增加收汇的风险，并可能引起争议和纠纷。

（4）出口合同应争取按CIF或CIP条件成交，由出口人办理货运保险，也可投保出口信用保险。在不采用CIF或CIP条件时，应投保卖方利益险。

（5）采用托收方式收款时，要建立健全管理制度，定期检查，发现问题时应迅速采取措施，以避免或减少可能发生的损失。

第四节 信用证

信用证（Letter of Credit，简称L/C）是银行应进口商的要求向出口商开立的、载有一定金额，在一定期限内凭规定的单据付款的书面保证文件。简而言之，它是一种银行开立的在一定条件下付款的书面承诺文件。

一、信用证的主要内容

当前，世界各国银行所使用的信用证，其内容和格式并没有统一的规定。国际商会自成立以来，一直致力于信用证格式的标准化，如1970年国际商会曾通过了《开立跟单信用证标准格式》(Standard Forms for the Issuing of Documentary Credit)，建议各国银行使用这种标准格式的信用证。

各国银行所使用的信用证并无统一的格式，但基本内容却不外乎下列六个方面：

1. 对信用证本身的说明

种类、性质、信用证号码、开证日期、有效期和到期地点、交单期限等。

2. 对汇票的说明

如使用汇票，要明确汇票的出票人、受票人、交款人、汇票金额、汇票期限、主要条款等内容。

3. 对货物的说明

货物名称、规格、数量、单价等应与买卖合同规定一致。

4. 对运输事项的说明

装运港（地）、目的港（地）、装运期限及可否分批、转运等项内容。

5. 对货运单据的说明

如商业发票、运输单据、保险单及其他单据。

6. 其他事项

（1）开证行对议付行的指示条款。

（2）开证行保证付款的文句。

（3）开证行的名称及地址。

（4）其他特殊条款。

某出口公司与外国商人洽谈一笔业务，以电报成交，随后双方签订出口合同，问：

（1）如果没有签订合同，这笔交易能否生效？

（2）国外开来信用证后，公司按规定将货物装出，在向国外收取货款时，银行（国内和国外银行）是以合同还是信用证作为付款的主要依据？

答：(1) 虽然没有签订合同，由于已经成交，这笔交易仍然有效。

（2）在收取货款时，银行（国内和国外银行）以信用证为主要依据。进口人与出口人的关系是根据买卖合同确立的，出口人与银行（国内和国外银行）的关系是根据信用证确立的。

二、信用证的操作程序

（一）信用证的当事人

信用证一般牵涉的当事人有：开证人、受益人、开证行、通知行、付款行、议付行。但不是每张信用证都必须且只能牵涉到这些当事人。

（1）开证人（Opener），又称开证申请人（Applicant），是向银行提出开立信用证的人。通常是买卖合同中的进口商。

（2）开证行（Opening Bank；Issuing Bank），是指接受开证人委托开立信用证的银行，一般在进口地。

（3）受益人（Beneficiary），是指信用证上指定的有权使用该证的人，通常是买卖合同中的卖方。

（4）通知行（Notifying Bank；Advising Bank），是指接受开证行的委托，将信用证通知受益人的银行。通知行一般在出口地，且通常是开证行的代理行。

（5）议付行（Negotiating Bank），又称押汇行、贴现行，是指根据开证行的授权，买入或贴现受益人开立和提交的符合信用证规定的汇票的银行。议付行可以是指定的，也可以是非指定的。

（6）付款行（Paying Bank；Drawee Bank），是指信用证上所指定的付款行，可以是开证行，也可以是开证行所指定的另一家银行。

（二）信用证的操作程序

信用证类型不同，其收付程序的具体做法也有所不同，但其基本环节大致相同。

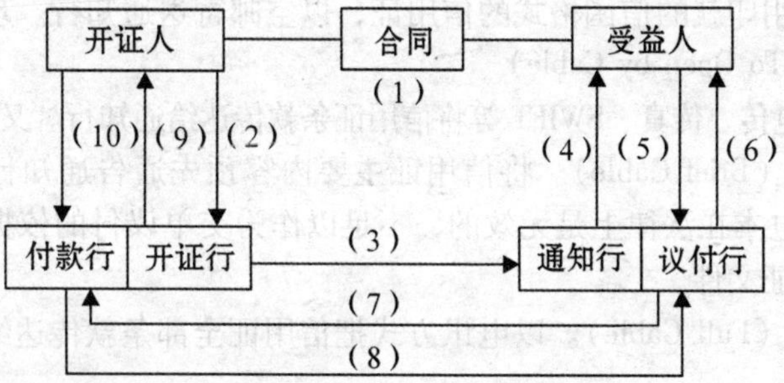

（1）进出口双方在合同中规定以信用证方式付款。

（2）进口商按合同规定向当地银行提出申请，填写开证申请书，并缴纳押金或提供其他担保，要求开证行开证。

（3）开证行按申请书内容开立信用证，并寄交通知行办理信用证的通知事宜。

（4）通知行核对印鉴或密押无误后，将信用证传递给受益人。

（5）受益人审核信用证与合同相符后，备货装运，并备齐各种出口单据，开具汇票，在信用证有效期内向议付行议付。

（6）议付行审单无误后，向受益人承兑或垫付货款，即按汇票金额扣除利息等费用后付款给受益人。

(7) 议付行将汇票和单据寄付款行索偿。

(8) 付款行审单无误后偿付议付行。

(9) 开证行通知开证人付款赎单。

(10) 开证人审单无误后付款赎单。

出口人收到由进口人或开证行直接寄来的信用证怎么办?

答:信用证的流转渠道有三种:①开证行寄交受益人;②开证申请人直接寄交受益人;③开证行通过受益人所在地银行(即通知行)转交受益人。在信用证业务中,绝大部分是采用第三种。

信用证是银行付款的保证,每份信用证都须由银行负责人签署(即印鉴),如是电开则必须有密押。印鉴和密押是判别信用证真伪的唯一根据。银行和银行间建立业务关系时,都要互换印鉴和密押存查。

出口人收到由进口人直接寄来的信用证,无法核对其印鉴和密押,也就是说无法判断来证是真是假。因此,出口人应立即送请开证行在出口地的关系银行核对印鉴和密押。只有在银行证实是真的情况下,才能组织装运。

同时,还应去函给对方,请他今后将信用证通过中国银行或其他外汇银行转交,以免耽误交货时间。

三、信用证的主要形式

主要有信开本和电开本两种:

1. 信开本(To Open by Airmail)

开证银行采用印就的信函格式的信用证,以空邮寄送通知行。现已很少使用。

2. 电开本(To Open by Cable)

使用电报、电传、传真、SWIFT 等将信用证条款传达给通知行。又可分为以下两种:

(1) 简电本(Brief Cable)。将信用证主要内容预先通告通知行,详细条款再另函寄通知行。简电本在法律上是无效的,不足以作为交单议付的依据。开证行应立即寄送有效的信用证文件。

(2) 全电本(Full Cable)。以电讯方式把信用证全部条款传达给通知行,是交单议付的依据。

有一电报开出的不可撤销信用证,在电文中并未申明“以邮寄文本为准”,受益人按照电开本已将货物装运,并备好符合信用证各项要求的单据,向当地通知行议付。但当地通知行出示刚收到的开证行寄来的“邮寄文本”,并以电开本与邮寄文本不符为由拒付,议付行又与开证行联系,开证行回电也以“以邮寄文本为准”而拒付。开证行有无理由?

答:开证行不能拒付。按《跟单信用证统一惯例》,开证行用电报委托另一银行通知信用证,并且以邮寄正本为有效信用证的,电文中必须说明。并且将邮寄本和以后的任何修改书经该通知行送交受益人。否则该电报即作为有效信用证。

在船、货俱备的情况下，经卖方催证后，收到买方开来的电开信用证，但证内未载明“Operative Instrument”（有效电开）字样，也未注明“Full details to follow”（详情后告）或类似词语，这时船期紧迫，怎么办？

答：审查，只要条款齐全，符合合同规定，就可凭以装船，议付。理由是：根据国际商会《跟单信用证统一惯例》，除非电讯传递中声明“详情后告”（或类似词语），或邮寄证实书将是有效的信用证或修改文件，否则，电讯传递将被认为是有效的信用证或修改文件，无须再寄证实书。

电开信用证有“简电”与“有效电开”之分。“简电”一般条款不齐，并在证内作“详情后告”或“以邮寄证实书为准”等类似词语的声明。受益人在收到“简电”时，切不可贸然组织出运，必须在收到“证实书”后方可执行。“有效电开”一般来说条款齐全，有时在证内特别声明“Operative Instrument”没有“详情后告”等声明，受益人可凭此装船出运议付结汇。

3. SWIFT 信用证

SWIFT 是“全球银行金融电讯协会”（Society for Worldwide Interbank Financial Telecommunication）的简称，于 1973 年在比利时布鲁塞尔成立，该组织设有自动化的国际金融电讯网，该协定的成员银行可以通过该电讯网办理信用证业务及外汇买卖、证券交易、托收等。目前，该组织已有 1 000 多家成员银行，凡参加 SWIFT 组织的成员银行，均可使用 SWIFT 办理信用证业务。

按照国际商会制定的电讯信用证格式，利用 SWIFT 系统设计的特殊格式（Format），通过 SWIFT 系统传递的信用证的信息（Message）、通过 SWIFT 开立或通知的信用证称为 SWIFT 信用证，也有称为“全银电协信用证”的。

采用 SWIFT 信用证，必须遵守 SWIFT 使用手册的规定，使用 SWIFT 手册规定的代号（tag），信用证必须按国际商会制定的《跟单信用证统一惯例》（UCP500）的规定，在信用证中可以省去银行的承诺条款（Undertaking Clause），但不能免去银行所应承担的义务。

目前开立 SWIFT 信用证的格式代号为 MT700 和 MT701，如要对开出的 SWIFT 信用证进行修改，则采用 MT707 标准格式传递信息。采用 SWIFT 信用证后，使信用证具有标准化、固定化和统一格式的特性，且传递速度快，成本也较低。现在已被欧洲、美洲和亚洲等国家与地区的银行广泛使用。我国银行在电开信用证或收到的信用证电开本中，SWIFT 信用证也已占很大比重。

四、信用证的主要种类

可以从不同的角度将信用证分为以下几种：

（一）跟单信用证和光票信用证

据汇票是否附有货运单据划分。

1. 跟单信用证（Documentary Credit）

跟单信用证是指开证行凭跟单汇票或仅凭单据付款的信用证。国际贸易所使用的绝大部分是跟单信用证。

2. 光票信用证（Clean Credit）

光票信用证是指开证行仅凭不附单据的汇票付款的信用证。在采用信用证方式预付货款时，通常是用光票信用证。

（二）不可撤销信用证和可撤销信用证

以开证行所负的责任为标准进行划分。

1. 不可撤销信用证（Irrevocable Letter of Credit）

不可撤销信用证是指信用证一经开出，在有效期内，未经受益人及有关当事人的同意，开证行不得片面修改或撤销，只要受益人提供的单据符合信用证规定，开证行必须履行付款义务。

这种信用证对受益人有较大保障，在国际贸易中使用最为广泛。凡是不可撤销信用证，在信用证中应注明“不可撤销”（Irrevocable）字样，并载有开证行保证付款的文句。

某出口公司收到一份国外开来的不可撤销信用证，该公司按信用证要求将货物装出，但在未将单据交当地银行议付前，突然接到开证行的通知说开证人已破产，因此开证行不再承担付款责任。出口公司应该如何处理？

答：仍然可以向开证行索取货款。因为开证人的破产是开证行与开证人之间的事情。按信用证规定，只要出口人所提交的单据表面上符合信用证的规定，开证行（或指定的偿付行）就必须支付货款。

2. 可撤销信用证（Revocable Letter of Credit）

可撤销信用证是指开证行对所开信用证不必征得受益人或有关当事人的同意，有权随时撤销的信用证。这种信用证对出口人极为不利。因此，出口人一般不接受这种信用证。凡是可撤销信用证，应在信用证上注明“可撤销”字样。

需要指出的是，只要可撤销信用证已先被受益人利用，则开证银行的撤销或修改通知不发生效力。鉴于国际上开立的信用证，绝大部分都是不可撤销的，因此，《跟单信用证统一惯例》规定，如信用证中无表明“不可撤销”或“可撤销”，应视为不可撤销信用证。

有一张可撤销信用证，金额为100 000美元，允许分批装船分批付款，受益人（出口人）已装出50 000美元货物，议付银行在议付50 000美元货款后的第二天才收到开证银行撤销该信用证的电报通知。问：开证银行对已议付的50 000美元有无拒付的权利？为什么？

答：开证行不得拒付。可撤销信用证，开证行无须受益人同意就可以撤销或修改，但对受益人已经议付的信用证不能修改或撤销。本案例中，开证行开的是可撤销、可分批装船的信用证。开证行对已经议付的50 000美元不能拒付，其余的50 000美元，则因信用证撤销而失效。

（三）保兑信用证和不保兑信用证

按有没有另一银行加以保证兑付，信用证可分为保兑信用证和不保兑信用证。

1. 保兑信用证（Confirmed Letter of Credit）

保兑信用证是指开证行开出的信用证，由另一银行保证对符合信用证条款规定的单据履行付款义务。对信用证加保兑的银行，称为保兑行（Confirming Bank）。

信用证的“不可撤销”是指开证行对信用证的付款责任，“保兑”则是指开证行以外的银行保证对信用证承担付款责任。不可撤销的保兑的信用证，则意味着该信用证不但有开证行不可撤销的付款保证，而且又有保兑行的兑付保证。两者都有第一性的付款责任。所以，这种有双重保证的信用证对出口商最为有利。

保兑行通常是通知行，有时也可以是出口地的其他银行或第三国银行。保兑的手段一般是由保兑银行在信用证上加列下述保兑文句：“兹对此证加具保兑并保证于提示符合此证条款的单据时履行付款。”

一不可撤销信用证，经B银行保兑，当受益人提交符合信用证要求的单据向B银行要求付款时，B银行声称：受益人应该首先要求开证行A付款，如果A无力付款时则由它保证付款。B银行的解释对不对?

答：不对。理由：按《跟单信用证统一惯例》规定，当一家银行开出一份不可撤销的信用证，经过另一家银行保兑后，除开证银行承担付款责任外，保兑银行也承担付款的责任。在该案例中，B银行把“保兑”与“担保付款”混淆了。一张保兑信用证，对于保兑行来说，承担了与开证行同等的第一付款人的责任。在银行担保中，担保行是承担第二付款人的责任。

2. 不保兑信用证（Unconfirmed Letter of Credit）

不保兑信用证即没有经另一家银行保兑的信用证。当开证银行资信好、成交金额不大时，一般都使用这种不保兑的信用证。

（四）即期付款信用证和延期付款信用证

按《跟单信用证统一惯例》规定，任何一份信用证均须明确表示其适用于何种兑现方式。凡注明“付款兑现”（available by payment）的信用证称为付款信用证。按付款期限的不同，付款信用证又可分为即期付款信用证和延期付款信用证。

1. 即期付款信用证（Sight Payment Credit）

注明“即期付款兑现”（available by payment at sight）的信用证。此种信用证一般不需要汇票，也不需要领款收据，付款行或开证行只凭货运单据付款。

即期付款信用证的付款行通常由指定通知行兼任。

2. 延期付款信用证（Deferred Payment Credit）

注明“延期付款兑现”（available by payment after sight）的信用证。此种信用证不要求受益人出具远期汇票，因此，必须在证中明确付款时间，如“装运日后××天付款”或“交单日后××天付款”。

（五）承兑信用证（Acceptance Credit）

由某一银行承兑的信用证，即当受益人向指定银行开具远期汇票并提示时，指定银行即行承兑，并于汇票到期日履行付款。按《跟单信用证统一惯例》第9条“信用证不应要求凭申请人为付款人的汇票支付”的新规定，付款人将仅限于开证行或被指定的其他银行，这种信用证又称为银行承兑信用证（Banker's Acceptance L/C）。

（六）议付信用证（Negotiation L/C）

议付信用证是指开证行在信用证中，邀请其他银行买入汇票及/或单据的信用证。即允许受益人向某一指定银行或任何银行交单议付的信用证。

（七）可转让信用证和不可转让信用证

根据受益人对信用证的权利可否转让，分为可转让信用证和不可转让信用证。

1. 可转让信用证（Transferable Credit）

可转让信用证是指信用证的受益人（第一受益人）可以要求银行将信用证全部或部分转让给一个或数个受益人（第二受益人）合用的信用证。

可转让信用证只能转让一次，即只能由第一受益人转让给第二受益人，第二受益人不得要求将信用证转让给其后的第三受益人，但若再转让给第一受益人，则不属于被禁止转让的范畴。

在国际上，该种信用证的受益人往往是中间商，他将信用证转让给实际供货人，由后者办理装运手续，以便从中间赚取差额利润。

2. 不可转让信用证（Non-transferable Credit）

不可转让信用证是指受益人不能将信用证的权利转让给他人的信用证。凡信用证中未注明“可转让”的，就是不可转让信用证。

五、信用证的特点

在信用证业务中，银行不仅直接参与结算，而且以自己的信用作出付款保证。因此，信用证结算方式是一种银行信用。

通过这种方式，可缓解买卖双方互不信任的矛盾，扩大国际贸易的范围，使得一些资历和声誉一般的中小企业及本来彼此互不熟悉或互不信任的买卖双方也可以较为顺利地进行交易，也有利于贸易商向银行融通资金。

根据《跟单信用证统一惯例》的规定，信用证主要有以下三个特点：

（1）开证行负首要付款责任。

按《跟单信用证统一惯例》的规定，在信用证业务中，开证行对受益人的付款责任是首要的、独立的。即使开证人事后丧失偿付能力，只要出口人提交的单据符合信用证条款，开证行也必须承担付款责任。

（2）信用证是一项自足文件。

信用证是依据买卖合同开立的，但一经开立，即成为独立于买卖合同之外的契约。信用证各当事人的权利和责任完全以信用证条款为依据，不受买卖合同的约束。

香港A公司向美国B公司出口一批服装，在合同中，美国公司要求香港公司出具原产地证明书，但美国公司在开立信用证时却遗漏了这一条。香港公司办理议付时没有出具原产地证明书，但香港银行并不知情也不管合同中的原产地证明规定。美国公司是否可以拒付货款？

答：美国公司只能付款赎单，无法以合同对银行提出异议。所以我们在申请开证时，一定要注意主要内容与合同是否一致，否则只能像美国公司那样吃哑巴亏了。

（3）信用证业务处理的是单据而非货物。

信用证业务是“单据业务”。银行处理信用证业务只凭单据，不问货物的真实状况如何。银行以受益人提交的单据是否与信用证条款相符为依据，决定是否付款。如开证行拒付，也必须以单据上的不符点为由。这种“相符”必须是“严格符合”，不仅要单证一致，还要求单单一致。

六、《跟单信用证统一惯例》

从19世纪开始，信用证方式逐渐成为国际贸易中常用的一种支付方式。但是，由于对跟单信用证有关当事人的权利、责任、付款的定义和术语在国际上缺乏统一的解释和公认的准则，争议和纠纷经常发生。国际商会为了减少因解释不同而引起的争端，于1930年拟订了《商业跟单信用证统一惯例》（Uniform Customs and Practice for Commercial Documentary Credits），建议各国银行采用。1951年、1962年、1974年、1983年又先后对该惯例进行了修订。

1993年，国际商会对《统一惯例》再一次进行修订，即《国际商会第500号出版物》（UCP500），于1994年1月1日开始实施。

《国际商会第500号出版物》共49条，包括总则与定义、信用证的形式与通知、责任与义务、单据、杂项规定、可转让信用证和款项让渡六部分。

《统一惯例》不是国际性的法律，但它已为世界上170多个国家的银行接受和使用，并成为一种公认的国际惯例。

第五节　不同支付方式的结合使用

一、信用证与汇付结合使用

具体有以下两种做法：

（1）部分货款采用信用证方式付款，余额用汇付方式结算。即进口商首先开信用证支付发票金额的若干成，余数部分待货物到达目的地后，根据检验结果计算出确切金额，另以汇付的方式支付。

（2）先汇付部分货款，余额部分在出口商发货时由进口商开立信用证支付。这主要用于付预订金的交易（如成套设备的交易）。

二、信用证与托收结合使用

这种方式是指部分货款以信用证支付，余额部分以托收方式支付。采用这种做法时，发票和其他单据并不分开，仍按全部货款金额填制，只是出口人须签发两张汇票，分别用于信用证项下和托收项下。

三、汇付和托收结合使用

一般做法是：由进口商先预付部分货款或一定比例的押金作为保证，余额部分在出口商发运货物后委托银行以付款交单方式收取。如托收金额被拒付，出口商可将货物运回，并从已收款中扣除来往运费、利息及合理损失费用。

采用这种方式时，应在合同中订明：装运以合同规定的预付款或押金汇到卖方为条件，余额按托收凭即期付款交单收取，若货款未付清，货物所有权属于卖方。

本章知识小结

1. 三种支付工具的含义及其区别；
2. 汇付的种类及各自的优缺点；
3. 托收的种类及操作流程；
4. 信用证的种类、操作流程及关键环节；
5. 各种支付方式的结合使用。

本章能力小结

1. 能根据交易的具体情况，选择有利于己方的结算方式；
2. 能解释各种结算方式的操作流程。

【课后任务练习】

1. 用图形表示三种支付工具的区别。
2. 用图形表示信用证支付方式的流程。
3. 结合使用的情形分析各种支付方式。
4. 一笔出口业务，买卖双方已经签订了合同。问：

(1) 在合同规定的装运期内，在船、货物已经齐备的情况下，当付款方式为托收时，能否装运货物出口？

(2) 在合同规定的装运期内，在船、货物已经齐备的情况下，当付款方式为信用证，但尚未收到国外来证时，能否装运货物出口？

第五编

金融

第二十一章

货币

一、本章学习目标

能力目标：

能结合现实，正确分析各种货币现象。

知识目标：

1. 了解货币的形成、本质、职能及其对社会经济的影响；
2. 了解货币层次的划分和货币制度。

二、本章工作任务

1. 运用经济学中的有关理论知识对货币现象进行解释；
2. 领会货币对社会经济的影响，理解日常生活中一些与货币有关的经济现象。

三、本章学习指导

1. 通过演绎推理法，了解货币的本质特征、职能及其对社会经济的影响；
2. 通过层次递进法，理解货币层次划分及标准。

导入案例

没有货币的麻烦

19 世纪的英国经济学家威廉·斯坦利·杰文斯讲述了这样一个故事：巴黎利里克剧院的马德姆·泽丽在社会群岛的一场演出中演唱了五首歌曲，她可以获得总收入的 1/3 的报酬（与帕瓦罗蒂 150 年以后演出一次的收入比例差不多）。但由于社会群岛货币十分稀缺，所以只能用实物来支付报酬。结果，给马德姆的报酬是 3 头猪、23 只火鸡、44 只家鸡、500 个可可果子，另外还有大量的香蕉、柠檬和橘子。在巴黎，这些牲畜和水果蔬菜大约值 4 000 法郎，对于唱五首歌曲来说，这份报酬可谓十分丰厚。但是，这些东西的绝大部分，马德姆一个人是不可能全部消费掉的，最后只能用水果来喂养这些牲畜和家禽。

（资料来源：马丁·迈耶．大银行家．海口：海南出版社，2000）

第一节　货币的产生与发展

一、货币的产生

货币的出现已有几千年的历史，人们对它的存在早已习以为常，但货币是如何产生的呢？这也许是大家很想探讨的一个问题。

（一）货币是商品内在矛盾发展的必然产物

货币起源于商品，货币的产生是商品内在矛盾运动及其发展的必然结果。研究货币与商品交换的关系是正确理解货币本质的关键。

在人类社会初期，由于生产力水平极其低下，人们只有通过集体劳作才能生存。而劳动产品则归氏族共同体所有，由氏族首领统一分配，所以那时不存在商品，也不存在货币。

随着社会分工、私有制的出现，情况发生了变化：一方面，由于私有制的存在，劳动成了每个劳动者的私事，生产什么、生产多少和怎样生产都由自己决定；另一方面，由于社会分工的存在，每个人只生产整个分工体系中的一种或少数几种产品，因而每个人所从事的具体劳动都具有社会劳动的性质。这样，就产生了社会劳动和私人劳动的矛盾，需要在全社会范围内相互交换劳动产品才能满足每个人的生活需要，商品交换可谓解决私人劳动与社会劳动矛盾的唯一办法。

商品交换的一项基本原则就是等价交换原则，这就需要一套公认的衡量标准。由于不同商品的使用价值千差万别，无法比较，而价值作为凝结在商品中的一般的无差别的人类劳动，各种商品的价值在质上是同一的，因而在量上可以比较。在商品交换中，为了贯彻等价交换原则，人们必须衡量商品价值量的大小，但一种商品的价值不能由其自身来表现，而必须用其他商品来表现，这客观上就需要一种特殊的商品，以其独立的形式来表现其他商品的价值，这就是货币产生的内在根源。

至于商品是怎样成为货币的，从形式上看，这种演变主要是通过商品价值形式的发展实现的。

（二）货币是商品价值形式不断发展的结果

在历史上，商品价值表现形式的发展大致经历了以下四个阶段：

1. 简单的或偶然的价值形式

为什么称为“简单的”或“偶然的”呢？这是因为在原始社会后期，生产力水平低下，剩余产品很少，所以商品交换也很偶然。在这种交换过程中，一种商品的价值偶然地表现在另一种商品上，如 1 只鸡与 2 把石镰相交换（即 1 只鸡 =2 把石镰）。在这个交换等式中，鸡和石镰所处的地位不同，所起的作用也不同。鸡通过石镰表现自己的价值，鸡起主动作用，石镰则处于等价形态，或成为表现鸡的价值材料，起被动作用。

2. 总和的或扩大的价值形式

随着社会分工和生产力的发展，剩余产品开始增多，商品的交换逐渐变得频繁。

一种商品的价值形式不再是偶然地表现在另一种商品上，而是表现在一系列特定商品上，例如，

$$1\text{只鸡}=\begin{cases}2\text{千克茶叶}\\\text{或}2\text{把镰刀}\\\text{或}5\text{千克粮食}\\\text{或其他商品}\end{cases}$$

此时的交换，虽然仍是物物交换，但比简单的或偶然的价值形式要进步。在扩大的价值形式中，商品交换的比例关系与它所包含的社会劳动的比例关系更加接近，商品价值表现更趋向于商品共同的质，但这种价值表现还是不完整、不统一的，表现在：一种商品的价值由许多商品共同表现其价值。它们之间相互排斥，因缺少一个共同的等价物，而使得交换过程可能十分复杂，交换效率十分低下，直接反映了物物交换的局限性。假若拥有鸡的人想交换茶叶，但拥有茶叶的人不需要鸡，想要镰刀，而拥有镰刀的人不需要茶叶，想换得粮食，幸亏拥有粮食的人需要鸡，那么通过重重交换，拥有鸡的人才能换得茶叶；如果拥有粮食的人恰巧想交换其他商品，这必将给交换带来更多的矛盾和困难。物物交换中的这种内在矛盾促使价值形式得以进一步发展。

3. 一般价值形式

所谓一般价值形式，是指一切商品价值都在某一种商品上得到体现。这种商品即为一般等价物，例如，

$$\left.\begin{matrix}2\text{千克茶叶}\\\text{或}2\text{把镰刀}\\\text{或}5\text{千克粮食}\\\text{或其他商品}\end{matrix}\right\}=1\text{只鸡}$$

从公式上看，一般价值形式与扩大的价值形式相比，似乎是一个简单换位，但实际上已发生了质的变化：从商品世界分离出来、处于一般等价物位置的鸡已拥有特殊的地位，任何一种商品只要与作为一般等价物的商品——鸡——交换成功，就能换取其他任何商品。鸡已不是普通商品，而是商品交换的特殊商品，商品交换由原来的直接物物交换变为通过一般等价物媒介的间接交换。

一般价值形式的出现克服了物物交换的局限性，促进了商品交换的发展，但还没有完全固定地由某一种商品充当等价物。不同时期、不同地区，充当一般等价物的商品不同，如近海地区多用海贝和盐，游牧地区多用牲畜、皮革，而农业区多用农具、布等。一般等价物的不固定，阻碍了商品交换的进一步扩大和发展，这就要求商品价值形式更进一步发展。

4. 货币价值形式

当一切商品的价值固定地由一种特殊商品（即货币）来表现，货币也就产生了。这种固定地充当一般等价物的商品就是货币。从一般等价物形式到货币价值形式这一过程并没有质的变化，只是在这一发展过程中，黄金、白银因其自然属性，成为固定的一般等价物。

综上所述，货币是为满足商品生产和商品交换的需要而出现的，它是商品内在矛

盾运动的产物，是商品价值形式不断发展的结果。

二、货币形态的演变与发展

货币作为一般等价物，在其发展的不同阶段所呈现的具体形式不同。纵观货币形式的发展演变，大体经历了实物货币、金属货币、信用货币三个阶段。这一演变过程一方面反映了货币形式对社会经济发展的适应过程；另一方面也体现了货币价值不断符号化的历程。

1. 实物货币

人类使用货币的历史可追溯到物物交换的时代。在原始社会，人们通过以物易物的方式交换自己所需要的物资，比如一只羊换两把石刀。但是，这种物物交换使人们不可避免地受到用于交换的物资种类的限制，因而不得不寻求一种能够为交换双方都接受的物品。这种物品就是最原始的货币。牲畜、盐、稀有的贝壳、珍稀鸟类羽毛、宝石、沙金、石头等不容易大量获取的物品都曾作为货币使用过。

2. 金属货币

经过自然淘汰，作为货币使用的一般等价物逐渐被金属所取代。使用金属货币的好处是它的制造需要人工，无法从自然界大量获取，同时还易储存。数量稀少的金、银和冶炼困难的铜逐渐成为主要的货币金属。某些国家和地区也使用过铁质货币。早期的金属货币是块状的，使用时需要先用试金石测试其成色，同时还要称重量。随着人类文明的发展，逐渐建立了更加复杂完备的货币制度。古代希腊、罗马和波斯的人们铸造了重量、成色统一的硬币，这样，在使用货币的时候，既不需要称重量，也不需要测试成色，无疑方便得多。这些硬币上面印有国王或皇帝的头像、复杂的纹章和印玺图案，以防伪造。我国历史上曾有过铲形的布币、刀形的刀币、椭圆形的蚁鼻钱等。世界各国普遍使用圆形铸币，因其便于流通，故一直流行至今。

3. 可兑换信用货币

可兑换信用货币是指由政府或银行发行的，代替金属货币执行货币流通手段和支付手段职能的货币，它是作为金属货币的替代物而出现的。可兑现信用货币的一般形态是纸质的凭证，其自身价值低于货币价值，是一种不足值货币，但由于它们都有十足的金银等贵金属作为保证，持币者有权随时要求政府或银行将纸币兑换为金银货币或金银条块，因此又称为可兑换信用货币。典型的可兑换信用货币是银行券。最初，人们只是将银行券当作可兑现金银货币的凭证。如商人可以将金属货币存放于货币商人处，如钱庄、银行，由其开出汇票进行支付，钱庄、银行见到汇票要求提现时，便兑现金属货币。当钱庄、银行拥有大量的金银货币作保证时，又以此为信用发行自己的银行券。最初是在一张空白字据上临时填写金额，后来发展为印制好的不同面额的钞票。因此，银行券就成为银行发出的代替金银货币流通的可随时兑现的信用货币。

可兑换信用货币在近代货币史上持续了很长时间。这种货币被历史所遗弃，主要是因为以贵金属作为保证和准备，跟不上日益扩大的商品生产和商品交换发展的需要。在这一过程中对可兑换信用货币也进行了改良变革，例如，由原来的全额准备方式变为部分准备方式。但这仍然满足不了发展的需要，最后纸币和黄金脱钩，进入到不可兑换信用货币时期。

4. 不可兑换信用货币

与可兑现信用货币相比，不可兑现信用货币已不代表任何贵金属，不能与金属货币兑换，实际上已成为一种纯粹的货币价值符号。不可兑现信用货币是可兑现信用货币进一步发展的产物，而且也是目前世界上几乎所有国家采用的货币形式，因为其完全脱离金属货币的限制。不可兑现信用货币在流通过程中存在一个重要问题，就是如何控制发行量，以维护币值的稳定和民众对它的信心。有一则小幽默：一位很节俭的母亲告诉她的小女孩："孩子，出门坐出租车，别去挤大公交车了，坐出租便宜。"小女孩大惑不解，便问："为什么呀?"母亲答道："现在是恶性通货膨胀时期，坐公交车是上车交钱，坐出租是下车交钱。"可见，信用货币下的恶性通货膨胀会把经济体系搞得多么混乱。事实上，当今世界大多数采用信用货币制的国家均有相当数量的黄金、外汇、有价证券等资产作为发行信用货币的准备，但是各国政府或货币当局不再受十足准备的约束，而是根据政策需要决定纸币的发行量。因为根据经验，只要纸币发行量控制适当，即使法定纸币没有十足的金银做贮备，社会大众对纸币仍会保持信心。

5. 存款货币与电子货币

20 世纪 50 年代以来，随着信用制度的发展，银行结算手段的改进，现金（纸币和铸币）逐渐减少，货币主要采取银行存款形式。通过改变客户在银行存款账户上的数额，实现债权债务转移，成为购买商品、支付劳务的主要形式。甚至一些小额交易，如顾客对零售商的支付，单位对职工薪金的发放，也广泛采用这种类型的货币。因此，在当今各国和国际金融组织的货币划分中，存款货币和现钞合称为"货币"。

存款货币的出现，打破了实体货币的概念，将货币从有形引向无形。在信用发达的国家，交易总量的绝大部分是通过银行账户间的相互转账支票支付实现的，这种方式较原有的各种交易方式有较大的优势，但仍存在一些问题。以美国为例，每年处理支票的成本大约是几十亿美元，银行为降低成本，必须寻找新的出路。所以，随着经济与科学技术的发展，电子计算机的普及运用，一些技术发达的国家已率先利用电子计算机系统存储和处理贷款，这就是通常所说的电子货币，如信用卡、储值卡、电子钱包等。由于电子货币具有转移迅速、节约费用等优点，在社会经济生活中发挥了越来越大的作用。目前，信用卡、电子商务都在迅速发展，未来将可能出现一个无现金社会，实在的货币材料将退出历史舞台。

总之，在历史发展的过程中，货币形式经历了若干次变化，货币形式从一般实物到贵金属，再到纸币，然后到无形存款货币、电子货币，这一发展过程反映了随着生产力的发展，人们对更方便快捷、成本更低廉的交易媒介的需要。而且，随着经济和社会的进一步发展，货币形式还会出现动态的演变。

第二节 货币的本质与职能

一、货币的定义

经济学对货币的定义和度量有两种方法，即归纳法和实证法。归纳法在定义货币时侧重于货币的特质，这种特质是货币区别于其他事物的独特性质。如果某种东西有这种特质，就将其划为货币的范畴。

货币最显著的特质就是它具有交换职能，其他物品一般不能作为交换的媒介。而储蓄财富的职能就不是货币所独有的，比如，人们可以以不动产作为贮藏财富的手段，也可以购买股票、黄金来积累财富。因此，归纳法将货币狭义地界定为“被普遍接受的交换媒介”。除了流通中的现金外，可开列支票的存款和可进行电子支付的活期存款都可以作为交换的媒介。比如，你持有一张招商银行的一卡通，并有6 000元的活期存款，那么，你在一些大商场购物时就不必携带现金，可以直接从你的一卡通账户上付款。按照归纳法的定义，你在一卡通上的6 000元活期存款就是货币，但定期存款就不能归为货币之列，因为你不能用它直接购物。

货币的第二种定义法是实证定义法。实证定义法强调货币对经济及货币政策具有的重要影响。这一方面是因为货币供给的变动对名义的国民收入具有重要的影响；另一方面的原因是，中央银行必须控制货币供给，从而在宏观经济发生波动时便于通过货币政策操作来稳定经济。这样，实证法就不是按照货币区别于其他物品的内在特质来定义的，而是把货币定义为与名义的国民收入具有很强的相关性，并且可以由中央银行加以控制的流动资产或流动资产的集合。按照实证定义法，除了流通中的现金和活期存款外，货币还包括定期存款等。显然，实证法定义的货币比归纳法定义的货币要宽泛得多。

二、货币的本质

马克思通过对商品内在矛盾与价值形式发展历史的考察，揭示了货币的起源，并由此科学地概括了货币的本质特征：货币是固定地充当一般等价物的特殊商品，体现了一定的社会生产关系。

首先，货币的根源在于商品本身，这是价值形式的演变历史所证实的结论。货币与商品世界的其他商品一样，都是人类劳动的产物，是价值和使用价值的统一体。正因为货币与其他一切商品具有共同的特性，即都是用于交换的人类劳动产品，它才能在交换发展的长期过程中被逐渐分离出来，成为不同于一般商品的特殊商品——货币。如果货币没有商品的共性，那就失去了与其他商品相交换的基础。

其次，货币不是普通商品，而是特殊商品。之所以特殊，是因为它在商品交换中取得了一般等价物的地位，与普通商品区别开来：①货币能够表现一切商品的价值。货币出现以后，商品的价值不再直接地由另一种商品表现出来，而是通过和货币交换表现出来。任何一种商品，只要能够交换到货币，该种商品的价值就能得到体现，所以说，货币是表现衡量一切商品价值的工具。②货币具有直接同一切商品相交换的能力。作为普通商品，只能以其特定的使用价值去满足人们的某种需要，因而不可能同其他一切商品直接交换。而货币由于具有直接同一切商品相交换的能力，是价值的直接体现和社会财富的直接代表，因而成了每个商品生产者追逐的对象。

最后，货币在充当一般等价物的过程中，体现着一定的社会生产关系。商品生产者互相交换商品，实际上是在交换各自的劳动，只不过由于生产者之间的劳动交换不能直接表现出来，才采用了商品价值形式。因此，货币使商品的不同所有者，通过等价交换实现了他们之间的社会联系，从而体现了人与人之间一定的社会生产关系。

三、货币的职能

由于货币的本质是商品，因而它同所有商品一样，也具有使用价值和交换价值。在不同形式的价值运动中，货币所表现出来的作用也不尽相同。一般认为，货币有五种主要职能，即价值尺度、流通手段、支付手段、贮藏手段和世界货币。在货币的这五种职能中，价值尺度和流通手段是货币的基本职能，也是货币历史上最先出现的职能，其他职能都是在货币基本职能的基础上派生出来的。

1. 价值尺度

价值尺度是货币社会劳动属性的直接体现。货币本身作为一种商品，可以以自己为标准，与其他商品进行量的比较，而此时，商品的价值形式就转化为价格形式，商品通过货币来表达的价值形式即为价格。当货币执行价值尺度这一职能时，货币只需要以想象中的或是观念上的形式就可以了，然而它的单位则必须依赖于现实流通的货币。正是由于货币的价值尺度功能，使得人们可以将不同形式的商品先转化为货币价格形式，然后再与其他商品进行交换。货币本身作为商品也存在不同货币之间量的差别，因此，人们为货币制定了一个量的标准，即规定价格标准（有时亦称价格标度），是含有一定金属重量的货币单位及其等份。价格标准最初同衡量货币金属的重量单位是一致的，如我国过去长期使用“两”（十六两为一斤）为价格标准，即货币单位。后来，随着货币形式的变化，价格标准和重量标准逐渐分离，如现在的人民币单位是“元”，一切商品的价值都是用多少“元”来表示。

2. 流通手段

在货币执行了流通手段之后，商品的交换有了可能，而流通手段则是货币价值尺度职能的发展。货币的产生，使得商品之间的交换由直接的物物交换变成了以货币为媒介的交换。即由商品—商品变成了商品—货币—商品。货币发挥交换媒介的功能主要通过三种方式进行：一是作为各种商品交易时的交换手段；二是作为计价单位去计量商品和劳务的价值；三是货币作为价值的独立运动形式进行单方面转移，用以偿还债务或作其他支付。和价值尺度不同的是，货币作为流通手段必须是现实的货币。观念上的货币是买不到任何商品的。因为卖东西不要钱或买东西不给钱是不可能的。而且，由于执行流通手段的货币在商品交换中只是一种媒介，交换者出售商品取得货币，是为了去买自己所需的商品，因而对货币本身的价值并不十分关心，他们关心的只是货币的购买力，即能否买到等价的商品。这样就产生了以价值符号代替具有内在价值的金属货币进行流通的可能性，纸币正是基于这种可能性而出现的。货币这个媒介的出现，一方面克服了物物交换的时空局限，提高了交易效率；另一方面，也使商品生产者之间的社会联系和商品经济的内在矛盾更加复杂化。因为商品交换一旦分裂为卖和买两个环节，如果有些人卖了商品不马上买，则另一些人的商品可能就卖不出去，从而导致买卖脱节，使得社会分工形成的生产相互依赖的链环有中断的可能，孕育着经济危机。

3. 贮藏手段

当货币由于种种原因退出流通领域，被持有者当作独立的价值形式和社会财富的绝对化身而保存起来时，货币就发挥着贮藏手段的职能。由于货币可用来交换任何商品，所以被人们看做是财富的象征，成为追逐的对象。人们为了积累和保存财富，就产生了贮藏货币的要求。同时，对于商品生产者来说，货币贮藏还是保证再生产顺利进行的必要条件。货币执行贮藏手段职能时必须满足下面三个条件：

（1）货币的价值或购买力稳定。

金属货币以其十足的价值成为金属货币制度下人们价值贮藏的主要形式。金属货币充当贮藏手段，客观上起到了调节货币流通的作用，使流通中货币量和商品流通的需求量相适应。信用制度下的纸币能否充当贮藏手段的关键则在于它的币值是否稳定。因为不兑现信用货币制度下的纸币流通与通货膨胀紧密相连，谁都不愿意贮藏不断贬值的货币。一旦纸币贬值，便丧失了价值贮藏的功能，而贵金属、实物则成为保值工具。

（2）货币必须退出流通领域，处于静止状态。

金属货币往往以“窖藏”的形式退出流通领域。而在现代不兑现信用货币制度下，货币退出流通领域主要有两种形式：一是持币人以存款形式将信用货币存入银行。这种形式，从持币人角度看是退出了流通，但从整个流通界来看，货币并没有退出流通领域，因为银行会将存款以贷款形式放贷出去，使货币重新回到流通领域。所以，企业存款和居民储蓄并没有执行货币贮藏职能。二是持币人将信用货币保存起来，期限超过1年不动用，便使信用货币处于暂歇状态，可称之为货币沉淀。由于纸币本身没有多大价值，所代表的价值又不稳定，窖藏纸币已毫无经济意义，所以这种货币贮藏所占比例并不大。在此种情况下，贮藏货币的“蓄水池”功能也丧失殆尽。

（3）货币便于存入和取用是货币灵活性的要求。

在执行价值贮藏职能时，货币的流动性很强。因为人们对货币的需求量时高时低，这就要求货币充当贮藏手段时，也应存取便利。

同时还应看到，货币并非唯一的价值贮藏形式，甚至不是最有利的价值贮藏形式。在发达的金融体系中，人们可以通过持有债券、股票等有价证券来贮藏价值，有些还能带来较高收益，实现增值。价值贮藏的多元形式为银行和信用制度的形成和扩张提供了客观条件。

4. 支付手段

货币作为一种独立的价值形式进行单方面转移时，就执行了支付手段职能，如货币用于清偿债务、支付工资、税收、罚款时所执行的职能。支付手段源于商业信用。在商品生产的发展过程中，会出现这样一些情况：一些商品生产者需要购买某些商品时，却资金不足，只有到将来某一时间才有支付能力；同时，另外一些商品生产者正想出售这些商品，于是就产生了赊购赊销。当赊购者偿还欠款时，货币就执行支付手段职能。

货币支付手段职能最初主要是为商品流通服务，用于商品生产者之间清偿债务。随着商品生产的发展，货币的支付手段职能已超出了商品流通领域，扩展到其他的领域，如工资、薪金、房租及国家财政、银行信用等其他领域，且随着科学技术和信用制度的发展，货币支付手段职能范围还在不断扩大，对经济生活的影响极为显著。

货币作为流通手段，克服了物物交换的种种局限性，而货币作为支付手段，又进一步克服了货币作为流通手段时需要一手交钱、一手交货的局限性，大大促进了商品交换。

5. 世界货币

当货币超越国界，在世界市场发挥一般等价物作用时，便执行世界货币的职能。理论上来说，世界货币只能是以重量计量的贵金属。因为纸币本身的价值远远低于其所代表的价值，所以需依靠国家法律强制发行，并且只能在国内流通，不能充当世界货币。

必须看到，随着经济的全球化、一体化进程，当今世界货币流通领域出现了很多新的现象。许多国家的货币，如美元、英镑、欧元等，在国际上直接发挥着世界货币的三种职能：支付手段、购买手段和财富转移手段。这一方面是因为发行这些货币的国家经济实力雄厚，国力强大，国际政治地位较高，人们对此货币有信心，因而货币也较坚挺；另一方面也是国际金融发展的结果。近几十年，欧洲美元市场、离岸金融业务的发展也促进了这些信用货币的全球化。

货币的上述五种职能不是各自孤立的，而是有机地联系在一起，都体现着货币作为一般等价物的本质。其中，货币的价值尺度和流通手段职能是两个基本职能，其他职能是在此基础上产生的。从历史和逻辑上讲，货币的各个职能却是按顺序，随着商品流通及其内在矛盾的发展而逐渐形成的，它反映了商品生产和商品流通的历史发展进程，丰富了货币作为一般等价物的内涵。

四、货币在社会经济中的作用

1. 在宏观经济活动中的作用

(1) 货币有效地提高了社会资源配置效率。

货币交换极大地降低了交易成本，这不仅直接提高了经济效益，还在更广泛的意义上奠定了提高社会经济效率的基础。作为社会财富的代表，货币持有者可以支配与之等值的商品、劳务等其他资源。人们可以利用价格、利率、信贷等与货币直接有关的经济杠杆，通过货币资金的分配和调剂实现社会资源的合理配置和充分利用。可以肯定，物物交换的资源配置，其效率远远低于今天的货币经济所能达到的水平。

(2) 货币传递信息，提供刺激。

在市场经济中，货币决定商品的价格，价格不仅反映商品供给与需求的全部信息，还向社会提供必要的刺激：多生产社会需要的商品，不生产或少生产社会不需要或较少需要的商品。政府则根据市场供求变动的信息，制定适当的宏观经济政策。

（3）货币提供宏观经济调控的依据。

市场经济越来越需要政府运用财政政策、货币政策及其他宏观经济政策进行间接调控，实现宏观经济的均衡。无论是财政政策还是货币政策，都以货币为基本工具。所有的经济指标及财政收支都以货币数量来表示，货币政策的利率调控也通过货币供给量的变动来实现。

2. 货币在微观经济活动中的作用

（1）货币启动并持续推动商品生产的发展。

在市场经济的运行中，必须有一定量的货币，买入生产资料和劳动力，企业和个人才能进行商品生产活动。这就是货币对商品生产的第一推动力。在生产过程中，货币投入的增加可以扩大生产规模，投入减少则会使生产规模缩小。甚至，企业有没有利润都不重要，重要的是要有货币（现金）流动，只要有货币流动，即便亏损的企业也能活得很滋润；如果没有货币流动，即便企业赢利很丰厚，它也有破产倒闭之虞。这就是货币对生产的持续推动力。

（2）货币发挥经济核算的作用。

作为交易媒介、价格标准和贮藏手段，人们运用货币作为记账单位，计算成本、价格和利润等，并以此衡量微观经济效益的高低，选择最优决策方案，进而实现对生产经营过程的全面监督和管理。

（3）货币发挥收入分配的作用。

在市场经济的条件下，企业必须借助于货币来考核劳动者劳动的数量和质量，并以货币方式，简便、有效和准确地支付报酬，实现收入分配。

第三节　货币的计量

一、货币层次的划分

所谓货币层次的划分，是指按照货币流动性的强弱，从外延上确定各个层次的货币能包括的具体内容和范围。之所以选择货币的流动性（即一种金融资产迅速转换成现金而对持有人不发生损失的能力）作为货币量层次划分的主要依据，是因为流动性程度不同的金融资产在流通中周转的便利程度不同，从而对商品流通和各种经济活动的影响程度不同。选择流动性作为划分依据，一方面有利于把握流通中货币的各种具体形态在运动特性和活跃程度上的区别，探索货币流量和商品流通在结构上的依存和适应程度，为中央银行制定宏观金融政策提供依据；另一方面有利于中央银行在分析经济动态变化基础上加强对某一层次的调控能力，适应各经济发展阶段不同调控重点的要求。

（一）国际货币基金组织划分标准

按照国际货币基金组织（IMF）的口径，货币层次一般作如下划分：

1. M_0（现钞）

M_0 在这里是指流通于银行体系以外的现钞，包括居民手中的现金和企业单位的备用金。这部分货币随时可作为流通手段和支付手段，因而具有很强的购买力。

2. M_1（狭义货币）

$M_1 = M_0$ + 商业银行活期存款。由于活期存款可以通过签发支票等方式成为直接的支付手段，所以，它同现金一样是最具有流动性的货币。M_1 作为现实的购买力，对社会经济有着最广泛而直接的影响，因而是各国货币政策调控的主要对象。

3. M_2（广义货币）

$M_2 = M_1$ + 准货币，准货币不能直接用作交换的媒介，但可当作价值贮藏手段，它一般由定期存款、储蓄存款、外币存款及各种短期信用工具构成。准货币本身是潜在的货币而非现实的货币。但由于它们经过一定的手续后，能以较低的变现成本，较快地转化为现实的货币，进而加大流通中的货币量，故称之为亚货币或近似货币。尤其在金融创新日益加快趋势下，这一范畴的研究对于计量货币供应量、对货币流通未来趋势的预测，都有着重要意义。

（二）我国现行的货币层次

我国对货币层次的研究起步较晚，从 20 世纪 80 年代开始进行货币层次划分，并于 1994 年第三季度开始，以货币流动性为主要依据正式确定并按季度公布货币供应量指标。划分方式为：

M_0 = 流通中的现金

$M_1 = M_0$ + 企业活期存款 + 机关团体部队存款 + 农村存款 + 个人持有的信用卡类存款

$M_2 = M_1$ + 城乡居民储蓄存款 + 企业存款中具有定期性质的存款 + 信托类存款 + 其他存款

$M_3 = M_2$ + 金融债券 + 商业票据 + 大额可转让定期存单等

其中，M_1 为狭义货币供应量，M_2 为广义货币供应量，$M_2 - M_1$ 是准货币，M_3 是根据金融工具的不断创新而设置的。

以上货币层次指标的划分是以流动性为主要依据，并联系了我国当前的实际情况确定的。这种划分方法的优势在于：一方面，层次指标系列划分的精细适中，这样既可以避免划分太粗，影响中央银行对某一层次货币调控的准确把握，又可避免因各货币层次间组距过小反而不能明确反映其质的规定性的弊端；另一方面，这种划分与我国的金融、经济发展的水平相适应，符合我国现行的存款种类，可操作性强。

美日货币层次的划分

美国：

货币供应量分为 M_1、M_2 和 M_3 三个层次。

M_1 = 流通中现金 + 支票账户存款 + 旅行支票；

$M_2 = M_1$ + 居民储蓄存款 + 定期存款 + 互助基金存款；

$M_3 = M_2$ + 货币市场基金存款 + CDs + 回购协议 + 欧洲美元。

日本：

货币供应量分为 M_1、M_2 + CDs、M_3 + CDs 三个层次，另编制广义流动性。

MI = 流通中现金 + 非金融机构活期存款；

$M_2 = M_1$ + 准货币 + 居民储蓄存款 + 外币存款 + CDs；

$M_3 = M_2$ + CDs + 邮政储蓄存款 + 劳动信贷协会以及农业合作社存款。

$L = M_3$ + CDs + 信托投资性存款 + 金融机构签发的商业票据 + 回购协议 + 国外政府在日本发行的债券。

问题：我国与美日货币层次划分的差异是什么？

二、关于货币存量与货币流量

货币存量是指某一时点上的货币供给量，是银行体系根据货币需求量，通过其资金运用注入流通中的货币量。货币流量则是按一定时期计算的货币周转总额和货币所完成的交易量的总和。这两者之间既有区别，又有联系。区别如下：

（1）货币存量与货币流量考察的时间范围不同。

货币存量是时点数，是指某一天（一般在年末、季末或月末）有多少货币量。货币流量是时期数，是指某一段时间（通常指一年，一个季度或一个月内）货币所完成的交易量总和。

（2）货币存量和货币流量在数量上不相等。

货币流量等于货币存量与货币流通速度的乘积。

（3）货币存量与货币流量变动状况不同。

一般情况下，货币存量较大时，由于货币周转速度较慢，货币流量较小；反之，货币存量较小时，由于货币周转速度加快，货币流量较大。

这两个指标之间的联系在于：当货币流量发生变动后，既可能引起货币存量变动，也可能使货币存量保持不变。例如，货币流通速度变化引起货币流量变化，则货币存量不发生变化。如果货币存量发生变化，就会造成货币流量变化，尽管货币存量较大时，货币流通速度会放慢；货币存量较小时，货币流通速度会加快。但是，货币存量变化与货币流通速度变化并非同步、等比，这就必然会造成货币流量的变化。

总之，货币存量是由银行体系所供给的债务总量构成的，现金是中央银行的债务量，存款是商业银行的债务量。因此，影响和决定货币存量大小的是银行信贷收支。而其他部门的货币收支，由于不具有自创货币的功能，它们一无发行钞票的权力，二不能开空头支票，只能是多大收入安排多大支出，有多少银行存款才能支用多少，无论如何都不会增加新的货币供给。这表明国民经济中其他部门都不能增加新的货币供给，只是持有和使用现存货币，并不影响货币存量的变化。

第四节 货币制度

一、货币制度的内容

货币制度简称币制，是指国家以法律形式确定的货币流通的结构和组织形式，它由一个国家有关货币方面的法令、条例等综合构成。货币制度形成于国家干预货币流通以后，目的是保证货币和货币流通的稳定，使之能够正常发挥各种职能与作用。

货币制度是货币运动的准则和规范，主要的内容包括：

（1）规定币材，即确定哪些商品可以作为货币材料。

（2）规定货币单位，即确定货币单位的名称和货币单位的“值”。如美国货币的名称是美元，即以“元”为单位。

（3）确定流通中的货币种类，规定主币与辅币的发行程序和流通办法。

（4）规定发行准备，即货币的铸造权或发行权。

（5）区别有限法偿和无限法偿，规定货币具有多大的支付能力。

（6）规定存款准备金制度。其中，核心内容是确定什么币材作为主币（也称本位币），例如，我国的主币是人民币，则主币单位为“元”。主币是一个国家流通的基本通货，一般作为该国计价、结算的唯一合法货币单位，它由国家法律规定，具有无限法偿的能力。这意味着用它来偿还债务，债权人不得拒绝接受，因为主币是按国家规定的币材和标准来制造的，具有绝对的权威。辅币是主币以下供日常零星交易和找零用的小额通货，如我国发行的“角”。辅币是主币的必要补充，具有有限法偿能力。这就意味着，在支付行为中，一次使用的辅币数量有一定限额，如超过限额，收款人可以拒绝接受。

一个国家以哪种货币作为主币，由这个国家根据国内外政治经济发展的状况进行选择。货币制度从存在形式看有两大类：金属货币制度和信用货币制度。16 世纪以来，国家金属货币制度主要有银本位制、金银复本位制和金本位制。20 世纪 70 年代以后，世界各国均实行不兑现的信用货币制度。不兑现信用货币制度是以纸币为主币，且纸币不能兑换黄金的货币制度，这是当今世界各国普遍实行的一种货币制度。其特点是：

（1）不兑现信用货币一般是由各国中央银行发行的，并由国家法律赋予无限法偿能力。

（2）货币不与任何金银保持等值关系，不受贵重金属数量的限制。

（3）货币通过信用程序投入流通领域，货币流通通过信用活动进行调节。

（4）这种货币制度是一种管理货币制度，一国中央银行或货币管理当局通过货币政策工具，调节货币供应量，保持币值稳定。

（5）设立纸币发行储备金制度，有些国家将黄金、白银、外汇等作为发行储备，以保持币值及汇率稳定。

二、我国的人民币制度

我国货币制度实行的是人民币制度（港、澳、台地区例外），人民币制度是从人民币的发行开始实行的。1948 年 12 月 1 日，有华北银行、北海银行和西北农民银行合并组成中国人民银行，正式发行人民币作为全国统一的货币；1955 年 3 月起又发行新人民币代替旧币。随着人民币逐步统一货币市场，其主币地位也就确立起来。

人民币作为我国的法定货币，具有无限法偿的能力。人民币没有法定含金量，也不能自由兑换黄金。人民币主币单位为“元”，辅币单位为“角”和“分”，分、角、元均为十进制。人民币的发行权属于国家，由国家授权中国人民银行具体掌管货币发行工作，发行坚持以下三项原则：①集中统一发行原则。中国人民银行是货币发行的唯一机关，并集中管理货币发行基金。②经济发行原则。人民币发行必须根据国民经济发展和商品流通的需要，由中国人民银行提出货币发行的增长量，并按国家批准量发行。③计划发行原则。中国人民银行根据国家批准的货币发行量，编制人民币发行计划，按计划发行货币，调节货币流通。总之，我国的人民币制度具有独立自主、集中统一与计划管理的特点，这些特点正是人民币币值相对稳定的基础和条件。

本章知识小结

1. 货币的形成与发展；
2. 货币的本质与职能；
3. 货币的层次划分与货币制度。

本章能力小结

正确理解各种货币现象。

【课后任务练习】

1. 案例分析：

中国的货币

古代中国的货币体系以铜币为基础。更早的货币形式目前尚未被发现。最初的铜币形状多种多样，有刀币、布币、蚁鼻钱等很多形式。秦始皇统一中国后，下令全国的铜币以秦国的铜钱为标准。由于浇注铜币使用砂模，铸造好的铜币带有毛边，所以在其中央留有方孔，以便用木棍串联起来打磨修锉。这种特殊的形状使它被赋予很多象征性的神秘主义解释，如有人认为铜币的圆形代表“天”，中央的方孔代表“地”。铜币上面通常带有铸造时的皇帝年号。

金币在古代中国很罕见。春秋和战国时期，中国南方长江流域的楚国曾经使用过金饼和金片。但是在其他的地区和朝代，黄金主要用于装饰和保值。公元前 2 世纪，西汉的汉武帝曾经发行过白色的鹿皮货币，用于赏赐贵族和军事将领。除了铜币以外，棉布、丝绸、大米等生活物资也曾经作为货币的计算单位（而不是实际的货币）用来支付官僚和军队的薪饷。唐朝以后，白银货币逐渐得到广泛流通。虽然国库和官方银库里的白银按照统一的成色与重量铸造成元宝以便存放，但是流通的白银却不是铸币，而是以零碎的块状流通，在市场上使用时要经过计算成色、称量重量这些烦琐的手续。大块的银锭要用夹剪切割，零碎的小块银锭需要在银匠那里重新铸造成更大的银锭。中国古代不使用白银铸币的原因有很多，但是最主要的原因是，由于政治的不稳定性，官方无法为发行的银币提供担保，同时由于战乱频繁，民众经常将白银窖藏起来，导致市场流通额不足以支持银本位货币系统。

由于携带大量的铜币极其不便，在经济高度发达的北宋时期，出现了交子这种纸币。这也是世界上最早的纸币之一。但是比起现代意义上的纸币来，它更像一种汇票。蒙古人建立的元朝沿用了纸币，并将其视为解决经济困难的妙法之一。他们不顾实际的货币流通额和经济水平，发行了大量没有保证的纸币，造成了最早的通货膨胀。元朝后被由汉族人建立的明朝取代。明朝开国皇帝朱元璋是一位保守的农本主义者。他认为纸币是异族的东西，应该加以摈弃。但是明朝自己也发行了名为“大明宝钞”的纸币。这种纸币在民间很少使用。明朝中后期，白银开始大量流入中国，成为和铜钱一样普遍的金属货币。清朝时期，白银已经成为国家的主要货币单位（“两”）。清朝末年，墨西哥的银元开始在中国大量流通。光绪皇帝在位时期，中国铸造了自己的银币，并设立了户部银行，发行正规的纸币。1935 年，中国实行法币制度，正式废除银本位。根据 1936 年《中美白银协定》，法币一圆等于 0.265 美元。……

任务：通过阅读上述材料，请谈谈你对货币发展演变的认识。

货币防伪

伪造货币的问题与货币制度一同出现。在使用金属货币的时代，伪造的方法是在金币中搀入铜、铅等廉价金属。当时对付这种犯罪唯一的方法是一旦发现，就使用严厉的刑罚来威吓伪造者。纸币更容易伪造。法国大革命后，发行了以没收的教会地产为抵押的债券作为代用纸币。为了破坏法国经济，英国政府曾经伪造过这种货币（同时规定私人伪造法国纸币将会被判处死刑）。这也是最早的经济战之一。第二次世界大战期间，德国曾经在集中营里大量伪造英国和美国的纸币。私人或犯罪组织伪造纸币的记录也层出不穷。为了避免伪造，纸币采用了很多防伪措施：专用的特殊纸张，胶版凸印、水印，磁性油墨，金属安全线，紫外线荧光记号、变色油墨、正反面图案对印（这种技术在法国法郎上最为醒目）等。澳大利亚、新西兰等国还发行了塑料货币。

任务：请联系上述材料谈谈你对 2008 年出现的假人民币的看法。

2. 经济学鼻祖亚当·斯密在《国富论》中说：“货币是商业上的大轮毂，流通上的大工具。”

任务：你如何理解亚当·斯密所说的这句话？

第二十二章

金融机构

一、本章学习目标

能力目标：

能正确分析各类银行的业务和作用。

知识目标：

1. 了解金融机构体系和一些非银行金融机构的职能；
2. 了解商业银行、中央银行和政策性银行的特点、职能和业务。

二、本章工作任务

1. 了解各类金融机构的职能和运作；
2. 结合现实，分析金融机构在社会经济生活中的地位和作用。

三、本章学习指导

1. 通过比较学习法，了解商业银行、中央银行和政策性银行的运作与职能；
2. 通过案例分析，理解商业银行的派生存款创造职能。

导入案例

投资理财无小事

除了存取款以外，银行为百姓提供的服务琳琅满目，从汇款转账、缴纳水电费到各类理财产品的销售，百姓生活已经与金融机构密不可分。如果说消费者是商家的“上帝”，那么大部分的“上帝”对金融机构提供的服务是否满意呢？

“你是否被忽悠过购买了不适合自己的理财产品？你的资产被错配了吗？”南方都市报联合和讯、MSN及搜狐进行了“3·15金融投诉”的网上调查，共有45 193位受访者参与了调查。结果显示，超过八成的受访者曾经对银行、保险、基金等金融机构的服务进行过投诉。且市民对各金融机构在理财投资服务上的投诉量较往年有明显增长。不少市民投诉：在客户经理的游说下，很轻易就买了一款弄不懂的理财产品，成为被“忽悠”的受害者。

由此看来，投资理财无小事，我们需要在了解各类金融机构运作的基础上进行理性投资。

（资料来源：《南方都市报》，2009 年 3 月 11 日）

第一节 金融机构体系概述

一、金融机构体系的模式

金融机构体系是指在一定的社会条件下建立起来的各种不同的金融机构的组成及其相互关系。由于各国或地区的经济制度和经济发展水平及历史文化背景的差异，在世界范围内形成了以下三种不同类型的金融机构体系模式：

（1）以中央银行为核心的金融体系。

这是当今世界各国普遍实行的一种金融机构体系模式，其中，美、英等西方主要工业国家和我国实行的就是这种模式。它是以中央银行为核心，其他商业银行、投资银行、专业银行和非银行金融机构竞相发展的金融机构体系。这种模式既有利于中央银行运用货币政策工具有效调控宏观经济，同时，也能使商业银行和各类金融机构发挥活跃金融市场的作用，是目前比较完善的金融机构体系模式。

（2）高度集中的金融机构体系。

主要为实行高度集中的经济管理体制的国家所采用。前苏联、东欧国家及改革开放前的中国，都曾实行这种模式，这是一种保守的金融体系模式。

（3）没有中央银行的金融机构体系。

世界上只有少数国家和地区（如新加坡和中国香港）实行无中央银行的金融体系模式。其基本特点是整个金融体系由众多的商业银行、投资银行及其他各种金融机构组成，不设立中央银行。货币发行由单纯作为行政机构的货币当局发行，或由政府指定某几家商业银行为货币发行银行，行使货币发行权。

二、金融机构体系的构成

构成金融机构体系的金融机构种类众多，世界各国主要是按银行和非银行金融机构来划分金融机构类别的。

（一）银行金融机构

银行金融机构是对经营货币和信用业务的金融机构的总称。它通过吸收存款、发放贷款、办理结算、汇兑等业务在整个社会范围内融通资金，具有信用创造功能。在现代经济社会中，银行是社会资金融通的枢纽，是金融机构的主体。银行的种类众多、结构复杂：按其职能分为中央银行、商业银行、投资银行、专业银行和政策性银行等；按银行业务的地域划分，可分为全国性银行和地方性银行；按资本来源划分，可分为股份制银行、合资银行、独资银行等。

（二）非银行金融机构

非银行金融机构是指那些经营某些金融业务但又不称为银行的金融机构。相对银行金融机构而言，非银行金融机构不具备信用创造功能，而仅仅起媒介资金的作用。它具体包括保险公司、证券公司、信用合作社、信托投资公司、基金管理公司、金融公司等。这里我们重点了解保险公司、证券公司和信用合作社。

1. 保险公司及其功能

保险公司是指依法成立的、专门经营各种保险业务的金融机构。它以契约形式确立自身和投保人的经济关系，以投保人缴纳的保险费建立保险基金，并对保险合同规定范围内的灾害事故所造成的损失进行补偿或给付。

俗话说："天有不测风云，人有旦夕祸福。"人们在生产和生活中都可能遭受自然灾害和意外事故而蒙受损失。而降低这些风险的办法之一就是购买保险。保险是分摊意外损失的一种财务安排。投保人购买保险，实质上是将其不确定的大额损失变成确定的小额支出，即保险费。虽然不确定性总是存在，但并不是每个不确定性都会转化为特定的损失，这样，保险公司通过向众多的投保人收取保险费，以没有发生事故的投保人交纳的保险费向发生了事故的不幸的投保人赔偿损失。可见，保险的基本特征就是"互助性"，它体现了"我为人人，人人为我"的思想。保险公司的基本功能就是分担风险和组织经济补偿。它将社会生活中的个别风险，通过保险机制分散于多个经济主体，以保障社会经济生活的稳定。同时，由于其保险费收入一般会远远超过赔偿支付，因而能积聚大量稳定的货币资金，这笔资金可用于长期投资。因此，保险公司在现代社会还具有融通资金的功能。

一个关于保险在风险管理中的作用的故事

2002 年 8 月 8 日凌晨 3 点，地处湖南南部的永州市江华县水口镇发生山洪，整个水口镇顷刻间变成了汪洋大海。40 来岁的吴玉华在这个镇上有家五金门市部，吴老板从睡梦中醒来，睁眼一看已是涨至床高的洪水，带着老婆孩子打开门就跑向镇上的高楼逃生。人算是平安无恙了，可店里积压着的价值 18 万元的待售商品全没了。幸运的是，吴老板在过去五年里每年花 700 元购买了保险，洪灾发生后，在不到一个礼拜的时间里，吴老板就拿到了江华县人民保险公司赔付的 2.4 万多元的现金。与所损失的 18 万元相比，虽然保险公司的赔付是"杯水车薪"，但吴老板觉得这宗"买卖"非常划算，也让同样受灾惨重的街坊邻居艳羡不已。

（资料来源：《21 世纪经济报道》，2002 年 9 月 9 日）

2. 证券公司

证券公司又称证券商，是专门从事对工商业股票与债券承销、投资和代理包销，并为企业提供长期信贷业务的金融机构。证券公司在欧美地区称为投资银行，英国人称之为商人银行。

如果你想买卖股票，那么你就必须在一家证券公司的营业部开户。证券公司是你进入资本市场从事股票、债券或基金交易的必要组织。证券公司的主要业务有五个方面：①为公司股票、债券的发行提供咨询和担保，并代理发行或包销；②向公司融资，包括直接投资公司股票、债券和向公司提供长期信贷；③直接参与公司的创建与改组活动，为公司的设立、合并、收购、调整提供投资及财务方面的咨询；④从事证券的自营买卖；⑤充当政府投资顾问，即包销本国及外国政府债券，较大的证券公司还充当国际金融顾问，为国外企业和政府机构提供国际金融市场的咨询服务。

此外，一些证券公司还从事外汇及黄金买卖；经营设备及耐用品的租赁；提供公司股票登记与法规咨询服务；管理退休基金、投资信托和单位信托等各种投资基金；兼营一些短期贷款和其他业务。证券公司的业务日趋多样化，它与一般商业银行的区别正逐步缩小。

3. 信用合作社

信用合作社是具有共同利益的人集资联合组成互助合作性质的金融机构，它普遍存在于西方国家。信用合作社的经营宗旨是：为社员提供低息贷款，帮助经济力量弱的人解决资金困难。其经营原则是：社员入社、退社自愿；社员缴纳一定数额的股金并承担相应的责任；实行民主管理，每个社员具有平等权利，并只有一个投票权。信用合作社主要有农民信用合作社、城市手工业者信用社、住宅信用合作社、储蓄信用合作社等。此外，还有许多兼营各种金融业务的合作社。

信用合作社的资金来源主要是合作社成员缴纳的股金及吸收的存款，其资金使用主要是向合作社成员发放短期生产性贷款与消费贷款。在资金充裕时，信用合作社也提供以不动产或证券为抵押的中长期信贷，以用于生产者的设备投资及技术更新改造投资，但其融资规模较为有限。

由上可见，随着金融创新的不断发展，市场竞争日益激烈，新技术广泛应用于金融领域，各种金融机构业务不断交叉、重叠。这使得原有的各种金融机构的差异逐渐缩小，相互间的界限日趋模糊，从而呈现出由专业经营向多元化综合经营发展的趋势。

三、我国的金融机构体系

我国的金融机构体系是以中国人民银行为核心，以国有独资商业银行和其他商业银行为主体，多种金融机构分工协作的体系，如图 22－1 所示。就经济成分来看，占主导地位的是国家银行系统，其中包括作为中央银行的中国人民银行、国有独资商业银行、政策性银行和其他国有经济成分的金融机构。其次是为数众多的合作金融组织。此外则是港澳地区和外国金融机构在中国的分支机构和代表处。按现行政策，我国不准私人经营金融业务，主要原因是考虑到金融活动对整个经济发展有重大的影响，个人的信誉和能力有限，可能给金融业带来较大的风险。

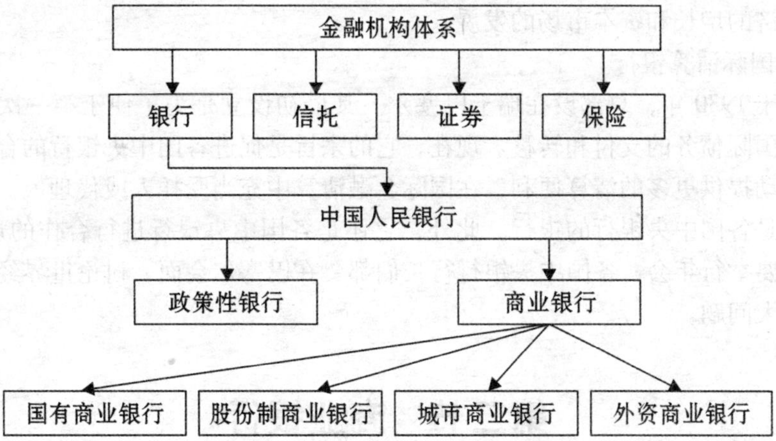

图 22－1　我国的金融机构体系

四、主要国际金融机构

全球最著名的国际金融机构有三家，即国际货币基金组织（IMF）、世界银行和国际清算银行。

（1）国际货币基金组织。

国际货币基金组织成立于 1947 年，总部设在美国华盛顿。IMF 围绕三个方面来展开它的业务活动：第一，汇率监督与政策协调。IMF 促使其会员国与 IMF 和其他会员国之间的合作，建立并维持稳定的汇率制度，保证金融秩序的稳定和世界经济的增长。第二，创造储备资产。1969 年，IMF 年会决定创设特别提款权，以补充会员国国际储备的不足。特别提款权是由 IMF 按会员国缴纳的份额分配给会员国，分配后即成为会员国的储备资产。当会员国出现国际收支赤字时，可以动用特别提款权，将其划给另一个会员国，偿付收支差额，或用于偿还 IMF 的贷款。第三，向会员国提供贷款。当会员国出现国际收支暂时性不平衡时，IMF 向会员国的财政部、中央银行等政府机构提供短期信贷，用于贸易与非贸易的经常性支付。自 IMF 成立以来，它在维持国际汇率稳定、消除外汇管制、平衡国际收支和促进国际货币合作等方面做了大量的工作。

（2）世界银行。

世界银行即国际复兴开发银行，成立于 1945 年，总部设在美国华盛顿，只有 IMF 的会员国才能加入世界银行。目前，世界银行主要是向发展中国家提供开发性贷款，资助发展中国家兴办特定的长期建设项目，以促进其经济增长与资源开发，这些贷款主要用于基础设施、环境保护等具有公共产品性质的投资。

世界银行还有两个附属机构，即国际开发协会和国际金融公司，它们的总部在华盛顿。国际开发协会成立于 1960 年。作为世界银行活动的补充，国际开发协会向欠发达地区的会员国提供期限较长、利率较低等条件优惠的贷款，以满足他们在重要发展方面的需要。世界银行和国际开发协会的贷款主要是以会员国政府为发放对象。为了促进对私人企业的国际贷款，世界银行于 1956 年成立了国际金融公司，其宗旨是对会员国中的发展中国家里的私人企业的新建、改建和扩建提供贷款，促进发展中国家私营经济的增长和资本市场的发展。

（3）国际清算银行。

成立于1930年，总部设在瑞士巴塞尔。其最初设立是为了便于第一次世界大战所造成的国际债务的支付和转移。现在，它的宗旨是促进各国中央银行的合作，为国际金融活动提供更多的清算便利，在国际金融清算中充当受托人或代理人。在某种意义上，它是各国中央银行的银行。此外，它还是各国中央银行进行合作的理想场所。每年它都要举行年会，各国中央银行行长们都要在巴塞尔会面，讨论世界经济与金融形势等重大问题。

第二节　商业银行

“银行”（Bank）一词来源于意大利语（Banca 或 Banco)，意思是早期货币兑换商借以办理业务使用的板凳。英文 bank 的原意为存放钱财的柜子，后泛指从事货币存贷和办理汇兑、结算业务的金融机构。中国古代的“钱庄”、“银号”、“票号”等是指从事汇兑、放债收息的机构。我国在清朝咸丰年间就有“银行”一词问世。因为在我国货币历史上，白银占有极为重要的地位，所以在人们心目中，“银”就是货币。直到现在，广东民间仍有把纸币叫做“银纸”的习惯。“行”是中国历来对商业组织的一种称呼，泛指一种职业。“银行”即从事银品制造或交易的行业，后又延伸指外国从事货币信用业务的金融机构。到如今，我们就把经营货币信用业务的商业组织称作“银行”。而日语中的“银行”一词也正是从中国移植过去的。

一、商业银行的含义

商业银行是指从事存款、贷款和汇兑结算等业务，以赢利为主要经营目标的金融企业。对我们而言，平时打交道最多的莫过于商业银行，大到申请住房抵押贷款，小到存取款或者交纳水电费、电话费等都需要与商业银行交往。商业银行作为一种金融企业，其经营范围极广，素有“金融百货公司”之称。中国工商银行、中国银行、中国建设银行、中国农业银行、中国邮政储蓄银行等都是我们所熟悉的国内商业银行。

商业银行有如下特征：

（1）与一般工商企业相比，商业银行具有一般工商企业的基本特征，如有自己的资金、依法经营、自负盈亏、照章纳税、以赢利为目的等。但同时又有其自身的特性：其经营对象是金融资产和金融负债，是货币和货币资本。

（2）与其他金融机构相比，能够吸收活期存款、创造货币是商业银行最鲜明的特征，而其他金融机构，如证券公司和保险公司等都不能吸收活期存款和放贷。

（3）商业银行是金融体系的主体。一般来说，各国中央银行、政策性银行、商业银行和其他金融机构共同组成金融体系，由于商业银行具有综合性、多功能的作用，从而成为国民经济中间接融资的主体，它拥有庞大的存、放款，成为工商企业中短期资金的主要供给者。

二、商业银行的职能

1. 信用中介职能

信用中介职能是商业银行最基本、最能反映其经营活动特征的职能。这一职能的实质，是通过银行的负债业务，把社会上的各种闲置资金集中到银行里来，再通过资产业务，把它投向各经济部门。商业银行是作为货币资本的贷出者和借入者的中介或代表来实现资本的融通。商业银行其实是买卖“资本商品”的“大商人”。

商业银行信用中介职能主要表现为：实现资本盈余和资本短缺之间的融通，但并不改变货币资本的所有权，改变的只是货币资本的使用权。这种使用权的改变，使经济过程形成了多层次的调节关系；把暂时从社会再生产过程中游离出来的闲置资本，转化成执行货币职能的资本，在不改变社会资本总量的前提下，通过改变资本的使用量，扩大再生产规模，实现资本增值；把不能作为资本使用的小额货币储蓄集中起来，变为可以投入再生产过程的巨额资本；把用于消费的收入，转化为能带来收入的货币资本，扩大社会资本总量，从而使社会再生产以更快的速度增长；把短期货币资本转化为长期货币资本。在利润原则支配下，还可以把货币资本从效益低的部门转向效益高的部门，实现对经济结构的调节。信用中介职能的延伸，形成了对经济过程的多层次调节，有利于经济的发展。

2. 支付中介职能

支付中介职能从逻辑上先于信用中介职能，它最早产生于货币经营时期。货币经营者在货币保管和支付中积存了大量的货币，当为获得赢利而放款时，才产生了信用中介职能。但支付中介职能的发展，也有赖于信用中介职能，因为只有在客户保持一定存款余额的基础上，才能办理支付。存款余额不足，就会产生对银行借款的需求；银行贷款又转化为储户存款，然后才需要办理转账支付和提取现金。支付中介职能和信用中介职能相互推进，构成了银行借贷资本的整体运动。

商业银行通过存款在账户上的转移，代理客户支付，并在存款的基础上为客户兑付现款等，成为工商企业、团体和个人的货币保管者、出纳者和支付代理人。以商业银行为中心，形成了经济过程中周而复始的支付链条和债权、债务关系。支付中介职能的发挥大大减少了现金的使用，节约了社会流通费用，加速核算过程和货币资本的周转，促进了再生产的扩大。

3. 信用创造职能

信用创造职能即货币创造职能。企业取得银行贷款后，一般不会直接提取现金，而是将它所获得的贷款存入它在银行的账户上。这样，商业银行通过发放贷款而创造的存款就叫派生存款，这一过程就叫货币创造（或存款创造）。商业银行利用吸收的存款发放贷款，在支票流通和转账结算的基础上，贷款又转化为存款，在这种存款不提取现金或者不完全提取现金的情况下，就增加了商业银行的资本来源；最后在整个银行体系，通过货币乘数的作用，形成数倍于原始存款的派生存款。

要理解商业银行体系如何创造存款，我们可通过一个虚拟的例子来说明。

假定商业银行的准备金率为10%。首先，假设某储户甲把1 000元现金存入某商业银行（简称为银行1），银行1将100元作为准备金，而将其余900元用于贷款或购买各种债券。比如，它将这900元放贷给乙，乙把900元用于购买衣服，结果这900元到了衣服销售者丙的手中，我们假设丙把钱全部存入银行2。这样，银行2增加900元存款，然后，它留下10%的准备金，即90元，把其余的810元放贷给农户丁，农户丁用之购买肥料，结果这810元流到了肥料销售商戊的手中，戊把它存入银行3，这样，银行3增加了810元的存款。银行3把81元留下，其余也放贷出去……这个过程可以一直持续下去。银行体系创造货币的结果是把原始存款1 000元扩大10倍，达到10 000元。如果以D代表经过派生的存款总额，A代表原始存款额，r代表法定存款准备金率，存款创造过程可用公式表示为：

$$D = A/r$$

把上例代入公式，得：

$$\text{存款总额 } D = 1\ 000/10\% = 10\ 000 \text{（元）}$$

$$\text{派生存款 } D - A = 10\ 000 - 1\ 000 = 9\ 000 \text{（元）}$$

通常把存款总额相对于原始存款的扩张倍数称为商业银行存款派生倍数，又称存款货币乘数，它是法定准备金率的倒数。若以K表示存款货币乘数，依据上例，得：

$$K = D/A = 1/r = 1/10\% = 10$$

因此，法定存款准备金比率越高，商业银行创造存款货币的能力越弱；法定存款准备金率越低，商业银行创造存款货币的能力越强。然而，商业银行存款创造的倍数可以达到法定存款准备金率的倒数，这只是理论的极限，实际上肯定达不到这个水平。因为它不仅受到经济主体对贷款需求的制约，还要受到现金漏损和超额准备金的制约。

由于人们需要保留一部分现金来维持日常周转的需要，这就决定商业银行发放贷款后，这笔资金并不会完全作为存款留在企业账户上，而是有相当一部分现金被客户提取，公众持有现金就是现金流出银行系统，这就是现金漏损。现金漏损与存款总额之比为现金漏损率（h）。出现现金漏损会造成银行系统的准备金减少，派生存款的创造倍数相应缩小，银行创造派生存款的能力下降。货币乘数的计算公式可相应修正为：

$$K = 1/(r + h)$$

商业银行缴纳的法定准备金率实际上是不能动用的，这就决定了它们还要留有一部分准备金，以维持日常周转的需要，这就是超额准备金。超额准备金的存在，使得商业银行可以发放的存款进一步减少，派生存款的创造能力进一步降低。银行超额准备金与存款总额之比，称为超额存款准备金率（e）。将超额存款准备金率加入货币乘数的计算公式，其结果为：

$$K = 1/(r + h + e)$$

从信用中介职能来看，商业银行与专业银行及非银行金融机构并无本质上的差别，都是金融中介，就是将社会闲置资本和储蓄引导到生产与投资用途上来。但从信用创造的职能上来看，其区别是显而易见的。专业银行和非银行金融机构一般不具有派生存款或信用创造的功能。商业银行体系可在不减少自身储备的情况下，同时增加贷款和存款，而其他金融机构必须减少储备才增加贷款，而且无法同时增加存款。

4. 金融服务职能

银行由于联系面广，信息比较灵通，特别是电子计算机在银行业务中的广泛应用，使其具备了为客户提供信息服务的条件，如提供咨询和“决策支援”等服务。工商企业生产和流通专业化的发展，又要求把许多原来的属于企业自身的货币业务转交给银行代为办理，如发放工资、代理支付其他费用等。个人消费也由原来的单纯钱物交易发展为转账结算。现代化的社会生活需要商业银行提供多方位的金融服务。另外，随着银行间的业务竞争日益剧烈，在强大的业务竞争压力下，各商业银行也不断拓展其服务领域。在此过程中，资产负债业务进一步扩大，并与金融服务结合起来，开拓了新的业务领域。在现代经济生活中，金融服务已成为商业银行的重要职能。

5. 调节经济职能

商业银行实际上是中央银行宏观调控的主要环节。一方面，中央银行在运用其宏观调控手段（即存款准备金、再贴现政策和公开市场业务）时，商业银行成为直接的调控对象和调控信号的最主要传递环节，它对中央银行的调控手段反应最灵敏，因此，中央银行的货币政策直接影响到商业银行的经营和运作。另一方面，商业银行通过执行中央银行的宏观调控政策，调整自身的运作和经营。例如，调整投资和消费信贷，间接发挥宏观调控的作用，同时也保证了中央银行的货币政策的实施，促使国民经济保持健康、稳定地发展。

三、商业银行的业务

商业银行业务活动的种类繁多，大体上，可以将商业银行的所有业务分为两个基本的类型：表内业务与表外业务。

1. 表内业务

表内业务就是在资产负债表上所反映出来的业务，主要包括资产业务和负债业务两大类。

(1) 资产业务。

资产业务即商业银行如何使用通过负债而获得的资金。商业银行的资产业务主要有以下三大类：贷款、投资和票据贴现。

贷款是商业银行最基本的资产业务。按贷款用途来分，商业银行的贷款分为生产性贷款和消费贷款。生产性贷款一般是面向企业发放的贷款，以保证企业生产发展之需。假设某公司出售了一批价值5 000万元的货物，但要等到3个月以后才能收到货款，而该公司现在又需要购买原材料投入生产，否则会面临停工的危险，解决这一难题的办法之一就是向银行申请生产性贷款。消费贷款，顾名思义，就是发放贷款的目的主要是用于购买消费品。住房抵押贷款和汽车消费贷款是最主要的消费贷款。如果你获得中国工商银行一定的信用额度，且持有牡丹信用卡，即使你在卡上没有足额的存款，你依然可以在工商银行的特约商户购物或在高档宾馆住宿，这就是信用卡消费贷款。信用卡消费贷款没有特定的贷款用途，它主要是满足零星的消费支出之用。

投资业务就是商业银行购买有价证券或投资于其他实物资本的业务活动。如商业银行购买股票、政府债券或投资于房地产、自己经办实业等。但是，商业银行在从事投资业务时，会受到一些法律上的限制。一般来说，商业银行投资于政府债券受到的限制较小，而投资于股票、基金或非自用房地产等方面的限制则因国家而异。目前，中国的商业银行不得从事股票等有价证券业务，也不得投资于非自用房地产。但是，中国商业银行购买政府债券则不受限制。

票据贴现是商业银行传统的三大资产业务之一，就是票据持有人在需要资金时，将其持有的未到期票据转让给银行，银行扣除利息后将余款支付给持票人的票据行为。例如，假设甲公司向乙公司出售一批价值500万元的设备，但要到3个月后才能收到货款，乙公司已经向甲公司出具了承诺3个月后付款的真实票据。由于甲公司现在急需4 500万元的流动资金，这样，甲公司的财务经理就可以将这张票据拿到某商业银行去申请贴现。贴现后，甲公司就不再持有这张票据了，与这张票据有关的债权也就转移到了工商银行手中；之后，债权债务关系就只存在于乙公司与工商银行之间了。而贴现银行在需要资金时，可将已贴现的票据转让给其他商业银行办理贴现，这就是所谓的转贴现。如果贴现商业银行将已贴现的未到期票据向中央银行贴现时，这种票据转让行为称为再贴现。

(2) 负债业务。

即商业银行通过一定渠道获得他人的剩余资金。商业银行的负债业务主要有以下四类：吸收存款、借款、发行金融债券和筹集资本金。

吸收存款是商业银行最基本的负债业务，存款在商业银行的资金来源中所占的比重一般都在80%以上。如果没有了存款，商业银行的贷款活动也就成了无源之水，因而也就无法开展资产业务。储蓄存款可分为活期存款和定期存款，定期存款又可分为整存整取、零存整取和存本取息定期储蓄存款等多种形式。整存整取就是一次存入某一固定金额的本金，到期时一次性提取本金和利息；零存整取就是按月存入固定的金额，到期时一次性提取本金和利息；存本取息是一次性存入一定的金额，然后到某一个日期可以提取利息，取出的利息可用于再投资。上述各种定期储蓄存款都有一定的最低金额要求。例如，目前中国建设银行的整存整取、零存整取和存本取息的定期存款的起点金额分别为50元、5元和5 000元。

借款包括同行拆借和向中央银行借款两种情况。同行拆借就是资金短缺的商业银行从有资金盈余的商业银行借入资金的活动；换个角度看，则是有资金盈余的商业银行向资金短缺的商业银行进行同行拆放。有时候，商业银行也可直接从中央银行借款来弥补它的资金缺口，从中央银行的角度来讲，这被称作再贷款。借款时，商业银行都要支付利息。

发行金融债券是商业银行获得资金的另一个来源。金融债券就是金融机构为了筹集资金而发行的债券。发行金融债券与吸收存款所不同的是，金融债券是标准化的，在同一次发行的金融债券应当有相同的面额、期限和利率等。我国商业银行极少通过发行金融债券来融资。

筹集资本金是商业银行正常开展各项业务活动的需要。我国国有独资商业银行的资本金全部来自于国家财政的拨付，而对于股份制商业银行而言，发行股票是筹集资本金最重要的方式之一。

2. 表外业务

表外业务是指没有反映在银行资产负债表中、但会影响银行的营业收入和利润的业务。它分为广义的表外业务和狭义的表外业务。广义表外业务包括中间业务和狭义表外业务。

（1）中间业务。

中间业务是指银行利用自己的便利而不动用自己的资产为顾客办理的服务，包括汇兑业务、信托代理业务、租赁业务和信用卡业务等。银行在办理中间业务时，要收取一定的手续费。下面我们重点介绍汇兑业务和信用卡业务。

汇兑业务是银行代理客户把现款汇给异地受款人的业务。这种业务要使用特殊的汇兑凭证：银行汇票或支付委托书。这些凭证是承汇银行向另一银行或分支行发出的命令，命令后者向第三者支付一定数额的货币，银行汇票由银行交给客户，客户再将它寄给收款人，由收款人到汇票指定的银行取款。支付委托书是承兑银行用电信或电报直接通知另一银行，再由后者通知第三者取款。因此，汇兑业务中包含两个阶段的行为：首先汇款，然后兑现，故称为汇兑。汇兑业务为商业银行创造了没有风险的收益机会，而且，银行还可以利用汇兑业务占用客户的一部分资金。因为客户把款交给银行，银行再把款汇给异地的收款人，这中间总会有一段时间间隔，在这段时间内，银行就可以占用客户的资金。

信用卡业务是一种消费者信贷，持卡人可以用卡支付物品或劳务的费用，商家每天将持卡人签发的发票副本送交发卡银行，然后由发卡银行按月向持卡人收账。信用卡实际上把银行的两项基本功能——支付与信贷结合起来了。各种信用卡的发行，不仅为银行，也为顾客和商家提供了便利。对银行来说，它可以吸收商家在银行的存款，并可收取一定的佣金或因不能按期付款的罚息，同时还加强了银行与客户的往来合作关系。对顾客而言，借助信用卡可以获得购物或享受服务的方便，不用随身携带现金，并且可以经常使用他们的信用卡，不需要任何手续就可以贷款超前消费。对商家来说，它们赊销后可以立即从银行收回货款，资金可免于积压，而且使用信用卡顾客的信用是由发卡银行提供担保的，这就使商家不必负担调查的费用，同时又扩大了它的销售面。

（2）狭义表外业务。

狭义表外业务是指有风险的金融业务，主要包括贷款承诺、担保、衍生金融工具和投资银行业务四大类。

贷款承诺是银行在未来特定时期内向客户按事先约定的条件发放一定数额贷款的承诺，它分为可撤销承诺和不可撤销承诺。可撤销贷款承诺附有客户在取得贷款前必须履行的特定条款，一旦在银行承诺期间及实际贷款期间发生客户信用级别降低，或客户没有履行特定条款，银行可以撤销为其提供贷款的承诺。不可撤销的贷款承诺则是不经客户同意银行不得私自撤销的承诺，它具有法律效力。

担保是商业银行以证人或保人的身份接受客户的委托，对国内外的企业提供信用担保服务的业务，即商业银行为交易活动双方中的其中一方（委托人）向另一方出具书面担保，以保证委托人届时履行合同义务。一旦委托人不履行合同义务，则银行负有连带赔偿责任。

衍生金融工具是指以股票、债券或货币等资产为基础而派生出来的金融工具，它们依附于原生金融工具的交易而存在。衍生金融工具包括远期外汇合约、货币与利率互换、金融期货和金融期权等。

投资银行的业务就是由投资银行和证券公司经营的各种业务，包括证券的承销、代理和证券做市等。

银行利率与存款收益

某人于2004年1月5日将5万元存入商业银行，选择了2年期的定期存款，将于2006年1月份到期。但他在2005年1月5日由于急于购买住房，需要资金，鉴于定期存款未到期，如支取将视同活期存款，损失很多利息收入。因此，决定不将存款取出，而是先向商业银行申请1年期贷款，然后等存款到期时归还。

问题：上述决定是否合理？试阐述你的理由。(2004年1月份2年期定期存款利率为2.25%，2005年1月活期存款利率为5.58%，2005年1月份1年期贷款利率为5.58%。)

第三节　中央银行

一、中央银行的定义与特点

中央银行是一国金融体系的核心，是国家管理金融的机关，是制定和执行金融政策的部门，是国家控制和调节货币信用的机构，是具有排他性、唯一性的特殊的国内金融机构。如中国人民银行、美国联邦储备委员会（FRB）、英格兰银行（BOE）、瑞士中央银行（SNB）等。与商业银行相比，中央银行具有下列特点：

（1）不经营一般商业银行业务，不办理对企业和个人的货币信用业务。

（2）不以赢利为目的。

中央银行的根本任务是执行国家的经济政策，维护正常的金融活动，对经济进行宏观调节，实现既定的宏观经济目标，赢利与否无关紧要。

（3）资产应具有较大流动性。

中央银行对金融的调节，主要是通过货币政策工具来进行，无论使用哪种货币政策工具，其最终结果必然是由中央银行资产的变动引起社会货币供应量的变动，以达到所要求的政策效果。如果中央银行资产变现力差，货币政策工具就不能及时顺利地发挥作用。因此，中央银行所掌握的资产应有较大的流动性，不可投放于不可变现的资产。这也是与商业银行的区别。

（4）对存款不付利息。

中央银行的存款一是来自财政存款；二是来自银行及其他金融机构缴纳的存款准备金。财政存款是中央银行代理国家金库的结果，纯属保管性质。存款准备金和往来存款户的存款，是中央银行集中存款储备和为票据清算服务的结果，属于调节性质和服务性质。因为中央银行不以赢利为目的，按国际惯例，中央银行对存款一般不付利息。而商业银行对存款一般均应付利息。

（5）中央银行不在国外设立分支机构。

中央银行作为一国政府在金融方面的代表，无权在他国境内干涉他国金融服务，所以中央银行不能像商业银行那样在国外设立分行，而只能设置代理处。

二、中央银行的职能

中央银行的职能是中央银行性质的具体反映，可从不同角度进行分析和归纳。依据中央银行的性质，其职能可分为政策职能、银行职能、监督职能、开发职能和研究职能等五大类；根据其作用，中央银行的职能可分为独占货币发行、为政府服务、保存准备金、最后融资者、管制作用、集中保管黄金和外汇、主持全国各银行的清算和监督各金融机构的业务活动等八大职能；按其在国民经济中所处的地位来分，一些学者把中央银行的职能归纳为发行的银行、政府的银行、银行的银行三大类；也有人把中央银行的职能归纳为基本职能和综合职能。其基本职能包括发行的银行、政府的银行、银行的银行三种职能；综合职能包括服务职能、调节职能和管理职能三种。本书把中央银行的职能归纳为发行的银行、政府的银行、银行的银行和监管的银行四个方面。

1. 发行的银行

中央银行作为发行的银行的职能是指国家赋予中央银行集中和垄断货币发行的特权，是国家唯一的货币发行机构（有些国家辅币的铸造和发行由财政部管理）。中央银行垄断货币发行权有利于管理和调节货币流通，稳定货币，满足经济发展的资金需要，也有利于政府分享利润；同时，政府作为中央银行的后盾，有利于提高货币信誉。

2. 政府的银行

中央银行作为政府的银行，主要执行以下职责：

（1）政府的财政金融顾问。

中央银行协助政府制定经济政策，并担负着执行金融政策的任务；同时，代表政府参加国际金融组织、签订国际金融协定及从事国际金融活动、与外国中央银行进行交易。

（2）中央银行服务于国家财政，代理国库。

中央银行为政府开立账户，并代理政府发行公债和还本付息事宜。

（3）直接对政府贷款。

中央银行与政府关系密切，对财政一般有支付义务，直接给政府无息或低息贷款。提供信贷的方式主要是中央银行直接向政府提供短期贷款（或者政府用国库券贴现或者以有价证券为抵押品的短期贷款）。

（4）政府证券的代理机构。

中央银行一般都是政府各项债券的代理机构，代理政府发行债券和还本付息事宜。

（5）代理政府进行黄金与外汇的交易，并负责管理国家外汇、黄金储备。

3. 银行的银行

中央银行作为银行的银行是指，一方面，中央银行处于商业银行和其他金融机构之上，对这些金融机构进行管理，即金融监管；另一方面，中央银行只与商业银行和其他金融机构发生业务关系，如集中存款准备金、办理清算和提供信用等。

(1) 作为存款准备金的保管者。

中央银行根据银行法的规定，要求商业银行等金融机构将其存款按一定比例无息存入“准备金账户”，由中央银行集中保存，并根据扩张和紧缩银根的需要，通过对存款准备金率的提高或降低的幅度缩减或扩大自己的信贷规模，影响商业银行等金融机构的投资和贷款。存款准备金制度是指中央银行在法律所赋予的权力范围内，通过规定或调整商业银行缴存中央银行的存款准备金比率，控制商业银行的信用创造能力，从而间接地控制社会货币供应量的制度。根据法定存款准备金比率计算出来的金额称为法定存款准备金。

(2) 作为最后贷款人。

在商业银行或其他金融机构发生资金短缺时，可以将持有的票据向中央银行进行再贴现或要求抵押贷款，得到自己所需的资金。有时为了配合政府财政政策，中央银行主动降低再贴现率，向商业银行提供优惠利率贷款。从这个意义上讲，中央银行在资金上是商业银行或其他金融机构的“最后融通者”。

(3) 作为全国金融业的票据交换和清算中心。

各金融机构在中央银行开立账户进行结算，中央银行主持全国各银行之间的票据交换的差额的清算往来。中央银行组织、监督管理全国的清算系统，提供票据清算工具，制定有关清算纪律和清算的收费标准，执行清算中心的职能。随着资金量的增长和数据处理技术的发展，中央银行的清算和转账在技术上作了很大改进，使清算更准确、更及时、更广泛，从而加速了资金的周转和有效利用。另外，各国中央银行通过参加国际清算中心（如 SWIFT)，借助时差使清算资金在世界不同城市或大的金融中心之间迅速运转，增强了自己本身的清算能力。

4. 金融监管的银行

中央银行的金融监管职能，是指在中央政府的授权下，中央银行有权制定和执行货币政策，以实现稳定币值，促进经济增长等目标；有权制定并监督执行金融法规和金融业务基本规章；有权对商业银行和其他金融机构的业务活动进行管理、监督和领导；有权管理境内的金融市场等。

正是因为中央银行是发行的银行、政府的银行和银行的银行，在各国的金融体系中，中央银行居于核心地位，它担负起了政府管理全国金融的特殊使命，这也是现代中央银行的一个重要特征。随着金融全球化的不断发展，中央银行的金融监管职能也显得越来越重要了。

三、中央银行的业务

中央银行的主要业务可分为三类：负债业务、资产业务和其他业务。

1. 负债业务

中央银行的负债是指社会各集团或个人所拥有的对中央银行的债权。中央银行的负债业务主要有：货币发行业务、存款业务、代理国库业务等。

货币发行业务是中央银行最初的和最重要的负债业务。统一货币发行权是各国政府统管财经权力的集中体现。各国在立法中均由中央银行垄断着本国的货币发行权。统一货币发行权是中央银行制度形成的最基本动因。

存款业务是中央银行的主要负债业务之一。从根本上来讲，中央银行的存款是中央银行自己创造的、以贷款等形式投放货币后形成的。办理存款业务对于发挥中央银行的职能作用关系非常密切。按存款来源的对象划分，中央银行的存款可分为商业银行存款、财政性存款、特种存款和其他存款。其中，特种存款是从部分金融机构的存款中集中的一部分资金。其他存款是指邮政储蓄存款、非银行金融机构存款、外国政府或外国金融机构在中央银行的存款。

2. 资产业务

中央银行的资产是指在一定时点上中央银行所拥有的债权。中央银行的资产业务主要有再贴现业务、贷款业务、证券买卖业务和黄金保管与外汇储备。

再贴现业务是以商业银行的票据作抵押，先收取利息的短期贷款业务。中央银行通过调整再贴现率来调控金融市场的供求关系，贯彻执行货币政策。

贷款业务也是中央银行的主要资产业务之一。贷款业务主要有对商业银行的放款，对国家财政的放款，对外国银行、国际金融机构和国内少数工商企业的贷款。中央银行的贷款充分体现了作为最后贷款人的职能作用，对维护金融安全、执行货币政策、调节国家财政收支平衡、抑制通货膨胀和促进国民经济发展都有着十分重要的意义。

买卖证券业务的基本目的是调节和控制货币供应量，配合准备金政策和再贴现政策的运用，稳定金融市场，避免和消除因金融市场的震荡给经济带来的负面影响。中央银行购买证券一般都是在二级市场公开购买国家政府债券，也有购买地方政府债券和企业债券的。

黄金保管与外汇储备既是中央银行的基本职责之一，又是中央银行的主要资产业务。由于黄金、白银和外汇是国际进行债权债务清算的支付手段，各国都把它们作为储备资产，由中央银行保管，其目的是在本国国际收支发生逆差时，用来清偿债务。中央银行保管黄金和外汇储备对稳定币值及稳定汇价有着重要意义。

3. 其他业务

中央银行的其他业务与资产负债业务有着十分密切的关系，它对中央银行充分行使其各种职能有着重要的影响，在中央银行的业务活动中有着十分重要的地位。中央银行的其他业务主要有：资金清算业务，会计、统计业务，外汇、外债管理业务，对外金融关系业务。

中央银行的资金清算分为两种方式：即现金结算和转账结算。资金清算业务主要可分为集中办理票据交换、集中清算交换的差额、组织异地资金转移三类。

会计、统计业务是中央银行汇集经济、金融信息，强化宏观调控与微观管理的重要工具和基础业务，也是国民经济会计、统计核算体系的重要组成部分。会计业务核算的对象是中央银行在发行货币、办理存款贷款、买卖有价证券、参与国际金融活动及资金清算等业务活动中，所引起的资金变化及其结果。统计业务的主要内容有信贷收支统计、现金收支统计、货币流通量统计和外币业务统计。

外汇管理的内容主要包括贸易外汇管理、非贸易外汇管理、资本输入的管理、非居民存款账户的管理、黄金输出入的管理、汇率调整与汇率管理等。外债管理业务通常有直接管理与间接管理之分，直接管理是指国家设立专门的官方机构，来管理对外债务；间接管理是指通过货币政策、财政税收政策、汇率利率政策来调控对外债务的增减。

对外金融关系业务主要有：充当各国政府对外金融活动的总顾问和全权代表，代表本国政府参与国际金融机构的活动；与各国的中央银行进行官方清算；参与国际间资金清算活动；调节与监督国际金融活动；发展与各国的中央银行及各国际金融机构的对外金融关系等。

四、中国人民银行

中国人民银行是我国的中央银行，是在国务院直接领导下的部级单位，是领导和管理全国金融事业的国家机关，总行设于北京，并在全国设立了9个跨省（区）分行，作为中国人民银行的派出机构。9个分行分别是天津分行、沈阳分行、上海分行、南京分行、济南分行、武汉分行、广州分行、成都分行、西安分行。中国人民银行实行行长负责制，其决策机构是理事会。

作为我国的中央银行，中国人民银行具有一般中央银行的特点和职能。根据《中华人民共和国中国人民银行法》的规定，其主要职能有：

（1）依法制定和执行货币政策。

（2）发行人民币，管理人民币流通。

（3）按照规定审批、监督管理金融机构。

（4）按照规定监督管理金融市场，发布有关金融监管和业务的命令和规章。

（5）持有、管理、经营国家外汇储备、黄金储备。

（6）经理国库。

（7）维护支付、结算系统的政策运行。

（8）负责金融业的统计、调查、分析和预测。

（9）作为国家的中央银行，从事有关的国际金融活动。

（10）国务院规定的其他职责。

为促进房地产业健康、持续地发展，中国人民银行决定，从2005年3月17日起，调整商业银行自营性个人住房贷款政策：一是将现行的住房贷款优惠利率回归到同期贷款利率水平，实行下限管理，下限利率水平为相应期限档次贷款基准利率的0.9倍，商业银行法人可根据具体情况自主确定利率水平和内部定价规则。以5年期以上个人住房贷款为例，其利率下限为贷款基准利率6.12%的0.9倍（即5.51%），比现行优惠利率5.31%高0.20个百分点。二是对房地产价格上涨过快的城市或地区，个人住房贷款最低首付款比例可由现行的20%提高到30%。具体调整的城市或地区，可由商业银行法人根据国家有关部门公布的各地房地产价格涨幅自行确定，不搞“一刀切”。

问题：结合案例和所学内容，试分析中国人民银行的上述决定在行使什么职能，将产生什么影响。

第四节 政策性银行

一、政策性银行的含义

政策性银行是指由政府创立或担保，以贯彻国家产业政策和区域发展政策为目的，具有特殊的融资原则，不以赢利为目标的金融机构。

在经济发展过程中，有些领域对国民经济发展、社会安定与进步具有重要意义，但由于其投资规模大、周期长、经济效益低、资金回收时间长、回报率低等原因，以赢利为首要目标的商业银行等商业性金融机构通常不愿意为这样的项目提供贷款，如落后地区的开发、基础产业和支柱产业的基本建设和技术改造、重要基础设施建设项目等。但考虑到它有良好的公共效益，政府往往设立政策性银行，专门对这些项目提供低息的补贴性融资。

政策性银行与普通商业银行相比，有以下三方面的特点：

（1）有特定的融资途径。

政策性银行的资本金主要来自于政府财政拨付，不能通过发行股票来筹集资本金。虽然我国四大国有独资商业银行的资本金目前也还是主要来自于财政拨付，但已经或即将被改造成向社会公开募集股本的股份制商业银行的。

（2）不以赢利为经营目标，主要考虑国家的整体利益、社会效益。

这是与普通商业银行之间最根本的区别。有时为了实现政府的宏观社会经济目标，所发生的经营亏损一般由财政弥补。当然，这并不意味着政策性银行根本不考虑盈亏，它还必须坚持银行管理的基本原则，即我们通常所说的“有借有还”、力争保本微利。

（3）具有特定的业务领域和对象，不与商业性金融机构竞争。

政策性银行的业务领域主要是那些国家宏观产业政策和区域经济发展政策划定的、商业性金融机构不愿或不便涉足的产业和领域，它一般不面向公众吸收存款，也不向一般的工商企业发放贷款。同时，政策性银行也不会经营像代收电话费、水电费和汇兑等方面的中间业务。因此，在业务活动上，政策性银行与商业性金融机构是一种“互补关系”，其业务范围要比商业银行狭窄得多。

二、中国的政策性银行体系

1994 年，我国成立了三家政策性银行，分别是国家开发银行、中国进出口银行和中国农业发展银行。

1. 国家开发银行

国家开发银行成立于 1994 年 3 月，其主要任务是筹集和引导境内外资金，重点向国家基础设施、基础产业和支柱产业项目及重大技术改造和高新技术产业化项目发放贷款。

国家开发银行的资金运用领域主要包括：制约经济发展的“瓶颈”项目；直接

与增强综合国力的支柱产业中的重大项目产生关系；重大高新技术在经济领域应用的项目；跨地区的重大政策性项目等。在资金来源上，国家开发银行主要靠以市场方式向国内外发行金融债券筹集，这种金融债券主要是由商业银行认购的，而非一般个人投资者和企业。

2. 中国进出口银行

中国进出口银行成立于1994年4月，实行自主、保本经营和企业化管理。其主要任务是执行国家产业政策和外贸政策，为扩大我国机电产品和成套设备等资本性货物出口提供政策性金融支持。

中国进出口银行依据国家有关法律、法规、外贸政策、产业政策和自行制定的有关制度，独立评审贷款项目。其资金主要靠以市场方式向国内外发行金融债券等筹集，业务范围主要是为成套设备、技术服务、船舶、工程承包、其他机电产品和非机电高新技术的出口提供卖方信贷和买方信贷支持。同时，该行还办理中国政府的援外贷款及外国政府贷款的转贷款业务。

3. 中国农业发展银行

中国农业发展银行成立于1994年4月，其主要任务是以国家信用为基础，筹集农业政策性信贷资金，承担国家规定的农业政策性金融业务，代理财政性支农资金的拨付。

中国农业发展银行的业务范围主要是向承担粮棉油收储任务的相关国有企业和供销社提供粮棉收购、储备和调销贷款。此外，还办理中央和省级政策财政支农资金的代理拨付，为各级政府设立的粮食风险基金开立专户并代理拨付。但是，中国农业发展银行有特殊的信贷原则，即“库贷挂钩，钱随粮走，购贷销还，封闭运行”。即发放的收购贷款额要与收购的粮棉油库存值相一致，销售粮棉油收入中所含贷款要全部收回，真正按照“信用”的原理来管理资金，防止收购资金被挤占挪用，保证收购资金及时、足额供应，促进粮棉油生产和粮食购、销、调存等方面的工作顺利开展。

本章知识小结

1. 金融机构体系的构成；
2. 商业银行的职能与运作；
3. 中央银行的职能与运作；
4. 政策性银行的特点。

本章能力小结

结合现实情况，理解和掌握各类银行的运作。

【课后任务练习】

1. 案例分析：

中国的银行体系

2007 年底，我国银行业金融机构共包括政策性银行 3 家，国有商业银行 5 家（即中国建设银行、中国工商银行、中国农业银行、中国银行、中国邮政储蓄银行），其中股份制商业银行 12 家，城市商业银行 124 家，城市信用社 42 家，农村信用社 8 348家，农村商业银行 17 家，农村合作银行 113 家，村镇银行 19 家，贷款公司 4 家，农村资金互助社 8 家，信托公司 54 家，企业集团财务公司 73 家，金融租赁公司 10 家，货币经纪公司 2 家，汽车金融公司 9 家，金融资产管理公司 4 家以及外资法人金融机构 29 家。我国银行业金融机构共有法人机构 8 877 家，营业网点 189 921 个，从业人员 2 696 760 人。

任务：阅读上述材料，请你联系自身经历，谈谈对银行作用的认识。

2. 假定你在某商业银行存入 8 000 元，此时银行的法定准备金率是 15%，该银行的超额准备金率是 3%，现金漏损率是 1%。

任务：请根据所学知识，计算整个银行体系可因你的这笔存款派生多少存款。

3. 请利用课余时间对一家商业银行进行社会调查，弄清其组织架构及职能部门设置，并撰写一份调查报告。

第二十三章

金融市场与金融监管

一、本章学习目标

能力目标：

1. 能结合有关理论分析我国金融市场的发展现状；
2. 能够对金融市场发生的金融监管案例进行综合分析。

知识目标：

1. 了解有关金融市场的概念、分类及功能；
2. 了解金融监管和我国的金融市场监管体制。

二、本章工作任务

1. 正确认识金融市场和各种金融工具；
2. 结合现实，分析金融监管的必要性。

三、本章学习指导

1. 运用类比推理法，了解金融市场和金融监管体制；
2. 通过案例，分析金融市场现状和金融监管的必要性。

导入案例

国际金融界投机大鳄——乔治·索罗斯在其最近完成的《金融市场新典范》一书中指出，过去25年来已经形成了超级泡沫，现在这个泡沫即将破灭。身为索罗斯基金管理公司的董事长，索罗斯是位知名的投机商。他曾于1992年预测英镑会贬值，1997年又预测泰铢会走软，基于这类预测而做的投资使他赚了大钱。

索罗斯承认，他的预言并不总是能应验。1987年，他在书中写道，世界必须放弃美元，建立一种新的国际货币体系，否则就可能会“发生金融动荡，出台以邻为壑的政策，导致全球性的萧条，甚至爆发战争”。他在1998年的一本书中写道："全球资本主义体系……已经岌岌可危了。"但这次，他表示"狼是真的来了"……

（资料来源：引自金霁《索罗斯预言》，《广州日报》，2008 年 6 月 26 日）

问题：索罗斯所说的"狼真的来了"具有什么含义呢？该怎么对付这匹"狼"？

第一节　金融市场概述

一、金融市场的定义与特点

（一）定义

金融市场是指以金融资产为交易对象而形成的供求关系及其机制的总和。金融市场有广义和狭义之分。广义的金融市场是指金融活动关系的总和，泛指资金供求双方运用各种金融工具，通过各种形式进行资金融通活动，包括存贷款、信托、租赁、保险、票据贴现与抵押、黄金与外汇买卖等。狭义的金融市场是指具体的资金融通场所，如证券交易所。金融市场活动是以信用为基础的资金使用权和所有权的分离或有条件的转让关系，其中既包含资金借贷，也包含委托代理关系，这些经济关系形成的不同经济契约表现为不同的金融产品。

金融市场在经济生活中与商品市场、劳务市场和技术市场等要素市场相互依存、相互制约，形成一个不可分割的有机整体，是市场体系中极为重要的组成部分，也是其他市场正常发展的先导和保证。

（二）特点

1. 交易对象的特殊性

金融市场的交易对象是以现金、存贷款、保险、债券、股票、期货、外汇和黄金等形式出现的"金融商品"。金融商品只有单一的货币形态和单一的使用价值（即获利能力）。金融商品的"价格"是利息率或收益率，这种"价格"不是商品价值的货币表现，而是企业利润分割的形式。利息率或收益率的高低要由金融商品的买卖双方根据市场供求、竞争和信用等情况共同决定。由于受平均利润率的制约，利息率或收益率在长期的市场竞争中必然趋于一致。因此，商品形态的单一性和"价格"的一致性，是金融市场不同于普通商品市场的重要特点。

2. 金融市场的多元化

金融市场的多元化即金融交易的参加者多元化、金融工具多样化和金融交易方式多样化。在金融交易中，参与融资活动的除银行等金融机构外，还有个人、企业、政府、社团等。这些交易者不仅广泛利用现有的各种信用工具，还要根据需要不断创造新的信用工具，如浮动利率债券和票据、大额可转让存单等。交易方式的多样化，是指在金融市场上有金融机构之间、金融机构与企业或个人之间及企业或个人之间的各种融资活动。

3. 金融市场不受固定场所、固定时间的限制

它既可以是有形市场，也可以是无形市场。商品交易一般是以固定的交易场地为主来实现商品交易活动，而金融市场则是一个复杂而庞大的市场体系，可以通过电话、传真和计算机网络进行交易，通过银行转账实现，不必看货交易，不受时空限制。

4. 金融市场的公开性

首先，金融市场向整个社会开放，无论自然人或法人都依主观意愿自由加入或退出市场；其次，信用交易信息公开，在证券交易所挂牌上市的股票，其发行单位的财务状况都要公之于众；最后，交易条件公开，按照公开、公正、公平原则，由供需双方自由竞争决定交易条件。因此，金融市场是公开的市场。

二、金融市场的构成要素

金融市场的构成要素包括交易主体、交易对象、组织形式、交易价格和相关法规。

1. 交易主体

金融市场的主体是指金融市场中各种交易活动的参与者，包括资金需求的双方。一个开放的金融市场中，交易主体可以是法人，也可以是自然人，具体包括政府部门、中央银行、金融机构、非金融机构的公司企业和居民个人，以及国际金融机构或外国投资者，它们共同构成了金融市场的微观基础。

2. 交易对象

金融市场的交易对象即金融工具，通常也称作金融市场客体，如商业票据、股票、政府债券、公司债券、大额可转让存单等。金融工具是所有权或债权债务关系的凭证，具有流动性、风险性和收益性等特点。流动性是指金融工具能迅速转变为现金而不致遭受损失。变现越快、成本越低，则流动性越强。风险性是指购买金融工具的本金和预定收益遭受损失的可能性。风险主要来自两个方面：一是债务人违约不能如期还本付息的风险，称为信用风险；二是在金融市场上，由于金融工具价格波动而带来的风险，称为市场风险。收益性是指持有金融工具能带来一定的收益。

3. 组织形式

金融市场的组织形式是指金融产品交易的场所，主要有三种形式：一是交易所方式，又称拍卖方式或竞价方式，它是由买卖双方公开竞价，按时间优先、价格优先的原则进行交易，这种方式集中在交易所进行。二是柜台方式，也称店头市场方式或场外市场方式。这种方式是在金融机构柜台上采用协议定价方式进行交易，它是一个松散的市场，交易规则比较灵活，交易成本低，交易对象比较广泛。三是借助计算机网络或其他电讯手段实现交易的方式，如证券市场外的交易既没有固定场所，也不直接接触，而是通过电话、互联网等方式完成交易。

4. 交易价格

金融市场的交易价格就是利率。各种不同的金融市场均有不同的市场利率，如贴现市场利率、国库券市场利率、银行同业拆放市场利率等。但不同的利率之间有着密切的联系，通过市场机制作用，各种利率在一般情况下，呈同方向的变化趋势。市场

利率是不受官方控制的利率，但这并不排除中央银行货币操作对其产生的影响。

5. 相关法规

金融市场法规是金融管理机构为规范市场参与者行为而制定的交易准则。因为金融市场交易的各种金融工具本质上是一种法律契约，因而只有建立在完整的法律框架基础之上的金融市场才能健康运行。而且金融工具越复杂多样，越需要全面的市场法规来规范交易行为。因此，各国为了维护市场交易活动的秩序，防止市场行情剧烈波动及各种虚假欺诈行为，保护参与人的利益，都制定了一系列金融法规。

三、金融市场的主要功能

1. 融资的功能

金融市场可以将居民个人、企业、政府部门、金融机构等的储蓄或闲置资金集中起来，并通过竞争机制流向资金最需要的地方。这种将储蓄转化为投资的功能，一方面提高了资金的使用效率；另一方面实现了资金的合理配置，是金融市场的基本功能。

2. 资金期限转换功能

由于金融工具具有流动性的特征，通过不同金融工具的交易可以实现长期资金与短期资金的相互转化，使资金盈余者供给的资金与资金缺乏者需要的资金在期限上互相匹配。例如，投资股票、债券可以使短期闲置的资金转化为长期投资资金；相反，出售股票、债券变成现款，可获得短期资金。

3. 分散风险的功能

经济生活中存在大量的不确定性，风险的存在是客观的。金融市场为投资者分散风险提供了一个合理机制。由于金融工具的可分割性与流动性，投资者可采用各种证券组合方式来分散风险，提高资金的安全性与赢利性，也可以利用对冲交易、套期保值交易来规避和分散风险。

4. 提供信息功能

金融市场是经济活动的“晴雨表”，在开放经济条件下，各种金融工具的交易价格灵敏地反映了经济运行的状况及态势，可以为金融决策、投资决策和政府宏观经济管理提供大量信息资料。投资者通常以股价变化趋势及上市公司公告的各类信息作为金融决策的依据；企业根据证券行情涨落所反映的公众对相关产业、企业的心理预期，来调整企业经营战略并进行投资决策；中央银行依据金融市场的各类信息，通过公开市场业务、调整再贴现率等手段调节货币供应量，实现宏观经济的基本平衡。

5. 资源优化配置功能

在金融市场上，效益好的企业所发行的债券通常较受欢迎，因而发行时利率低，成本小；相反，效益差的企业所发行的债券风险相对较高，受投资者欢迎程度低，因此发行利率高，筹资成本大。在金融市场上，各种金融资产价格的变化，指导投资者对相对产业和部门的发展前景进行合理预测，决定其资产的投向。金融市场也正是利用市场价格机制使有限的资金流动到最有效的行业、部门。资金的流动又决定了劳动力、技术和信息等资源的流动，从而实现资源的优化配置。

第二节 金融市场分类

一、按金融资产的形式分类

按金融交易的标的物，即金融资产的形式来划分，金融市场可分为货币市场、资本市场、外汇市场、黄金市场、保险市场和衍生金融工具市场。

（一）货币市场

货币市场又称短期金融市场，是指专门融通期限为一年的短期资金交易市场。相对于资本市场而言，货币市场交易的期限就要短很多，因此，货币市场上的金融工具比资本市场工具的流动性更高，且风险相对较低，货币市场上的交易工具多具有“准货币”的性质。货币市场又可细分为票据市场、银行同业拆借市场、大额可转让定期存单市场、短期国债市场、回购协议及抵押契据市场等。

1. 票据市场

票据市场是以票据贴现业务为主的短期资金市场。市场参与者有贴现公司、工商企业、贴现经纪人、商业银行和中央银行等。在票据贴现市场中，最主要的工具是银行承兑汇票，因为银行承兑票据是以银行的信用为担保的，由于银行违约的可能性比一般的企业低，所以银行承兑汇票的风险要比一般的商业汇票小。

2. 银行同业拆借市场

银行同业拆借市场是各家商业银行或专业银行之间的短期信贷市场，属于信用贷款性质，利率随行就市，期限一般为 1 ~7 天。同业拆借须以向中央银行缴纳存款准备金为条件，因为随着存款准备金制度的完善，不缴足法定准备金就会被罚款。于是银行宁多毋少，形成超额准备金，这笔超额准备金可以用来调剂各专业银行和商业银行的资金余缺，一则方便，二则迅速，三则在划拨款项方面费用较低甚至免费。

3. 大额可转让定期存单市场

大额可转让定期存单市场是以在银行的定期存款为基础而建立的一种新型金融工具的交易市场。它是银行发行的一种定期存款证明。

4. 短期国债市场

短期国债市场是指期限在 1 年之内的国家政府公债市场。这种政府短期公债在英国和美国称为国库券。国库券在发达国家市场容量大，受到普遍欢迎，这与其特点是分不开的：①高流动性。投资者一般在 1 年内即可获取本息，若一时急需现金，可以随时将其转让，转让时仍可获得相当数量的利息。②高安全性。政府具有至高无上的地位，一般可满足兑付国库券的需要。③低赢利性。按照资产选择原理，风险往往与收益成正比，所以风险低的国库券，收益一般不高。此外，国家对国库券的利息一般不征收所得税。

5. 回购市场

回购市场产生于20 世纪 60 年代末。它实际上是一种以证券为抵押的短期贷款。其操作过程如下：借款者向贷款者暂时出售一笔证券，同时约定在一定时间内以稍高的价格重新购回；或者，借款者以原价购回原先所出售的证券，但是向证券购买者支付一笔利息。这样证券出售者便暂时获得了一笔可支配的资金，证券的购买者则从证券的买卖差价或利息支付中获得一笔收入。回购协议中的出售方人多为银行或证券商，购买方则主要是一些大企业，后者往往以这种方式来使自己在银行账户上出现的暂时性余额得到有效的利用。回购协议的期限大多很短，很多只有一个营业日，但是由于数额巨大，购买者的收入也很可观。

货币市场的特点有：①货币周转量比较大。由于进入该市场的金融资产偿还期较短，安全性大，易于转让，所以很受投资者欢迎。②交易额比较稳定。由于该市场的交易都是即期交易，因而没有期货交易中出现的各种问题，如投机、价格的暴涨、暴跌导致的风险损失等。③与收入密切相关。对货币市场上资金的需要大多反映了对货币的交易需求，这种需求与收入的关系密切，只要收入稳定增长，货币市场的资金需求也会稳定增长。④投资者比较有保障。尽管投资收益不高，但货币市场对投资者而言比较安全，风险小。

（二）资本市场

资本市场是指期限在一年以上的金融资产交易市场。资本市场的交易对象都是期限在一年以上的金融工具，如股票、公司债券、中长期公债券和不动产抵押贷款等，主要满足长期资金需求。资本市场包括两大部分：一是长期抵押贷款市场；二是证券市场。抵押市场上的贷款通常分为居民抵押贷款和非居民抵押贷款。抵押是一种债务合同，主要以土地和房屋建筑等不动产作为合同的担保品。传统的抵押贷款具有固定的利率，即借贷双方同意在合同存续期间保持固定利率。近年来，抵押利率通常采用浮动利率形式，并倾向于同公司债券利率一起浮动。下面我们将重点介绍证券市场。

1. 证券市场的参与者

证券市场的参与者可以分为三类：筹资者、投资者和证券商。证券市场上的筹资者主要是政府和企业。政府为弥补财政赤字而发行债券。具体根据发行主体的不同可以分为中央政府债券和地方政府债券。随着政府在经济中的作用日益强化，政府债券的规模也越来越大。现在政府也成为证券市场中重要的筹资者。

证券市场上的投资者可以分为个人投资者和机构投资者。个人投资者是指单个投资者，其投资规模和风险承受能力往往都是有限的。机构投资者是指各种法人组织。与个人投资者相比，机构投资者在资金规模、人才、经验，以及各种现代化的技术设施等方面都具有明显的优势，抵御金融风险的能力也更强。发达国家的证券市场主要是由机构投资者所主导的。

证券商是投资者和筹资者之间的交易中介。根据其业务的性质，可以把它们分为三类：投资银行、证券经纪商和证券自营商。传统上，投资银行与商业银行有很大区别。它的传统业务是作为证券承销商，协助完成新证券的发行。但随着金融业混业经营的趋势，投资银行与商业银行在业务方面的交叉不断增多。证券经纪商与证券自营商主要在二级市场上从事业务活动。经纪商是纯粹的中间人，他们只代理客户进行证券买卖，从中收取佣金收入，风险小。自营商则是自己投入资金，通过在证券市场上买入或卖出证券，谋取差价收入。

2. 证券市场上的主要金融工具

证券市场上交易的金融工具主要有：债券、公司股票和证券投资基金。

（1）债券。

债券是代表债权债务关系的一种凭证，债券的持有者称为债权人，债券的发行者称为债务人。假设你购买了10万元的政府债券，那么，你就是政府的债权人，政府就是你的债务人。按照债券发行人的不同，资本市场上的债券主要包括政府发行的中长期政府债券、金融机构发行的金融债券和企业发行的公司债券。对个人而言，现在最熟悉的债券莫过于政府债券了。政府每隔一段时间都要发行一定规模的政府债券。我国现在的金融债券主要是由三家政策性银行向商业银行发行的，一般不向个人投资者发行政策金融债券。一些比较大的企业，如三峡建设总公司、宝钢股份有限公司、中国电力总公司和中国联通等都发行过一些公司债券。

（2）公司股票。

股票是由股份有限公司发行的，由投资者持有、代表对该公司所有者权益的一种有价证券。按照股票持有者的身份，中国上市公司的股票分为国家股、法人股和社会公众股。社会公众股又包括A股、B股和H股。国家股就是由政府组织的代表政府利益的机构持有的上市公司股票；法人股就是由一般工商企业持有的上市公司股票；社会公众股就是由自然人或企业持有的上市公司的股票。社会公众股中的A股就是在中国境内发行、由中国公民持有的且在上海或深圳证券交易所交易的公司股票；B股则是向境外投资者发行的，在上海和深圳证券交易所交易的股票；H股则是由大陆公司在香港发行并在香港证券交易所上市的股票。

假设中国的上市公司想到美国纽约证券交易所去发行股票，办法之一就是发行存托凭证。存托凭证是指在一国证券市场上流通的代表外国公司的股票。发展中国家为了筹集资金，一般希望自己国家的公司到发达国家证券市场去发行股票。但是，有些发达国家为了保护本国投资者和股票市场的正常运行，规定国外公司不能直接入市，必须先将股票存托于上市国的一家银行或信托公司，并由存托机构发行与股票面值相等的存托凭证，然后在上市国的股票交易所挂牌交易存托凭证。全球最著名的存托凭证ADR是美国存托凭证。

（3）证券投资基金。

证券投资基金是将分散的小额资金集中起来，组成规模较大的资金，然后投资于各类有价证券。其最大的特点就是收益共享，风险共担。所谓收益共享，是指证券投资基金赚得的利润要由所有的基金持有人一起分享；风险共担是指证券投资基金投资遭受损失时也要由所有基金持有人一起承担。

证券投资基金主要包括封闭式证券投资基金和开放式证券投资基金。封闭式基金是指在存续期内，基金规模不能扩大和减少的证券投资基金。例如，华夏基金管理公司发行了30亿份的封闭式开元基金，存续期为15年。在这15年内，基金持有人只能在证券交易所交易的时间内转让开元基金，但开元基金的总份额是不变的，在这15年内总共是30亿份。由于在存续期内，基金持有人不能赎回基金份额，基金管理公司面临的流动性压力就大大减少。

开放式基金是指基金证券的规模在其存续期内可以变动的投资基金。假设某人购买了南方成长开放式基金，他现在就可以到它的托管银行去要求赎回。如果赎回了10万份，那么，基金份额也减少了10万份。相反，如果原来没有购买该基金，他也可以到它的托管银行去购买。如果购买了10万份，基金份额也就增加了10万份。与封闭式基金不同的是，开放式基金不能在证券交易所交易，需要变现时，只能到托管银行的柜台上按照当天的净值赎回。

（三）外汇市场

1. 含义和组织形式

外汇一般泛指一切以外国货币表示的资产，包括：

（1）国外现钞，如持有的美元或欧元。

（2）外币有价证券，如以外币为面值的外国政府债券、公司债券、股票等。

（3）以外币表示的支付凭证，如票据、银行存款凭证等。

外汇市场就是外汇交易的场所。按照外汇交易参与者的不同，外汇市场可分为广义的外汇市场和狭义的外汇市场。狭义的外汇市场又称为外汇批发市场，它特指银行同业间的外汇市场，包括各国中央银行、商业银行、非银行金融机构、外汇经纪公司等，交易金额巨大。广义的外汇市场，除了上述狭义的外汇市场外，还包括银行与一般客户之间的外汇交易。本书所述外汇市场是广义的外汇市场。

从组织形式上看，国际外汇市场的形式大体可分为两大类：一类是有固定交易场所的有形外汇市场，参加外汇交易的各方按照规定的营业时间和业务程序在交易所进行交易，但许多交易也可在商业银行之间进行，如德国的法兰克福、法国的巴黎、比利时的布鲁塞尔等外汇市场即属此类，故又称其为“欧洲大陆式外汇市场”；另一类是指没有固定交易场所的无形外汇市场，参加外汇交易的各方利用电报、电话、电传和计算机终端进行交易，例如，英、美、加、瑞士等大多数西方国家都采取这种形式，被称为“英美式外汇市场”。

2. 外汇市场的参与者

（1）外汇银行。

外汇银行即外汇指定银行，是一国中央银行批准的、可以经营外汇业务的商业银行或其他金融机构。为了便于管理和降低外汇经营的风险，各国只许可一部分具有一定资格的金融机构经营外汇买卖业务。外汇银行可分为三种：第一种是专营或兼营外汇业务的本国商业银行；第二种是在本国的外国商业银行分支机构以及本国与外国的合资银行；第三种是经营外汇业务的本国其他金融机构。

（2）外汇经纪人。

外汇经纪人是介于外汇交易的买卖双方之间，为他们介绍业务以获取佣金的中介商。与外汇银行一样，外汇经纪人也需要经过中央银行的批准并取得执业资格后才能参与外汇中介业务活动。外汇经纪人必须清楚了解外汇市场行情和外汇供求情况以快速促成外汇交易。一般来讲，外汇经纪人总能在最短的时间内为其客户找到合适的交易对象，并且能提供最好的成交价格，因此，外汇经纪人能大大提高外汇交易的效率。值得一提的是，外汇经纪人一般不用自己的资金进行冒险，而只进行代客买卖，以收取佣金。

(3) 中央银行及其他相关政府机构。

中央银行不仅是外汇市场的参与者，也是外汇市场的实际操纵者。中央银行对外汇市场价格，特别是短期价格的影响是很明显的。中央银行经常通过公开市场业务或政府法令等形式影响市场汇价，从而实现其管理外汇储备和稳定汇率的目的。不过，政府对外汇市场干预的效果如何还要取决于其他市场参与者的反应。假定美国和加拿大的中央政府决定联合提高加元对美元的即期价格，以稳定加元的市场价格。在短期内实现这个目标的一个方法就是美国和加拿大中央银行同时大量购入加元并卖出美元。如果他们的联手操作对市场是一个惊喜，其他市场参与者就会认为加元即将回升，于是购入加元从而使加元升值；如果其他参与者认为政府的干预不会成功的话，他们就不会购入加元，而是在加元价格还未下降得很低之前就抛出它，这样，加元的价格会最终下跌。除中央银行外，财政部等其他政府外汇管理机构也会进入外汇市场，以实现不同的经济目标。

(4) 外汇交易商。

外汇交易商是专门从事外汇交易、经营外国票据的公司或个人。外汇交易商都是以赚取利率差价为目的的，因此，其交易金额一般非常巨大，是影响外汇市场价格波动的不可忽视的力量。

(5) 客户。

外汇市场的客户包括三类：第一类是外汇的实际供应者和需求者；第二类是外汇投资、投机者；第三类是零星的外汇供求者。第一类客户包括经营进出口业务的工商企业、跨国公司、发行债券或筹集外币贷款的国内企业等。他们是外汇市场上的大客户，其收入和支出的外汇不仅数量巨大，且币种较多。第二类客户既有买卖外国证券的投资者和套汇、套利的保值者，又有利用不同市场、不同时间的汇率差别进行空买空卖以获取利润的投机者。这类客户是外汇市场波动的受益者和制造者。第三类外汇客户包括出国旅游者、留学生、移民及捐赠或接受捐赠的个人和机构等。

从以上分析可见，外汇市场的交易共有三个层次：外汇银行与顾客之间的外汇交易、外汇银行同业间的交易和外汇银行与中央银行之间的交易。

3. 外汇市场的主要业务

外汇市场的业务主要有三大类：即期交易、远期交易和套汇交易。

(1) 即期外汇交易。

即期交易又称现汇交易，是指买卖双方以当时外汇市场的价格成交后，立即或在两个营业日内办理交割，也就是实际资金支付的外汇业务。这种外汇交易主要用于满足对外汇的实际需求。即期交易按交易方式还可以进一步细分为电汇、信汇和票汇等三种。即期交易是外汇市场上最经常、最普遍的交易。提高即期交易在外汇市场上所占的比重，可以加快国际货币结算、信贷融通和资本流动等活动。同时，即期汇率是所有外汇交易的基础，其他一切外汇交易的汇率决定都以即期汇率为最重要的参数。它的主要作用包括：①满足客户临时性的支付需要；②帮助客户调整手中外币的币种结构；③是客户进行外汇投机的重要工具。

(2) 远期外汇交易。

远期外汇交易也称“期汇交易”或“期货交易”，是指在外汇买卖双方成交后并不立即办理交割，而是预先签订合约，先行约定各种有关条件，如外币的种类、金额、汇率、交割时间和地点，直到约定日期才按合同汇率办理交割的外汇交易。预约的交割期限按月计算，一般为1~6个月，最长可以到1年或1年以上，但以3个月期的居多。买卖远期外汇的汇率即为远期汇率，它以即期汇率为基础。远期外汇交易的特点是：第一，买卖双方签订合同后，无须立即支付外汇或本国货币，而是延至将来某个时间；第二，买卖规模较大；第三，买卖的目的主要是为了保值，避免了外汇汇率波动带来的风险，同时也是一种常用的外汇投机方式。

所谓外汇投机，是指从事外汇交易的人并非因贸易或非贸易的实际需要而进行外汇买卖，而完全是为了赚取汇率波动可能带来的利润。外汇投机有“空头”和“多头”之分，所谓“空头”，是指投机者看跌外汇行市时，先抛售一笔远期外汇，并在交割日前，以下跌的即期汇率，再买回等量的外汇，从中谋取汇差利润。因为投机者抛出所没有的外汇，先卖后买，所以被称为“空头”。“多头”的操作则反过来，投机者看涨外汇行市时，先以现行汇率买进一笔远期外汇，待汇率上涨后再抛出这笔外汇，以获取汇差利润。因为投机者先买后卖，所以称之为“多头”。

（3）套汇交易。

套汇是指套汇者利用不同的外汇市场、不同的外汇种类、不同的外汇交割期限在汇率上的差异而进行外汇的贱买贵卖，从中套取差价利润的行为。套汇交易主要分为地点套汇、时间套汇和利息套汇三种。

①地点套汇又称空间套汇。其最简单的形式为直接套汇（双边或两角套汇）。它是利用两个不同地点的外汇市场之间的汇率差异，从便宜的市场买进，同时向高价市场抛出，从中赚取汇率差额的一种外汇交易。例如，某日在东京外汇市场上美元与日元的汇率为1美元=122日元，而同时，在芝加哥外汇市场上1美元=123日元，套汇者按东京的兑换价格在当地外汇市场买入10万美元，付出1 220万日元；同时，他又在芝加哥外汇市场上以当地的兑换价格卖出10万美元，买入1 230万日元。那么，此套汇者可获利10万日元。另外还有三角套汇（或称间接套汇），即利用三个不同外汇市场之间的汇率差异，同时进行买卖，从汇率差额中谋利。

②时间套汇又称“掉期交易”或“互换交易”。它是指交易者在买进一种外汇的同时，卖出交割期不同、等额的同种外汇。具体可以是在买进（或卖出）即期外汇的同时，卖出（或买进）远期外汇；也可以是买进期限较短的远期外汇，同时卖出期限较长的远期外汇，或者与此相反。时间套汇常被用来变动原来的收付款日期，以及调剂不同到期日外汇头寸的余缺，而不以赢利为目的。

③利息套汇又称“套利”。套汇者卖出低利率的资产，买入高利率的资产，也就是把资金从低利率市场调到高利率市场，以获取利息差额收入。这种交易以赚取利差收益为目的，所以称之为“套利”。

显然，套汇交易既是运用外汇资金，增加外汇收益、防止汇率风险、调剂外汇头寸的重要手段，也是谋取利差收益的外汇投机方式之一。

（四）黄金市场

黄金市场作为买卖黄金的场所，是各国金融市场体系的主要组成部分。黄金市场的参与者有采矿企业、一般企业、个人、外汇银行、中央银行和国际金融机构，他们分别是黄金的提供者、需求者或投机者。

按照各国对黄金交易的管制不同，黄金市场分为以下三类：

（1）自由黄金市场。

这类市场的黄金可以自由进出口，居民和非居民可以自由买卖黄金，如瑞士的苏黎世黄金市场。

（2）管制的黄金市场。

这类市场的黄金进出口受到限制，只允许非居民自由买卖，居民则被禁止买卖。

（3）国内黄金市场。

这类市场禁止黄金进出口，只允许居民自由买卖，非居民则被禁止买卖黄金。

（五）保险市场

保险市场是进行各种保险和再保险业务的市场。一个完善的保险市场具有保障、集中社会资金、稳定和促进社会发展的作用。

（六）衍生金融工具市场

前面介绍过的股票、债券、存款等都是原生金融工具，或叫基础金融工具，它们的主要职能是媒介储蓄向投资转化，或者用于债权债务清偿的凭证。与此对应的是衍生金融工具。衍生金融工具是在原生金融工具基础上派生出来的金融产品，包括期货、期权等，它们的价值取决于相关的原生产品的价格，其主要功能不在于调剂资金的余缺和直接促进储蓄向投资的转化，而是管理与原生金融工具相关的风险。金融衍生品分为远期交易、期货、期权和互换等四种。

1. 远期交易

远期交易也称远期协议，是指交易双方约定在未来某一交易日按照预先签订的协议进行金融工具买卖的法律协议或合同，该合约规定双方交易的资产、交换日期、交换价格等，其具体条款可由交易双方协商确定。远期协议主要有远期利率协定和远期货币协定两类。前者是市场参与者为了锁定未来利率，规避利率波动的风险；后者则是市场参与者为了锁定未来汇率，规避汇率波动的风险。

2. 期货

按照其原生产品的不同，期货可以分为商品期货和金融期货两种。商品期货是以实物商品为原生产品的期货，例如，铜、绿豆、谷物、小麦、石油等期货交易。金融期货，顾名思义，就是以金融原生产品为交易对象的期货交易。金融期货主要包括利率期货、股指期货与货币期货等。

利率期货是指在期货市场上所进行的标准化的以债券利率为主要原生产品的期货合约的买卖。由于债券的价格与利率水平密切相关，因此称为利率期货。1994—1995年间，中国推出的国债期货实际上就是一种利率期货。

股指期货是股票价格指数期货的简称，即是指以股票价格指数为交易对象的标准化期货合约。由于股票指数不是实在性的金融资产，其本身无法进行交割，所以，这种交易通常采用的是现金交割方式。股指期货的出现，使投资者可以在更为广泛的范围内投资于整个股市而不只是单只股票上，从而避免了进行证券组合投资的麻烦。股票价格指数反映了股票价格水平的变动，而股票价格水平与经济运行状况密切相关，所以股票价格指数的涨落可以反映出经济运行的一般趋势。它被公认为是股票市场行情的“指示器”和反映经济发展状况的“晴雨表”。

货币期货是以各种可以自由兑换的外国货币作为交易对象的标准化期货合约。这是国际上出现最早的金融期货。目前，较为活跃的货币期货主要有美元、英镑、欧元、日元等。

3. 期权

期权就是事先以较小的代价购买一种在未来规定的时间内以某一确定价格买入或卖出某种金融工具的权利。其中，购买这种权利所费的代价就是权利金，而未来买入或卖出某种金融工具时的价格就是履约价格。例如，你想寻租一间房子，在此过程中，你找到了一间每月租金 1 000 元的房子，并向该房东支付了 200 元定金，这时，你支付的 200 元定金实际上就是你租房时购买期权所支付的权利金。如果你在一周之内并没有找到更便宜或更好的房子，你就以每月 1 000 元的租金租下了那间房子，这 1 000元的房租就是期权交易的履约价格。

期权按照交易方式可以有两类最基本的划分：看涨期权和看跌期权。看涨期权权利的购买者获得在未来一定日期或日期内根据合同规定的价格购买某种特定金融工具的权利。看跌期权权利的购买者获得在未来一定日期或日期内根据合同规定的价格出售某种特定金融工具的权利。“看跌”和“看涨”主要根据权利购买者对特定金融工具价格变动的预测。按照履约时间的不同，金融期权可分为欧式期权和美式期权两种。美式期权在期权有效期内任何营业日均可行使权利；而欧式期权则只有在到期日才能履约。按照期权的交易对象，我们可以把金融期权分为现货期权和期货期权两大类，其中，现货期权可细分为利率期权、货币期权、股票指数期权和股票期权，而期货期权则可细分为利率期货期权、货币期货期权和股票指数期货期权。

4. 互换

互换是一种将不同的债务、不同利率的债务或交割期不同的货币的债务，由交易双方按照市场行情签订预约，在约定期限内相互交换，并进行一系列支付的金融交易行为，主要有货币互换和利率互换两种。在货币互换交易中，两个独立需要借入不同货币的借款者，同意在未来的时间内，按照约定的规则，互相负责对方到期应付的借款本金和利息。例如，假设目前外汇市场上英镑与美元的汇率为 1. 350 0，某国的甲公司在欧洲货币市场上借入了 100 万英镑，同时另一个国家的乙公司则借入了 135 万美元。双方商定，在债务期限内，由乙公司向甲公司提供英镑资金，以偿付甲公司的借款利息；同时，甲公司向乙公司提供美元，以偿付乙公司的借款利息。等到双方债务到期时，双方再相互支付对方的债务本金，以结束互换协议。互换交易不仅可以降低互换双方的筹资成本，而且使有关企业、政府机构等得以利用外国资本市场，获得本来不易获得的某种外币的资金。另外，它还有助于规避外汇风险。

利率互换以交易双方协商的本金为计算利息的基础，在同种货币之间进行固定利率与浮动利率、固定利率与固定利率、浮动利率与浮动利率的互换。在交易中，双方只结清其互换的利率差额，在整个交易过程中，均不发生资金的实际转移。例如，假设甲公司能够以 5% 的固定利率或 4% 的浮动利率取得美元贷款，乙公司能够获得 7% 的固定利率或 4. 5% 的浮动利率贷款，且甲公司取得了固定利率贷款，利率为 5%；

乙公司则获得了浮动利率贷款，利率为4.5%。甲乙两公司商定，由乙公司向甲公司承担1%利率后，然后双方交换利息支付的义务，甲公司替乙公司支付浮动利率，乙公司则替甲公司支付固定利率。这样，乙公司支付的利率总水平为1% +5% =6%；甲公司替乙公司支付的浮动利率为4.5%，但由于乙公司事先向甲公司支付了1%的利率，因此，甲公司实际支付的利率总水平为3.5%。可见，甲乙两公司通过利率互换，有效地降低了利息成本。

二、按金融交易的程序分类

按照金融交易的程序，金融市场可划分为一级市场和二级市场。

1. 一级市场

一级市场即证券发行市场，是指证券发行者出售其新发行的有价证券的市场。证券发行市场主要由发行者和投资者组成，此外，还有一些中介人，如包销人、再包销人和信托人，它们专门经营新证券的发行与分销业务。发行市场是一种无形市场，一般没有固定的集中场所。在证券市场上发行的有价证券有政府债券、公司债券、股票等。

2. 二级市场

二级市场即证券交易市场，是买卖已发行证券的市场。证券交易活动虽不增加社会投资总额，也不增加新的金融资产，但可以实现证券的流动性和变现能力，这是改变经济运行机制的必要环节。

证券交易市场一般分为交易所集中交易市场和场外交易市场两种。证券交易所是最主要的二级市场，具有固定的交易场所和交易活动时间，可以接受和办理所有符合有关法令规定的上市证券的买卖。例如，上海和深圳的证券交易所进行的股票或债券买卖。证券交易所本身并不参与证券交易。它既不买卖证券，也不决定价格，而只是为买卖双方提供一个公开进行交易的场所。证券买卖的双方在交易所内实行公开竞争，经过出价、还价等程序，采取竞价买卖即“拍卖”方式决定成交价格。证券交易所有两种组织形式：一种是以股份公司形式设立的证券交易所，属于营利性企业；另一种是以会员协会形式设立的证券交易所，不以营利为目的，也不是企业。当今大多数国家的证券交易所都是采取会员制形式，但在国际上影响很大的伦敦证券交易所仍为股份公司形式。证券交易所的交易方式有现货交易、期货交易、信用交易、期权交易和股票指数期货交易等五种。

场外交易市场又称店头市场或柜台市场，其交易对象一般是不上市的证券，由证券商在其营业所自营或代客买卖。场外交易市场的证券交易分散在全国各地，交易价格不像交易所那样以竞价方式来决定，而是由购销双方议价成交。场外交易最主要的方式就是柜台交易。在柜台市场上交易的证券主要是依照证券交易法公开发行但未在证券交易所上市的证券，其交易价格以议价方式确定，而且交易方式仅限于现货交易。

场外交易解决了那些不能在交易所上市的股票或债券的流动性问题，由于它极大地提高了这些证券的流动性，因而便利了那些没有达到交易所要求的公司通过发行股票来筹集资本的要求。现在，全球最著名的场外交易是美国的纳斯达克（NASDAQ）

市场。很多还处于创业期的公司都在纳斯达克上市。由于在创业期，公司的发展前景还不明朗，资产规模相对较小，满足不了在交易所上市的要求。但通过在纳斯达克市场上发行股票和上市，满足了这些创业公司的资本要求。这些公司中，有很多后来都发展成了全球赫赫有名的大企业。微软、英特尔等都是在纳斯达克上市的。

反映二级市场价格总体变动的一个统计指标是资本市场价格指数，它主要包括股票价格指数、债券价格指数和基金指数等。在这里，我们以股票价格指数来说明资本市场价格指数。

股票价格指数是综合反映一个国家或地区各种股票价格水平变动情况的指数。它是将许多家公司的股票价格加以平均，以某个时期为基期，确定基期的股票价格指数为100，以后各时期的股票平均价格与基期相比，计算出百分数，即为该时期的股票价格指数。指数以百分点来表示，“点”数用来表示股票价格指数的变动幅度。以美国道琼斯股票价格指数为例，假设1928年10月1日美国65家公司的股票平均价格为80美元，以这一天为基期，确定股票价格指数为100点。到1930年3月1日，股票平均价格上升为120美元。那么可以算出$120/80\times100\%=150\%$，则这天的股票价格指数为150个百分点，简称为150点，比1928年10月1日上升了50点。股票价格指数有综合指数和成分指数之分。综合指数就是将所有上市公司的股票价格都纳入统计范围而得出的指数，中国有上海证券交易所综合指数和深圳证券交易所综合指数。成分指数则是指选择一些具有代表性的样本公司的股票价格来计算股票价格指数，上海和深圳证券交易所也都有成分指数。2002年上海证券交易所推出的上证180指数就是典型的成分指数。上证180指数就是选择在上海证券交易所上市的180家有代表性的上市公司的股票价格变动的指数。

股票价格指数无论是对投资者还是对政府而言都具有非常重要的意义。股票价格指数素有国民经济“晴雨表”之称。一般而言，当宏观经济形势向好时，股票价格指数会不断上涨；反之，则会不断下跌。股票价格指数的变化被行话称为“大势”，即股票市场的总体走势。如果股票价格指数持续走低，且股票交易的成交量逐步萎缩，人们便将这种状况称为“熊市”。熊市即大势很不妙的市场状况。在熊市中，投资者要在二级市场上获得股票现货买卖的差价收益是很困难的。反之，如果股票价格指数持续上升，且股票交易量较大，这种状况就叫“牛市”。如果股票价格指数上升很快，且成交非常活跃，这种市场状况就被叫做“大牛市”。对于投资者和管理者来说，牛市是皆大欢喜的事。

三、按金融产品的交割期限分类

按照金融产品的交割期限，金融市场可划分为现货市场与期货市场。

1. 现货市场

现货市场是指交易双方成交后，在3日内办理交割手续的市场。交割是指结清交易手续，卖者交出证券，买者付出现款，钱货两清。这是证券交易最传统的方法，其交易技术简单，易于操作。

2. 期货市场

期货市场，是指交易双方成交后，按契约规定的价格、数量，在将来某个时刻进行交割的交易方式。金融期货实际上就是指金融期货合约。它是一种标准化合约，它载明买卖双方同意在约定时间按协定的条件（价格、交割地点、交割方式）购买或出售某一数量的某种金融工具。金融期货市场就是交易这种金融期货合约的场所。实际上，期货合约到期后真正实际交割资产的现象很少，通常不到合同金额的3%，绝大多数交易都是在合同到期之前采用对冲交易的方式，或采用到期买卖双方相互划拨资金头寸的方式来结算。这是因为期货合同的买卖双方一般都不是为了要买卖实际资产，而是要利用期货市场来分散投资风险，或投机牟利。期货市场按其交易对象不同可分为货币期货市场、利率期货市场、股指期货市场、黄金期货市场等。

四、其他分类法

按有无固定的交易场地来划分，金融市场可划分为有形市场和无形市场。按成交和定价方式划分，金融市场可分为公开市场、议价市场、第三市场和第四市场。按交易机制划分，市场可分为拍卖市场和场外交易市场。按地域划分，可分为国内金融市场和国际金融市场。

第三节　金融监管

金融监管是指国家根据金融体系稳定、有效运行的客观需要，以及经济主体共同利益的要求，通过金融主管机关（中央银行），依据法律准则和法规程序，对金融体系中各金融主体和金融市场实行检查、稽查、组织和协调。关于金融监管的必要性，我们可以通过一个案例分析来进行。

一、金融监管的必要性——以2008年全球金融危机为例

2008年，源自美国次级抵押贷款市场的金融动荡迅速演变为波及全球的金融危机，各国经济均遭受到不同程度影响。关于此次金融危机的原因，2008年底的20国集团领导人峰会所发布的《华盛顿宣言》已有明确结论，世界各国就这一点已经达成共识。其中，以自由为核心的监管理念、监管制度的漏洞和监管手段的不足使金融体系的风险逐步积累，是导致此次危机的重要原因。

发达金融市场的决策者和监管当局没能充分评估并消除金融市场不断积聚的风险，未能及时跟上金融创新的步伐而采取有效的监管行动。长期以来，美国奉行自由市场经济，过于相信市场的自我约束和自我调整能力，主观上造成了金融监管的缺失和松懈。2005年5月，面对质疑衍生品泛滥、要求美联储介入次贷监管的舆论，时任美联储主席的格林斯潘认为，金融市场自我监管比政府监管更为有效，坚决反对政府加强金融监管。而2008年10月23日，格林斯潘在国会就金融危机作证时，不得不承认当初“假设那些自利的银行等机构，有意愿也有能力保护其投资者、银行的资产以及银行的生存”而反对监管金融衍生品的做法存在“部分错误”，承认缺乏监管的自由市场存在缺陷。

另外，美国金融监管体系也存在漏洞，这导致监管的错位和滞后。1999 年 11 月 4 日《金融服务现代化法案》通过以来，美国金融业进入了创新迭出的混业经营阶段，但金融监管仍沿袭旧有的体制，没能跟上金融创新的步伐。在金融危机爆发前，美国金融业的一些领域重复监管，但另一些领域却监管真空，监管机构很难实现有效协调。举例来说，有多个部门负责银行业的监管，但对冲基金、私募股权投资基金却处于监管真空区。

从监管技能和监管手段上来看，也存在很大的缺陷。金融创新导致风险分布日益不透明，对风险集中程度的识别、分类、评估日趋复杂，风险测量越来越难。大量金融衍生品场外交易导致金融机构表外业务不断增加，金融机构会计报表的透明度和各项数据的准确性都大打折扣，尤其是衍生金融产品的市场真实价值和因此产生的损益情况。金融监管当局没能及时对金融体系的风险进行正确的判断。

在次贷危机爆发逾半年之后，美国政府承认了监管上的漏洞，并努力弥补。2008 年 3 月，美国财政部拿出了一份金融监管改革蓝图，其核心是加强美联储在审慎性监管中的主导地位。

显然，在经济全球化、金融全球化的大趋势下，金融作为现代经济的核心，保持其良性运作是各国乃至世界经济健康发展的基础。这就要求各国中央银行或其他金融监管机构加强对本国金融业务的监督和协调，也要求一些世界性的经济组织或金融机构加强对国际金融活动的监控和协调。

二、金融监管的体制和运作机制

20 世纪 80 年代以前，大多数国家的中央银行是金融业或银行的监管。现在，中央银行作为金融监管的唯一主体，已无法适应新的金融格局。这是因为银行在金融体系中的传统作用正受到挑战，金融市场在经济发展中的作用越来越大，于是许多国家通过另设监管机构来监管越来越多的非银行金融机构，如银监会、证监会、保监会等。

从各国金融监管的实践来看，监管体制可分为四类：分业经营且分业监管，如法国和中国；分业经营而混业监管，如韩国；混业经营而分业监管，如美国和香港地区；混业经营且混业监管，如英国和日本等。是否由中央银行担当监管重任也有多种不同情形：有中央银行仍负责全面监管的；有中央银行只负责对银行业监管的；也有在中央银行外另设新机构，专司所有金融监管的。

完整的金融监管是一个连续、循环的过程，它由市场准入监管、日常运营监管、风险评价、风险处置以及市场退出等相关要素和环节组成。

（1）机构功能定位。

所谓功能定位，是指各类金融机构在市场经济活动中所扮演的主要角色，以及运作、发展的空间，具体体现在该机构的服务对象、业务范围和服务方式。

（2）市场准入。

广义上的金融机构市场准入包括三个方面：机构准入、业务准入和高级管理人员准入。机构准入，是指依据法定标准，批准金融机构法人或其分支机构的设立；业务准入，是指按照审慎性标准，批准金融机构的业务范围和开办新的业务品种；高级管理人员的准入，是指对高级管理人员任职资格的核准和认可。

(3) 业务运营监管。

对金融机构的业务运营监管，主要是通过监管当局（如中央银行）的非现场监管和现场检查，及借助会计（审计）师事务所进行的外部审计，及时发现、识别、评价和纠正金融机构的业务运营风险。这是监管当局日常监管的主要内容，包括非现场监管和现场检查。

(4) 风险评价。

风险的综合评价是指金融监管人员在综合分析非现场监管和现场检查结果及来自中介机构提供的信息的基础上，对被监管机构所存在风险的性质、特征、严重程度及发展趋势作出的及时、客观、全面的判断和评价。

(5) 风险处置。

金融监管当局要针对金融机构所存在的不同风险及风险的严重程度及时采取相应措施加以处置，处置方式包括纠正、救助和市场退出。

三、我国的金融监管体制及其发展趋势

1993 年，国务院决定对银行、证券、保险实行分业经营、分业管理。2003 年建立起相应的银监会、证监会、保监会分业监管体制。

1. 中国银监会

银监会全称中国银行业监督管理委员会，其监管职能是从中国人民银行的职能中分离出来的，主要包括以下五个方面：

(1) 依法对全国银行业和信托业实行集中统一的监督管理，研究和拟定银行业和信托业的发展方针政策、战略和行业规划，起草有关的法律法规。

(2) 审批和管理银行、信托等金融机构的设立、变更和终止，参与、组织银行和信托机构的破产和清算。

(3) 对银行业、信托业的日常业务进行监督管理，促进银行、信托机构谨慎经营，保证金融稳健运行。

(4) 对银行和信托等金融机构的经营活动进行定期和不定期的稽核、检查，审查这些金融机构的财务状况，及时化解潜在的金融风险。

(5) 对银行、信托等金融机构的违法违规行为予以及时查处。

2. 中国证监会

证监会全称中国证券监督管理委员会，是对中国证券市场进行集中统一监管的金融机构。其职责大致可归纳为四个方面：

(1) 研究和拟定证券、期货市场的方针政策和发展规划，起草证券、期货市场有关法律法规。

(2) 统一监管证券、期货机构。监管各类证券、期货机构和证券交易所，负责证券、期货机构高级管理人员任职资格和从业人员的资格管理，依法对证券、期货违法行为进行调查、处罚。

(3) 负责对有价证券的发行和交易进行监督管理。审批和监督股票、可转换债券、证券投资基金的发行、交易、托管和清算；批准和审查企业股票上市，监管上市

国债和企业债券的交易活动，监管境内期货合约市场的交易和清算。

(4) 负责对上市公司及其信息披露的监管，提高信息披露的质量。

为了履行这些方面的职责，中国证监会内部设有发行监督部、市场监管部、机构监管部、上市公司监管部、基金监管部等职能部门，分别对股票和基金等有价证券的发行、二级市场上的违规操作、证券公司、在上海和深圳证券交易所公开上市的公司、基金管理公司等进行审批、监管。此外，还在各省、自治区和直辖市设有证管办，中国证监会对各省证管办实行垂直领导。

3. 中国保监会

保监会全称中国保险监督管理委员会，于1988年11月18日批准设立，专司全国商业保险市场的监管职能。保监会作为全国商业保险的主管部门，其主要职责有以下六个方面：

(1) 依法对全国保险市场实行集中统一的监督管理。研究和拟定保险业的方针政策、发展战略和行业规划，起草有关保险业的法律法规。

(2) 审批和管理保险公司、保险代理人和保险经纪人机构的设立、变更和终止；参与、组织保险机构的破产和清算。

(3) 制定主要保险险种的基本条款和费率，对保险公司上报的其他保险条款和费率审核备案，维护保险市场的秩序；建立保险风险评价、预警和监控体系，跟踪分析、监测和预测保险市场运行态势。

(4) 监督、检查保险业务经营活动。对保险公司的业务状况、财务状况和资金运用状况进行定期或不定期的现场检查和非现场检查，以保证保险公司具备足够的偿付能力。

(5) 依法对保险机构业务及其从业人员的违法、违规行为，以及非保险机构经营或变相经营保险业务进行调查、处罚。

(6) 集中统一管理保险业的对外交往和国际合作事务。

四、我国金融监管的总体特点

1. 逐渐由分业管理向混业监管发展

虽然20世纪90年代已确立了分业经营管理的原则，并作出了具体部署，但是，国际金融业的混业经营和我国加入WTO的事实迫使我国金融业要逐渐向国际趋势靠拢，以提高我国金融业的国际竞争力。现在，银监会、证监会、保监会三者之间已建立了监管联席会议制度，研究银行、证券和保险监管中的有关重大问题，协调银行、证券、保险业务创新及其监管问题，协调银行、证券、保险对外开放及监督政策，交流监管信息等。这是健全和完善金融宏观调控、监管决策与管理体制的重要措施，有助于减少摩擦，提高监管效率，促进金融业的健康发展。

2. 各种手段综合运用

由于目前中国金融市场发育不成熟，因而运用行政监管手段较多。近年来，金融立法工作日益加强，已经形成了以《中国人民银行法》、《证券法》、《商业银行法》、《票据法》为主体的金融法律体系，法律手段已成为中国金融市场监管的重要手段。另一方面，有关部门还出台了许多条例和规章，以弥补法律手段的不足。随着中国市场经济体制的逐步确立，在金融市场的监管中，经济手段的运用也更加频繁。另外，自律管理在规范金融机构经营行为中也起着积极作用。

本章知识小结

1. 金融市场的构成与功能；
2. 金融市场的分类；
3. 金融监管体制。

本章能力小结

1. 正确认识金融市场；
2. 结合现实，分析金融监管问题。

【课后任务练习】

1. 在英国的南海泡沫中，伟大的物理学家牛顿最初在南海公司股票投资中获得了近100%的收益率，约7 000英镑。但一时的收益使这位物理学家也兴奋过了头，结果遭受了巨额的损失，他在最高点时买入了更大量的股票，结果损失了20 000英镑。为此，他异常痛苦，在以后的时间里，他甚至不愿再听到南海之名。他感叹道："我可以计算天体的运动，但无法计算人类的疯狂。"

任务：结合本章所学内容，试评析牛顿在南海泡沫中的遭遇。

2. 假设某公司要进口一批设备，合同金额为1 000万美元，6个月后付款。现在美元与人民币之间的汇率为1:8.270 0。该公司担心6个月后美元与人民币之间的汇率波动带来汇率风险，于是决定采取远期结售来化解汇率风险。假定它与某银行签订的6个月远期结售汇率为1:8.270 0，若6个月后，美元与人民币之间的汇率为1:8.300 0，那么，该进口企业从远期结售中获得了什么样的好处呢？若6个月后，美元与人民币之间的汇率为1:8.200 0，结果又如何呢？

任务：请结合本章所学内容，思考上述问题。

3. 如果你是公司的财务经理，你公司与美国一家公司签订了金额高达2 500万美元的设备进口合同，3个月后到货付款。假设现在人民币与美元之间的汇率为1美元=6.840 4元，为了防止汇率波动给你们公司带来财务上的损失，作为财务经理，你该怎么办呢？

第二十四章

宏观经济均衡和调控

一、本章学习目标

能力目标：

1. 能分析和解释宏观经济现象；
2. 能分析和预测政府宏观调控政策及其影响。

知识目标：

1. 了解宏观经济均衡的基本原理；
2. 理解宏观调控的原理和方法。

二、本章工作任务

1. 结合有关理论，学会分析和解释宏观经济现象；
2. 根据宏观调控基本原理，分析和预测政府宏观调控政策。

三、本章学习指导

1. 通过演绎推理法，掌握宏观经济均衡和调控的基本原理；
2. 理论联系实际，分析和判断宏观经济现象及政府的宏观调控政策。

导入案例

宏观政策着力的四大方面

2008年，在“一保一控”的大方向下，中央已确定宏观调控要着力于四个方面，以保经济增长。首先是货币政策方面，中央目前的共识是货币政策的基调不会改变，即在资金流动性过剩、通货膨胀的压力下，要保持“紧缩”的框架，但要紧中有松、有保有压。其次是扩大内需，中央已注意到国际市场转弱，对中国外贸不利。政策部门对此已主动调整政策，研究一连串措施刺激内部消费，以增加内部需求、舒缓出口减少为企业带来的经营压力：其中包括研究减税，也包括增加城镇居民、农民收入的政策。三是激活企业，这方面国务院各部委已经陆续出台政策，在金融、财政、产业政策方面采取“放水养鱼”的措施。事实上，当局早前已上调纺织品、服装商品的出口退税率。四是扩大就业，目前在经济出现困难后，确实有企业倒闭潮，有说法称国内企业倒闭已近7万家，特别是出口型中小企业，由于没有订单，已开始大规模裁员。因此，政策部门要采取措施，保障大学毕业生、退伍军人，甚至农民工的就业。对于中国经济基本面，中央的看法是，国际经济萎缩，内地人民币升值、成本上升和融资难，使部分企业特别是中小企业出现经营困难，出口增长回落的情况，但中国经济仍有强劲动力，可以持续平稳地较快增长。

（资料来源：中经网，2008年8月16日）

宏观调控政策都是基于对宏观经济形势的判断制定的，其目的就是保持宏观经济均衡，促进经济增长。

第一节　国民经济总量及其衡量指标

一、国民经济总量的含义和分类

就其内涵而言，国民经济总量是从社会经济总体进行考察的，反映国民经济运行的全部活动（包括社会再生产、分配、交换和消费）的数量指标，也是一个国家或地区的经济实力的标志。

国民经济总量可以分为综合经济总量和分项经济总量两大类。综合经济总量主要有：社会总供给、社会总需求、社会总产值、国民收入、国民生产总值、国内生产总值等；分项经济总量主要有：投资品总量、消费品总量、财政收入、财政支出、信贷收入、信贷支出、进出口总额等。本书主要探讨综合经济总量。

二、衡量国民经济的综合总量指标

（一）社会总供给与社会总需求

1. 社会总供给及其构成

所谓社会总供给，是指一个国家（或地区）在一定时期内（例如一年）可供全社会使用的最终产品和劳务的价值总和。所谓最终产品，是指所生产的产品不需要再加工和流通，可直接提供给人们最终消费和使用。它可分成两类：可直接用于投资的产品和可直接用于消费的产品。最终产品是相对于初级产品和中间产品而言的。所谓劳务，即劳动服务，它的生产过程与消费过程在时间上直接结合在一起，提供的是没有实物形态的特殊使用价值。

社会总供给是由国内供给和国外供给两部分构成的。从价值形态分析，国内供给是国内生产总值。所谓国内生产总值，是指一个国家（或地区）内的居民和单位在一定时期（通常为一年）内所生产的最终产品和劳务价值的总和。国外供给是指海关统计的进口总值。

2. 社会总需求及其构成

所谓社会总需求，是指在一定的支付能力条件下，社会对生产出来的供最终消费和使用的物质产品和劳务的需求的总和。社会总需求由投资需求、消费需求和国外需求三部分构成。投资需求是指整个社会在一定时期内（如一年）对投资品的需求，又称投资支出，包括对固定资产投资的投资需求和对流动资产的投资需求。消费需求是指整个社会在一定时期（如一年）内对生活消费品的需求，又称消费支出，包括公共消费需求和个人消费需求。国外需求是指海关统计的出口总量（以人民币为计量单位），它表明国外部门对本国产品和劳务的需求。

3. 社会总供求分析的意义

对社会总供求的分析，有利于揭示并掌握社会主义市场经济的宏观规律；有利于观察、了解、掌握国民经济和社会发展状况，为宏观经济决策提供可靠依据。该指标的不足之处在于不能全面反映国民经济运行中的结构状态。

（二）国内生产总值（GDP）

国内生产总值（GDP）和国民生产总值（GNP）是国际上通用的，也是我国目前国民经济核算中采用的最重要的总量指标。二者反映了社会生产活动的最终成果，是衡量国民经济发展规模和水平、制定国民经济发展战略目标的主要指标。

如前所述，所谓国内生产总值，是指一个国家（或地区）内的居民和单位在一定时期（通常为一年）内所生产的最终产品和劳务的价值总和。它是按国土原则计算的，即在本国经济领土范围内生产的最终产品和服务，不论由谁生产、归谁所有，都要计入。国内生产总值实际上是各单位或各部门生产过程中产出价值扣除中间投入后的“增加值”的总和，它反映了一定时期内生产经营的最终成果。

国内生产总值有三种计算方法，即生产法、收入法和支出法。这三种方法分别从不同的方面反映国内生产总值及其构成。

1. 根据生产法

根据生产法，就是将国民经济各部门生产的总产品价值（总产出），扣除生产过程中消耗的中间产品价值（中间投入），所得到的差额就是这一年新创造的价值（增加值）。把国民经济各部门一年中新创造的价值累加起来，就是国内生产总值。计算公式为：

GDP = 各部门增加值之和，增加值 = 总产出 - 中间投入

其中，总产出为本期的全部产品的价值。中间投入不仅包括生产中原材料、能源等物质消耗价值，也包括利息、广告费、无形资产转让费、保险费等服务性支出，它是指那些在本身被生产出来的同一时期内，又被生产其他产品的过程所消耗的产品。国内生产总值是各部门生产的最终产品的价值，只有最终产品才计入 GDP。

2. 根据收入法

根据收入法，是根据生产要素在初次分配中应得到的收入份额来计算增加值，然后计算各部门增加值之和计算国内生产总值，也称分配法。增加值的构成要素包括固定资产折旧、劳动者报酬、生产税净额、营业盈余，将它们相加就得到国内生产总值。计算公式为：

GDP = 固定资产折旧 + 劳动者报酬 + 生产税净额 + 营业盈余

其中，固定资产折旧是指一定时期内为弥补固定资产损耗，按照核定的固定资产折旧率提取的固定资产折旧，或按国民经济核算统一规定的折旧率虚拟计算的固定资

产折旧。它反映了固定资产在当期生产中的转移价值。劳动者报酬是指劳动者因从事生产活动所获得的全部报酬，包括各种形式的工资、奖金和津贴。其中，既包括货币形式的，也包括实物形式的，还包括劳动者所享受的公费医疗和医药卫生费、上下班交通补贴和单位支付的社会保险费等。生产税净额指生产税减生产补贴后的余额。生产税指政府对生产单位生产、销售和从事经营活动以及因从事生产活动使用某些生产要素（如固定资产、土地、劳动力）所征收的各种税、附加费和规费。生产补贴与生产税相反，指政府对生产单位的单方面收入转移，因此视为负生产税，包括政策亏损补贴、粮食系统价格补贴、外贸企业出口退税收入等。营业盈余指常住单位创造的增加值扣除劳动者报酬、生产税净额和固定资产折旧后的余额。它相当于企业的营业利润加上生产补贴，但要扣除从利润中开支的工资和福利等。

3. 根据支出法

根据支出法，是从最终使用的角度出发，把全社会各项最终使用的支出相加求得国内生产总值。一定时期内的国内生产总值由三部分组成：总消费、总投资、净出口。计算公式为：

$$GDP = 总消费 + 总投资 + 净出口$$

其中，总消费是指常住单位在一定时期内对于货物和服务的全部最终消费支出，也就是常住单位为满足物质、文化和精神生活的需要，从本国经济领土和国外购买的货物和服务的支出；不包括非常住单位在本国经济领土内的消费支出。总消费分为居民消费和政府消费。居民消费是指常住户对货物和服务的全部最终消费支出。政府消费是指政府部门为全社会提供公共服务的消费支出和免费或以较低价格向住户提供的货物和服务的净支出。总投资是指常住单位在一定时期内获得的减去处置的固定资产加存货的变动，包括固定资产形成总额和存货增加。固定资产形成总额指常住单位购置、转入和自产自用的固定资产，扣除固定资产的销售和转出后的价值，分为有形固定资产形成总额和无形固定资产形成总额。存货增加指常住单位存货实物量变动的市场价值，即期末价值减期初价值的差额。存货包括生产单位购进的原材料、燃料和储备物资等存货，以及生产单位生产的产成品、在制品等。净出口是指出口与进口的差额。出口是核算期生产的产品，但由于总消费、总投资的使用支出中包含了一部分进口产品，它不是常住单位所生产的，应予以扣除，所以计入国内生产总值的只能是净出口。

三种计算 GDP 的方法都有各自的用途。用生产法计算的国内生产总值是在生产阶段形成的总量，可以反映和研究国民经济部门构成及其变化情况。用收入法计算的国内生产总值是在分配阶段表现的总量，可以反映和研究国民经济的分配构成及国家、企业和个人三者之间原始收入构成的状况。用支出法计算的国内生产总值可以研究最终产品使用的构成及其规模的状况，研究使用中的各种比例关系。事实上，同时采用三种不同的方法有一个优点，即这些方法提供了一个可供相互检验的手段。

（三）国民生产总值（GNP）

所谓国民生产总值，是指一个国家（或地区）在一定时期（通常为一年）内本国常住居民在国内或在国外生产的最终产品和劳务价值的总和。它是按国民原则计算的，即只要是本国常住居民生产的最终产品和劳务的价值，不论在国内生产还是在国外生产，都要计入。按当年价格计算的国民生产总值为名义国民生产总值，而按不变价格计算的某一年的国民生产总值为实际国民生产总值。

国民生产总值等于国内生产总值加上来自国外的要素净收入。所谓来自国外的要素净收入，就是本国从国外（非常住单位）获得的劳动报酬和财产收入（如利息、红利、租金）等，减去国外（非常住单位）从本国获得的劳动报酬和财产收入的净额，用符号 Ff 表示。即：

国民生产总值 = 国内生产总值 + 来自国外的劳动者报酬和财产收入 - 国外从本国获得的劳动者报酬和财产收入

或

国民生产总值 = 国内生产总值 + 国外要素收入净额

用字母表示为：

$$GNP = GDP + Ff$$

国民生产总值与国内生产总值的区别在于：国内生产总值包括非常住居民在本国从事生产经营和投资活动所创造的"增加值"，但不包括常住居民在国外从事生产经营和投资活动的"增加值"。而国民生产总值则相反，包括常住居民在国外从事生产经营和投资活动的"增加值"，但不包括非常住居民在本国从事生产经营和投资活动的"增加值"。例如，当美国的资本和劳动在国外使用时，它们会有产出并获取收入。这些产出和收入计入美国的 GNP 而不计入它的 GDP，因为它们不代表美国内部生产的产品。同样地，当外国资本或劳动在中国使用，其产出和收入计入中国的 GDP，但不计入中国的 GNP。

GNP 与 GDP 在数量上会有所不同。GNP 等于 GDP 加上来自国外的劳动者报酬和财产收入，减去支付给国外的劳动者报酬和财产收入。为此，当本国人在国外提供的产品和劳务大于外国人在本国提供的产品和劳务时，GNP 就大于 GDP；相反，当本国人在国外提供的产品和劳务小于外国人在本国提供的产品和劳务时，GNP 就小于 GDP。

国内生产总值和国民生产总值是反映一国经济发展水平的综合指标。国内生产总值和国民生产总值一般按当年价格计算，但为了正确反映不同时期国民经济发展的规模、速度、比例和效益，必须消除不同时期内的价格变动因素，一般应用综合价格指数予以剔除，以便进行纵向的比较。

（四）国民收入（NI）

国民收入是指一个国家（或地区）为了生产一定的国民生产总值而投入的各种生产要素所获得的报酬的总和，是一定时期的生产结果中扣除消耗掉的生产资料价值后的净产出。一定时期的国民收入，从其实物形式看，是这一时期生产的全部消费品和净投资品；就其价值形式来看，为社会净产值，是新价值。它表现为一个国家或地区一定时期内的生产要素收入，即工资、利息、租金和利润的总和。

国民收入和国民生产总值既有联系，又有区别。从联系的角度说，它们都是衡量国民经济总量的指标，核算的范围都是全社会。从区别的角度说，首先，二者的核算角度不同，国民生产总值是从生产角度，而国民收入是从收入角度来核算的；其次，二者的核算内容在现实的经济统计中略有差异，凡是存在于社会总产品价值中却不形成任何要素所有者收入的部分，都不是国民收入的组成部分。换句话说，往往国民生产总值的数字要大于国民收入的数字，其中比较突出的差距来自折旧。

（五）个人收入（PI）和个人可支配收入（DPI）

个人收入是一个国家或地区一定时期内个人所得的总和。它是国民收入经过必要的调整后的一个指标。其中最主要的扣减项有：公司未分配利润和社会保障支付，因为这些内容在国民收入中并没有成为个人的收入；最主要的增加项则有：政府对个人的转移支付，如失业救济、退休金、医疗补助等，它们不包括在国民收入中，但是构成个人收入。

个人可支配收入是个人收入扣除所得税以后的余额，进一步可以分解成消费与储蓄。在宏观经济中，储蓄主要是指尚未用完的资源。

第二节　国民经济的循环

就像人要通过动脉和静脉进行血液循环，才能保持生命的活力一样，国民经济也要进行货币与商品劳务的循环，并且保持两者的对应，才能实现国民收入的均衡与稳定。

一、国民经济的简单循环

所谓国民经济的简单循环，就是消费者向企业提供劳动力和资本等生产要素，企业支付给消费者相应的报酬，即工资和股利；企业向消费者提供最终产品——商品和服务，消费者则支付给企业购买商品和服务的钱，企业就获得了销售收入，如图24－1所示。

图24－1显示，当企业生产的商品和劳务全部销售给消费者，并当获得的销售收入等于消费者向企业提供劳动和资本后所获得的全部货币报酬时，整个社会的生产与消费才会达到平衡。

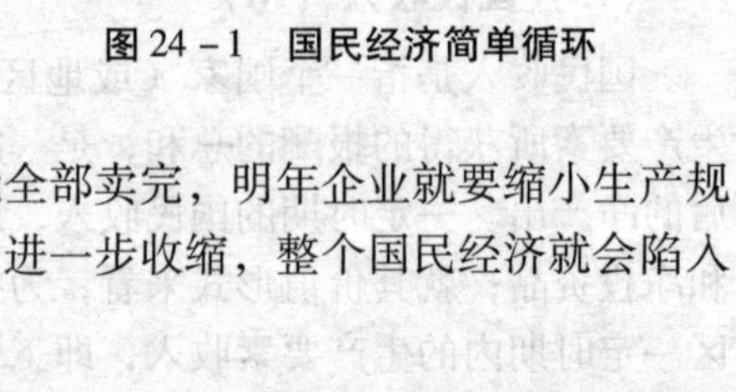

图24－1　国民经济简单循环

如果消费者没有将他得到的全部报酬都拿去购买商品，企业就会有一部分商品卖不掉，这就是说，消费者形成了储蓄，对应的就是企业产品卖不掉的积存。如果今年商品和劳务不能全部卖完，明年企业就要缩小生产规模，它们购买的生产要素就要减少，企业的产出进一步收缩，整个国民经济就会陷入收缩性循环之中。

二、国民经济的复杂循环

现实的国民经济远不止上述两个经济主体。现代经济是一种开放的经济，所以这里的讨论要加入外国消费者和外国生产者。又因为所有的生产者和消费者都要纳

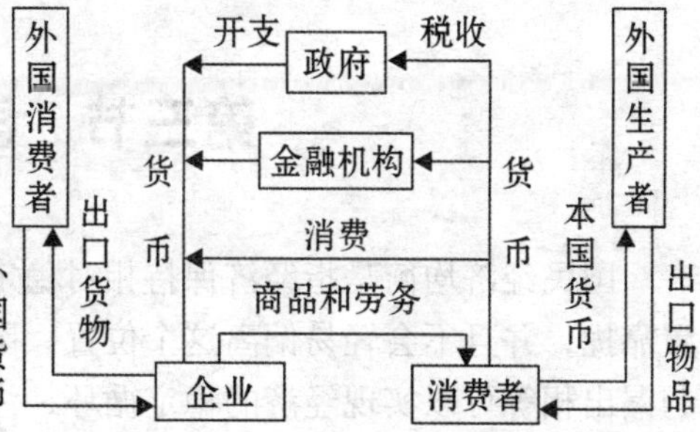

图 24-2　国民经济的复杂均衡

税，他们还要与金融机构往来，所以这里的讨论还要加入财政和金融机构，才能使模型更加贴近实际生活。如图24－2所示。

该图只是孤立地就一对漏出和注入的关系及它们各自对国民经济总产出水平的影响而言的，即在其他因素都保持不变的条件下，要使国民经济总产出水平保持原来的平衡，则要分别实现投资与储蓄相等、政府税收与政府购买相等、进口与出口相等。如果将三对漏出和注入一并考虑，那么，国民经济总产出水平的均衡情况将要复杂得多，尽管它的基本平衡关系仍保持不变。

显然，消费者拿到了货币之后不会全部用来购买企业的产品，他们要求购买外国商品和劳务，要求纳税，还要去存款或购买金融资产，这就大大地减少了流回企业的货币，企业的产出相应减少。虽然如此，除了三个对企业的货币漏出以外，还有三个对企业的货币注入。如外国消费者要购买企业的商品和劳务，财政收入之后要开支，金融机构要用得到的货币去投资，这就构成了对企业的货币注入。正是这三对注入和漏出的相等才确保国民经济在原有水平上循环周转。

三、注入与漏出的关系

注入是进入或增加对企业生产的商品和劳务的即期需求；漏出是退出或减少对企业生产的商品和劳务的即期需求，两者都是流量。

从以上国民经济循环中可以看出，国民经济的循环取决于总供给和总需求的关系。国民经济的循环就是要实现总供给（Yd）＝总需求（Ys），也就是：

消费（C）＋投资（I）＋政府支出（G）＋出口（X）＝消费（C）＋储蓄（S）＋政府税收（T）＋进口（M）

运算得：

$$I+G+X=S+T+M$$

如果等式左端大于右端，表明总需求大于总供给；反之，总供给大于总需求。不管总供给与总需求开始处于怎样的状态，它们运行的结果就一定会强制性地实现相等，也就是要么以通货膨胀，要么以通货紧缩的方式实现国民经济循环的均衡。从调节国民收入角度看，上式左边“$I+G+X$”实际上是一种注入，右边“$S+T+M$”是一种漏出。消费 C 出现在供给和需求的两边，是因为从消费者角度讲，消费是他们的需求，从生产者角度说，消费也是生产者的供给。消费和投资是对企业的注入，此二者的增加会带动国民收入相应地扩大。消费（供给角度）和储蓄则是漏出，供给和储蓄越多，商品和劳务卖不掉的可能性就越大，经济也越可能萎缩。

投资与储蓄、财政收支和进出口贸易这三对注入和漏出之和相等才能保证国民经济在原有水平上循环周转。

第三节 国民经济均衡

国民经济均衡是指经济保持相对稳定的状态，凡是偏离这个位置的都要向这个位置靠拢，并且不会轻易偏离这个位置。国民经济复杂均衡模型表明：国民经济的注入与漏出相等可以实现经济的稳定循环，注入为总需求，漏出则为总供给，总供给和总需求相等是保持国民经济均衡的重要条件。

一、社会总需求与社会总供给的平衡

（一）封闭条件下社会总供求平衡的一般条件

封闭条件下，狭义的社会总需求 = 投资需求 + 消费需求。由于对投资品和消费品的需求通过货币资金的支出而形成，因此上式可以改写成：社会总需求 = 投资支出 + 消费支出。

在封闭条件下，狭义的社会总供给 = 投资品 + 消费品，用价值形式表现为：

投资品产值 + 消费品产值 = 国内生产总值

将社会总需求和社会总供给的分析结合起来，可以得出封闭条件下狭义的社会总需求和社会总供给平衡的公式为：

投资支出 + 消费支出 = 投资品产值 + 消费品产值 = 国内生产总值

这一平衡公式的实现条件是：①投资支出和消费支出的唯一资金来源是本期的国内生产总值，即 c_1+v+m（c_1 为固定资产折旧，v 表示劳动力成本，m 表示剩余资本）；②固定资产折旧全部转化为重置投资；③$v+m$ 通过分配和再分配，全部转化为投资支出和消费支出。

由上述社会总需求和社会总供给平衡的一般条件，还可以引出社会总需求和社会总供给平衡的其他条件。

（1）引入财政收支后，社会总需求和总供给的平衡公式是：

(c_1+v+m) + 净财政支出 = 国内生产总值

（2）引入信贷收支后，社会总需求和总供给的平衡公式是：

(c_1+v+m) + 净信贷支出 = 国内生产总值

（3）同时引入财政收支和信贷收支后，社会总需求和总供给的平衡公式是：

(c_1+v+m) + 净财政支出 + 净信贷支出 = 国内生产总值

这时，社会的总需求和总供给是否平衡，同时取决于财政收支和信贷收支二者之间是否平衡。

（二）开放条件下社会总供求平衡的条件

在开放条件下，必然有国际间的商品或劳务流动和资本流动。国际间的商品或劳务流动即进出口，国际间的资本流动即资本的流入与流出，这两个方面是密切联系的。因此，只有把二者联系起来考察，分析它们的变动对总需求和总供给变动的影响，才能更好地保持总需求和总供给之间的平衡。

首先，看引入进出口贸易和资本流入流出后的总需求。引入进出口贸易后，出口引起总需求的扩大；引入资本流入流出后，资本流入引起总需求的扩大，资本流出引起国内需求的减少。因此，发生进出口贸易和资本流入流出后，社会总需求的构成变为：

社会总需求 =（国内资本 − 资本流出 + 资本流入）×转化的投资需求和消费需求 + 出口（包括正常的出口和由资本流出带动的出口）

其次，看引入进出口贸易和资本流入流出后的总供给。引入进出口贸易后，进口引起总供给扩大；引入资本流入流出后，流入资本能增加进口，引起总供给扩大。因此，发生进出口贸易和资本流入流出后，社会总供给的构成变为：

社会总供给 = 国内生产总值 + 进口×（包括正常的进口和资本流入引起的进口）

这样，同时引入进出口贸易和资本流动后的总需求和总供给的平衡公式即为：

（国内资本 − 资本流出 + 资本流入）×转化的投资需求和消费需求 + 出口 = 国内生产总值 + 进口

经过移项整理后为：

（国内资本 + 资本净流入）×转化的投资需求和消费需求 = 国内生产总值 + 净进口

上述总需求和总供给的平衡公式的实现条件也有两个：一是国内资本全部来自国内生产总值，并且在扣除资本流出后全部转化为投资支出和消费支出。这样，由国内资本转化的投资需求和消费需求才能和国内生产总值相等。二是资本净流入 = 净进口，或资本净流出 = 净出口。即国际收支中经常性项目（贸易收支）的逆差（净进口）为资本项目（资本流出入）的顺差（资本净流入）所抵消；或前者的顺差（净出口）为后者的逆差（资本净流出）所抵消，这实际上是要求国际收支平衡。

（三）社会总供求的总量平衡和结构平衡

国民经济的协调稳定发展不仅要求社会总供求在总量上保持平衡，而且还要求二者在结构上保持平衡。社会总供求的总量平衡和结构平衡之间存在着相互依存、相互制约的关系。主要表现在：首先，社会总供求的总量平衡是结构平衡得以实现的基础和国民经济协调发展的前提。其次，社会总供求的结构平衡是总量平衡的重要条件。社会总供求的总量平衡主要是价值平衡，而社会总供求的结构平衡则是从实物方面来考察的平衡。再次，总量平衡相对侧重于国民经济运行的短期调节，而结构平衡主要涉及国民经济的中长期发展问题。

二、国民经济均衡模型

为了证明总供给和总需求相等是保持国民经济均衡的重要条件，我们可引入 *AD—AS* 模型进行分析。

总需求是这样一条曲线：它表示随着商品价格的上升，实际货币供给减少，利率上升，总需求减少。总供给曲线则表明随着价格水平的上升，所有企业的商品供给都相应增加。这两条线的交点则表示实现均衡的利率水平和均衡的国民收入。总供给曲线分成三个区域，在生产资源还没有充分利用的阶段，总供给曲线是条水平线，需求增加可以带动国民收入增加，但是价格水平不会上升。随着生产资源逐渐接近充分利用，总供给曲线向右上方倾斜，此时总需求的增加将带动价格水平和国民收入同时上升。在生产资源已经达到充分就业的阶段，总需求的增加将导致价格水平的上升，而没有国民收入的增加。如图 24－3 所示，图中的纵轴 P 既代表商品的供给与需求价格，又代表利率的高低；横轴 Y 既代表商品的供给与需求量，又代表国民收入。利率升高，总的货币供给减少。

当 AD 与 AS 曲线相交时，实现了国民经济均衡。在 P_1、P_2 和 P_3 的价格水平上，总供给等于总需求。在这个交点的左边，总需求的价格高于总供给的价格，价格水平会被拉高，国民收入也会增加；在这个交点的右边，总供给的价格高于总需求的价格，价格水平会下降，国民收入也会减少；只有在 P_1 和 Y_1、P_2 和 Y_2、P_3 和 Y_3 的位置上，国民收入才能保持稳定。

宏观经济均衡的变动为总需求和总供给曲线的移动所造成。如果总需求增加，其原因可以是投资增加、消费增加、政府支出增加和出口增加，也即在每个既定的价格水平上，总需求都增加，AD 向右移动，价格水平上升，国民收入增加；反之则国民收入减少。

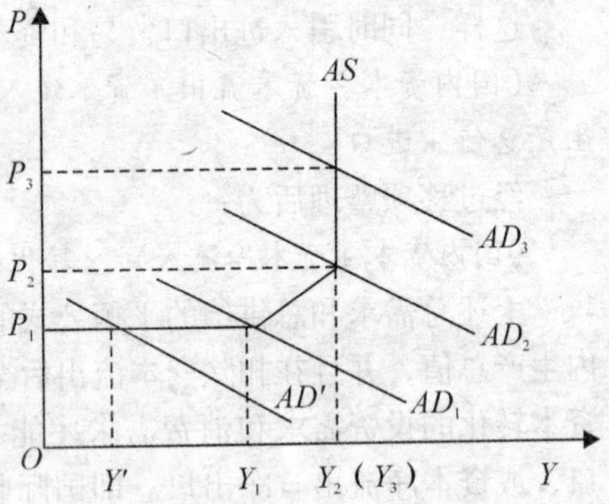

图 24－3 总供给与总需求模型

如果总需求曲线与不同阶段总供给曲线相交，则会有不同的效应，如图 24－3 所示。在水平区域相交，总需求增加只有国民收入的增加，而没有价格的上升；在中间区域相交，既有价格的上升，又有国民收入的增加；在垂直区域相交，只有价格的上升，没有国民收入的增加。

如果消费、投资、政府支出和出口对价格变动的灵敏度发生变化，同样的价格变动，引起总支出变动的幅度可能增加也可能缩小，则总需求曲线的斜率会相应调整，其与总供给曲线的交点就会有所不同，对国民收入和价格水平的影响也不相同。如果有其他因素影响总供给，如发生重大的技术革命，劳动生产率明显提高。如图 24－4 所示，在每个既定的价格水平上，国民收入都增加，总供给曲线从 AS_1 向右下方移动到 AS_2，从而使总产出从 Y_1 增加到 Y_2，价格水平从 P_1 下降到 P_2。如果决定总供给的有关因素对价格变动的灵敏度发生变化，AS 曲线就会旋转，其与总需求曲线的交点位置就会发生变化，对价格水平和国民收入的影响也就会有所变化。现代经济是货币经济，货币对实际经济的影响越来越大，仅仅依据实物市场来讨论总供给与总需求的关系还不够，还必须考虑货币市场的影响。

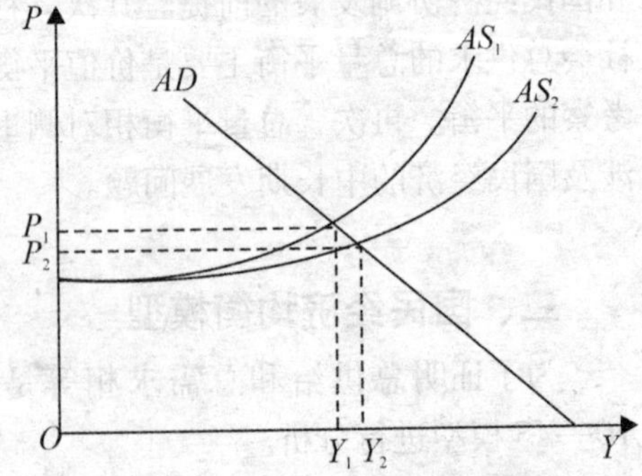

图 24－4 总供给曲线变动的效应

三、国民经济的三种不同均衡

总供给与总需求的自发均衡是偶然的，但是，它运行结果的均衡又是必然的，因为价格是可变的，所以只要总供给与总需求的数量失衡，它就一定会以强制的方式变动价格，实现总供给和总需求的最终均衡，而这种均衡将表现为低水平均衡、高水平均衡和超能力均衡三种形式。

1. 三种均衡的表现

低水平的均衡是发生在总需求小于总供给的情况下，表现为社会产出水平低、生产能力利用不足，失业人数众多，国民经济不景气。这就是通常所说的通货紧缩。通货紧缩在短期内有提高货币购买力的好处，长期则会造成经济的衰退，严重时还会引起社会动荡。随着经济的增长、公众边际储蓄倾向的提高，以及投资边际效率的下降，总供给大于总需求的矛盾将难以避免。

高水平的均衡表现为产出水平高、生产能力得到充分利用，失业问题基本解决，国民经济结构比较合理，呈现经济繁荣但不过热的局面。在这种情况下，企业产品都能卖掉，经济繁荣并得以持续。这种状况一般不会自发实现，而需要政府采取财政货币政策进行调控干预才能做到。

超能力均衡表现为总需求大大超过总供给，实际上是社会货币过多，社会可供物资相对太少，社会商品的短缺只能通过物价水平的全面上涨来解决。这就是通常所说的通货膨胀。这种情况的持续会造成价格信号失灵、资源配置扭曲和收入分配不公，通货膨胀往往发生在生产率较低和货币金融形势比较紊乱的时期，严重的通货膨胀也可能造成政治动荡。

2. 重要结论

对于政府管理层来说，为了保持经济的持续稳定发展，要争取实现总需求略微大于总供给的均衡，即高水平均衡。低水平均衡往往在高水平均衡之前，总供给大于总需求，是国民经济萎缩的均衡。超能力均衡则发生在高水平均衡之后，总供给小于总需求是国民经济过度膨胀的均衡。在低水平均衡中，管理层可以刺激总需求，创造就业机会，实现国民经济的积极均衡。但是，它并不表明所有的失业都可以用扩大需求的办法来解决。

保持总需求稍大于总供给可以避免失业和通货膨胀，但是在强调总需求应大于总供给的时候，既要缩小需求缺口过大对国民经济的遏制作用，又要避免调控的矫枉过正，造成过大的需求缺口。如果市场力量可以使社会生产能力得到较为充分的利用，则不必人为地创造需求；完全依赖市场力量，或者过分地进行干预，都不利于国民经济的长期稳定。

因为经济的运行很难自发实现均衡，它会陷入到繁荣、萧条、衰退、复苏周而复始的循环之中。特别是经济越发展，公众收入越多，边际消费倾向越递减，前期投资规模越大，增量投资的回报越小，增长越慢，总需求越可能小于总供给，经济越可能陷入富裕中的贫困。这就需要政府进行宏观调控，尽可能熨平经济波动的幅度，尽可能使总供给与总需求相等。

四、社会总需求与社会总供给的失衡

1. 社会总供求失衡的可能性

在市场经济条件下，存在着社会总供求不平衡甚至失衡的可能性：一是微观方面的原因。由于在市场经济下，企业和个人的经济活动都是分散进行的，他们按照各自的利益和目标进行分散决策，其活动不可能与国民经济运行的整体目标完全一致，由此便产生了社会总供求不平衡甚至失衡的可能性。二是宏观层面的原因。在市场经济条件下，或者由于信息不对称及人们处理信息能力的局限性，或者由于宏观经济运行受主客观因素的影响而导致不确定性及宏观调控不利等原因，都会造成社会总供求的不平衡甚至失衡。此外，在社会主义市场经济条件下，体制也是造成这一可能性的重要原因。

2. 社会总供求失衡的表现形式

社会总供求在总量上的不平衡甚至失衡主要有两种表现形式：一是社会总需求大于社会总供给，称为需求膨胀或供给短缺，表现为经济过热、投资需求和消费需求"双膨胀"、信用过分扩张和市场秩序混乱，作为以上几种状态的综合表现，发展到一定程度可引发通货膨胀；二是社会总供给大于社会总需求，称为供给过剩或有效需求不足，表现为增长乏力、投资不足、企业开工不足、失业下岗增加、社会不稳定因素增加等，严重时可导致通货紧缩。

第四节　宏观调控的基本原理

一、宏观调控的含义与目标

所谓宏观调控，是指政府按照社会主义经济满足人民需要的基本要求和国民经济以较快速度稳步协调发展的需要，综合运用经济、计划、法律和必要的行政手段，对整个国民经济运行和发展进行的调节与控制。

宏观调控的总目标是保持社会总需求及其结构与社会总供给及其结构的相互平衡、相互适应，使国民经济得以顺利运行，并在不断提高宏观经济效益的基础上持续、协调地增长。

宏观调控的具体目标主要包括以下内容：

1. 经济增长

经济增长或经济增长率，是社会主义国家经济建设的一个极其重要的问题。没有一定的经济增长率，就谈不上综合国力的增强和人民生活水平的提高。

2. 增加就业

就业是民生之本。增加就业是促进经济增长、提高居民收入的有效途径。因此，增加或扩大就业是我国当前和今后长时期内的一项重大而艰巨的任务。

3. 稳定物价

物价总水平的基本稳定是国民经济健康、协调发展的重要标志，也是企业和个人

在较为稳定的价格预期下安排生产和消费的重要前提。为使经济适度增长、就业率不断提高，必须保持社会总供求的总量和结构上的大体平衡，避免出现价格总水平的大起大落。

4. 保持国际收支平衡

国际收支反映一国在一定时期（通常为一年）内的外汇收支（包括经常项目和资本与金融项目）总情况。在开放条件下，出口（国外需求）是社会总需求的组成部分，进口是社会总供给的组成部分。因此，对外贸易的规模和结构，关系到社会总供求的平衡及对外收支平衡。在开放条件下，国际的资本流出、流入也对社会总供求的内容产生不同程度的影响。

二、社会主义市场经济条件下宏观调控的必要性

宏观调控的基本要求是使宏观经济活动通过市场中介和微观经济活动有机地结合起来，保持总供求的基本平衡，顺利实现经济发展的战略目标。在社会主义市场经济条件下，政府对国民经济的宏观调控有其必要性。这是因为：

（1）实行宏观调控是实现经济发展战略目标和社会主义生产目的的需要。

社会主义的生产目的，归根到底是为了满足人民的物质文化需要。为了将市场的自发调节纳入整个经济有计划发展的轨道，实现社会主义预定的目标，政府自觉地对国民经济进行宏观调控是完全必要的。

（2）实行宏观调控是发展社会化大生产和发展社会主义市场经济，自觉保持社会总供求平衡的需要。

社会化大生产要求按比例配置资源，建立起适合国民经济协调发展的总量关系和结构关系，保证社会各个部门和社会再生产各个环节顺利进行。而要达到这个目标，单靠市场的自发调节是不够的，还必须依靠国家对国民经济的宏观调控。同时，改革必然涉及利益关系的调整，为了协调多元化、多层次的经济主体的利益关系，克服各地区、各部门经济发展的不平衡性，也必须对国民经济运行进行宏观调控。

（3）实行宏观调控是弥补市场调节不足的需要。

市场虽然在资源配置中发挥基础性调节作用，但也有其弱点和不足，即通常所说的“市场失灵”，主要表现在：一是市场功能有缺陷；二是市场竞争有失灵的情况；三是单靠市场不能完全实现公正的收入分配；四是因为市场调节是事后的调节，所以带有一定的盲目性和滞后性。

三、宏观调控的方式和手段

宏观调控有直接调控和间接调控两种方式。直接调控是指国家用行政手段和指令性计划直接对微观经济单位进行的调控。间接调控是指国家运用经济手段通过市场机制来实现的宏观调控。两种宏观调控方式相区别的主要标志是国家采取的宏观调控手段是否通过市场机制这一中间环节来发挥作用。

在实行社会主义市场经济条件下，宏观调控以间接调控为主，但不否定直接调控方式。当然，这种直接调控也必须符合社会主义经济规律和商品经济规律的要求，适

应社会主义市场经济微观基础的特点。

社会主义宏观调控是借助于各种宏观调控手段来进行的。宏观调控手段主要有：经济计划、经济手段、法律手段和必要的行政手段。

1. 经济计划

在社会主义市场经济体制中，计划主要是指建立在尊重市场经济规律基础上的指导性计划，是体现宏观管理目标、任务、各项宏观平衡和各种比例关系，并由相应的指标体系和政策措施所组成的计划。这样的计划是建立在发挥市场调节作用的基础上，并以指导性计划为主，时间上则以中长期计划为主。

2. 经济手段

经济手段是指依据价值规律的要求，通过运用与价值形式相关的各种经济杠杆，调节经济主体的经济利益，以引导经济主体的经济活动，达到宏观调控目标的调节手段。经济杠杆是国家掌握和利用的各种价值形式和价值工具，它是和商品货币关系特别是和价值规律及市场机制相联系的范畴。经济杠杆影响着经济主体的经济利益，促使各经济主体从其自身的经济利益出发，自动地按照经济杠杆作用所引导的方向调整自己的生产经营方向和规模，因而它能从经济利益上促使经济主体的经济活动大体上符合宏观经济运行目标。经济手段具有间接性和灵活性的特点。社会主义宏观调控中所运用的经济杠杆内容很多，主要有价格、税收、信贷、利率、汇率、工资、奖金等，它们共同形成了经济杠杆体系。在社会主义经济杠杆体系中，价格杠杆占有重要地位。

3. 法律手段

法律作为宏观调控的重要手段，是指政府依靠国家的法权力量，通过经济立法和经济司法机构，制定和运用经济法规来调节经济。法律手段的主要职能是采取法律的形式来调节各种经济关系和经济活动。在社会主义市场经济条件下，市场秩序要依靠法律来规范和维系，国家也要依靠法律来调节市场的运行。法制是市场经济秩序的内在要求和有机组成部分。

4. 行政手段

社会主义宏观调控有必要采取一定的行政调控手段。行政调控手段是国家依靠行政机构，采取带有强制性的命令、指示、指标、规定和下达指令性任务等行政方式来调节和管理经济。

第五节　宏观调控政策及其运用

一、宏观调控政策

政府调控宏观经济有三大政策：财政政策、货币政策、对外经济政策。

1. 财政政策

财政政策是一个国家为了达到宏观调控目标而采取的财政措施的总和，它是宏观经济调控的一个重要工具。一个国家财政政策的好坏直接影响到经济的发展、政治的稳定和人民生活水平的提高。

财政政策包括两个方面：税收政策和政府支出政策。国家主要通过控制税收和支出来影响国民产出水平，但其作用的方式有所不同。政府支出包括两部分内容，一部分是政府对物品和劳务的购买；另一部分为转移支付，这一部分支出是单向价值转移，并没有伴随交换行为。也就是说政府的支出没有伴随商品的回流，政府支出的多少在短期内仅仅影响到总需求，两者是同向变动关系，而总需求又对国民产出发生作用。

税收的变动有双重作用，第一，税收的变动会改变居民的可支配收入，进而影响到消费者的消费支出，由此进一步影响到总需求和国民产出水平；第二，税收的变动还可以对总供给和潜在国民产出水平发生影响。税收的变动一方面影响居民户的收入水平，另一方面也影响了投资者的收益和预期收益，由此投资者就会随收益的变动相应权衡数量。如果降低税收，相应带动投资增长，资本存量的不断累积和技术进步必然会在长期内推动潜在国民产出的水平的提高，使整个国家的生产能力发生改观。

政府通过改变税收和支出来调节经济。在衰退时期，政府采用扩张性财政政策，即降低税率和增加支出，增加总需求使经济走出衰退。在繁荣时期为了防止经济过热引发通货膨胀，政府采用紧缩性财政政策，即增加税收与减少支出。

从现实情况看，各国政府运用紧缩性财政政策少，运用扩张性财政政策多。这一方面是因为政府更多时候是希望刺激经济较快地发展；另一方面是因为提高税收和减少支出在政治上有困难，容易招致反对。然而，一旦政府采取扩张性财政政策，就会出现税收减少而支出增加，必然导致财政赤字。现代大多数经济学家的共识是，赤字财政在经济严重衰退时期可以使用，但是不能把赤字作为长期刺激经济的手段。

2. 货币政策

货币政策是由中央银行制定并实施，通过调节货币量和利率来影响整体经济的政策。货币政策的引导机制是货币量影响利率，利率影响投资，从而影响总需求和整个经济。在当代，各国货币政策的目标一般可以概括为五项，即稳定物价、充分就业、经济增长、国际收支平衡和金融稳定。

货币政策主要表现为中央银行的作用。中央银行控制货币量的工具是法定准备金率、贴现率和公开市场业务。

在走向市场经济过程中，货币政策在经济生活中的作用越来越大，也越来越重要。例如，现在世界各国都关注美联储的利率政策，并据此调节本国利率来调控宏观经济。可以说，这种利率变动不仅对美国经济有举足轻重的影响，也会对世界经济产生影响。

历史回顾：货币政策十年路

从1993年开始，中国经济出现了过热现象，政府开始采取适度从紧的货币政策，严重的通货膨胀由1995年开始得到了抑制。

稳健的货币政策（1998—2002年）：1997年，我国经济开始出现国内需求不旺的情况，加上亚洲金融危机的影响，我国形成通货紧缩的局面。基于此，从1998年起正式开始实施稳健的货币政策。

稳中从紧的货币政策（2003—2007）：2003年开始，我国进入新一轮经济增长周期的上升期。在此期间，货币政策虽然名义上仍维持“稳健”的基调，但内涵已逐步表现出适度从紧的趋向。截至2007年底，一共加息8次，上调准备金率14次。

从紧的货币政策（2007—2008年11月）：为防止经济增长由偏快转为过热，防止价格由结构性上涨演变为明显通货膨胀，2007年底的中央经济工作会议明确提出从2008年起货币政策由“稳健”改为“从紧”。至此，我国实施10年之久的“稳健”货币政策正式被“从紧”货币政策所取代。

（资料来源：《每月经济参考》第8期）

3. 对外经济政策

对外经济政策是一国政府为对外经济活动所制定的规则和措施。它包括外贸政策、利用外资政策、对外开放政策等。在一个开放的经济体系中，对外经济政策对一国经济运行具有重要的影响。

对外经济政策主要表现为汇率和关税的作用。随着我国加入世界贸易组织以后，我们努力加大出口、吸引外商到中国来投资。2008年，中国实际利用外资金额923.95亿元，已经连续17年居发展中国家首位。

二、宏观调控政策的运用

了解上述三大调控政策后，我们还有必要知道政府是如何运用这些政策来调控宏观经济的。

宏观经济既像一架在天空中飞行的飞机，又像一辆在高速公路上行驶的汽车。如果在高速公路上开车时速度太快了的话，如每小时100千米、150千米甚至200千米，会发生什么？这时如果急刹车又会发生什么？一种可能是翻车，还有一种可能是车刹住了，但车里的人冲了出去。我们把这辆车比作一国的宏观经济。当经济发展太快的时候，就像在高速公路以最快的速度奔驰的汽车那样，如果来一个急刹车，就会车毁人亡，一国经济同样如此。

但是，如果天寒地冻，汽车发动机打不着火，油被冻住了怎么办？司机一般会反复地踩油门，给发动机加温，把车发动起来。当然，也会由于气温太低，这车就是开动不起来。

所谓车速太快了，是指一国经济太热了；所谓车开不起来了，是指一国经济太冷了。政府对于宏观经济的调控就像开车一样，当经济太热时，它一定要“踩刹车”；当经济太冷时，它一定要“踩油门”。下面让我们用实例来看看政府是怎样“踩刹车”和“踩油门”的。

（一）经济过热时“踩刹车”

经济过热时，表现为总需求大于总供给，价格上升，商品供不应求，导致通货膨胀率不断上升，利率也不断提高。这表明一国经济出现了过热的现象。

当一国出现经济过热，政府就采取紧缩性财政政策或紧缩性货币政策。我们把这种紧缩性的宏观调控政策称之为“踩刹车”。紧缩性财政政策是指，当一国处于通货膨胀时期，总需求大于总供给，政府要采取紧缩财政支出和增加税收或者双管齐下的措施，达到抑制总需求的目的。这种紧缩财政支出，使之小于财政收入的财政政策被称为紧缩财政。

紧缩性货币政策是指通过降低货币供给增长率，从而减少信贷的可供量，随之提高利率，来限制总需求的增长。这种货币政策只有在通货膨胀严重的情况下采用，才有利于经济的运行。

1993 年，我国的经济增长速度很高，但是通货膨胀率也很高，经济缺少实质性的增长，人们收入的增加已经被通货膨胀抵消了。那时，经济奔跑的速度越来越快，我国政府已经意识到这样下去会出问题。如果不降温，经济就会出现硬着陆，就好像飞机放不下起落架，发动机熄不了火，速度减不下来，不得不用机身直接迫降，说不定机毁人亡。因此，我国政府从 1993 年起对经济进行了大力整顿，直到 1996 年底，我国宏观经济才成功地实现了“软着陆”。

同时还应看到，一个国家经济发展的热度和速度，要与它受到的资源约束相匹配。比如在中国某个发达城市里，能不能每家都有 1 辆小轿车？假设该城市居民有钱买车，我们要问：有没有这么多车来卖？车如果不够可以生产，那我们有没有这么多外汇？即使我们有了这么多外汇，我们有没有这么多汽油？如果汽油也买来了，有没有这么多的路？政府有没有这么多的钱修路？城市还有多少可用地等一系列的问题需要考虑。

这个循环链说明，任何一个国家在它的一定发展阶段，只能考虑这个阶段的事情。中国不可能和美国今天的生活相比。因为美国在 20 世纪初的生活水平还不如我们现在。由于经济没有发展到一定阶段，一个国家没有这么多的资源，它有一个可能性的生产边界。当一国经济的发展超过了这种可能性边界的时候，经济就不可能继续向前发展，这时必须刹车了。因为我国没有这么多石油，没有这么多的钢铁，没有这么多的路，没有这么多的钱，更没有这么多的外汇。一个国家在这个阶段只能做这一阶段的事，也许过若干年之后这件事会变得非常简单了。随着我国经济的发展，增长速度的提高，人们财富的增多，人均收入水平的提高，最终是能够达到的。但是，现在速度太快了，过热的经济需要刹车。

那么，政府怎样刹车呢？在财政政策上，政府减少支出，增加税收；在货币政策上，提高利率，减少货币供给量，让过热的经济冷却下来。

在 1992 年，我国的宏观经济态势异常火热，出现了开发区热、房地产热、股票热等。例如，在我国 2 000 多个县一下子冒出 5 000 多个开发区。又如，房地产热的时候，在广西的北海市，陆地上的土地被炒光了，人们就造出一个岛来在海上接着炒。人们甚至头脑发热地说：“未来全世界前十大城市中有北海一个。”

经济已经热到了烫手的程度，但直到 1993 年，我国政府才意识到问题太多，经济几乎控制不住了。通货膨胀率高达 21.7%，且银行不良贷款的问题、股市泡沫的问题、金融风险的问题等各种问题都冒出来。

从 1993 年开始，我国政府对经济进行宏观调控，开始“踩刹车”。采取的措施包括：一次次提高利率，逐渐把货币供给的水龙头拧紧，把钱往回收，从流通领域中把钱抽走，让大家都别花钱；增加个人的税收，减少人们的消费；增加企业的税收，减少企业的利润，经济就这样慢慢地冷却下来。同时，政府限制集团购买力，控制公款消费，停建楼堂馆所。政府采取了这一系列的措施压缩总需求，使过热的经济冷却下来。

在之后的三年里，政府一遍遍地缓缓"踩刹车"，而不是急刹车，才使得我国经济逐步走上良性轨道。到 1996 年底，我国经济成功地实现了"软着陆"。经济增长速度平稳下降，通货膨胀率从 21.7% 下降到 6.1%，经济增长率达到了 9.7%。

（二）经济过冷时"踩油门"

当一国经济过冷时，政府采取扩张性的财政政策和货币政策。我们把这种扩张性的宏观调控政策称之为"踩油门"。

扩张性的财政政策是指，当一国经济处于萧条时期，社会总供给超过总需求，价格下降、利率上升。这时，政府采取增加财政支出、减少税收的政策，以增加总需求。这种积极增加财政支出，使之超过财政收入的政策被称为扩张性财政政策，也叫赤字财政政策。

扩张性货币政策是指通过，提高货币供给增长率，从而增加信贷的可供量，随之降低利率，来刺激总需求增长。这种货币政策只有在经济萧条时才会采用。

当一国经济太冷时，表现为总供给大于总需求，价格下降，商品供过于求，通货紧缩，利率下降，失业率上升，经济增长速度放缓。2008 年，源于美国次贷危机的全球性金融危机是自 1933 年以来全球最严重的金融危机，它导致世界经济出现严重衰退，各国经济都不同程度地陷入困顿之中。我国的经济增长速度也明显放缓，股市持续下滑，外贸出口锐减，外资流入大幅度缩减，房地产市场一蹶不振，物价水平有所下降，利率向下，失业增多，所有指标都向下。这说明经济太冷了，这时候总供给远远大于总需求，产能过剩。

在这种萧条形势下，政府该怎么办呢？如果让经济继续冷下去，就会使我国经济陷入衰退。这时政府的宏观政策是"踩油门"。在财政政策上，政府减税或增加政府支出；在货币政策上，政府降低利率，增加货币供给量，把过冷的经济从谷底拉上来。

为了保持国民经济平稳快速增长，我国政府采取了一系列刺激经济的政策。而这次出台的政策最有新意的地方，是财政政策和货币政策的转变——财政政策从稳健转为积极，货币政策从"从紧"转为"适度宽松"。政府希望以积极的财政政策来提振内需，弥补外需不足，防止中国经济下行。2008 年 11 月 5 日，国务院总理温家宝主持召开国务院常务会议，研究部署进一步扩大内需，促进经济平稳较快增长的 10 项措施，分别围绕着加大基建、鼓励投资、放宽信贷、减少税负、增加城乡居民收入提出了具体的做法。并确定在今后两年，政府将增加 4 万亿元的投资，直接拉动经济增长。为此，中央及地方政府大规模发行国债，借老百姓的钱去投资，大力刺激国内消费，进而带动经济增长。

1. 在财政政策上"踩油门"

我国政府通过发行国债来增加政府的债务收入，然后用国债资金去投资，主要是用于基建项目和一些重大企业的技术改造，从而起到拉动经济的作用。政府加大支出，投资基建，从而带动相关行业的投资和消费需求，比如水泥、钢材、机械、建筑、运输等行业。不仅这些基建行业本身能带来大量就业机会，而且相关行业的就业机会也相应增加了。

政府除了发国债、加大投资，还有很多事情要做。比如教育开支、公务员工资，这些都是经常性的开支，政府不能用国债支出，因为这些经常性支出将来是没办法还的。政府在税收不断增加的基础上，扩大财政支出，提高工资水平，还大力推行“假日经济”，通过这些措施来刺激消费。

财政部采取“以奖代补”支持风电设备产业化

为支持风电设备关键技术研发，加快风电产业发展，财政部近日公布实施了《风力发电设备产业化专项资金管理暂行办法》，规定对符合支持条件企业的首50台兆瓦级风电机组，按600元/千瓦的标准予以补助。该办法规定，600元/千瓦的补助标准中，整机制造企业和关键零部件制造企业各占50%，并重点向关键零部件中的薄弱环节倾斜，补助资金主要用于新产品研发。财政部同时表示，将采取“以奖代补”的方式支持风电设备产业化：一是面向所有市场主体。最大限度地发挥市场作用，充分调动各方面资源和积极性，使优秀企业脱颖而出。二是注重实际效果。企业研发出来的样机要经过专门的认证机构认证，且产业化的首50台风机已经销售、安装调试和并网发电，即产业化成果必须经过市场的检验。三是政策公开透明。事先将产业化研发资金补助标准、条件公开，对符合条件的企业给予奖励。四是注重研发的时效性。明确规定在一定时间内，支持一定技术的产业化研发，一旦成果出来并实现市场化就转向支持更高标准的技术研发。目前，确定支持的技术标准是风电机组单机容量在1.5兆瓦以上。五是最大限度地减少政府部门审批的裁量权。政府部门不审批项目、不指定企业搞研发，谁符合标准，就给谁补助。

（资料来源：安邦0828）

问题：财政部的这一举措将产生什么影响？

2. 在货币政策上“踩油门”

1998年，我国开始实行稳健的货币政策。2007年下半年，针对物价上涨过快、投资信贷高增等现象，货币政策由“稳健”转为“从紧”。如今，货币政策转为“适度宽松”，货币供给取向发生重大转变。当经济太冷的时候，中央银行就要打开货币供给的水龙头放水，利率也将从高位降到低位。这会促使人们借钱投资、借钱买房、借钱送孩子上大学等。当人们都觉得借钱合算并且都去这样做的时候，这些钱就将重新流入经济领域中来。当人们愿意投资、愿意消费、愿意生产，经济就会从谷底回升，就会由冷转暖。

为此，2008年，我国的货币政策进行了灵活审慎的调整，9~11月的3个月里，中国人民银行连续3次降低利率，两次降低存款准备金率。但是，在经济领域里，

"踩刹车"容易，"踩油门"难。不仅中国如此，世界其他国家亦不例外。

（三）全球金融危机下各国政府如何"踩油门"

2008 年金融危机发生以来，全球主要经济体多次实施联合降息，并相继推出大规模经济刺激计划。美国、欧盟、亚洲等主要经济体应对金融危机所采取的经济政策，大体上可以分为以下三种不同的应对模式：

1. 注资模式

以美国为代表，主要是通过贷款和购买金融机构股份等方式，向陷入困境的金融机构进行直接注资，增加金融机构的流动性，激活金融市场。美国国会在 2008 年 10 月通过了 7 000 亿美元的救市方案。新任总统奥巴马上台伊始便宣布将推出总额8 190 亿美元的经济刺激计划。从效果来看，美国实施救市计划后的几个月里，美国经济依然在持续下滑，股市持续下跌，失业人数屡创新高。从本质上看，这种模式以增加金融机构流动性为主要目的，并非治本之策，对于提升市场信心作用较小。面对庞大的金融机构资金需求，以及更多的尚未暴露出来的信用卡、商业抵押贷款等信贷问题，一旦救市资金用尽，市场信心将再度受到重挫。

2. 信贷担保模式

以欧盟为代表，主要是由政府出面，为陷入困境的金融机构提供信贷担保，从而增强市场信心。这种模式不排除向陷入困境的金融机构注资甚至实施国有化，但更看重通过强大的政府信用来确保金融机构信用稳定。例如，2008 年 10 月，欧盟举行首脑会议，决定一方面政府以购买优先股的方式向金融机构直接注资，对濒临破产的银行实行国有化；另一方面，由各国政府为金融机构新发行的中期债务和银行间的借贷提供信用担保。

3. 相机抉择模式

以一些亚洲国家（地区）为代表，它们大多实行相对保守的金融风险控制体系和出口导向型的发展模式。这种模式有效避免了来自外部的金融危机对本国（地区）虚拟经济的冲击，金融机构受到的损失普遍较小，处于可承受的范围之内；但另一方面，国际金融危机导致发达经济体需求迅速减弱，亚洲各国（地区）出口压力增大，进而对相关产业、就业、税收产生连锁影响，并最终使实体经济下滑。对此，亚洲各国（地区）根据本国经济受国际金融危机影响程度的不同，采取灵活的应对模式，尽量把外来冲击减小到最低程度，同时谨慎地利用国际金融危机带来的一些投资机会。例如，日本利用金融危机导致美国金融资产贬值的机会，出手购买部分美国资产，韩国实行韩元贬值以刺激出口，新加坡和香港提供全面存款担保以增强市场信心。中国则采取调高出口退税率、稳定人民币汇率、为出口企业提供信用担保等方式稳定出口，出台扩内需、保增长的政策措施，同时有选择地购买国外部分能源、矿山等。

总之，一国经济是有周期波动的，繁荣与衰退的交替不可避免，这是经济运行中一种难以克服的现象。政府经济政策的目标不是消灭这种周期，而是使其波动的程度减小。这就是说，在经济繁荣时，政策不应使这种繁荣演变成过热，以免导致通货膨胀的压力；在经济衰退时，政策应尽快结束这种状况，以免使失业加剧。换言之，就是要控制经济周期的波动幅度。

政府在对宏观经济进行调控的时候，政府在“踩油门”的时候，一定要符合经济发展的规律，一定既要恰当地运用政策工具，还要正确地判断经济发展的大势，要顺势而为，不能逆势而动，否则，政府的干预将适得其反。这是我国政府在对经济进行调控时需要注意的。

本章知识小结

1. 国民经济总量指标体系；
2. 国民经济循环和均衡；
3. 宏观调控的原理和政策。

本章能力小结

1. 结合有关理论，分析和解释宏观经济现象；
2. 根据宏观调控基本原理，分析和预测政府宏观调控政策。

【课后任务练习】

1. 案例分析：

经济能否继续保持平稳较快发展

2008 年上半年，我国国内生产总值（GDP）增长 10.4%，增幅同比回落 1.8 个百分点。其中，第一、二季度分别增长 10.6% 和 10.1%。上半年经济增速的回落，引发了各界对下半年经济增长的担忧。

对于上半年的经济增速，国家发展改革委员会副主任朱之鑫的评价是“高位平稳适度回落”。数字显示，第二季度 10.1% 的经济增速，仍高于改革开放 30 年来平均增速 0.3 个百分点。经济增速回落也比较平稳，没有出现大的起伏。

7 月份的数字对分析下半年经济走势具有重要参考价值。与 1 至 6 月份相比，前 7 个月我国城镇固定资产投资增速加快 0.5 个百分点；社会消费品零售额增速加快 0.3 个百分点。同时，7 月份出口增长也较上月加快 9.3 个百分点。

“数字表明，面对各种国内外复杂因素的影响，我国的宏观调控是卓有成效的，我国宏观经济增长的基本面仍然是好的”，社科院数量经济所所长汪同三说。

改革开放 30 年来，我国经济保持了年均 9% 以上的增长率。“今后一段时间，即使经济进入这一轮增长的调整期，有基本面因素的支撑，加上有效的宏观调控和结构调整政策的支持，中国经济仍有可能保持 9% 左右的增长率”，国务院发展研究中心副主任刘世锦说。

（资料来源：安邦 0828）

任务：根据上述材料，请谈谈你对政府宏观调控的认识。

“俯首民生”方为财政扩张政策之根本

2009年8月27日，国务院向十一届全国人大常委会第四次会议提交的报告列举的是一长串需要财政投入的领域，包括加大财政对农业、结构调整、自主创新、节能减排、中小企业发展、改善民生等方面的支持力度。屋漏偏逢连夜雨，在经济增速下滑造成财政收入下滑的同时，财政部面临的是进一步的减收和增支压力。而这还远远不是全部，在经济增速下滑趋势越来越明显的前提下，市场盼望的是包括减税和稳定资本市场及支持房地产市场健康发展等一揽子的经济刺激方案。

据悉，这样的政策确实在高层研究范围内，目前讨论的扩张性财政政策方案涉及金额大约3 700亿元。到处都是花钱的地方，而在财政收入增速下滑的背景下，财政部将如何运用有限的力量？财政部在下半年的确面临很大压力，这是一种两难的局面，财政投资要更加具备科学性，选择要更加谨慎。无论是减税还是增支都不得不做。现在企业生存困难、经济下滑的局面已经相当严重了，如果再不减税，给企业留下生存的空间，则很可能出现滞胀的局面，经济急转直下不是不可能。同时为了保持经济增速，投资同样必不可少。要给符合条件的企业以政策扶持和税收领域的支持。办法只有有保有压，在财政投入选择上更加谨慎、科学，提高财政投入的效率。在这种形势下，国务院的报告提出，从严控制一般性支出，大幅压缩出国经费，切实减少行政开支。这就是国家在面对财政困难时作出的压缩开支的选择，增加对民生等领域的投入，以贯彻保持经济平稳较快增长的调控政策。

（资料来源：亚博专题论述0901）

任务：试结合材料和所学知识，分析当前我国政府的财政扩张政策。

2. 请结合所学知识，分析以下表格所反映的信息。

次数	调整时间	调整内容	公布次日股市表现（沪指）
16	2008年11月27日	一年期存贷款基准利率下调1.08个百分点	11月27日开盘：2012.69点，收盘1917.86点，涨1.05%
15	2008年10月30日	一年期存贷款基准利率下调0.27个百分点	10月30日开盘：1732.77点，收盘1763.61点，涨2.55%
14	2008年10月9日	一年期存贷款基准利率下调0.27个百分点	10月9日开盘：2125.57点，收盘2074.58点，跌0.84%
13	2008年9月16日	一年期贷款基准利率下调0.27个百分点	9月16日开盘：2049.81点，收盘1986.64点，跌4.47%
12	2007年12月21日	一年期存款基准利率上调0.27个百分点，一年期贷款基准利率上调0.18个百分点	12月21日开盘：5017.19点，收盘：5101.78点，涨1.15%

（续上表）

次数	调整时间	调整内容	公布次日股市表现（沪指）
11	2007 年 09 月 15 日	一年期存款基准利率上调 0.27 个百分点，一年期贷款基准利率上调 0.27 个百分点	9 月 17 日开盘：5309.06 点，收盘：5421.39 点，涨 2.06%
10	2007 年 08 月 22 日	一年期存款基准利率上调 0.27 个百分点，一年期贷款基准利率上调 0.18 个百分点	8 月 23 日开盘：5070.65 点，收盘：5107.67 点，涨 1.49%
9	2007 年 07 月 20 日	上调人民币存贷款基准利率 0.27 个百分点	7 月 23 日开盘：4091.24 点，收盘：4213.36 点，涨 3.81%
8	2007 年 05 月 19 日	一年期存款基准利率上调 0.27 个百分点，一年期贷款基准利率上调 0.18 个百分点	5 月 21 日开盘：3902.35，低开 127.91，报收 4072.22，涨幅 1.04%
7	2007 年 03 月 18 日	上调金融机构人民币存贷款基准利率 0.27%	3 月 19 日开盘：2864.26，报收 3014.442，涨幅 2.87%
6	2006 年 08 月 19 日	一年期存、贷款基准利率均上调 0.27%	8 月 21 日开盘：1565.46，收盘上涨 0.20%
5	2006 年 04 月 28 日	金融机构贷款利率上调 0.27%，到 5.85%	低开 14 点，最高 1445，收盘 1440，涨 23 点，涨幅 1.66%
4	2005 年 03 月 17 日	提高了住房贷款利率	沪指下跌 0.96%
3	2004 年 10 月 29 日	一年期存、贷款利率均上调 0.27%	沪指大跌 1.58%，报收于 1320 点
2	1993 年 07 月 11 日	一年期定期存款利率 9.18% 上调到 10.98%	沪指下跌 23.05 点
1	1993 年 05 月 15 日	各档次定期存款年利率平均提高 2.18%，各项贷款利率平均提高 0.82%	沪指下跌 27.43 点

（资料来源：全景网，http://www.p5w.net/news/zt/jxd5/）

参考文献

1. ［英］马歇尔. 经济学原理. 北京：北京出版社，2007

2. 吴德庆. 管理经济学. 北京：中国人民大学出版社，2006

3. 高鸿业. 西方经济学. 第 4 版. 北京：中国人民大学出版社. 2007

4. ［美］哈尔·R. 范里安. 微观经济学：现代观点. 第 6 版. 上海：上海人民出版社. 2006

5. 黄亚钧. 微观经济学. 北京：高等教育出版社，2005

6. 姚长辉. 货币银行学. 北京：北京大学出版社，2002

7. 华南金融研究所. 跨世纪的中国金融业. 广州：广东经济出版社，2000

8. 魏文静. 金融学基础. 北京：清华大学出版社，2006

9. 彭兴韵. 金融学原理. 上海：三联书店，2003

10. 王醒男，张自力，王晓雷. 金融学. 广州：广东经济出版社，2004

11. 屈冠银. 市场营销理论与实训教程. 北京：机械工业出版社，2009

12. 谢声. 现代市场营销教程. 广州：暨南大学出版社，2005

13. 吴涛. 市场营销管理. 北京：中国发展出版社，2005

14. 吕未林. 市场营销学. 上海：上海财经大学出版社，2007

15. 吴勇. 市场营销. 北京：高等教育出版社，2005

16. 王德章. 市场营销学. 北京：高等教育出版社，2005

17. 陈宪等. 国际贸易理论与实务. 第 2 版. 北京：高等教育出版社，2004

18. 严思忆. 中小企业国际贸易实务. 北京：中国人民大学出版社，2002

19. 刘红燕，张帆. 进出口业务. 北京：高等教育出版社，2006